Elisabeth Freitag

Der Endlichkeit ein Ende

spirit RAINBOW Verlag

Elisabeth Freitag

Der Endlichkeit ein Ende

Das Leben und Werden der Emma Lillit

spirit RAINBOW Verlag

Impressum

1. Auflage 2021

www.spirit-rainbow-verlag.de

Printed in Germany

Gestaltung, Druck und Vertrieb:
Druck- & Verlagshaus Mainz
Süsterfeldstraße 83
52072 Aachen

www.verlag-mainz.de

Umschlagsgestaltung: Dietrich Betcher

Abbildungsnachweis (Umschlag):
https://unsplash.com/photos/R9OueKOtGGU

ISBN-10: 3-948108-52-8
ISBN-13: 978-3-948108-52-6

*»So sind wohl manche Sachen,
die wir getrost belachen,
weil unsre Augen sie nicht sehen.«*

aus Matthias Claudius, Volkslied »Der Mond ist aufgegangen«

*Dieses Buch ist uns allen gewidmet.
Uns,
die wir den Weg schon gegangen sind,
gerade gehen
und wieder gehen werden.*

Inhalt

Kapitel 1 – 18. Mai 2018

Manchmal gab es einfach nichts Schöneres als heimzukommen, dachte Emma Lillit. Obwohl – mindestens genauso oft hatte sie schon der Wunsch überfallen, nicht nur einfach nirgendwo hinzugehören, sondern weitergehen zu müssen, raus in die Welt, weg vom Gewohnten. Sie stellte sich manchmal vor, wie es wäre, wenn ihr alter brauner Lederkoffer, der für Reisen in diesem Jahrhundert eigentlich nicht mehr vorgesehen und zu klobig war, vor der Tür stünde und der Schlüssel ihrer Wohnungstür nicht mehr passte. Sie hatte keine Ahnung wie oft sie probieren würde, den Schlüssel zum Aufschließen zu überreden und an der Tür zu rütteln, konnte nicht abschätzen, ob sie dabei ruhig oder letztlich doch panisch wäre. Sie fragte sich, wie lang es dauern würde, zu akzeptieren, dass der Schlüssel zwar noch ihr Schlüssel, jedoch das Schloss nicht mehr ihr Schloss wäre, das sie aus ihrem gewohnten Leben aus- und zugleich in ihrem neuen einsperrte. Wie intensiv würde sie die Frage nach dem Warum umtreiben oder wäre sie fähig das Gegebene einfach anzunehmen? Würde sie Verschwörungstheorien anheimfallen und darüber brüten, wer sich ihrer Wohnung habhaft gemacht und sie vor die Tür gesetzt hatte? Wer ihren Koffer gepackt und zuvor womöglich ihren Schrank und ihre Kommode durchwühlt hatte? Oder wäre es ihr sogar wichtig, dass derjenige achtsam vorgegangen war? Welche Auswahl der Kleider, aus welchem Grund getroffen worden war? Kleider, für welchen Ort und für welche Jahreszeit? War es wichtig, welche Gegenstände oder Kleider keine Beachtung gefunden hatten, übersehen oder als verzichtbar befunden wurden? Vielleicht Dinge, die sie unbedingt zum Leben brauchte, wie zum Beispiel – ja, wie was zum Beispiel? Das war der Gedanke, an dem sie jedes Mal hängen blieb. Der Gedanke, der sie mehr irritierte als die Tatsache des ausgewechselten Türschlosses und dem vor die eigene Tür gesetzt sein. »Was wäre im Koffer?«, fragte sie sich dann laut und tat sich schwer eine Antwort zu finden. Es kam ihr dann fast erleichternd vor, dass in ihrer Vorstellung ein Fremder diese schwierige Aufgabe übernommen hatte und nicht sie selbst vor der Aufgabe stand, einen letzten Koffer zu packen, bevor man das alte Leben verlassen müsste.

Doch heute war kein derartiger Koffertag. Heute war es einfach nur gut, nach Hause zu kommen. Schon der Heimweg war mit diesem schönen Gefühl der Heimkehr behaftet gewesen, auch wenn der Weg eine gefühlte halbe Ewigkeit querstadtein gedauert hatte. Aber das war es ihr wert, denn der Heimweg war ein Ritual und bot genügend Zeit und Möglichkeit, einige Gedanken des zurückliegenden Tages fertig zu denken und dann vielleicht auch hinter sich zu lassen. Es war oft ein Gedankenballast, der – im reinsten Sinn der Worte – auf der Strecke blieb. Blöd war nur, dass sie manchmal noch wusste, an welcher Ecke, welchem Park oder Gebäude, sie welcher Gedanke beschäftigt hatte und so waren manche Orte mit unangenehmen Gedanken oder Erinnerungen an prägende, tagesformende Ereignisse versehen, die ihr dann, zum Beispiel während eines Spazierganges, scheinbar aus dem Nichts wieder in den Sinn kamen. Wenn sie zum Beispiel im Herbst am großen Ahornbaum vorbeikam, dachte sie zwangsläufig an einen ihrer längst verstorbenen Patienten, der sich, ihn von seinem Bett aus erblickend, nicht daran satt sehen konnte, als die Abendsonne durch das Herbstlaub brach und der dabei sagte: »Ach Frau Lillit! Wer hätte gedacht, dass es in so schweren Zeiten, doch so ungetrübte, wunderbare Augenblicke geben kann!«, so fragte sich Emma, wie losgelassen ein Gedanke wirklich war, wenn er ihr doch immer wieder begegnete. Vielleicht bedeutete Gedanken loszulassen nicht, sie löschen oder wegschicken zu können, sondern ihnen nur Orte zuzuteilen, wo sie von nun an wohnen würden, damit man sie eben nicht mit sich nach Hause nehmen müsste, wo sie einen ständig umgeben können, ungefragt. Emma fiel auf, dass sie auch wirklich nur dann an diesen einen Patienten dachte, wenn sie die mächtige bunte blättertragende Krone des Ahornbaumes sah und sonst nicht, auch nicht im Winter, wenn die Blätter fehlten.

Ihr heutiger Heimweg war unspektakulär gewesen. Aus der Klinik raus, das obligatorische tiefe Durchatmen in der frischen Luft, die immer anders, aber immer nach lebendiger Welt roch und dann etwa hundert Meter quer über das parkartig angelegte Terrain. Allein auf diesem Weg bis zu der Stelle, wo eine etwa meterhohe dicke Natursteinmauer das Klinikgelände begrenzte und Emma in die noch schnellere Welt der Gesunden entließ, gab es ein ganz eigenes Universum zu entdecken. In den Gerüchen, die sie mit dem ersten Atemholen erhaschen konnte, lag so viel Bemerkenswertes. Je nach Tages- und Jahreszeit war die Luft unterschiedlich voll prallen Lebens. Aus der Klinik zu treten und in der Abendluft des Frühlings das ungeduldige Entfalten und Werden zu riechen, das den Aufbruch in sich trug, erfüllt von dem Geruch der ersten Blüten und lebendig werdenden Erde, weckte jedes Mal Emmas Lebensgeister nach einem langen Arbeitstag. Im Sommer, wenn die Luft federleicht nicht nur in die Nase schlüpfte, sondern beim Atmen durch jede Pore zu dringen schien, war es der Geruch der von Sonne verwöhnten Welt, einer regenbelohnten durstigen Erde oder eines frisch gemähten Rasens, der das Leben beschrieb. Im Herbst, nebelschwer und regendicht, sodass es sich fast anfühlte, als wäre die Luft zu dick, um sie einzuatmen, mit einem Hauch des Moders bereits vergehender Blätter, der schon vermuten ließ, wie der Abschied riechen würde und dann, ein paar Wochen später, der stählerne Geruch schneematschiger Straßen, die Luft an klaren Tagen eisig dünn mit beim Atmen schmerzend schneidender Klinge.

All das war für Emma ein heiliges Zeichen und täglicher Beweis, am Leben zu sein, auf dieser wunderschönen Erde. Sie liebte all jene Düfte, da sie zeigten, dass in der Welt ein von den Menschen unbestimmtes Leben stattfand, zu dem sie wieder gehörte, sobald sie die Klinik durch den Hinterausgang verließ. Ein echtes Leben mit Wind und Wetter, während sie innerhalb der Klinik und ihrer Arbeitszeit oft nicht mal sagen konnte, ob draußen Tag oder Nacht war. Die Arbeit fraß die Tage und Nächte einfach auf. Eine Taktung, in der sie ihr Leben manchmal versickern fühlte. Verließ sie die Klinik nach einem Nachtdienst am Morgen, so war der Zauber des ersten Durchatmens manchmal etwas getrübt, denn die morgendlichen Ausdünstungen der Klinikküche, die sich daran versuchte, ein Essen zu kreieren, das der Beschreibung des Speiseplans entsprechen konnte, waren nicht als geruchliche Errungenschaften hervorzuheben. Es war verblüffend, dass eine ungeschulte Nase oft nicht vom Geruch auf das dazugehörige Essen schließen konnte. Ein Fischgericht roch eher wie ein Massaker sommerlich aufgequollener Käsefüße und Sauerkraut roch nach süßlicher Verwesung. Die schönen Gerüche entsprangen dem kleinen Universum Natur, das sich zwischen den Backsteinhäusern und der Klinikmauer seinen Platz gesucht hatte. So auch der Duft der Heckenrosen, die die Steinmauer um das gesamte Klinikgelände säumten. So oft war Emma in den letzten zähen Stunden eines Frühlingsnachtdienstes durch diese geruchliche Vorfreude, die ihr in den Sinn kam, belebt worden. Dann im richtigen Moment die Klinik verlassen zu können, bedeutete das Glück zu haben, die Abertausenden Heckenrosenblütenköpfchen dabei zu ertappen, wie sie sich gerade geöffnet hatten, um den über Nacht sicher eingeschlossenen warm-süßlichen Duft in die Freiheit zu entlassen und damit Heerscharen von Insekten anzulocken. Dieser Duft umschwärmte die Gemäuer und ließ bei geschlossenen Augen vermuten, man befinde sich inmitten einer Gärtnerei. Unabhängig von der Jahreszeit und den zu entdeckenden Freuden, kündigte das tiefe Durchatmen nach Verlassen der Klinik Emma den Teil des Tages an, an dem sie sich vorrangig nicht um andere kümmerte, sondern sich nur um sich selbst kümmern musste, durfte, sollte oder besser, zu kümmern versuchte.

Den Klinikpark konnte sie in fünf Minuten zu Fuß durchqueren, wenn sie schnell heim wollte. Es konnten aber auch mal schnelle zwanzig Minuten werden, wenn sie sich im Gucken und Riechen verlor, die ihr dann dennoch wie fünf Minuten vorkamen. Dann verweilte sie an stillen Stellen, um Kaninchen zu beobachten, die hier auf dem Gelände heimisch waren. Wenn die Kaninchen Junge hatten, die in der Morgen- oder Abenddämmerung ihre ersten mutigen Ausflüge machten, um dann Löwenzahnblätter oder Klee zu mümmeln, blieb für Emma die Zeit stehen. Bis zur Klinikmauer schob sie ihr Fahrrad stets, andererseits würden ihr zu viele Eindrücke im Vorbeifahren verloren gehen. Auf den Parkbänken verweilte sie nie, obwohl es bequemer gewesen wäre, die Dinge um sich herum in sitzender Position beobachten zu können. Doch auf diesen Bänken saßen die Patienten und Besucher, bemerkenswerterweise nie Kollegen oder Mitarbeiter der Klinik. Vielleicht wollte man auf diese Weise die Welt der Kranken und Mitleidenden nicht betreten und mit dem eigenen Privatleben mischen. Es reichte, wenn man den ganzen Arbeitstag lang der Kümmerer war. Trug man zivile Kleidung und war zudem noch außerhalb der Mauern, wollte man keine verbindende Ebene betreten. Sich setzen hieße sichtbar und ansprechbar zu sein. Zu stehen ließ die Option offen, jederzeit losgehen zu können, zur Not auch im Sinne eines Weglaufens. Emma hatte, wie die meisten Ärzte einen schnellen Gang, wenn sie beabsichtigte zielstrebig von einem Ort zum nächsten zu gelangen. Zudem hatte sie genügend Aufmerksamkeit, um jederzeit durch ein dezentes Beschleunigen des Schrittes fähig zu sein, einer unangenehm aufdringlichen Konversation aus dem Wege zu gehen. Nicht, dass sie vor ihren Patienten floh, schließlich verbrachte sie mehr Lebenszeit in der Klinik als irgendwo. Aber sie hatte schmerzlich lernen müssen, dass vor der Klinik der Raum für IHR Leben war. Und dass dieses, wenn es nicht unmittelbar vor dem Klinikgelände beginnen würde, nirgendwo begann. Sie war die gleiche Person in der Klinik, wie außerhalb und sie empfand auch ihr Arbeitsleben als lebenswert, jedoch hatte sie sich eingestehen müssen, dass sie sich mehr abgrenzen und auf sich achten musste. Dazu eignete sich die Klinikpforte als symbolische Grenze hervorragend, um einen sichtbaren Ort zu haben, an dem man im Kopf schon beginnen konnte umzuschalten. Umzuschalten, in den »Ich kümmere mich um mich«-Modus.

Hatte sie das Klinikgelände hinter sich gelassen, war sie am Rande der Stadt. Sie konnte dann die Straßenbahn nehmen, zum Zentrum, der Altstadt, oder aber auch gemütlich mit dem

Fahrrad dem Verlauf eines Flüsschens folgen. Die Stadt, in der sie wohnte, hatte etwas Besonderes, etwas Eigensinniges, das sich derart in der heutigen Zeit kaum noch irgendwo fand. Es gab ein anonym, ja, irgendwie unverbindlich wirkendes Randgebiet, das fließend in ländliche Gefilde überging. Dort lag die Klinik. Hier tobte zwar auch noch das städtische industrielle Leben, doch wenn der Wind gut stand, konnte man die umliegenden Rapsfelder bereits riechen. In Richtung Stadtkern schloss sich dem Randgebiet ein Saum von Wohnsiedlungen an. Keine Hochhäuser. Die klassischen Arbeiterhäuser mit nicht mehr als drei Etagen, meist aus Backstein, klaren Formen, Erkern oder bei den neueren Häusern auch Balkonen. Jedes Haus war ausgestattet mit einem schlanken Vorgarten mit mindestens einem Baum und einem großen Vierseitenhof hinterm Haus, der von den Häusern im Karree gebildet wurde und von allen Bewohnern genutzt wurde. Dort waren die Wäscheleinen gespannt, an denen das bunte Leben sichtbar wurde. An Sommerabenden war es selbstverständlich, dass man auch gemeinsam grillte und die Gemeinschaft lebte. Man schätzte einander in dieser kleinen eigenen Innenhofwelt, in der Blumen- oder Obst- und Gemüserabatten bepflanzt wurden und wo in Buddelkasten und Gartenlaube eine behütet wirkende Parallelwelt mit gemächlicherem Gang zu existieren schien. Nahtlos ging dieser Stadtabschnitt, der sich etwa über zwei Kilometer in Richtung des Zentrums erstreckte, in die Altstadt über. Die Altstadt war alt. Sie war ein Flickenteppich aus Fachwerkhäusern und derart urtümlich, als hätten die Stadtplaner der letzten Jahrhunderte diesen Fleck Erde übersehen. Emmas Ansicht nach war das Nicht-Antasten der Innenstadt in einem großen Respekt gegenüber dieser alten intakten Struktur begründet. Ein Respekt vor Altem, der sich in der Welt ansonsten allzu sehr vermissen ließ.

Alt, war so oft die Freikarte für Entmündigung, Fremdbestimmung und sinnloser Veränderung, nur der Veränderung wegen, um den Dingen den eigenen Stempel der Zeit aufzudrücken, sei er auch noch so dysfunktional und hässlich. So, wie man oft den Errungenschaften, Lösungskonzepten und Bauten vorhergehender Generationen Sinn und Funktion in der heutigen Zeit absprach, so geschah es oft auch mit den Menschen. Emma hatte es erst kürzlich in der Klinik erlebt. Mit guten Absichten hatten die erwachsenen Kinder, Sohn und Tochter, gemeinsam für und mit ihrer Mutter vor Jahren eine Vorsorgevollmacht unterschrieben, um den Fall der Fälle abzusichern und dann nicht fremd- oder amtsbestimmt zu sein, wenn die Mutter selbst nicht mehr entscheiden können würde. Über die Jahre alterte die Mutter. Leider nicht auf die romantisch einfache Weise, sondern so gnadenlos, wie es im Leben oft geschah und man es weder sich noch jemand anderem wünscht. Dass sich der Charakter der Mutter änderte, merkten die Kinder weit früher als sie die schwindende Denk- und Merkfähigkeit wahrnahmen. Nicht einordnen könnend, dass das nun boshaft herrische Wesen der Mutter nicht Ergebnis einer freien Entscheidung oder einem zwischenmenschlichen Sinneswandel begründet, sondern Beginn einer Krankheit war, veränderte die Beziehung zueinander zunehmend. Die Tochter erinnerte sich zwar an die Frau und Mutter, die sie einst gewesen war – und das war das Lebenselixier für ihre bisherige Geduld –, doch auch wenn der Verstand der Tochter im Verlauf erfassen konnte, dass ein krankes Altern das Wesen ihrer Mutter veränderte und ihre Liebe zur Mutter dieser alles verzeihen wollte, so verletzten böse Anfeindungen der Mutter so sehr, dass die Tochter sie zu meiden begann und zunächst Konfrontationen, dann Gesprächen aus dem Weg ging. Die Tatsache, dass sich die Mutter im Verlauf immer schlechter sprachlich ausdrücken konnte und dadurch stummer wurde, wurde als Altersverbissenheit und Starrsinn fehlgedeutet und obwohl es noch einen geäußerten Willen dieser Frau gegeben hatte, den man mit Geduld und einem Zeitaufwand hätte feststellen können, war es in dem straff getakteten Abläufen einer Kliniknotaufnahme oft einfacher, sowohl den bürokratischen Akt als auch das Prozedere der ärztlichen Aufnahme abzukürzen, indem die Tochter, zur Erleichterung der Ärzte und auch des Pflegepersonals, durch die Vorsorgevollmacht autorisiert, die Kommunikation beschleunigte. Es vereinfachte den Gang der Dinge, über die Mutter, statt aufwendig mit ihr zu reden und alles für sie zu regeln, so, wie sie es bestimmt gewollt hätte. Durch das stille oder im Kontrast oft auch feindliche Auftreten der Mutter war es eine Erleichterung für alle am Pflegeprozess Beteiligten, die Kommunikation mit der Tochter oder dem Sohn zu suchen, statt sich der oft unproduktiven Gespräche auszuliefern. So war es auch nur gut gemeint, als man entschied sie in ein Seniorenheim umziehen zu lassen, da es daheim ja eh nicht mehr so gut lief, jedoch ohne es ihr zu erklären. Man fuhr sie nach der Entlassung einfach ins Heim, ohne Kommentar. Von da an wurde die Dame stumm und weinte, ohne zu klagen. Zwei Monate später war sie gestorben, obwohl man zuvor nicht den Eindruck gehabt hätte, dass es dafür schon an der Zeit war. Sich mit dem Alten und mit dem Alter auseinanderzusetzen und zu arrangieren, Kompromisse zu finden, war ein aufwändiger Prozess, doch bewahrte er Würde und Respekt. Sowohl gegenüber den Menschen einer Generation als auch den Dingen, die sie erschaffen hatten. Keine Entscheidung sollte unreflektiert und aus Bequemlichkeit getroffen werden. Der Weg zu einer Entscheidung hin, machte ebenfalls die Qualität der Entscheidung aus.

Aufgrund eines seltenen Quäntchens Respekt und einer gewissen Ehrfurcht dem Alten gegenüber kam es, dass der Stadtkern von zeitgenössischer Baukunst unangetastet geblieben war. Wer dort lebte, der lebte in Häusern, die zwischen dem 13. und 17. Jahrhundert entstanden waren und seither gepflegt, geflickt oder nach Zerstörung durch Krieg oder Feuer oder Altersschwäche im alten Stil wiederaufgebaut worden waren. Es war eine verwinkelte Gassenwelt, in der die Uhren anders tickten. Hier war Entschleunigung angesagt, zwangsweise. Von Straßenverkehr konnte keine Rede sein. Durch die wenigsten Gassen hätte ein Auto gepasst. So betrat man tatsächlich einen verhältnismäßig großen Fleck städtischer Erde, der frei von Autos war. Selbst Fahrräder waren nur den Anwohnern erlaubt. Touristen durften ihre Räder im Randsaum zum Viertel der Arbeiterhäuser, in sogenannten Radhäusern, parken. Ein Schild, das die Fußgängerzone auswies, erübrigte sich. Überhaupt waren außer der Straßenbeschilderungen keine Verkehrsschilder zu finden. Und ohne Einfluss des ungeduldigen Verkehrs, war es gar nicht so schwer die neue Taktung des Geschehens anzunehmen. Die Häuser standen verwinkelt, wie ihre Gassen und es war unklar, wer hier vormals die Richtung vorgegeben hatte. Waren die Häuser ohne den Gedanken an einen Weg, der zwischen diesen hindurchführen musste, gebaut worden oder war der Weg unveränderbar schon dagewesen, an dem sich die Häuser zu orientieren hatten?

Emma hatte ihre eigene Theorie. Ein derartiges Chaos konnte ihrer Meinung nach nur entstanden sein, weil der Stadtplaner von anno dazumal seine mittlerweile unbezahlbar hohen Spielschulden am Stammtisch damit beglich, den Verlauf der nächsten Gasse oder des nächsten Weges vom Gewinner des Abends bestimmen zu lassen. Vielleicht rührten daher auch die Straßennamen. Oder wie sonst, sollte es zu Namen wie »Zechgasse«, »Weg des starken Hannes« oder »Eck des alten Zausels« gekommen sein? Hier lebte es sich zum Teil näher beieinander, als menschliche Nähe angenehm sein konnte. Durch die verwinkelte Bauweise war es nicht selten zu beobachten, dass Hauswände, die eng beieinanderstanden, dennoch mit Fenstern versehen wurden, in der Hoffnung sich ein bisschen Tageslicht habhaft zu machen. So schaute man aus dem Fenster und hatte unter Umständen die dreißig Zentimeter entfernte Hauswand oder direkt das Fenster des Nachbarhauses vor der Nase, das auf identischer Höhe entstanden war. Man erzählte sich, dass derartige Nachbarn in früheren Zeiten ein gutes Miteinander pflegten, denn auf diese Weise hatte man die Möglichkeit, durch die kurze Distanz der Fenster, sich selbst oder jemand anderen unbemerkt aus dem eigenen Haus verschwinden zu lassen. So sei so mancher Liebhaber rettend ins Nachbarhaus, jedoch Einzelfallberichten zufolge auch dankbar im Bett der Nachbarin, verschwunden. Ein derartig enges Zusammenleben forderte Ruhe und Geduld und ein Treiben in mäßigem Tempo. Enge

Gassen vertrugen keine Hetze. So hielt man es auch seit Jahrhunderten und ließ sich nicht antreiben. Sowohl das nervöse Auf-der-Stelle-Stöckeln der kostümierten Geschäftsfrau, die zu Gast in der Stadt war und als Kontrastprogramm zu ihrem dahinjagenden Alltag glücklich war, ein Hotel im idyllischen Stadtkern ergattert zu haben, als auch das ungeduldige Immer-wieder-auf-das-Smartphone-Gucken eines Studenten, halfen beim Stehen in der Bäckerschlange nicht weiter.

In der Altstadt gab es genau eine Bäckerei, die im Erdgeschoss des Hauses war, in dem Emma wohnte, sodass sie das ungeduldige Gebaren in der Warteschlange schon oft hatte erleben können. Nicht selten war das nervöse Warten von der Erkenntnis gekrönt, dass es keinen »Coffee to go« gab. Führte eine solche Entdeckung zunächst zu Empörung, wurde der Bäckersfrau nicht selten Rückständigkeit in der modernen Zeit vorgeworfen, so gab es doch einen nicht unerheblichen Anteil dieser Kunden, die lernfähig waren. Die fähig waren kurz innezuhalten, die Atmosphäre der vollen und doch ruhigen Bäckerei zu spüren, um dann mit der Zeit froh zu sein, einen Platz am einzigen Stehtisch oder einen Sitzplatz auf einem der drei mit Sand befüllten Mehlsäcke zu ergattern, die vor der Wand lehnten, die in die Backstube führte. Als Stehtisch fungierte ein dicker Eichenbalken, an dem mit Winkeln Bretter befestigt waren, die als Abstellfläche dienten und der seiner tragenden Funktion mitten im Verkaufsraum nachkam und zur Decke strebend keinen besseren zusätzlichen Nutzen hätte bekommen können. Latte Macchiato oder sonstige Milch-Kaffee-Mix-Zaubereien suchte man ebenfalls vergebens. Es gab Kaffee. Mit viel, wenig oder ohne Milch und einem ebenso zu dosierendem Zuckerangebot. Und auch hier war mit der Zeit eine Veränderung bei manchem Kunden zu spüren. Die Latte Macchiato-Vermisser wurden zu Kaffee mit Viel-Milch-Trinkern, da, wie viele feststellten, man den Kaffee hier einfach trinken konnte, weil er schmeckte. Mathilde, die Bäckersfrau, vertrat ihren Standpunkt vehement, keinen Anteil daran haben zu wollen, dass die Welt mit Wegwerfbechern zugemüllt werde und ebenso würde sie nicht anfangen Milchschaum zu schlagen, das sei Firlefanz.

Emma, die im Dachgeschoss des Bäckerhauses wohnte und gern einen abendlichen Plausch mit Mathilde hielt, konnte sich grenzenlos über Mathilde amüsieren, wenn sie über die neuartigen Kaffeegewohnheiten herzog. Sie verriet Emma das Geheimnis, weshalb man ihren Kaffee auch ganz »ohne Flavour und Sahnehaube«, wie sie abwertend sagte, trinken könne:

»Es ist einfach, Emma. Nimm Wasserleitungen, die hundert Jahre alt sind und kalkiges Wasser, das bestimmt ein interessantes Eigenleben führen würde, wenn man es mal zwei Tage unabgekocht stehen ließe und daraus entsteht ein unverkennbares Aroma!«, gab Mathilde grinsend preis. »Und wenn noch einmal jemand nach Flavour fragt, dann nehme ich einfach eine alte Tasse von so einer parfümierten, lippenbestifteten Großstadtbiene. Das ist auch Flavour!«

Emma hatte mitbekommen, dass Mathildes Mann Hugo, nachdem sie einmal aus einem Urlaub in Italien wiedergekommen waren, mit dem Gedanken gespielt hatte, wenigstens Cappuccino anzubieten. Seitdem verweigerte Mathilde weitere Urlaube.

»Wenn du Cappuccino verkaufst, dann sorge ich fürs Kakaopulver auf dem Schaum, indem ich gegen den Holzbalken über der Theke klopfe, die Tasse darunter halte und wie von Geisterhand würde die Verdauung der Holzwürmer für feinstes Geriesel sorgen«, lachte Mathilde mit Augenzwinkern und weltbeherrschendem Blick.

Emma mochte Mathilde sehr und sie wusste, dass die Frau verschärfter sprach als sie dachte und immer für einen frechen Spruch und eine kühne Weltsicht gut war. Mathilde lebte mit ihrem Mann Hugo seit über fünfundfünfzig Jahren in diesem Haus. Sie hatten die Bäckerei von Hugos Vater übernommen und würden sie an ihren einzigen Sohn Luke weitergeben können. Luke war derzeit ein wandernder Bäckergeselle von fast dreißig Jahren und kam alle Viertel Jahre nach Hause, um die Mehllieferung einzulagern und die Backstube mit neuem Wind zu belüften; wie man sich vorstellen kann, entgegen eines leichten Widerstands seitens Mutter Mathilde.

Das Haus der Bäckerei war von außen als äußerst windschief zu beschreiben. Ein Fachwerkhaus, das, übertrieben gesagt, so wirkte, als sei dem Bauherrn erst zu spät aufgefallen, dass er mehr Platz brauchte und so nahm das Gebäude Etage für Etage an Umfang zu und man kam beim Anblick ins Zweifeln, ob die kleine Grundfläche wirklich fähig wäre, die Last zu tragen. Betrachtete man die Nachbarhäuser, so war das nicht die Ausnahme, sondern die Regel. Jedes der Häuser war im Erdgeschoss frei freistehend, doch ab der ersten Etage lehnten sich die Hauswände aneinander. Das Bäckereihaus war ein Eckhaus. Wie jedes andere der Altstadthäuser hatte es einen kleinen Gewölbekeller aus Sandstein. Einzigartig war, dass die Keller der benachbarten Häuser stets miteinander verbunden waren. So wäre es möglich gewesen, wenn die Kellertüren aller Häuser offen gewesen wären, die Altstadt zu weiten Teilen zu unterwandern. Emma hatte bisher nur davon gehört, diese Welt jedoch noch nie betreten. Nur der Hausbesitzer, der meist Eigentümer des im Erdgeschoss befindlichen Ladens war, hatte Kellerrecht, da er ihn meist als Lager nutzte.

Hugo liebte seinen Keller, als wäre er eine eigene Welt, die nur ihm zugänglich und allen anderen verborgen war. Einmal, als Emma heimgekommen war und vor der Kellertür – die viel niedriger als die Eingangstür zur Bäckerei, gleich seitlich dieser war – stehenblieb, weil sie ihren Haustürschlüssel in den Tiefen ihrer Handtasche suchte, klopfte Hugo ihr von hinten auf die Schulter und sagte mit mystischer Stimme: »Da unten wohnt der gute Geist des Hauses. Ich besuche ihn jetzt und trinke bei ihm einen Williams, damit er nicht so allein ist!«, und zog grinsend davon.

Das windschiefe Eckhaus hatte eine weitere Besonderheit. Im Erdgeschoss war die Bäckerei, die durch eine Innentreppe mit der ersten Etage verbunden war, in der Mathilde mit Hugo lebte. Die zweite und dritte Etage war innerhalb des Hauses nicht zu erreichen. Man hatte – als wäre einem die Tatsache, dass man auch in die weiteren Etagen gelangen können müsste, erst nach dem Bau des Hauses aufgefallen – ein Treppenhaus an die Außenseite des Hauses gezimmert. Jede Stufe der Holztreppe quietschte oder knarrte, wobei man es durch geschicktes Platzieren der Schritte verhindern konnte, was jedoch nicht vonnöten war. Sich einander Kommen und Gehen zu hören hatte auch etwas Vertrautes, dass zeigte, dass man nicht allein war. Trat die neunzigjährige Frau Lenninger den Aufstieg in die zweite Etage an, so tat sie es so langsam, dass man sich kaum an das Knarren der letzten Stufe erinnerte, wenn das der nächsten erklang; es war kein zusammenhängendes Geräuschgefüge mehr. War der Eingang zur Bäckerei treffenderweise in der Naschgasse, so war der zu den Wohnungen oberhalb der Bäckersleute an der anderen Seite um die Ecke in der Blumengasse. Jede Etage maß sicher nicht mehr als vierzig Quadratmeter Wohnraum. Die dritte Etage und der Spitzgiebel waren Emmas Reich, welches vollständig in der Schräge des spitzen Daches lag. Es wäre nicht ganz zutreffend gewesen, wenn man sagte, dass ihre Wohnung unterm Dach lag, sondern viel richtiger war es zu sagen, dass das Dach ihre Wohnung war. Auch das Wort klein hätte man sich bei der Beschreibung schenken können, denn wie sollten denn die Zimmer sein, wenn nicht klein. Und doch glaubte man differenzieren zu müssen. So war die Küche klein, das Schlafzimmer etwas kleiner, das Wohnzimmer winzig und das Bad war eine Badewanne und ein Waschbecken, das Klo ein Kabuff, in das nicht wesentlich mehr reingepasst hätte als die Toilette. Der Freiheitsgrad eines Raumes ergab sich durch die Dachfenster oder zum Teil durch Dachluken, die es in jedem Zimmer gab. In der Küche führte eine Art Hühnerleiter zum Dachgiebel hinauf. Dieser Ort war für Emma eine Welt für sich. Eine Wohnung in der Wohnung. Der Giebel war bei einem starken Sturm kurz vor ihrem Einzug stark beschädigt und vorerst notdürftig mit einer Plane abgedeckt worden. Daraufhin hatte Emma so lange bei Hugo gebettelt, bis er nachgegeben und die eine Giebelseite mit einem bodenhohen Fenster versehen hatte, das im Verhältnis zur eigentlichen Hauswand zurückgesetzt war. So war aus dem ursprünglichen Lagerplatz für Winterjacken und Weihnachtsdekoration ein Raum entstanden, den Emma, wenn sie das Fenster öffnete, wie einen überdachten Balkon nutzen konnte. Hier las sie, dachte nach oder träumte vor sich hin. Man hätte ihr jeden Raum in ihrer Wohnung nehmen können und sie hätte sich mit weniger Platz arrangiert, doch nicht diesen Giebel. Sie liebte ihre Bude. Stilistisch ein Misch aus Villa Kunterbunt und Hexenhaus. Der Dielenboden knarrte ähnlich der Stufen im Treppenhaus, doch auch hier konnte man geräuschlos gehen, wenn man wollte und zugleich wusste, wie. Manchmal hatte sie den Eindruck, ächzte eine Diele auch ohne Grund. Sie ächzte, bevor sie sie betrat. Vielleicht in strapazierter Erwartung ihrer fünfundsechzig Kilogramm.

Als Emma am heutigen Nachmittag um die Ecken der Gassen bog und Heim kam, da gab es nichts Schöneres für sie als das alte Eckhaus zu erblicken. Sie ging am Eingang der Bäckerei vorbei, winkte Hugo und stellte ihr Fahrrad in eine ansonsten verwaiste Nische zwischen ihrem und dem Nachbarhaus. Eine dreieckige Nische, die dadurch entstanden war, weil die beiden Häuser keine bündige Fassade bildeten, aber sich dann in der Tiefe doch entschlossen, sich aneinander zu lehnen. Bei ihrer Rückkehr aus der Fahrradnische konnte sie nun Mathilde winken, die die noch unverkauften Backwaren in der Theke neu arrangierte. Danach bog sie um die Hausecke, um zum Treppenhaus zu gelangen. Sie stieg die Holztreppe nach oben und atmete, wie es ihre Gewohnheit war, vor ihrer Tür ein zweites Mal seit dem Feierabend tief durch. Einmal, um die leicht modrige Luft im Dachgeschoss des Treppenhauses zu genießen, die mit ihrer Wärme schon wohlige Gemütlichkeit versprach, jedoch auch, um kurz zu Atem zu kommen, denn hatte sie heute das Heimkommen beschleunigen wollen und jeweils zwei der insgesamt achtundvierzig Stufen auf einmal genommen. Das war – wie sie unbelehrbar, jedoch nicht zum ersten Mal feststellte – ein schwachsinniges Unterfangen, denn die Zeitersparnis des Hochgehens relativierte sich durch die Zeit, die sie jetzt brauchte, um sich zu erholen. Sie streifte die Schuhe während des Aufschließens von den Füßen und zwängte sich, kaum dass die geöffnete Tür es zuließ, in die Wohnung. So schnell die Tür geöffnet war, so schnell war sie auch wieder zu und Emma lehnte sich mit dem Rücken dagegen.

Daheim. Das dritte tiefe Durchatmen. Nun fiel der Rest des Tages von ihr ab. War sie vor der Tür noch motiviert gewesen gleich unter die Dusche zu springen, um mit neuer Frische in den Abend zu starten, sich der Konfrontation ihres Kleiderschrankes und den dann aufkommenden kritischen Fragen des Spiegels zu stellen, so wäre sie in dieser Sekunde auch bereit gewesen, ungeduscht im Bett zu verschwinden und sich der gemütlichen Trägheit mit einem Buch hinzugeben. Aber sie hatte noch etwas vor. Etwas, das ihr genauso viel bedeutete, wie heim zu kommen.

Sie wollte ins »Fromagique«, einem französischen Lokal mit fünf Tischen, in dem Jacques, der Besitzer, Käse und Wein servierte. Mittlerweile war es ihr zweites Zuhause. Vor zwei Jahren hatte ihre Liebe zum Käse und eine Neugierde auf den nicht unattraktiven Mann sie zum ersten Mal ins Lokal geführt und bald hatte sie sich angewöhnt dort einmal pro Woche zu Abend zu essen, meist donnerstags. Seitdem war das Angebot der Käseauswahl um eine nicht unerhebliche Anzahl von Ziegenkäsesorten erweitert worden. Dies hing höchstwahrscheinlich auch damit zusammen, dass Emma herausgefunden hatte, dass immer am Vormittag des letzten Dienstag des Monats der dicke Käselieferant in seinem klapprigen Bulli kam und dass dieser Zeitpunkt geradezu ideal war, um zufällig aufzutauchen und als einziger Gast des Lokales, Opfer der Verkostung zu werden, um dann die Chance zu haben an der Käsefront mitzumischen. Sogar bei ihren Dienstplanwünschen in der Klinik war der letzte Dienstag eines Monats ein Tabu für einen Frühdienst. Emma brachte dieses Opfer gern, zum einen für ihren Gaumen und zum anderen für das erfreute Grinsen in Jacques Gesicht, wenn er sie bald in berechenbarer Zufälligkeit um die Ecke biegen sah. Ein halbes Jahr ging das so, dann wurde sie mit ihrem zufälligen Erscheinen enttarnt, nämlich als wegen eines Feiertages der Verkostungstermin auf einen Mittwoch statt auf den Dienstag, den Feiertag, fiel, Emma jedoch wie gewohnt erschien. Sie hatte damals ihrerseits unerwartet problemlos den versehentlich geplanten Frühdienst wegtauschen können und bemerkte auch nicht die Verwunderung ihrer Kollegin darüber, dass Emma freiwillig an einem Feiertag einen Spätdienst machen wollte. Spätdienste an Feiertagen waren nicht unbedingt die Begehrtesten. Bei einem Frühdienst konnte man sich zumindest den verbliebenen Tagesrest als Feiertag einreden; bei einem Spätdienst war das Gefühl der Selbstbestimmung gänzlich dahin. Emma war stolz auf den mühelosen Tausch und war mit Vorfreude aufgewacht. Sie blickte, in der Mitte ihres Bettes auf dem Rücken liegend, hinauf zur Dachschräge und konnte durch das Dachfenster, welches genau über ihr war, den Regenhimmel sehen, durch dessen satte Wolken noch vereinzelte Sonnenstrahlen versuchten dem Wetterverlauf eine Wende abzuringen, obwohl sie ahnten, dass ihre Bemühungen nur in der Entstehung eines Regenbogens sichtbar werden würden. Emma verließ ihr Schlafzimmer, das sie als Koje bezeichnete. Das Zimmer war nicht mehr als das Bett. Nicht, weil sie das spartanisch Eingerichtete geliebt hätte, sondern, weil nicht mehr in den Raum passte. Man kam zur Tür hinein … Falsch. Man durchschritt einen Türrahmen, der bedarfsmäßig durch einen grünen Vorhang verschlossen werden konnte, es jedoch nie war. Danach war Platz für einen halben Schritt in den Raum, der genau die Tiefe bot, dass ein Nachttisch neben dem Kopfende seinen Platz fand. Dann fiel man ins Bett. Kopf-, Fußende und die gegenüberliegende Langseite des Bettes waren von Wänden eingefasst, was so manchen Menschen das Gefühl der Bedrückung hätte empfinden lassen, Emma jedoch das der Sicherheit schenkte. Nach dem Blick zum Himmel, der jeden Morgen obligatorisch war, hatte sie die Bettdecke vorsichtig zurückgeschlagen und machte mit dieser Enthüllung gleichzeitig Herrn Trüffel, ihren Kater, sichtbar, der sich, nach einem nächtlichen Ausflug heimkommend, immer an ihren Füßen unter der Bettdecke einrollte.

Trüffel war ein Dachkater, der bei abendlich geöffnetem Dachfenster der Küche vor zwei Jahren beschlossen hatte bei ihr einzuziehen und hatte dies kundgetan, indem er den Küchentisch annektierte. Emma hatte Trüffel bis dahin nie wahrgenommen, obwohl er schon zuvor auf den Dächern gelebt haben musste. Sie hatte in den folgenden Tagen nach seinem Einzug alle möglichen Menschen in der Nachbarschaft gefragt und sogar einen Zettel in der Bäckerei aufgehängt, dass sich derjenige, der eine Katze vermisse, bitte bei ihr melden möge. Aber niemand kannte diese Katze, sodass Emma bald glaubte, dass sie vom Himmel gefallen sein musste. Sie hatte ihn seither des Öfteren gefragt, wie oft er zuvor schon heimlich durch die Fenster geschaut hatte, denn das ein oder andere Mal hatte sich Emma beobachtet gefühlt, neigte dann aber zu schrägen, ängstlichen Gedanken und war nun froh eine Erklärung für dieses Gefühl parat zu haben. Als sie an jenem Abend vor zwei Jahren in die Küche gekommen war, um das Fenster zu schließen, da hatte sie wieder dieses Gefühl des Beobachtetwerdens und als sie das Licht anschaltete, um die Angst zu vertreiben, war der erste Impuls kein Erschrecken, sondern Erleichterung. Erleichterung darüber, dass es ›nur‹ eine Katze war, die auf ihrem Küchentisch saß. Erst im zweiten Moment wunderte sie sich über die Tatsache, dass da überhaupt eine Katze saß. Sie begrüßte das Tier und stellte sich vor:

»Oh, Herr Kater. Auch wenn es überraschend kommt, denn ich bin auf Ihren Besuch nicht vorbereitet, so freut es mich Sie kennenzulernen. Mein Name ist Emma Lillit. Und wer sind Sie?«

Sie nahm am Küchentisch Platz und schaute das Tier an. Es sah windgegerbt aus. Kein junger Kater aber auch kein alter – mittelalt, schätzte sie. Er hatte struppiges, mittellanges Fell in mehreren Brauntönen. Seine Nase war spitz und ein wenig zu lang, seine Augen waren orange. Ein Ohr war geknickt. Sein Gesichtsausdruck war auf den ersten Blick grimmig und auf den zweiten Blick einfach nur liebevoll unperfekt. Der Kater stellte sich kurz auf, so, als ob er sich ihr einmal ganz zeigen wollte, machte einen Katzenbuckel und setzte sich wieder. Dabei wurden seine muskulösen Beine sichtbar, die in kräftigen Tatzen – ja, beinahe Pranken – endeten. Sein Schwanz war buschig. Der ganze Kerl war ungepflegt, die Augen eitrig verklebt und als er sich reckte, da fiel Emma eine große Strecke verklebten Fells am Rücken des Tieres auf. Als sie aufstand, um aus einem anderen Winkel mehr sehen zu können, da verfolgte der Kater jede ihrer Bewegungen mit starrem Blick, als ob das Angucken allein ihm schon wehtue oder ihn bedrohe. Als Emma aufgestanden war, sah sie eine fast zwanzig Zentimeter lange Wunde, quer über den Rücken und diese Entdeckung jagte ihr einen größeren Schrecken ein, als der Kater, der plötzlich nachts in ihrem Zimmer saß.

Tiere waren Emmas wunder Punkt. Beim Thema Tier hatte ihre Betroffenheit keine Knautschzone. Sie fühlte sich verantwortlich, allein durch ihr Menschsein und der Fähigkeit für andere Geschöpfe zu sorgen, begründet. So hatte sie keine andere Wahl und sprach zu ihm:

»Ach herrje. Na, da bist du aber im richtigen Fenster eingestiegen! Ich bin zwar Menschenarzt aber das Wesentliche stimmt ja überein«, sagte Emma und überlegte, was sie alles bräuchte. »Hör zu, du Nachtwächter. Du bleibst sitzen und ich sammle mir aus dem Arzneischrank alles zusammen, was wir brauchen. Dann machen wir dich wieder gesund. Solange bleibst du bei mir. Okay?! Du bist jetzt sozusagen stationär aufgenommen. Und keine Widerworte. Wer freiwillig in die Notaufnahme kommt, der muss auch damit rechnen hierzubleiben.«

Der Kater schaute sie mit halb geschlossenen Augen an, als habe er sich längst in sein Schicksal ergeben. Gleichzeitig mit einem Gesichtsausdruck, der besagte: »Klar, kapiert. Deswegen bin ich schließlich da!«

Als Emma die Küche wieder betrat, hatte sie ihre Nachttischlampe unterm Arm geklemmt, denn sie brauchte eine gute Sicht auf die Wunde und sie trug eine ganze Schachtel mit Kompressen, Pinzette, Fläschchen und Tuben heran. Sie setzte sich und breitete ein sauberes Tuch auf dem Tisch aus. Sie hatte kurz Zweifel, ob sich ein Tier freiwillig von einem fremden Menschen Dinge gefallen lassen würde, die zwangsläufig unangenehm, wenn nicht sogar schmerzhaft, sein würden. Doch als hätte der Kater sie verstanden, stand er auf, machte einen Schritt auf das ausgebreitete Tuch und setzte sich wieder nieder.

»Okay, du Krieger. Erzähl mir bloß nicht, wie das passiert ist, sonst muss ich erstens weinen und sehe nichts mehr und zweitens werde ich die Menschheit hassen und vor Wut und Raserei nicht schlafen können. Ich erzähle dir jetzt einfach, was ich mache und du warnst mich mit einem Knurren, wenn es zu weh tut, bevor du mich kratzt oder beißt. Das Fenster ist zudem offen. Du kannst auch jederzeit gehen. Aber bitte bleib, denn das muss versorgt werden. Ja?!«

Der Kater hielt still. Sie reinigte die Wunde mit einem Desinfektionsmittel für Wunden, das nicht brannte. Zum Nähen war die Wunde nicht mehr frisch genug, was nicht schön war, sie aber andererseits erleichterte, denn sie hätte sich stark überwinden müssen, das arme Tier auch noch zu stechen. Sie beschloss, einen Kompressenverband mit Jodsalbe anzulegen, auch wenn die Hoffnung gering war, dass eine wilde Katze einen bandagierten Leib dulden würde. Aber diese fleischige Wunde offen zu lassen war ihrer Ansicht nach auch keine Option. So umwickelte sie den Leib, der etwas zitterte. Als sie die Katze befühlte, wirkte der Körper, als ob er nicht regelmäßig etwas zu fressen bekam. Zu guter Letzt säuberte sie die Augen mit lauwarmem Wasser und fand noch antibiotische Augentropfen in ihrem Bestand. Alles, einfach alles, ließ sich der Kater gefallen, was ihm sehr viele lobende Worte einbrachte. Erst als Emma ihn zum Schluss sanft übers Köpfchen streichelte, zuckte er zusammen und schaute sie mit großen Augen an.

»Na, du bist wohl keine guten Hände gewöhnt, was? Jetzt werde ich mal schauen, ob ich was zu essen für dich finde und dann müssen wir überlegen, wo du schläfst.«

Emma hatte weder Wurst noch Fleisch im Haus, von Katzenfutter ganz zu schweigen. Sie hatte nichts was einer artgerechten Katzenernährung entsprochen hätte und beschloss das Einzige zu servieren, was für den Moment annährend taugte, auch wenn es nicht das Optimale war. Sie holte ein Tellerchen mit Milch und erklärte dem Tier, dass sie morgen etwas Gescheites besorgen würde. Dennoch servierte sie mit schlechtem Gewissen. Der Kater trank bis zum letzten Tropfen, säuberte notdürftig den Milchbart und schlief ein, während Emma noch überlegte, wo er schlafen könnte. Ein unsichtbares Band der Liebe wob sich in jener Nacht zwischen den beiden, dass nicht mehr getrennt werden würde. Der Kater blieb.

Zehn Tage fanden tägliche Verbandswechsel statt und der Kater gedieh. Nach vier Tagen Küchenleben, selbstverständlich mit Katzenklo im Flur, damit der Kater nicht raus musste, besah sich das Tier sein Revier genauer. In der fünften Nacht schlief er in ihrem Bett. Und auch das blieb so. Sie brauchten sich und als der Kater genesen war, da zerriss Emma allein die Vorstellung, dass er auch bald wieder nach draußen wollte, um seinen Tätigkeiten als Dachkater nachkommen zu können. Die Vorstellung ihn schutzlos in die Welt gehen zu lassen, die so tierfeindlich war, machte ihr Angst und echten Kummer. Aber das hatte sie zu lernen und hatte mit dem Kater einen einsichtigen Freund, der begriff, dass er zuverlässig sein musste, da Emma, ohne ihn nachts vor Sorge kein Auge mehr zu machen würde.

Schnell zogen Rituale und Gewohnheiten ein. Sie frühstückten gemeinsam. Sie, eine Scheibe Brot mit Butter und Honig sowie eine große Tasse Earl Grey mit Milch. Honig war ihr Luxusgut und ein Muss zugleich. Sie liebte Honig und es war immer wichtig, eine kleine Auswahl im Haus zu haben. Denn nicht jeder Honig passte zu jeder Stimmung und andersrum vermochte nicht jeder Honig, einen positiven Einfluss auf die jeweilige Stimmung zu haben. Es dauerte nur wenige Wochen, bis Emma klar war, dass die Zeiten vorbei waren, in denen sie konkurrenzlos ihr Honigbrot aß. Eine Messerspitze voll Butter wurde auf den Rand des Untertellers gestrichen, der in der Nacht des katerlichen Einzuges in dessen Besitz übergegangen war. Nach einer gemeinsamen Woche bekam er seinen Namen, mit dem er höchst zufrieden schien: Herr Trüffel. Trüffel, denn sein Wesen war wertvoll strahlend, unverkennbar kostbar und versteckt unter diesem unscheinbar, fast etwas abschreckend struppigem Mantel.

Als Emma Trüffel an jenem Feiertagmorgen aufdeckte, da wusste er, dass es sich nicht lohnen würde, auch nur eine Bewegung aus dem Bett zu machen. Er spürte an ihrer Freude, dass sie kein gemeinsames Frühstück machen würden, sondern, dass sie zu Jacques ins »Mauseloch«, wie er das Bistro nannte, gehen würde. Ihn ärgerte dieses entgangene Frühstück keineswegs, denn er wusste, dass sie ihm ein Stück französischen Schinken als Entschädigung mitbringen würde. Und für den ließ er jede Maus stehen. Obwohl, seit er bei Emma wohnte, hatte er es mit den Mäusen eh nicht mehr so. Nicht, dass er Katzenfutter fraß – dieses Zeug hatte mit Geschmack nichts zu tun. Aber Emma war für ihn eine gute Köchin, obwohl sie selbst kein Fleisch aß. Ein mitleiderregender Blick, der das kurz bevorstehende Verhungern anzukündigen vermochte, und sie kam mit einem Stück Lachs Heim. Sie war diesbezüglich verständig, als sei sie selbst mal eine Katze gewesen. Als er nun aufgedeckt wurde, stellte er sich nicht schlafend. Hätte er es getan, dann hätte sie ihn nicht wecken wollen und sich rausgeschlichen. Das wollte er nicht. Er wollte seine morgendliche Begrüßung, also blinzelte er ihr zu. In dem Blinzeln musste auch noch eine Spur »Hey, bitte entschuldige dich, du hast mich geweckt« stecken, dann würde die Begrüßung noch schmusiger ausfallen. Er mochte es immer, wenn ihre Füße schon vor ihr wach waren und nach ihm tasteten. Und in dem Fall, dass sie mal ganz in die falsche Richtung füßelte, war er stets gnädig genug, um sich ein Stück ihren Füßen entgegen zu schieben, damit sie dann noch für eine halbe Stunde Ruhe gaben. Doch wenn sie dann aufstand und er entblößt vor ihr lag, dann kniete sie sich vors Bett, nahm sein Köpfchen in beide Hände und küsste ihn auf die Stirn. Sie nahm sich immer vor, ihn nur einmal zu küssen. Aber er wusste und genoss, dass es nie weniger als vier Küsse werden würden.

Oh, wie er es liebte! Es war für ihn bald nicht mehr vorstellbar gewesen, dass er beim ersten Streicheln über den

Kopf zusammengezuckt war. Jetzt presste er ihr seinen Kopf immer entgegen. Entweder gegen ihre Hand beim Streicheln oder ihre Lippen beim Kussritual. Manchmal war er zu schnell, dann waren ihre Lippen noch leicht geöffnet und sie hatte Fell mit im Mund, was das weitere Küssen verzögerte, denn musste sie sich von den Haaren erstmal befreien. Dass sie dann lachte, mochte er. »Vielleicht sollte ich mir anti-hairball-Futter kaufen«, hörte er sie mehr als einmal sagen, verstand aber nicht, was sie meinte. Wenn sie ihn fertig geküsst hatte, dann hielt sie noch einen Moment seinen Kopf und sagte »Guten Morgen, Herr Trüffel! Ich liebe Sie! Bitte heute nicht vergessen!« Das hätte sie seiner Ansicht nach nie aussprechen müssen. Das wusste er. Aber die Menschen glauben scheinbar, dass manche Dinge erst zu existieren beginnen, wenn sie ausgesprochen sind. Was für ein Quatsch.

Die Begrüßung an jenem Feiertagmorgen fiel wie gewollt aus und es folgte die Erklärung, dass er auf das Frühstück verzichten müsse, da sie zum Käsemann gehe, ihm aber war Leckeres mitbringen würde. Sie erklärte ihm immer das Bevorstehende des Tages. Das fand er gut, denn dann konnte er seinen Tag etwas darauf einrichten. Dass sie wechselnde Schichten hatte, das nervte ihn ein bisschen, denn verlangte das von ihm Flexibilität. Etwas, dessen Notwendigkeit er ihr eigentlich abgewöhnen wollte. Aber gut, Beziehung bedeutete Kompromiss. Und scheinbar machte da das Dasein auch keine Ausnahme bei Katzen. Er warf ihr einen Blick zu, der scheinbar zu viele seiner Gedanken verriet, denn sie antwortete »Ja, ja. Ich weiß, dass du weißt, dass ich zum Käsemann gehe und mit was Leckerem zurückkomme. Schon gut. Schlaf schön!« Sie grinste und er nahm sich vor in Zukunft etwas unverbindlicher, belangloser und nichtssagender zu schauen. Emma sollte sich schließlich nicht durchschaut fühlen und schon gar nicht ihre Erklärungen einstellen. Er nutzte die Chance, um sich auf den Stellen der Matratze auszustrecken, die ihr Körper zuvor noch angewärmt hatte.

Es folgte ein weiteres Ritual, dass er mochte. »Will der verehrte Herr Trüffel auf- oder zugedeckt werden, um eingemummelt oder doch lieber belüftet seinen wohlverdienten Katerschlaf fortzuführen?« Und er wusste nicht, wie sie es machte, aber meistens lag sie mit ihrer Entscheidung des Auf- oder Zudeckens richtig. Heute blieb er aufgedeckt und sah sie in ihrem Schlaf-T-Shirt, das ihr bis kurz oberhalb der Knie reichte und drei Nummern zu groß war, um die Ecke ins Bad gehen und einen Duschmoment später, in Slip und BH sowie eines Söckchens, die andere Socke suchend, aus dem Bad stolpern. Trüffel sah sich vorsichtig verstohlen um, ob die in Rosatönen gestreifte Socke unter ihm hervorlugte. Und als er sie unter seinem linken Hinterbein hervorblinzeln sah, legte er seinen Schwanz unauffällig, getarnt von einem ablenkenden Gähnen, über sie. Sie musste nicht alles wissen. Er liebte Socken. Heute Abend würde sie beim Zubettgehen denken, sie habe sie über Nacht im Bett verloren und dann vergessen. So, wie es ihr schließlich öfters passierte. Was vollkommen unlogisch war, denn sie ging nicht mit Socken ins Bett. Doch diesbezüglich stellte sie nie Fragen, was ihn wiederum wunderte. Sie steckte schließlich ihre Füße in grüngestreifte Kniestrümpfe, zog eine braune Cordhose mit dunkelgrünen und roten Flicken sowie braune Lederstiefel an und entschied sich für eine Bluse mit allerlei bunten kleinen Blümchen darauf sowie einen dünnen Poncho.

Sie verließ das Haus pünktlich zum Beginn des größten Wolkenbruchs, den das Spätjahr sehen würde. Sie hätte einen Schritt zurück ins Haus gehen und ihren Lieblingsschirm holen können. Nicht, dass sie mehrere Schirme besaß. Aber hätte sie mehrere besessen, so wäre dieser ihr Lieblingsschirm gewesen, was sie als Argument aufführte, ihn schon zweimal repariert zu haben und auch keinen zweiten in Reserve daheim haben zu wollen. Der rote Schirm mit weißen Punkten hätte ihr einen Teil der Peinlichkeit, den sie bei dem nun folgenden Auftritt empfinden würde, erspart. Doch die Faulheit, die knarrende Treppe nochmal hinaufsteigen zu müssen, um sich dann mit einem leicht verschwitzten Gefühl zu Jacques zu begeben, hatte gesiegt und so schaute sie zum Himmel, redete sich ein, dass der Weg ja kurz sei und ging los. Sie kam rasch in den leeren Gassen voran. Dass keine Menschen unterwegs waren, erklärte sie sich durch den Regen, was jedoch nicht möglich gewesen wäre, denn der Regen war so plötzlich gekommen, dass sich die Menschen in den Gassen hätten in Luft auflösen müssen, wenn die Straße zuvor normal bevölkert gewesen wäre. So logisch war sie an diesem Feier-Diens-Tag nicht unterwegs.

Sie kam nach hundert Metern klitschnass vorm »Fromagique« an und hielt automatisch in der Bewegung inne, als sie den Laden völlig ohne Leben erblickte. Ihr Blick fiel auf den windstillen Schein der Kerze eines einzigen Tisches, der bereits mit zwei Tellern und einem Körbchen mit Croissants und Baguette eingedeckt war. Die verdatterten Sekunden vergingen und Emma wurde aus ihrer nassen Starre gerissen, als Jacques plötzlich mit einem Regenschirm auftauchte und breit grinsend fragte:

»Sollen wir reingehen? Man sagt, es sei nicht die schlechteste Adresse im Viertel!«

Emma schaute völlig benommen und war sich im Nachhinein sicher, dass sie einen Anblick geboten haben musste, der an Jämmerlich- und Dämlichkeit nicht zu überbieten war. »Du? Hier? Ich meine, hier draußen?«, hatte sie geantwortet und dabei zwischen dem Bistro und Jacques hin und hergezeigt.

»Ja, ich bin zufällig hier in der Gegend gewesen. Komm mit!«, grinste Jacques immer breiter und schob sie ein wenig vor sich her, rein ins Bistro und verschloss hinter sich die Tür.

Er führte sie an den Tisch, zog den Stuhl zurück, damit sie Platz nehmen konnte und verschwand hinter der Theke in der Küche. Als er mit einem großen Badehandtuch zurückkehrte und er es Emma einfach über den Kopf hängte, saß sie immer noch ganz verwirrt und still auf ihrem Stuhl.

Als sich nach zehn Sekunden immer noch keine Regung zeigte, schaute er unters Handtuch: »Huhu?! Jemand da? Oder bist du im Regen ertrunken?«

Sie wimmerte: »Ich komme nicht mehr raus! Nie mehr! Es ist so peinlich! Wir haben Feiertag, nicht wahr?!«

»Oui, oui Madame! Das haben wir! Los, wir feiern!«, lachte Jacques laut und kindisch und verschwand abermals in der Küche.

Als sie hörte, dass Jacques sich setzte, lugte sie unterm Handtuch hervor. Der Tisch war, wie sie fand, liebevoll gedeckt: Milchkaffee, ein Teller verschiedenster Käsesorten, eine kleine Schüssel mit Salatblättern und frischen Kräutern, Butter, einem Teller mit Birnenscheiben, Mango und Himbeeren sowie hauchdünne Schokoladentäfelchen in einer Schale, die eine Scheibe Baguette perfekt zieren würden. Eine neue Sprachlosigkeit und Bewegungsstille befiel sie, doch jetzt war ihr Gesicht vom Handtuch befreit, das nun wie ein Umhang über ihren Schultern lag und die regennassen Arme bedeckte.

Wie sie da so saß, mit ihren blauen Augen, die von einem Gegenstand zum Nächsten blickten und den ganzen Tisch beschauten, als ob er was Besonderes wäre. Wie Jacques sie in dem Moment beobachtete, als ihr eine lange, von der Nässe gelockte Strähne ins Gesicht fiel. Wie er sie ansah, mit so weichem Blick, den stillen Moment genießend. Wie sich dann ihre Blicke trafen und sich einen Moment zu lang und doch eine Unendlichkeit zu kurz verbanden, das alles konnte Emma einerseits aus ihrer Perspektive erleben, andererseits nahm sie es wie von ganz weit weg wahr. So, als stünde sie als separate Person im Raum, denn sie konnte auch sich dort sitzen sehen. Diese Person fühlte sich zwar beobachtend und losgelöst an, jedoch konnte sie gleichzeitig wahrnehmen, was die Emma fühlte, die dort saß. Der Moment, als sie über diese Wahrnehmung erschrak, unterbrach diese auch prompt. Sie fühlte sich kurz als sei sie verrückt geworden, was sie aber in Anbetracht ihres schrägen Auftretens hier nicht nachhaltig wunderte.

Nachdem Jacques bemerkt hatte, dass Emma fror überzeugte er sie, sich ihrer Kleider zu entledigen.

»Wow. So schnell brachte ich noch keine Frau dazu sich auszuziehen. Und dann noch hier im Lokal!«, grinste er und drehte sich um, mit einem flauschigen Bademantel wartend, während sie sich der klitschnassen Sachen entledigte. »Et voilà!«, drehte er sich mit geschlossenen Augen um, widerstand zu blinzeln und wartete.

»Auch, et voilà!«, sagte Emma und setzte sich in den Bademantel eingekuschelt wieder hin. Gleichzeitig schob er ihr unter dem Tisch dicke Filzhausschuhe zu.

»Sehr gut. Genauso habe ich mir den Tag vorgestellt«, sagte sie, nochmals das Gesicht hinterm Handtuch versteckend und den Kopf schüttelnd.

»Ich finde es perfekt«, lächelte Jacques, stand auf und verschwand mit Emmas Kleidern in der Küche.

»Was machst du?«, rief sie ihm hinterher.

Schon kam er wieder. »Ich habe deine Kleider nur kurz in den Backofen getan.«

»Du meinst Trockner?«, fragte Emma, die nicht widerstehen konnte und am heißen Milchkaffee nippte.

»Nee, sowas habe ich nicht. Aber ich dachte, 60 Grad Umluft werden es auch richten, oder?«

Sie lachte und konnte kaum mehr aufhören. Sie frühstückten auf französische Art. Es währte drei gemütliche Stunden, in denen sie kaum eine Minute nicht sprachen, bis Emma einfiel, dass sie zur Arbeit musste. Der Aufbruch war überstürzt gewesen, denn sie hatte die Zeit vergessen. Ja, es war ein Feiertag. Sie würde am nächsten Tag nochmal zu Jacques gehen und sich bedanken. Der Arbeitstag war vergangen, wie auf Flügeln getragen und als sie abends von ihrem Dienst zurückkam, da stand sie, ganz außer Atem, erschöpft und energievoll zugleich an ihre Wohnungstür gelehnt und in ihr breitete sich das Gefühl dieses Tages aus und sie konnte sich nicht vorstellen, dass das Leben nun unverändert weitergehen würde. Etwas Wunderbares war geschehen. Etwas Wunderbares, das nicht in Worte gepackt werden konnte.

Diese Erinnerung tauchte heute, eineinhalb Jahre später, auf, als Emma nach ihrem Treppensprint erschöpft und müde an der Wohnungstür lehnte und zum dritten Mal tief durchatmete. Und aus dieser Erinnerung schöpfte sie neue Energie. War eben noch ein Moment gewesen, da sie sich lieber ins Bett verkrochen hätte als sich zu duschen, anzuziehen und wieder in die Welt zu gehen, so war sie nun wiederbelebt. Sie hatte Jacques versprochen, heute Abend im Bistro zu helfen. Die fünf Tische in dem kleinen Lokal waren als geschlossene Gesellschaft reserviert worden. Und auch wenn Jacques das allein hinbekommen hätte, so hatten beide in den letzten eineinhalb Jahren gelernt, einander zu ergänzen. Irgendwie hatte es sich nach dem gemeinsamen Feiertagsfrühstück ganz unkompliziert ergeben, dass sie ihm ab und zu half und nicht nur zum Kosten und Essen kam. Emma genoss das Zusammensein mit Jacques und auch die ausgleichende Arbeit im Lokal. Jacques wiederum war es eine Freude immer wieder zu erleben, wie Emma das Essen bei ihm genoss. Ob Käse oder Kräuter oder Wein, sie beim Kosten und Entdecken zu beobachten war für ihn ein scheinbar größerer Genuss, als wenn er die Speisen selbst gegessen hätte. So achtsam sie aß, so behutsam war auch ihr Umgang mit den Lebensmitteln in der Küche und das verhalf Jacques zu einem neuen Blick auf die Wertigkeit der Dinge. Bei Emma verkam nichts. Alles fand Verwendung und das ließ beide kreativ werden, denn das Resteallerlei eines Bistros war vielfältig. Emma wusste jedes Lebensmittel zu schätzen und mied alles, was durch ökologischen Raubbau entstanden war, so gut es nur ging. Sie hatte klare Prinzipien und aß kein Fleisch. Dennoch aß sie es, wenn es ihr durch ein Versehen serviert wurde. Sie aß es, weil sie der Ansicht war, es zu verschmähen, weil man es nicht essen wollte, wäre Frevel und die unwürdigste aller möglichen Gesten gegenüber dem toten Tier. Denn schließlich sei es ja schon tot und es jetzt in den Müll zu schmeißen hätte nichts mit konsequenter Tierliebe zu tun. Aber wenn sie einen Einfluss darauf hatte, welche Lebensmittel überhaupt den Namen »Lebens-Mittel« verdient hatten und dann auch auf den Tisch kamen, ging sie mit sich, den Menschen und auch ihren Gelüsten hart ins Gericht. Das veränderte auch Jacques Sicht auf die Welt und es veränderte das Angebot in seinem Bistro. Ihn interessierte nicht mehr nur der Geschmack eines Käses oder Weins, sondern auch Herkunft, Hofgröße der Milchbauern, Weidemöglichkeiten von Ziegenfarmen, Herkunft von Lab, Transportwege und nicht zuletzt Verpackung. Mit dem Sortiment, änderte sich auch der Preis, zu welchem er die Speisen anbieten konnte und einem Schutzengel sei Dank überlebte sein Lokal diesen qualitativ zwar gut gemeinten Schnitt, der jedoch auch ein hartes Jahr des Aufbaus eines veränderten Kundenstamms und viel Aufklärungsarbeit bedeutet hatte. Doch Jacques machte die verblüffende Erfahrung, dass er nicht automatisch zum Bistro der High Society des Ortes geworden war, sondern ihn auch Gäste besuchten, die es sich nur einmal im Vierteljahr leisten konnten, zu ihm zu kommen, es dann aber mit einer Freude, einem Bewusstsein und mit einer Genussfähigkeit taten, dass es eine Freude war, ihr Gastgeber zu sein. Und in diesen Gästen fand Jacques seine Motivation als Gastronom wieder, denn hier ging es nicht darum Masse umzusetzen und zu verkaufen. Es ging um Qualität, um die Menschen, um die Lebensfreude und es war ein Geben und Nehmen, bei dem die Rechnung für beide Seiten stimmte.

Mit Emma wurde Jacques Leben schöner. Er konnte sich nicht so richtig erklären, wie alles gekommen war. Aber er fand sich damit ab, das man nicht alles im Leben erklären konnte und genoss die Dinge, wie sie waren. Er bewunderte Emmas schier endlose Energie. An einem Abend in der Woche, meist donnerstags, kam sie als Gast zu ihm. Und doch war es zugleich ein Geschäftsessen, denn wenn sie bestellte, dann spürte er, dass sie den Abend über gedanklich ständig neue Rezepte und Käsekompositionen ausprobierte, sich auch ab und zu Notizen machte, die dann wiederum in ihre Resteverwertungsexperimente einflossen. Ansonsten kam sie mittlerweile dreimal in der Woche zu ihm. Je nachdem wie ihre Dienste die Woche gestalteten, doch immer am Abend nach einem Frühdienst, um ihm dann mit dem Anrichten der gewünschten Käseteller oder Platten zu helfen. Er spürte, dass ihr Beruf ihr viel abverlangte und er hatte schon mehrere Male versucht sie zu bremsen, wenn sie wiedermal erschöpft vor ihm stand, um in der Küche zu verschwinden. Er hätte sie lieber ins Bett geschickt als zu wissen, dass sie jetzt für ihn arbeitete und sich obendrein weigerte dafür Geld zu nehmen.

»Ich verfresse hier ein Vermögen!«, hatte sie mal gesagt.

Worauf er geantwortet hatte: »Quatsch, dank deiner Futterhilfe spare ich auch noch Platz in der Biotonne. Du bist also mein, ähmmm, Müllschlucker!«

Sie hatten herzlich gelacht und auch wenn er es gewollt hätte, das Thema schaffte es seither nie wieder auf den Tisch zu kommen. An einem Abend wagte er einen letzten Versuch, doch da hatte sie ihn flehentlich angesehen und gesagt:

»Ich weiß es zu schätzen, Jacques, dass du mich wegschicken willst. Aber ich brauche gerade an anstrengenden Kliniktagen ein Gegengewicht. Das hier tut mir gut. So unendlich gut. Bitte nimm mir das nicht!«

Und er musste zugeben, dass es stimmte. Oft kam sie müde und erschöpft gegen neunzehn Uhr bei ihm an und verließ um Mitternacht das Bistro mit einem dynamischen Schritt, um dessen Energie er sie beneidete. Für heute Abend hatte sich, wie Jacques sagte, ein hohes Tier angekündigt, das ein Käsesortiment vorbestellt habe, dessen Wert knapp über tausend Euro lag. Eine derart hochwertige Käselieferung fand Jacques in keinen Händen besser aufgehoben als in Emmas. Emma wiederum hatte bei den Worten hohes Tier gleich an eine Giraffe denken müssen und diese kindliche und kindische Assoziation hatte Jacques ihr an der Nasenspitze abgelesen.

»Nein, Kleine. Keine Giraffe«, hatte er ihr entgegengegrinst und zog ihr an einem der beiden Zöpfe, die sie an dem Tag trug.

»Die sind gegen die Strenge des Erwachsenseins«, hatte sie ihm entgegnet, als er sie an dem Tag mit hochgezogenen Augenbrauen betrachtete. Und damit war für sie das Thema beendet. Jacques wollte, dass der Tausend-Euro-Käse die bestmögliche Verarbeitung bekam und zudem fand er, wäre Emmas Anwesenheit ein adäquater Beistand, denn hohe Tiere konnten anstrengend sein.

Mit dem Elan der Vorfreude auf den gemeinsamen Abend richtete sich Emma aus ihrer angelehnten Position von der Wohnungstür auf und verschwand im Bad. Es folgten ein schnelles Duschen und der Beschluss, dass sie sich klassisch und schlicht kleiden würde, damit sich Jacques bordeauxrote Küchenschürze strahlend davon abheben und richtig zur Geltung kommen könnte. Sie fühlte sich in dieser Schürze wie ein Zimmermädchen oder eine Krankenschwester aus den dreißiger Jahren des letzten Jahrhunderts. Es war eine Schürze jener Sorte, die man sich erst über den Kopf streifte, damit das Band im Nacken zum Liegen kam, das den spitzenbesetzten und das Dekolleté verdeckende Stoffteil hielt. Dann fiel die Schürze tailliert bis knapp oberhalb der Knie und wurde auf dem Rücken gebunden. Aus Spaß an dieser Vorstellung steckte sich Emma zudem einen Dutt, den sie mit einem ebenfalls bordeauxroten Band umwand und ließ die ein oder andere Strähne elegant und doch auch irgendwie frech aus dem Gebinde herausfallen. Sie schlüpfte in einen Tanga, den sie nur trug, um nicht mit dem Nahtabdruck des Slips noch mehr Aufmerksamkeit auf ihren Po zu lenken, eine schwarze Feinstrumpfhose, einen überknielangen schwarzen Rock, eine weiße Bluse sowie schwarze Pumps, die hoch genug waren, um ihre schlanken aber muskulösen Beine zu betonen, jedoch eine Höhe hatten, in der sie noch elegant und ohne Qualen, die einer Selbstgeißelung gleichgekommen wären, zu laufen vermochte. Es war nun kurz vor halb sieben und sie huschte noch schnell in die Küche, um Trüffels Tellerchen auf den Küchentisch zu stellen.

Der Teller war der einer Untertasse und von beiden das vereinbarte Zeichen der Ankündigung, dass es nachts noch ein mitgebrachtes Extrahäppchen geben würde. An solchen Abenden wartete Trüffel vorm Tellerchen sitzend oder schon schlafend auf ihre Heimkehr. Dann fraß er seine kleine mitgebrachte Delikatesse, ließ sich noch ein Weilchen von Emma kraulen, schlief dann entweder mit vollem Bauch ein oder brach nochmal zu einem kleinen Spaziergang auf. An Abenden ohne positioniertes Tellerchen fraß er Trockenfutter und wartete zusammengerollt im Bett oder war bereits wieder auf der Tour über die Dächer. Für Trüffel bedeutete die abendliche Entdeckung des Tellers nicht nur das Versprechen einer Delikatesse, sondern auch, dass Emma seine Gegenwart brauchen würde. Sie ahnte nicht, dass Trüffel so einiges wusste: von wem die leckeren Häppchen stammten, dass Emma voller Glück nach Hause kommen würde und dringend diese Extraportion überlaufender Glücksseligkeit in Zärtlichkeiten übersetzen musste. Und als Freund war er verständlicherweise so selbstlos, sein Fell dafür zur Verfügung zu stellen oder aber – und das kam auch manchmal vor, wobei er nicht verstand, weshalb – ihr wortloser Kummerkasten zu sein, wenn sie sich rasch ins Bett verkroch. An solchen Abenden schmeckte ihm sein Mitbringsel weniger gut, denn Kummer vermochte auch seine Kehle zuzuschnüren. Soviel war ihm mit der Zeit jedoch klar geworden, wenn Sie mit Kummer von Jacques kam, dann war das letztlich auch nur ein Zeichen dafür, dass der Abend schöner gewesen sein musste, als sie es erwartet hatte. Trüffel war sich sicher, dass es keine Sehnsucht war, denn gesehen hatten sie sich schließlich. Es war seiner Meinung nach eine Art Fühlsucht und er wusste, weshalb, aber verstand nicht, warum die beiden diese Sucht nicht stillten. Und er fand es typisch menschlich unlogisch, dass man traurig ins Bett ging, obwohl man eigentlich glücklich war.

Emma stellte das Tellerchen in die Mitte des kleinen Kiefertisches, der gerade groß genug war, um der Einnahme einer Mahlzeit von Mensch und Katze dienlich zu sein, und verließ die Wohnung.

Bei Jacques angekommen deckte dieser gerade die Tische mit Servietten und Weingläsern ein; ein in sich stimmiges Ergebnis, wie immer. Die kleinen, in die Jahre gekommenen und von den Jahren gezeichneten, dadurch jedoch nicht alt, sondern reif wirkenden Eichentische waren jeweils mit einer kleinen, schlankhalsigen und etwas windschief wirkenden getöpferten Vase dekoriert, die in strahlend bunten Farben glasiert war und drei getrockneten Lavendelzweigen ihr Zuhause bot. Die lavendelfarbenen Servietten bildeten mit den

Gläsern für jeden Gast ein kleines Revier, in das nur noch eine leckere Speise Einzug finden musste, um das Wohlgefühl zu perfektionieren. Sie grüßten sich mit warmem Blick, wobei Emma fand, dass Jacques braune Augen dann sofort eine neue Sanftheit bekamen.

Jacques war ein Mann, der Emma auffiel, weil er im Generellen nicht auffallend war. Er war seiner Ansicht nach in allen Belangen mittelmäßig und diese Selbsteinschätzung wiederum machte ihn einzigartig. Er war mittelgroß, mittelschlank, mit diskretem Bauchansatz, wobei daran einzig der Käse schuld war, der über achtundvierzig Prozent Fettgehalt hatte und den man nur in genussvoller Verbindung mit einem Wein den Gaumen entlangschmeicheln lassen konnte. Jacques Blick auf den eigenen Körper war überkritisch. Er sah einen Bauch, wo objektiv nur ein Bauchansatz war und noch mit vollem Mund Käse kauend, konnte er jammern, dass er zu fett sei. Jacques war mittelmäßig muskulös, wobei das optisch Muskulöse nicht Abbild seiner tatsächlichen Muskelkraft war. So vermutete man nicht, wenn man ihn beobachtete, wie federleicht er mit Weinfässern oder großen Käselaiben hantieren konnte. Für Emma war es eine Augenweide, wenn er mit einem dreißig Liter Weinfass auf der Schulter aus dem Keller kam. Es war ein Mix aus spielerischer Leichtigkeit und männlich muskulöser Standhaftigkeit. Sein Gesicht war mittelgroß, weichgezeichnet und doch markant schnittig. Emma hatte schon viele gemeinsame Abende lang überlegt, was diesem milden Gesicht seine Schnittigkeit verlieh. Und eines Nachts im Bett fiel es ihr plötzlich ein. Es war seine Nase. Sie war vielleicht etwas zu groß für sein Gesicht, der Nasenrücken etwas zu kantig prominent und auch nicht ganz gerade. Ihre Entdeckung hatte sie in dieser Nacht gleich teilen müssen und tastete unter der Bettdecke Trüffels Kopf, der sich gerade in kuscheliger Anpirschung befand. Sie drehte sich auf die Seite, rutschte ihm entgegen, verschwand unter der Decke und streichelte, als sie mit ihm, den Geheimnis-Verbündeten, auf gleicher Höhe war, sein Köpfchen und flüsterte ihm ins Ohr: »Herr Trüffel! Das Geheimnis ist seine Nase!«, küsste seine Stirn und nachdem er sein Köpfchen als Erwiderung immer wieder gegen ihr Gesicht gepresst, sie gestupst und sich an ihrem Kinn gerieben hatte – was wiederum mit weiteren Streicheleinheiten beantwortet wurde – schlief sie neben ihm ein.

Trüffel liebte diese Geste und konnte nicht gänzlich nachvollziehen, womit er in exakt jener Sekunde seines Daseins diesen Kuss verdient hatte. Wobei, vielleicht musste man sich das gar nicht verdienen. Vielleicht begründete das Dasein allein, dass man es zu feiern hatte und die Lebewesen sich aus dieser Freude heraus liebkosten. So musste es sein, denn eigentlich war es eine Geste, wie das Lecken der Stirn durch seine Mutter, als er noch klein war. Und das war schließlich auch eine Liebkosung und erfüllte nicht den Zweck des Putzens. Wenn also das Küssen bei den Menschen, sowas wie das Stirnlecken bei den Katzen und damit ein Zeichen der Liebe war, dann verstand Trüffel, weshalb Emma ihn so gern küsste, denn er fühlte, dass Emma ihm gegenüber aufrichtige Liebe empfand und somit ständig einen Grund hatte, ihn zu küssen – auch ohne Grund.

Jacques Lippen waren mittelvoll, seine Augen und Haare tiefbraun. Die Haare trug er mittelkurz; mittellang wäre eine falsche Beschreibung gewesen. Sein Lächeln war alles andere als »Mittel«. Es war DAS Lächeln. Ein Lächeln, das das ganze Gesicht zum Strahlen brachte. Nicht nur die Lippen waren Teil seines Lächelns, die Nase bekam sanftere Züge, die Grübchen verliehen seinem Gesicht eine kindliche Leichtigkeit und kindische Frechheit und die Augen leuchteten. Sein Lächeln war eine Einladung und zugleich ein Versprechen, tausend Geheimnisse behüten zu können. Diesem Zauber war Emma schnell verfallen. Es war faszinierend. Er brachte binnen Bruchteilen einer Sekunde ein Lächeln zustande, das Emma für den Rest eines Tages begleitete. Es war ein Aufwand-Wirkungs-Verhältnis, das in der Welt beispielslos seinesgleichen suchte.

Als Emma das Lokal betrat, begrüßte Jacques sie mit seinem federleichten und beflügelten Lächeln und wie jedes Mal, bemächtigte sich ein Ausdruck von Leichtigkeit seines Gesichts, so glücklich war er, dass sie wieder bei ihm war. Erst wenn er sie sah, konnte er glauben, dass es wahr war. So, als hätte er sich bis zuletzt keiner falschen Hoffnung hingeben wollen, ob sie wirklich kommen würde. Er wollte sich das Gefühl der Enttäuschung ersparen. Nicht, dass sie nicht verlässlich gewesen wäre, ganz im Gegenteil. Aber er konnte es einfach nicht als Selbstverständlichkeit hinnehmen, dass sie ihre Freizeit mit ihm verbrachte. Er empfand ihre Gesellschaft als großes Glück und sein Leben hatte ihm gelehrt, dass auch das kleinste Glück keine Selbstverständlichkeit war, dass man es als Mensch nicht zu bewahren vermochte, nur weil man es wollte. Allenfalls konnte man versuchen es nicht mutwillig zu zerstören. Das Glück anlocken oder gar festhalten konnte man nicht. Mit dem Unglück sah es anders aus. Dem konnte man nachhelfen, man konnte es einladen – wozu im Leben scheinbar auch nur der Hauch einer Unachtsamkeit zu genügen schien.

Als Jacques Emma das Bistro betreten sah, da mischte sich in seinem Inneren zu dem Lächeln der Freude noch ein breites Grinsen. Ihr Outfit war perfekt für den heutigen Abend. Es war elegant und förmlich genug, um dem Ambiente – das, wie Jacque glaubte, seine Gäste erwarten würden – zu entsprechen. Und dennoch hatte ihre Erscheinung etwas Unergründliches, Undurchdringliches und zugleich Freches. Der Dutt war klassisch, doch das bordeauxrote Band, das ihn hielt, fand sein verspieltes Ende in einer Strähne, die dem Haargebinde entkommen war. Ihr Make-up, das sie nur für den heutigen Abend aufgelegt hatte, da sie sich sonst nicht schminkte, war dezent und verlieh ihren Lippen dennoch einen derart fantasiebeflügelnden einladenden Glanz, dass man ihnen die Erfüllung eines jeden Versprechens zutrauen würde. Die schwarzen Pumps machten ihren Beinen ein weiteres Kompliment, das diese niemals nötig gehabt hätten. Und als sie wenige Minuten nach der Begrüßung wieder aus der Küche auftauchte, da verschlug es Jacques den Atem, denn nun hatte sie Eleganz, Verspieltheit, Bravheit und Verführung in Perfektion auf die Spitze getrieben. Sie trug die bordeauxrote Schürze, deren im Nacken gebundener Latz ihre perfekt proportionierten Brüste überdeckte, sich im weiteren Verlauf an ihre Taille schmiegte und durch das Schürzenband gezügelt wurde, um dann in Richtung ihres schwarzen Rockes oberhalb der Knie zu enden. Wobei der Betrachter nicht anders konnte, als dem Verlauf weiter zu folgen und sich im Anblick ihrer Beine zu verlieren. Jacques hatte schon häufig beobachten können, wie Männer diesem Anblick verfallen waren und wie die jeweiligen weiblichen Begleitpersonen dieses zum Teil mit grimmigem Blick kommentiert hatten, um daraufhin ein Gesprächsthema zum Zwecke der Ablenkung zu beginnen, die Aufmerksamkeit zurück auf die Speisekarte zu zitieren oder aber um im Weiteren mit eingeschnapptem Getue, mürrisch den Abend zu verbringen. Diese Sorte Damen kritisierten zumeist auch die Höhe des gegebenen Trinkgeldes ihrer männlichen Gastgeber während des Hinausgehens. Interessant war, dass Emma, die die Gäste nicht bediente, sondern all den weiblichen Groll allein durch das Erscheinen erntete, das zwangsläufig notwendig war, um Käse aus der Theke zu holen, in die Küche zu schaffen oder Käseteller aus der Küche zur Theke zu bringen, damit Jacques sie von dort servieren konnte. Er genoss Emmas Anblick und insgeheim erhoffte er sich mindestens ein störrisch düster missgönnend dreinblickendes Weib, deren Neid ihn stolz machte. Stolz, ohne Grund und doch ein Stolz von unergründlicher Tiefe.

Emma kam in kokettierend schreitendem Gang auf ihn zu: »Monsieur Jacques! Geziemt sich mein Aussehen für den heutigen Abend?« Sie streckte ihm eine Hand entgegen, die er ergriff und sie drehte sich an ihr wie beim Tanze und die Drehung endete, wie ganz selbstverständlich in seinen Armen, als folge nun ein weiterer Tanzschritt.

»Ja, Madame! Sie sehen großartig aus!«, erwiderte Jacques. Sie lösten sich voneinander.

»Okay, dann wie immer? Ich gehe schonmal zu meinem Obst und putze es heraus. Es muss strahlen!«, sagte Emma und verschwand in der Küche.

Ehe Jacques antworten konnte war sie mit einer wirbelnden Umdrehung in Richtung Küche verschwunden und Jacques, dessen Ohren gerade einen schönen Chanson des CD-Players im Hintergrund erhaschten, drehte die Musik lauter. Er legte die restlichen Servietten vor sich hin summend aus und polierte dann die Weingläser. Ein paar Minuten würden bis zum Eintreffen der Gäste noch verbleiben, um nochmal zu Emma in die Küche zu gehen. War sie in seiner Nähe, dann ging ihm die Arbeit wie beflügelt von der Hand. Er konnte es gar nicht erklären, doch in ihrer Gegenwart war er einfach beschwingter, erfreute sich viel leichter an den kleinen Schönheiten des Alltags, die er sonst scheinbar übersah und sah gnädiger über Ärgernisse hinweg. Auch wenn sich Emma jedes Mal ganz köstlich amüsierte, wenn er ein Fluchen manchmal nicht unterdrücken konnte, so war ihm das unangenehm und er hätte es gern verhindert. Er ärgerte sich über diese seiner Eigenheiten und wäre doch so gern für sie perfekt gewesen, zugleich es ihn glücklich machte, scheinbar bei und für Emma gar niemand Bestimmtes sein zu müssen. Er hatte das Gefühl sich nicht verstellen zu brauchen, was dazu führte, dass er in ihr Lachen einstimmte, wenn sie über ihn und seine Ungezügeltheit lachte. Es genügte ihr, wenn er einfach da war, ohne Schnörkel oder scheinbar makellose Etikette.

Als er in die Küche kam, summte Emma immer noch den Chanson, der im Lokal längst verklungen war. Sie kannte mittlerweile das musikalische Repertoire und hatte ein Händchen dafür, die richtige Musik aus seiner Sammlung zu wählen, wenn Jacques nicht wusste, nach was ihm war. Sie erfasste seine Stimmung manchmal mit einem Lied, das dann seine Gemütsfarbe zu potenzieren oder aber aufzulösen vermochte. Glücklichsein und Überschwang konnte sie mit der richtigen Musik steigern. Doch auch eine Niedergeschlagenheit wurde von der Musik ergriffen, kurz intensiviert, um dann mit den Tönen dahinzufließen und sich von ihm zu lösen. Emma wog im Takt der selbstgesummten Musik und hatte sein Kommen nicht bemerkt, was ihm ein bisschen Zeit verschaffte sie anzuschauen. Er fragte sich, weshalb sie in einem solchen Moment nicht versehentlich vergaß, wie man die Mango am elegantesten vom Kern löste und schnitt? Sie könnte ihn doch um Hilfe bitten. Bereitwillig würde er sich hinter sie stellen, die Arme entlang der ihren nach vorn führen, ihre Hand um das Messer ergreifen, mit der anderen Hand gemeinsam die Mango halten, um dann ihre Bewegungen zu führen und zu spüren. Dabei könnte er ihren Nacken betrachten und riechen und vielleicht auch …

Seine Gedanken wurden unterbrochen, als eine Erdbeere seine Lippen berührte. Er öffnete automatisch den Mund und als er draufbiss, erwachte er erst richtig aus seinen Träumereien: »Oh, Erdbeere!? Keine Mango?«

»Wieso Mango?«, fragte Emma.

»Ach, es sah von hier so aus«, sagte er verlegen.

»Ja, wirklich verblüffende Ähnlichkeit«, stellte Emma grinsend fest. »Wer ist denn eigentlich der geheimnisvolle Gast, für den wir hier alles so rausputzen?«

Jacques schwellte die Brust, richtete sich auf und antwortete mit gehobener Stimme: »Richard Paul von Kleist.«

»Aha. Muss man den kennen?«

»Nun ja«, entgegnete Jacques. »Vielleicht ist es sogar ein gutes Zeichen, wenn man ihn nicht kennt. Er stammt aus einer Familiendynastie von Kotzbrocken und die Kenntnis der Familiengeschichte reicht schon aus, um auf die Bekanntschaft in weiser Voraussicht verzichten zu wollen. Er …«

Emma fiel ihm ins Wort: »Okay. Stopp. Keine weiteren Details. Sonst hat er bei mir gar keine faire Chance!«

Sie steckte Jacques im Vorübergehen eine polierte grüne Weintraube in den Mund. Er hatte sich angewöhnt in solchen Momenten die Augen zu schließen. Weintrauben polieren. Er erinnerte sich, als Emma das zum ersten Mal getan und er ihr breit grinsend einen Putzfimmel unterstellt hatte.

Es war vor eineinhalb Jahren, als sie ihm zum dritten Mal im Lokal half und er sie beobachtete, wie sie einen großen Weintraubenstrunk nahm, abspülte und kleine Traubengruppen mit der jeweiligen Rispe abtrennte. In Jacques Vorstellung war damit die Aktion des Traubenwaschens beendet, denn waren die Dinger nun abgespülte kleine Traubenbüschel und damit gut genug zum Dekorieren einer Käseplatte.

Doch Jacques sah, dass es aus Emmas Sicht jetzt erst richtig los ging. Sie hatte ein sauberes Baumwolltuch gegriffen, mit dem sie vorsichtig die kleinen Rispe, die höchstens zehn Trauben trug, umfasste, um dann sanft jede einzelne Traube zu polieren, wobei Jacques zunächst zweimal hinschauen musste, da er seinen Augen nicht traute.

»Was machst du da?«, hatte er gefragt.

Mit belustigtem und leicht vorwurfsvollem Unterton, so, als sei Trauben polieren die normalste Küchentätigkeit der Welt und die Frage somit vollkommen überflüssig, stellte sie das Offensichtliche fest: »Ähmm, Trauben polieren?!«

»Ah. Nee. Klar. Trauben polieren! Logisch. Hast du das andere Gemüse auch schon fertig poliert?«, hatte Jacques breit grinsend gefragt und ein Salatblatt, dass in einer Schüssel vor ihm lag, zwischen seinen Fingern gewendet und mit amüsiert kritischem Blick gegen das Licht gehalten, bevor er es sich lachend in den Mund steckte.

»Du veralberst mich, oder?«, entgegnete Emma. »Man kann Salat ja gar nicht polieren!«

»Aber Trauben?! Trauben sind geradezu gemacht für eine Politur!«, grinste Jacques immer breiter.

Emma stemmte theatralisch die Hände in die Hüfte: »Du nimmst mich wohl nicht ernst, was?! Pass auf!«, und kam einen Schritt auf ihn zu. »Augen zu!«, befahl sie. Jacques schloss die Augen. »Ich stecke dir jetzt eine Traube in den Mund und du isst sie!«

»Oh ja!«, alberte Jacques. »Ich liebe Herausforderungen!«

Er öffnete den Mund und schloss die Augen. Sie genoss für einen Moment den Anblick, liebte Herausforderungen ebenso und beschäftigte sich kurz mit der Frage, ob es nicht eine wundervolle Gelegenheit wäre ihn zu küssen. Wie er wohl reagieren würde? Sie stellte sich seine Lippen vor, wie sie kurz, in überraschter Verwunderung, erstarrten aber sie dann, den Moment und die Chance nicht verstreichen lassend, ihren vermutlich zaghaften Kuss erwidern würden. Statt mutig zu sein, nahm sie eine unpolierte Traube und näherte sich damit Jacques Lippen.

»Achtung! Traube Nummer eins!« Jacques Lippen schnappten nach der Traube und kaum, dass diese die Zähne berührte, zerbiss er sie. Nach dreimaligem Kauen schluckte er und sperrte, nach einem erwartungsvollem »Fertig!« den Mund wieder auf.

»Nein, doch nicht so!«, lachte Emma.

Er öffnete die Augen. »Wie denn dann?«

»Okay! Traubenessen für Anfänger. Mach wieder die Augen zu und mach, was ich dir sage!«

Er grinste schräg, schloss die Augen und sie nahm erneut eine unpolierte Traube. »Wenn die Traube deinen Mund berührt, dann ertaste sie mit deinen Lippen und halte sie zumindest kurz zwischen deinen Schneidezähnen fest.« Sie übergab die Traube in die Obhut seiner Lippen. Als sie sah, wie die Traube von seinen Zähnen ergriffen wurde, sagte sie: »Stopp! Noch nicht draufbeißen wollen! Halt sie fest. Mehr nicht! Nun umspiele sie mit deiner Zunge. Was spürst und was schmeckst du?«

Jacques verstaute grinsend die Traube in einer Wange und antwortete: »Ich spüre Traube und ich schmecke nichts, denn liebe Emma, der Geschmack einer Traube steckt in ihr und ist nicht außen drauf!«

»Okay! Dann kaue und schlucke und dann kommt der Vergleich.«

Zweimal gekaut und einmal geschluckt war Jacques wieder startklar. Emma nahm eine polierte Traube und steckte sie Jacque wieder zwischen die Lippen. »Bitte genauso langsam und schrittweise wie eben!«

Jacques gehorchte. Er nahm die Traube vorsichtig zwischen die Lippen und rollte sie sanft. Seine Zunge betastete die Traube leckend und sein Blick klarte, trotz geschlossener Augen erkennbar überrascht auf. Die Veränderung seiner Gesichtszüge verriet seine Entdeckungen. Er öffnete die Augen.

»Emma, was ist denn das?«

Emma stand vor ihm, die Hände vorm Mund, mit erwartungsvollem Blick, geradezu mitfiebernd.

»Was war los?«, fragte sie in gespielt nüchternem Ton. »War doch nur eine Traube, oder?«

Er stand still da und spielte immer noch mit der unverletzten Traube in seinem Mund. Er suchte nach Worten: »Das war ganz anders als die Erste. Wie glatt sich diese Traube anfühlt und die ist gar nicht bitter.«

»Wie, ich dachte, die Traube schmeckt erst nach etwas, wenn man draufgebissen hat?«, neckte Emma.

»Ja, es ist ja auch noch nicht der Traubengeschmack. Erst als ich die zweite Traube jetzt aß, merkte ich, dass die erste bitter schmeckte.«

»Na, du Entdecker, dann beiß jetzt mal zu!«

Jacque zerbiss die Traube. »Wow!«, entfuhr es ihm. »Das ist doch eine andere Sorte, oder?!«

»Nein, keine andere Sorte!« Emma wandte sich kurz ab und drehte sich mit den Händen voller Trauben wieder um.

Jacques erkannte den Unterschied nun sofort: ungewaschene, gewaschene und polierte Trauben nebeneinander. Es war die Spritzbrühe, die die Schale der Trauben trübe wirken ließ und wie mit einem Schleier überzog. Abgewaschen sahen sie schon deutlich ansehnlicher aus, doch die Stelle, wo der Stiel die Traube berührte war immer noch milchig fleckig. Die polierten Trauben hingegen waren makellos. Sie glänzten mit ihrer glatten Schale einladend und strahlten Leben aus.

»Und das ist der kleine Unterschied«, sagte Emma.

»Und dieser Unterschied macht den Geschmack«, ergänzte Jacques.

»Genau!«, freute sich Emma darüber, dass sie verstanden wurde.

»Aber … wow! Die Arbeit! Das weiß doch niemand zu schätzen«, stellte Jacques fest.

»Doch. Den Leuten schmecken die Trauben hier besser. Sie wissen zwar nicht weshalb, ob es am Ambiente deines Lokals, an dem in diesem Moment entstandenem Lebensgefühl liegt, wenn man Käse genießt und von einem attraktiven Garçon bedient wird, aber …« Jacques kniff ihr in die Seite. »Aber«, setzte Emma erneut an, »sie registrieren es und es rundet ihren Essgenuss ab.«

Aus dieser eineinhalb Jahre alten Erinnerung tauchte Jacques erst auf, als erneut eine Traube seine Lippen berührte.

»Das scheinen ja ganz traumhafte Trauben zu sein, wenn sie es schaffen, dich so sehr des Hier und Jetzt zu entrücken«, stellte Emma lächelnd fest und begann mit dem Fertigen kleiner Obstspieße.

Sie tat das mit so viel Gefühl und Aufmerksamkeit, als gäbe es jetzt partout nichts Wichtigeres auf der Welt als Obstspieße, dachte Jacques. Als er gerade so darüber nachdachte, fiel ihm auf, dass Emma generell so wirkte, als ob sie jeweils mit Leib und Seele und jeder Faser ihres Seins, mit jedem Gedanken bei der Sache war, die sie gerade tat. Und jetzt, als er sich dieser Beobachtung so bewusst wurde, erkannte er, dass es eine der Eigenschaften war, die es so angenehm machten, mit ihr zusammen zu sein. Einerseits brachte das eine besondere Ruhe mit sich, andererseits bekam der Moment des Tuns, das Tun selbst und der Ort eine andere Wahrhaftigkeit. Und auch, wenn sie beide der exakt gleichen Tätigkeit nachgingen, so wirkte Emmas Tun einfach vollkommener.

Als Beispiel fiel ihm ein, wenn Emma Blumen für die kleinen Vasen seiner fünf Tische im Lokal mitbrachte und diese anschnitt, dann war das für ihn ein Vorgang, der ziemlich nüchtern zu beschreiben war: Blume nehmen, Messer greifen, Stängel abschneiden, Blume in die Vase stecken. Fertig.

Wenn Emma es machte, dann tat sie das genauso schnell wie er, doch bei ihr wirkte es irgendwie so, als ob sie ein Werk an der Blume verrichtete. Sie stutzte deren Stängel, nicht um passende Deko zu schaffen, sondern, um der Blume Leben wegen. So blöd es klingen mochte, dachte er, doch Emma behandelte die Blumen irgendwie würdevoller. Sie wollte, dass es ihnen in ihrer neuen Umgebung so gut wie möglich erging, wenn sie schon von ihrer lebensspendenden Wurzel abgeschnitten worden waren.

Emma steckte verschiedene Obstspieße, um später variieren zu können und eine Auswahl zu haben, was den jeweiligen Käse geschmacklich am besten begleiten würde. Ob reine Heidelbeerspieße oder mit Mangowürfeln, hauchdünnen Birnenspalten, Trauben, Erdbeeren oder derlei gemischt – alles lag bereit. Jacques löste den Blick von dieser Vielfalt mit der Vorfreude eines Wissenden, dass er heute nach Lokalschluss einen wundervollen Obstsalat genießen dürfe, den Emma parallel aus dem Obstverschnitt zauberte. Und da fiel es ihm schon wieder auf, wie wichtig für sie das Kleine und scheinbar Unbedeutende war. Nicht nur, dass sie für alles irgendeine Verwendung fand, sie schnitt das Obst dann auch so wunderbar klitzeklein, dass mit jedem Löffelchen eine vielfältig bunte Geschmacksflut entstand. Sie ehrte die Lebensmittel und das machte das Essen mit ihr zu einer Freude.

In Erwartung des heutigen Gastes und der gleichzeitigen Vorfreude auf die Zeit nach Lokalschluss, hätte er gern an der Uhr gedreht. Als wäre dieser Gedanke perfekt an die Realität modelliert gewesen, schlug die alte Uhr, die die Weinflaschen im Regal der Wand gegenüber mit antiker Erfahrung beschattete, sieben Uhr und kündete die Gäste an, die gleich ankommen würden. Kaum war der siebte Schlag verklungen, läutete das Türglöckchen und Emma hörte Menschen das Lokal betreten. Sie hielt bei dem Geräusch kurz inne und beobachtete, wie es Jacques aus seinen Gedanken riss und er ein paar nervöse Bewegungen machte, als wolle er handeln, wüsste aber noch nicht, welche Bewegung jetzt zielführend sein würde. Nach wenigen Sekunden hatte er sich wieder gefangen, schaute Emma in die Augen, lächelte unsicher, zupfte an seinem weißen Hemd und der bordeauxfarbenen Hüftschürze und nickte ihr mit schiefem Grinsen zu:

»Es geht dann wohl los.«

Er drehte sich um und ging in den Gastraum. Er wirkte verlegen und nervös und das passte so gar nicht zu seiner sonst vorherrschenden Lässigkeit.

Emma sah Jacques in den Gastraum gehen und hatte den Eindruck, er straffte mehrmals seine Schultern und versuchte aufrechter zu gehen als für ihn üblich. Sie fragte sich, ob es vorhin besser gewesen wäre, sie hätte seinen Erklärungen zu Richard Paul von Kleist nicht im Keim erstickt, um das Entstehen ihrer Vorurteile zu verhindern, was aus jetziger Sicht irgendwie auch egoistisch war. Vielleicht wäre es besser gewesen, Jacques reden zu lassen. Vielleicht hätte sich erklärt, weshalb er bei diesem Gast so anders tickte. Ja, vielleicht, vielleicht. Der Moment war unabänderbar vorbei. Sie würde aufmerksam gegenüber der nächsten Chance sein müssen, in der sie ihm anbieten könne zuzuhören, sofern Jacques es dann überhaupt noch wollte. Jetzt wollte sie erstmal nichts anderes als ihr Möglichstes zum Gelingen des Abends beizutragen und versuchte die lästigen Gedanken, um verpasste Augenblicke abzuschütteln.

Sie hörte Jacques die Gäste begrüßen; der Klang seiner Stimme war anders als sonst. Nicht fröhlich beschwingt, so als hätte ein Glas Wein bereits die Wirkung beim Wirt entfaltet, sondern sie war anstandsfreundlich, höflich, aber förmlich, noch gerade genug Lockerheit besitzend, dass es nicht vollkommen gezwungen klang. Er begrüßte, soweit Emma es hören konnte, sechs Personen, die nun Stühle rückend Platz nahmen. Emma wunderte sich, denn Jacques Auskunft vorhin gemäß war der Abend für zwölf Personen geplant gewesen. Sie nahm an, dass dann noch einige Gäste verspätet eintreffen würden. Begreifend, dass diese Gedanken in ihrer Konsequenz bedeuteten, dass Jacques unter Umständen Zeit füllen musste, um später die endgültige Bestellung aller Gäste gemeinsam aufnehmen und zeitgleich servieren zu können, beschloss Emma rasch eine Avocadocreme herzustellen, etwas anders als man diese gewöhnlich kannte, doch ein tauglicher und zeitfüllender Gruß aus der Küche. Sie bereitete die Creme aus Avocadofruchtfleisch zu, das sie mit der Gabel im Handumdrehen zu einem Mus zerdrückte. Nur etwas Öl, da die Avocado genügend Fett mitbrachte, Petersilie, Walnüsse, Pinienkerne, die sie zuvor anröstete und Gojibeeren für die Säure sowie Salz, Pfeffer und eine Prise Thymian. Sie vereinte das Pesto mit der Avocado durch ständiges Rühren und Zerdrücken mit der Gabel zu einer glatten und seidenen Masse. Separat schlug sie Sahne, versetzte diese mit einem Spritzer Knoblauchöl und richtete sowohl die Avocadocreme als auch die Sahne in kleinen Schälchen an. Dazu richtete sie für jeden Gast aus altem

Brot geröstete Brotchips. Derweil vernahm sie, dem Tonfall nach, ein zwistiges Gespräch im Lokal. Sie hörte eine Männerstimme und Jacques erhitzte Widerworte, deren Inhalt nicht zu verstehen war, jedoch deutlich machten, dass ihm der Spagat zwischen Herr dieses Hauses zu sein und Gastfreundschaft zu erweisen anstrengte. Emma war sich unsicher, auf welches Zeichen sie warten sollte, um mit ihrem Küchengruß, von dem Jacques ja nichts wusste, zu helfen. Sie beschloss einen zielstrebigen Gang zur Käsetheke zu wagen. Gehobelter Pecorino hatte noch keiner Avocadocreme geschadet. Den würde sie holen und dabei irgendwie versuchen die Lage zu peilen. Derartige Auftritte im Vordergrund gefielen ihr nicht, doch sie strich ihre Schürze glatt und beschloss, dass es keine unscheinbarere Alternative gab.

Sie verließ die Küche und fand hinter der Käsetheke gleich die nächste Deckung. Dort hielt sie bewusst langsam Ausschau nach dem Pecorino und versuchte, sollte man sie entdecken, konzentriert zu wirken. Sie merkte jedoch bald, dass es dieser Spielerei gar nicht bedurfte, denn die Herrschaften waren viel zu sehr miteinander im Streit beschäftigt.

»Monsieur Jacand! Sie werden doch nicht bereits in den ersten paar Minuten dieses Abends durch Ihre nicht vorhandene Gastfreundschaft derart solvente Kunden vergraulen und gleichzeitig dafür sorgen, in absehbar ruinösem Maße Ihren Ruf zu schädigen. Hierfür würde ich selbstverständlich im Nachgang sorgen, denn meine Meinung hat in dieser Stadt ein nicht zu verachtendes Gewicht und die Ohren der hiesigen Lokalpresse sind hellhörig«, feindete von Kleist Jacques an.

»Herr von Kleist, ich verstehe Ihren Unmut nicht. Für Sie und Ihre Begleiter ist alles vorbereitet. Jedoch waren wir auf die von Ihnen angekündigten zwölf Personen eingestellt. Nun kommen Sie einerseits nur zu sechst und wünschen zudem à la carte zu speisen. Vereinbart war, dass ich zwölf Personen ein Käsemenü serviere, nämlich Ihrem Wunsch entsprechend die Gaumenreise ›Luxe du monde‹ mit entsprechender Weinbegleitung. Aufgrund dieser Reservierung war ich bereit mein Lokal heute Abend gegenüber anderer

Kundschaft zu schließen und jetzt erwarten Sie von mir Gelassenheit?«, echauffierte sich Jacques.

»Sie sollten wissen, wie man als Geschäftsmann seine Prioritäten zu setzen hat. Der kleine finanzielle Verlust muss es Ihnen doch wert sein, mich hier zu Gast haben zu dürfen«, antwortete von Kleist süffisant grinsend.

»Es ist ganz einfach«, hob Jacques zu sprechen an. »Sie bezahlen das, was Sie bestellt haben in vollem Umfang und Sie bekommen wie geplant Ihre geschlossene Lokalität. Ich ordere für Sie nicht Käse und Wein im Wert von über tausend Euro, um ihnen jetzt für zwölf Euro ein Baguette mit Emmentaler und den Hauswein zu servieren und zudem andere Kunden vor der geschlossenen Tür umkehren zu sehen.«

Emma begriff, um was es ging und dass hier weit mehr Spannung in der Luft lag, als es das Thema eigentlich hergab, doch auch, dass diese herrschende Spannung bereits genug Potenzial hatte, um nachhaltig Schaden anzurichten. Sie handelte intuitiv. Emma ging erst zaghaft, dann jedoch mit zielstrebigem Schritt auf von Kleist zu und streckte ihm die Hand entgegen. Als von Kleist sie erblickte, hielt er in der Bewegung inne, sein Gesicht erstarrte im Ausdruck aufrichtigen Erschreckens und es war, als habe ihn eine kurze Schwäche befallen. Eine feine Blässe huschte über sein Gesicht, die nur langsam wich, wohingegen er seine entgleisten Gesichtszüge schnell wieder zu korrigieren wusste. Emma war davon kurz irritiert, jedoch zu sehr von ihrem Vorhaben beherrscht, als dass sie dieser Beobachtung gedanklich weiter folgen konnte.

»Oh, welch Ehre! Sie sind es wirklich«, lächelte Emma ihm charmant entgegen.

»Na, wenigstens ist eine Person anwesend, die mich hier angemessen zu begrüßen weiß«, sagte von Kleist, der sich aufrichtete, obwohl er es mit seiner Körpergröße von mindestens einem Meter achtzig nicht nötig gehabt hätte. Er stand nun in stattlicher Haltung. Doch Emma befand, dass auch dieser Akt der Selbstdarstellung nicht verbergen konnte, dass ihn irgendetwas unsicher machte oder unwohl fühlen ließ. Emma wusste nicht richtig einzuordnen, weshalb von Kleist sie dermaßen intensiv musterte. Tatsächlich war er, wenn man seine Art und Weise sich zu benehmen mal ausblendete ein ansehnlicher Mann, schätzungsweise Mitte fünfzig, sportlich, muskulös, gut definiert und zugleich nicht zu massig. Anzug, Krawatte, Schuhe – nach Maß, perfekt.

Er öffnete das Jackett und ließ sich von Emma zu dem Tisch geleiten, an dem die fünf, bisher stummen und angespannt wirkenden Begleiter bereits Platz genommen hatten. Es war eine reine Männerrunde. Scheinbar was Geschäftliches, dachte Emma.

Sie wandte sich an von Kleist: »Es freut mich, Sie als Gast hier begrüßen zu dürfen. Ich wünsche einen schönen Abend und das gelingt sicher einfacher, wenn ein jeder der Anwesenden etwas weniger feindselig ist. Die Speisekarten kommen sofort. Doch erlauben Sie mir zuvor, dass ich Monsieur Jacand kurz in die Küche entführe, denn ich möchte Ihnen etwas zur Kostprobe reichen, wofür ich jedoch noch einen Augenblick lang seine Hilfe benötige!«

Ohne von Kleists Reaktion abzuwarten, drehte sie sich zu Jacques, der die Szenerie mit offenem Mund verfolgte, ging auf ihn zu und sagte: »Jacques, würdest du mir bitte den Pecorino aus dem Keller holen?«

Jacques hatte mehr als ein Fragezeichen in den Augen, verstand aber, dass er ihr besser in Richtung Küche folgte und sah, wie sie voranging und den bereits an der Theke zurechtgelegten Laib Pecorino mit sich wegtrug und in der Küche verschwand. Als sie sich in der Küche trafen, starrte Jacques Emma mit immer noch offenem Mund und verdattertem Blick an und stammelte: »Emma, was war denn das? Hatte ich gerade eine Vision oder habe ich den Auftritt einer energischen Zwillingsschwester oder eines Doubles von dir gesehen?«

»Wieso?«, fragte Emma mit schuldbewusst verlegenem Lächeln.

»Wieso?«, entgegnete Jacques. »Ach, vielleicht, weil du sonst die zahme, milde, zurückgezogene, dezent gekleidete Bio-Biene bist, aber gerade in Pumps und resolutem Schritt diesen Typen am Schlafittchen gepackt und ihn auf einen Stuhl gesetzt hast.« Jacques gestikulierte übertrieben und ahmte in rauen Bewegungen das Geschehene nach, so, als ob Emma von Kleist mit vorgehaltener Pistole zum Tisch gebracht hätte. »Wow!«, schloss er. »Und das wirklich geniale ist, von Kleist fühlt sich davon gebauchpinselt!« Jacques blieb stehen und schaute Emma an: »Danke. Du hast echt Schlimmeres verhindert. Aber wie soll das heute Abend nur weitergehen?«

»Na, genauso«, lächelte Emma. »Wir schaffen das. Und nachher erzählst du mir, wer von Kleist ist und was es mit der Kotzbrocken-Dynastie auf sich hat.«

Während sie sprach hobelte Emma grobe Schnitzer vom Pecorino, ein einfach wunderbarer Ziegenhartkäse, und ließ sie auf der Avocadocreme landen.

»Ich serviere mal eben schnell den liebreizenden Gruß aus der Küche und du holst dazu einen Himbeer-Aperitif-Essig, okay?«

Jacques schaute ihr zu und nickte mit verblüfftem Gesichtsausdruck: »Avocadocreme? Wo kommt die denn jetzt her?«

Emma tat ganz überrascht und antwortete leicht entsetzt: »Keine Ahnung! Plötzlich war sie da!« Sie machte mit ihren Händen beschwörende Bewegungen über den angerichteten Schälchen, die sie nun jeweils auf einem Teller platzierte. »Hex, hex! Und da war sie einfach«, grinste sie amüsiert.

»Oh Mann! Manchmal fange ich wirklich an, es in Betracht zu ziehen, dass du hexen kannst«, sprach Jacques und kratzte sich dabei am Kopf. »Die Komposition aus Knoblauchsahne, Brotchips und Aperitifessig wird der Avocadocreme die Kraft verleihen, zu einer Anti-Advokat-Creme zu werden«, sagte Emma und ging, elegant drei Teller balancierend an Jacques vorbei aus der Küche ins Lokal. Von Kleist nahm ihr Nahen sofort wahr und wandte seinen graumelierten Kurzhaarschopf, um sie mit blassblauen Augen anzuschauen. Emma wusste nicht recht, was sie sowohl mit seinen Blicken als auch seinem Anblick anfangen sollte. Im Grunde war er ein attraktiver Mann. Doch irgendwas an ihm hatte etwas widerlich Abschreckendes, dass sie aber nicht näher zu benennen wusste.

Er schaute sie an, beobachtete jede ihrer Bewegungen und hieß sie mit einladender Geste am Tisch willkommen: »Oh, die Dame mit Anstand kommt wieder. Traut sich der Monsieur nicht mehr?«

»Keine Sorge. Er besorgt den passenden Tropfen zu meiner Vorspeise, Herr von Kleist«, sagte Emma und stellte ihre Teller der Reihe um vor die weiterhin schweigsamen Gäste. Kurz wandte sie sich ab und holte die fehlenden Gedecke. Dann ergänzte sie: »Nicht, dass ich Sie zu Testzwecken missbrauchen würde. Es ist mir jedoch eine Ehre, dass Sie die ersten Gäste sind, die diese Avocadocreme probieren. Ich empfehle, die Brotchips in die Creme zu tauchen, um sie dann noch kurz in die Sahne zu dippen. In Kombination mit der feinen Knoblauchnote der Sahne kommt der Geschmack des Pecorinos in ganz neuer Farbe zur Entfaltung. Gern bringe ich Ihnen ein Paar Stücke des Pecorinos in Natur zum Vergleich!«, sagte sie und verschwand umgehend in der Küche, um keine Minute später mit dem Käse wieder parat zu stehen.

»Dem Risiko Rechnung tragend, dass es Ihnen nicht schmecken könnte und Sie es dennoch für mich gekostet haben, geht die Vorspeise selbstverständlich aufs Haus«, sagte Emma und freute sich, dass just in dem Moment Jacques mit einem Tablett und sechs langstieligen Gläsern auftauchte, in denen satt-rosa-farben der Himbeeressig wog, sie abstellte und die Kerze auf dem Tisch entzündete.

»Perfektes Timing! Wir wünschen guten Appetit«, strahlte Emma und ging mit Jacques, der seine Appetitwünsche durch ein kurzes Kopfnicken Ausdruck verlieh, davon.

»Entschuldige Emma, dass es so lang gedauert hat«, grinste Jacques sie an. »Aber ich bin unterwegs auf irgendetwas Glitschigem ausgerutscht«, lachte er und mimte dabei fast zu Sturz gekommen zu sein.

»Hey«, kniff Emma ihn in die Seite. »Das ist für einen verdammt guten Zweck! Du wirst sehen! Hätte ich dir mit meinem Geschleime nicht geholfen, wärest du jetzt schon in einem leeren Lokal und müsstest vermutlich überlegen, welcher Anwalt dich im Fall von Kleist gegen Jacand wegen Beleidigung und Körperverletzung vertritt«, sagte sie lachend.

Er lächelte schief und wusste, wie sehr sie damit recht haben könnte. Tief durchatmend und mit bittendem Blick, fragte er: »Okay, hast du einen Schlachtplan?«

»Oh Jacques. Du müsstest dich jetzt mal sehen. Der Typ macht dir echt zu schaffen. So kenne ich dich gar nicht!« Sie nahm Jacques bei den Schultern und blickte ihm in die Augen, in denen eine Mischung aus Traurigkeit, Weglaufen-Wollen und der Bereitschaft, Wut erneut auflodern zu lassen, lag.

»Okay, unser Plan«, sagte Emma leise, dachte nach und schaute sich in der Küche um, ihre Hände immer noch auf Jacques Schultern ruhend. Sie schloss die Augen, öffnete sie nach wenigen Sekunden wieder, umfasste seine Schultern dann fester und ließ sie schließlich mit Elan los, als hätte sie Jacques nun vollständig mit Energie aufgeladen. Sie sagte:

»Von Kleist will à la carte essen, scheinbar, um dich zu ärgern. Denn warum sonst orderte er zuvor den teuersten Käseabend für doppelt so viele Personen und lässt den Deal jetzt grinsend platzen. Er will dich aus der Reserve locken. Auch wenn ich es dem Typen ungern recht machen will, so fühlt es sich für die Zukunft des Lokals gesünder an, wenn wir ihm auch à la carte servieren.«

»Aber«, fiel Jacques ihr ins Wort, »er hat Käse im Wert von …«

»Stopp!«, unterbrach nun Emma und legte ihm sanft einen Finger auf die Lippen. »Ich weiß, was er hat, Jacques. Du bist im Recht, keine Frage. Du weißt sicher Fakten dafür zu benennen, weshalb mich mein Bauch bei diesem Typen so warnt. Und ich bin mir sicher, er trügt mich nicht. Wir wissen nicht, ob seine Begleiter nicht noch unangenehmere Herrschaften als von Kleist sind, die deinem Lokal wirklich nachhaltig schaden könnten. Lass uns clever sein.«

Jacques atmete erschöpft aus, sodass sie fortfuhr, bevor ihm Widerworte in den Sinn kommen konnten.

»Du kümmerst dich um den Wein, um mehr nicht. Ich werde gleich rausgehen und die Herren bewirten. Wenn denen meine Vorspeise geschmeckt hat, dann werden sie offen sein, um sich bezüglich der weiteren Speisenwahl beraten zu lassen, denn keiner von denen wirkt so, als hätte er Ahnung von Käse und würde wissen, was er wählen sollte. Falls meine Avocado-Improvisation nicht geschmeckt hat, bräuchten wir einen neuen Plan. Aber darüber denken wir nach, wenn es soweit ist.«

Kaum fertig gesprochen verließ Emma, zuvor noch einmal tief durchatmend und die Schürze glattstreichend, die Küche. Der Moment schien gut zu sein. Von Kleist und seine Begleiter aßen die letzten Bissen und unterhielten sich miteinander. Die Wasserkaraffe war schon fast leer, was ein weiteres Alibi sein würde, um an den Tisch zu gehen, falls sich der Zeitpunkt doch als ungünstig erweisen sollte. Sie trat näher.

»Wie schmeckt es Ihnen?«, richtete Emma die Frage an alle.

Die fünf Begleiter schauten auf von Kleist, als ob es dessen Aufgabe war, die gesammelte Meinung kundzutun. Von Kleist, der es scheinbar gewohnt war, um seine Gunst und sein Befinden befragt zu werden, antwortete prompt:

»Also, ich muss gestehen, dass ich der grünen Masse nicht derartig viel Geschmack zugetraut hätte. Jede Komponente für sich lecker. Alles zusammen, so, als wäre es für einander bestimmt und nie anders vorgesehen gewesen!« Von Kleist war angetan. Seine Miene entspannter als zuvor.

»Ich denke«, sagte er und zog vom Nachbartisch einen Stuhl herbei, um Emma mit einer Geste zu verstehen zu geben, dass sie sich setzen möge, »Sie sollten uns beraten, was wir aus der Karte wählen. Zum einen kennen wir uns eher mit Fleisch aus«, einer der Begleiter grinste süffisant und leckte sich auf widerliche Weise die Lippen. »Zum anderen können wir dann Sie verantwortlich machen, wenn die Wahl schlecht war, denn schließlich müssten Sie ja nun einschätzen können, was uns schmeckt und was nicht.«

Emma setzte sich und nickte. Sie verstand nicht, weshalb es dieser drohenden Anmerkung bedurfte, aber scheinbar war von Kleist jemand, der immer mal wieder ein bisschen der möglichen Macht, die er angeblich hatte, demonstrieren musste.

»Auch wenn Ihnen allen die Avocado-Komposition geschmeckt hat, so würde ich Ihnen«, Emma schaute einen jeden der Gäste kurz an, »ein individuelles Menü vorschlagen. Eines, dass jeweils zu den geschmacklichen Vorlieben aber auch zur aktuellen Stimmung der Herren passen könnte«, endete Emma.

»Oh«, applaudierte von Kleist überheblich. »Wir bekommen hier ein psychoanalytisch begründetes Käsemenü! Toll!«

Emma ließ sich nicht beirren und um ein klein wenig Genugtuung zu empfinden, beschloss sie von Kleist, der es nicht gewohnt war in einer Schlange hinten an zu stehen, als letztes nach Vorlieben, Weinwünschen und Unverträglichkeiten zu befragen und machte sich Notizen. Auf die Frage, wie sie sich gerade fühlten, antwortete nur einer seiner Begleiter. Er war ein kleiner, mausartiger Typ mit traurigen Augen.

»Ich will einen Käse, der mir einen unbeschwerten Moment schenkt. Einen Moment der Leichtigkeit, der, wenn das vielleicht möglich wäre, für einen Augenblick eine Traurigkeit verschwinden lässt.«

Von Kleist lachte, was den Mausmann, der kurz etwas Aufrichtiges ausgestrahlt und sich preisgegeben hatte, zurück in sein Mauseloch schlüpfen und wieder kleiner werden ließ.

»Dafür hast du doch deine Handvoll Pillen jeden Tag«, lachte von Kleist laut auf und sprach weiter: »Aber wenn wir gerade bei ›Wünsch dir was‹ sind, dann will ich einen Käse, der …«

Emma fiel ihm ins Wort: »Oh, für Sie, Herr von Kleist, hatte ich schon eine Idee. Darf ich?«

Von Kleist antwortete ihr mit einem schmeichelnden Nicken, während Jacques nur dachte: Ja, was Passendes! Verpass ihm 'nen Harzer Stinkerkäse und 'ne Portion Zwiebelringe.

Emma schaute kurz zu Jacques, der hinter der Theke stand und sich dadurch in seinen Gedanken ertappt fühlte, jedoch sah, dass Emma vorsichtig auf die mittlerweile leere Wasserkaraffe deutete und dabei weiter zu von Kleist sprach:

»Zwei Fragen muss ich noch stellen.« Emma bekroch ein mulmiges Gefühl, doch sie wusste, dass sie diesen Ball spielen musste, um gewinnen zu können: »Zum einen, wie groß ist der Hunger der Herren und zum anderen, soll die Käse-

und Weinauswahl einer preislichen Obergrenze angemessen werden?«

Sie blickte in die Runde und erwartete sechs Antworten, bekam aber nur eine von von Kleist, die mit universaler Gültigkeit betont wurde: »Na, dann spreche ich für Sie nochmal das Offensichtliche aus. Erstens haben wir Hunger für zwölf Mann, denn die anfängliche Meinungsverschiedenheit mit Monsieur Jacand hat Energie gekostet und zweitens spielte der Preis von irgendetwas in meinem Leben noch nie eine Rolle. Und wenn ich mir über etwaige Kosten des heutigen Abends Gedanken machen müsste, dann wäre ich gar nicht erst vor die Tür gegangen.«

»Wie Sie wünschen«, erwiderte Emma höflich und stand auf.

Jacques brachte zwei Wasserkaraffen. Eine mit Wasser und Eiswürfeln, die andere mit Wasser und Zitronenscheiben, denn Erfrischung tat Not, da sich eine gewisse Abendschwüle breit gemacht hatte und im Lokal aufgrund der geschlossenen Tür wenig Luft zirkulierte. Auf dem Weg in die Küche schnappte Emma Jacques am Bund seiner Schürze und zog ihn mit sich hinter die sichere Küchentür. Sie erklärte ihm die Käsemenüs, die sie sich ausgedacht hatte, damit er sich Gedanken zu den jeweils passenden Weinen machen konnte. Sie wusste, welch große Bedeutung der richtigen Weinauswahl zukam, denn der konnte eine Geschmacksnuance des Käses betonen oder dämpfen.

»Also, so wie es aussieht, habe ich jetzt erstmal gut zu tun. Wenn du mit den Weinen fertig bist, kannst du vielleicht für mich den Käse-Shuttle von der Theke zur Küche spielen. Dann sparen wir Zeit.«

Jacques nickte nur mit staunendem Blick und vertiefte sich in die Käseauswahl, die Emma getroffen hatte. Nach zehn Minuten erschien Jacques wieder in der Küche, während Emma begann, den dritten Teller anzurichten. Sie richtete den Käse für jeden Gast auf Gedecken eines anderen Materials an, je nachdem welches am ehesten zum Wesen ihrer Käseauswahl passte. So befand sie beispielsweise die Wärme eines Eichenbrettes als passend für den Mausmann, für von

Kleist richtete Sie auf einer Schieferplatte an und verwendete ansonsten ein Brett aus Ahorn, Kiefer und Buche sowie einen großen Tonteller. Auf einem Glasteller hatte Emma noch nie irgendeinen Käse serviert, da sie bisher keinen gefunden hatte, der aus ihrer Sicht mit diesem Material harmonierte.

»Emma, das musst du ändern«, wedelte Jacques mit ihrem Notizzettel vor der Nase.

»Nein, das muss ich nicht«, entgegnete Emma, ohne innezuhalten oder von ihrer Arbeit aufzublicken, als habe sie mit Jacques Auftritt gerechnet.

»He? Du weißt doch gar nicht, wovon ich gerade rede«, stockte Jacques verdattert.

Emma hielt in ihrem Tun inne und schaute zu Jacques: »Es geht um meine Käseauswahl für Herrn von Kleist, oder?«

»Ja, genau«, antwortete Jacques weiterhin verblüfft. »Dann sag mir, wo das Problem liegt. Es gibt keinen Käse der heute Abend besser passen und ihm mehr schmeicheln würde als der ›Coeur de la gracieuse‹, auch wenn der Name bei ihm nicht Programm ist, denn von einem ›Herz des Gnädigen‹ habe ich bisher nichts gesehen«, sagte Emma mit ruhigem Ton.

»Der Käse selbst ist noch nicht das Problem. Wohl aber der Wein«, antwortete Jacques. Doch bevor er den nächsten Satz beginnen konnte, setzte Emma zur Rechtfertigung an:

»Er führt sich auf wie ein Allmächtiger, dann passt auch ein königlicher Wein und ein königlicher Preis. Außerdem wird die Flasche ›Roi d'Alsace‹ auch nicht besser, wenn sie nie geöffnet wird. Was kann der Flasche Besseres passieren, als auf einen Mann zu treffen, der betont, keinerlei Budget zu kennen?«

Jacques war vollkommen verblüfft: »Sag mal, woher weißt du das alles?«

»Naja, als Monsieur Sachique dir damals den Käse zur Verkostung anbot, war ich auch da, wenn auch ein paar Tische entfernt. Es war das erste Mal, dass ich bei dir gegessen hatte, als der Händler da war. Und da habe ich einfach zugehört«, erklärte Emma wenig beeindruckt. »Und dass diese Flasche Wein den Weg in deinen Weinkeller gefunden haben musste, verriet mir das überdimensionale Paket, dass vor einem Jahr hier stand und federleicht war. Als du dann eine Flasche ausgepackt und sie gestreichelt hast, war klar, um was es sich handelte! Du hattest mir damals erzählt, dass du einen besonderen Schatz ergattert hast, der eigentlich kaum bezahlbar wäre, dass aber irgendein Freund Jim wiederum jemanden kenne, der wiederum über zehn Ecken jemanden kennt, der in dessen Schuld stehe und als Gefallen, und so weiter und so fort«, lächelte Emma.

»Oh, ja«, sammelte sich Jacques und fuhr fort: »Emma, Budget hin oder her. Wir können ihm doch aber nicht den ›Roi d'Alsace‹ hinstellen und bei der Rechnung bricht er mir dann die Nase oder, was mir lieber wäre, er bekommt einen Infarkt«, konterte Jacques. »Ich muss es ihm wenigstens vorher erklären.«

Bevor Emma etwas erwidern konnte, hatte Jacques nachdenklich, aber entschlossen die Küche verlassen. Sie hätte ihm geraten, sich die vermeintliche Geste der Fairness zu ersparen, dass ihm seine gut gemeinte Preisvorwarnung von von Kleist genauso um die Ohren gehauen werden würde, wie andere Finanz- oder Lebensratschläge. Doch Jacques war bereits weg und Emma blieb mit still erwartendem Grinsen zurück, ließ sich nicht beirren und begann die Käseplatte für von Kleist zu richten. Sie würde ja erfahren, wie das Gespräch verlaufen war, ob sie es nun wollte oder nicht.

Wenige Minuten später hörte sie von Kleists erhobene Stimme: »Sie würdigen mich herab! Ich sagte doch vorhin auf unmissverständliche Weise, das Geld hier keinerlei Rolle spielt! Sparen Sie sich Ihr gestottertes Gefasel und helfen Sie der Kleinen in der Küche, dass sich hier mal schleunigst der Tisch deckt! Eine Steißgeburt ist ja ein Kinderspiel im Vergleich des Aktes, hier zu Käse und Wein zu kommen!«

Emmas Grinsen wurde erst breiter, dann erstarb es. Sie hasste es, wenn sich jemand eines Vergleiches bediente, dessen Dimension frei von jeglichem Sinn und Verstand war. Und um die Qualen des Gebärens gleich doppelt herabzuwürdigen, bediente sich der Idiot des Vergleiches mit einer Steißgeburt.

Was für ein elendig dummer Mensch, dachte Emma, während Jacques die Küche betrat.

Emma regte sich generell eher wenig auf, doch derartige Aussagen konnten sie auf die Palme bringen und so kam es, dass sie hitzig gerötete Wangen hatte, die Jacques entgegenleuchteten.

»Hallo, Glühwürmchen, guck, was ich dir mitbringe«, eröffnete Jacques mit ebenso hitzigen Bäckchen und legte ihr den ›Coeur de la gracieuse‹ auf den Tisch. »Er ist ein Idiot. Gib ihm Käse, Baby. Ich hole den Wein aus dem Tresor« und verschwand Richtung Keller.

Als er mit der Flasche wieder auftauchte, fuhr er fort: »Er wollte den Preis nicht mal wissen und erzählte stattdessen, dass er 'ne Steißgeburt war, oder so. Ich habe da nicht mehr so genau hingehört.«

Nun betrachteten beide die Flasche, die Jacques in seinen Händen hielt. Um den ›Roi d'Alsace‹ waren viele Geschichten entstanden. Er entstammte einem Elsässer Weingut, dessen Reben jedoch auch zum Teil auf deutschem Boden wuchsen. Dieser Winzer hatte einfach ein goldenes Händchen für sein Handwerk und hatte durch seine Kunst schon so manchen totgesagten Jahrgang gerettet, während seine Konkurrenten in diesen Jahren scheinbar nur Essig produzieren konnten. Als im Jahr 1930 klar war, dass der Jahrgang des Franzosen wiedermal ein herausragender werden würde, während seine deutschen Nachbarn klagten und er im Spaße den französischen Boden, die Sonne und den Wind lobte, da säte er so viel Groll, dass man ihn langsam aber stetig am Stammtisch vergiftete. Der ›Roi d'Alsace‹ war sein letzter Wein, den er noch während seiner Krankheit großzog. Und zum Leidwesen seiner Konkurrenten war dieser Wein derart überragend, dass der Tod des Winzers den Preis des begrenzten Angebotes in die Höhe peitschte, sodass sich die Familie noch eine ganze Generation lang davon ernähren konnte und derart das Überleben des Gutes über den Zweiten Weltkrieg hinaus sichern und durch die Nachkommen fortbestehen lassen konnte. Die Geschichte um den ›Roi d'Alsace‹ tat bis zum heutigen Tag eine eigene Werbung unter den Weinliebhabern, nach wie vor zum stillen Verdruss der deutschen Nachbarn. Mit der Kostbarkeit des Weines wurden Diskussionen lebendig, welcher Käse denn diesen Wein begleiten konnte und einzig der eigentümliche ›Coeur de la gracieuse‹ schien ein würdiger Partner zu sein. Dieser stammte aus einer Käsemanufaktur in der Provence und wurde aus Schafsmilch hergestellt, in der für eine geheime Dauer Lavendelblüten ruhten. Dieser ebenso eigentümliche Käse wurde als passend befunden. Den ›Roi d'Alsace‹ nur nippen, nicht trinken, war das Gebot. Ein großer Schluck galt als Verschwendung. Warum sollte einer allein im großen Genuss schwelgen dürfen, wenn sich gleichzeitig zwanzig Kostende diesen Schluck zum Benetzen der Lippen hätten teilen können?

Diese Erklärungen von Jacques erinnerten Emma an eine Edel-Weinprobe, die sie mit ihm erlebt hatte. Es war nicht lang nach ihrem Kennenlernen gewesen, als Monsieur Sachique, der Käselieferant, zwei Eintrittskarten anbot, Jacques diese entgegennahm und Emma einlud. Emma war nervös gewesen, denn sie fühlte sich in derart hochtrabenden Kreisen nicht wohl. Ihr Befinden besserte sich, als sich Jacques als unkonventioneller Begleiter entpuppte, der sich ebenso wenig wie sie dieser Etikette hingab. Emma erkannte schnell, nippen und Lippen benetzen war nicht so sehr Jacques Ding. In Erinnerung daran musste sie grinsen, denn Jacques weigerte sich damals partout den gekosteten Wein auszuspucken. Er hatte ihr damals zugeflüstert: »Die sind doch bekloppt! Ich spucke das edle Zeug doch nicht aus«, was aber zur Folge hatte, dass Emma ihn nach der zehnten Sorte singend und wankend nach Hause begleitete.

Beide schienen jetzt beim Anblick der Weinflasche die gleiche Erinnerung zu haben, denn sie begannen zu lachen, Jacques errötete und sagte: »Nur nippen, nicht trinken!« und trug den Wein zur Theke.

Emma servierte nach weiteren fünfzehn Minuten. Erst den fünf Begleitern, wobei Jacques mit dem jeweiligen Wein folgte, sobald Emma mit ein paar Sätzen der Erklärung bezüglich der von ihr getroffenen Käseauswahl geendet hatte. Den ersten vier Herren waren ihre Ausführungen sichtlich egal, daher nannte sie einfach nur die Namen der Käsesorten, die sie servierte. Doch der Mausmann schaute mit hoffnungsvoll traurigem Blick zu, wie Emma das schwere Eichenbrett vor ihm platzierte. Sie schaute ihn an, lächelte, benannte den Käse und fügte hinzu:

»Wenn Traurigkeit in uns wohnt, die sich von einer großen Leere nährt, weil wir Verluste erlitten haben, dann entsteht das Gefühl des innerlichen Erstarrens und Erkaltens in diesem unerträglichen Schmerz. Dann sollte der Käse ein warmes Wesen haben. Er ist nicht fähig die Leere zu verkleinern, doch die Wärme wirkt lindernd, denn sie füllt den großen stillen Raum in uns, der sich so kalt anfühlt.«

Jacques, der gerührt davon war, wie der Mausmann an Emmas Lippen hing, ergänzte, das Glas Wein vor ihm abstellend: »Und dieser wunderbare Dornfelder Barrique trägt diese Wärme ebenfalls in sich!«

Der Mausmann schaute gerührt auf das vor ihm stehende, mit Käse bestückte und so liebevoll garnierte Brettchen. Eine Art Stolz erfüllte ihn, denn wenn er sich umsah und das Essen der anderen betrachtete, dann hätte er nicht tauschen wollen und befand seins als das Schönste. Es strahlte Leben aus und die bunten essbaren Blüten erzählten von der möglichen Fülle des Lebens.

Von Kleist legte sich seine Serviette auf den Schoß und war bereit bedient zu werden. In der Mitte der Schieferplatte, die Emma vor ihm abstellte, war der ›Coeur de la gracieuse‹ angerichtet, dazu eine in Rotwein eingelegte Feige, ein Dattel-Chutney bereitet und als Kontraste eine Ecke Parmesan, der Schärfe wegen sowie auf der gegenüberliegenden Seite des Brettchens eine Ecke Manouri, der die milde Seite des Schafkäses präsentierte, platziert. Das Ganze mit einem Lorbeerzweig zu dekorieren, hatte sie sich nicht verkneifen können. Jacques stellte ein großes bauchiges Weinglas, in dem sich bereits ein Schluck des ›Roi d'Alsace‹ befand, eine Karaffe mit dem Rest des Flascheninhaltes sowie die leere Flasche vor von Kleist ab.

Emma ergänzte: »Von diesem Wein wurden nur siebenhundert Flaschen abgefüllt.«

Sie erzählte den ihr bekannten Mythos um diesen Wein, schmückte ihn aber mit blumig fantasievollen Details aus, die fast nur ein Mitglied der Winzerfamilie hätte kennen können. Jacques musste sich auf die Zunge beißen, um nicht zu lachen, denn Emma trug diese Geschichte mit einer Inbrunst vor, während von Kleist mit befriedigtem Blick an ihren Worten hin, dass es eine Freude war. Sie endete mit den Worten: »Und ich freue mich von Herzen, dass dieser Wein nun seinen Weg zu einem besonderen Menschen gefunden hat.«

Von Kleist bedankte sich für die, seiner Ansicht nach, ihm würdigen Speisen, orderte gleich ein weiteres Körbchen Baguette und war begeistert, als ihm Emma stattdessen selbstgebackene Focaccia brachte. An dem Tisch herrschte Schweigen. Alle Begleiter, bis auf den Mausmann, schauten gebannt auf von Kleist. Der nahm das Weinglas, führte es zur Nase, roch daran, schwenkte es, roch wieder, hielt das Glas auf Augenhöhe leicht schräg, schwenkte wieder, schaute konzentriert, roch erneut und kostete endlich. Er hielt den Schluck kurz bewegungslos im Mund, ließ ihn dann mit sanften Bewegungen über die Zunge fließen, schluckte und schmeckte dem Schluck hinterher, um dann Jacques anzuschauen.

»Angemessen, Monsieur Jacand. Angemessen. Wenn der Käse ebenso schmeckt, dann wäre dieses Abendessen eine unerwartete Gaumenfreude geworden«, äußerte von Kleist, woraufhin Jacques nickte, Emma einen guten Appetit wünschte und sich beide zurückzogen, jedoch noch feststellen konnten, wie die fünf Begleiter erleichtert durchatmeten, um sich hiernach ihrem Käse zuzuwenden.

Nur der Mausmann saß noch eine halbe Minute andächtig auf seinen Käse schauend da. Es schien, als spreche er im Stillen ein kleines Gebet. Nur er kannte dessen Worte und so konnte niemand wissen, dass er darum bat, dass dies nicht die letzte Mahlzeit in seinem Leben sein möge und falls dem doch so sei, er dafür Dankbarkeit spürte, dass es diese wundervolle Käsekomposition und nichts anderes war. Bevor er zu Messer und Gabel griff, schaute er kurz prüfend zu seinen Begleitern, die in ihr Essen vertieft waren, dann zu von Kleist, der gerade das erste Stückchen Käse kaute und zufrieden nickte. Er wandte den Kopf in Richtung der Käsetheke, wo sich seine Blicke mit denen Emmas trafen, die ihm sanft und aufmunternd zunickte. Dann begann er zu essen. Still und anmutig genießend. Er beteiligte sich während des gesamten Essens an keinem der oberflächlichen Tischgespräche. Einzig ein freundlich zustimmendes Nicken signalisierte weiterhin höflich seine offizielle Anwesenheit.

Emma ging zurück in die Küche. Jacques, der scheinbar nur auf diesen Moment gewartet hatte, folgte ihr und begann, kaum, dass die Schwingtür hinter ihnen schließen konnte, zu schimpfen und fand in seiner Stimme nur wenig Beherrschung: »Dieses lüsterne Arschloch. Hast du seine Blicke gesehen?«

»Nein, Jacques. Habe ich nicht, denn erfreulicherweise habe ich im Hinterkopf keine Augen«, sagte Emma ruhig.

Aber sie hatte von Kleists Blicke gespürt und konnte sie sich daher sehr gut vorstellen. Sie hatte keine Erklärung, weshalb sie eine solche Sorte Blicke verdient hatte. Sie hätte sagen können, dass sie heute sehr ansprechend gekleidet war. Sie wäre auch beim Blick in den Spiegel fähig gewesen, ihren Körper zu betrachten und ihn zu beschreiben, ohne sich schlechter oder hässlicher zu reden, als sie war. Aber eine Sexbombe war sie ihrer Ansicht nach nicht und daher sicher meilenweit vom Beuteschema eines von Kleists entfernt. Er würde ganz andere Frauen haben können. Er sah gut aus und hatte Geld; das reichte doch für das schnelle Vergnügen. Sie konnte sich keinen Reim darauf machen, was von Kleist so ansprach. Sie wollte es auch gar nicht genauer wissen. Seine Art sie zu betrachten hinterließ bei ihr den ganzen Abend das Gefühl, als wüsste er, wie sie nackt unter Schürze und Rock aussehe und als müsse er nur lange genug hinschauen, um die Kleider auf ihrer Haut schmelzen und sie an ihr hinabfließen zu sehen. Ein wenig widerte sie das an, doch musste

Emma sich still eingestehen, dass sie auch ein kleines bisschen Stolz empfand, überhaupt für irgendwen begehrenswert zu sein. Diese Gedanken behielt sie für sich. Denn von Jacques hätte sie nur ungläubiges Kopfschütteln und einen Vortrag über ihre natürliche Schönheit erwarten können. Sicherlich wäre er zudem erschüttert gewesen, dass Emma sich aus der Meinung von einem von Kleist etwas machte. Aber als Mann konnte er nicht ahnen, dass das gar nichts mit der Person zu tun hatte, sondern einfach so eine Mann-Frau-Marktwert-Check-Sache war. Und dann war da noch von Kleists Erschrecken, als er sie das erste Mal erblickte, das ihr nicht aus dem Sinn gehen wollte und sie nicht verstand. Auch nahm sie wahr, dass etwas Fragendes nie ganz aus seinem Gesicht weichen wollte, wenn er sie betrachtete und dazu nutzte er jede Gelegenheit.

Emma ordnete ihre Arbeitsfläche und überlegte zugleich, ob von Kleist ein Dessert wünschen würde. Wenn ja, so dachte sie, würde er sich auch diesbezüglich auf ihre Wahl verlassen und nicht den Blick in die Karte bemühen. Und wenn er dies tun würde, dann folgten seine Begleiter sicherlich diesem Beispiel. Der Einzige, der im wirklichen Leben eine eigene Meinung zu haben schien, war der Mausmann, auch wenn dieser eine sehr leise Stimme zu haben schien und zurzeit unter der Last des Kummers vergraben war. Emma empfand Mitgefühl mit ihm. Sie konnte nicht sagen, ob ihn ein gerade widerfahrener Schicksalsschlag derart quälte oder ob diese traurige Verzweiflung schon seit längerer Zeit nach seinem Leben griff und all die Freude ausradierte. Es schien, als ob er sich selbst seiner Erinnerung nicht mehr sicher war, ob jemals zuvor Freude in seinem Leben geherrscht hatte oder ob das Glück schon immer etwas war, dass nur bei den anderen wohnte und ihm maximal aus weiter Ferne zuwinkte. Fast etwas schadensfroh, um ihm einerseits an die Existenz des Glückes zu erinnern und ihm gleichzeitig zu zeigen, wie unerreichbar es für ihn, Louis Walden, war.

Emma hatte an diesem Abend schon mehrfach über ihn nachgedacht, denn er rührte sie nicht nur menschlich an; ihr

Blick als Ärztin hatte sich ganz automatisch aufmerksam auf ihn gerichtet. Nicht, dass sie Mensch- und Arztsein voneinander getrennt hätte, doch mit der Erfahrung als Ärztin bekam so manche Beobachtung eine andere Färbung. Früher hätte sie bestimmte menschliche Erscheinungsformen, ob das Aussehen oder Verhalten betreffend, einfach als Wesenseigenheit oder Laune der Natur hingenommen oder es wäre ihr erst gar nicht als bemerkenswert aufgefallen. Doch nun wusste sie so manche Auffällig- oder eben Unauffälligkeit als Zeichen von Krankheit einzuordnen, was manchmal Segen war, jedoch auch Last sein konnte, wenn schon erkennbar war, dass beispielsweise der Tod aus nicht mehr großer Ferne das Leben eines Menschen beobachtete, wissend, dass sie sich bald treffen würden, während der betreffende Mensch selbst an die Möglichkeit einer Heilung glaubte oder noch nicht einmal wusste, dass er krank war. Beim Mausmann wusste sie nicht einzuordnen, ob diese Traurigkeit sein Leben nur bedrohte oder es bereits mit großen Bissen verzehrte.

Über all diese Gedanken hinweg kreierte Emma ihre Desserts. Der heutige Abend konnte dadurch nur gewinnen. Denn wenn keine Nachspeise gewünscht werden würde, dann könnten sich Jacques und sie dieser Leckerei heute Nacht annehmen, was nicht die schlechteste Perspektive war. Kurzer Hand fiel die Wahl auf Soufflees, die sie sich erst vor einer Woche in ihrer Küche ausgedacht hatte und von deren Existenz auch Jacques noch nichts wusste. Ursprünglich wollte sie die Rezeptur erst ein paarmal am eigenen Gaumen getestet haben, bevor sie Jacques Urteil einholte. Doch der heutige Abend erschien ihr passend für ein Testessen, denn schließlich erwartete von Kleist etwas Besonderes und nichts Alltägliches.

Emma lugte vorsichtig durch einen Spalt der Küchentür, um sich mit Jacques besprechen zu können. Nachdem sie zweimal seinen Namen geflüstert hatte, entdeckte er sie und kam ihr entgegen, sodass sie die Köpfe zusammenstecken konnten. »Wie läuft es?«, fragte sie.

Jacques atmete durch: »Es herrscht Frieden!«

»Falls sie ein Dessert wünschen, sag ihnen, ich bereite eins zu. Falls sie keins wünschen, hoffe ich, dass du schon Hunger hast«, grinste Emma ihm entgegen und verschwand wieder in der Küche.

Nach fünfzehn Minuten tauchte Jacques sein Kopf im Spalt der Küchentür auf: »Grünes Dessertlicht. Aber ich hätte trotzdem Hunger, also gib denen nicht so viel ab!«, und verschwand wieder.

Emma war nervös als sie die Küche mit sechs Desserttellern verließ, um sie ein wenig später behände vor einem jeden Gast abgestellt zu haben. Auf den ersten Blick war es ein unspektakulärer Anblick: In der Mitte eines jeden Tellers ein hellteigiges Soufflee, daneben ein kleines Dessertkännchen mit einer hellen, cremig anmutenden, rosa schimmernden, schaumigen Sauce. Dazu reichte Jacques, wie von Emma gewünscht, Eiswein.

Einzig der Mausmann äußerte den Wunsch, stattdessen einen Dornfelder Likör zu bekommen, wobei er sich jetzt, da alle Gläser auf dem Tisch standen und er der Einzige war, der aus der Reihe schlug, nicht mehr sicher war, ob seine Andersartigkeit bei der Getränkewahl überhaupt gerechtfertigt gewesen war und wirklich hatte sein müssen. Nun geriet er ins Grübeln. Hätte es ihm denn wirklich irgendwelche Umstände gemacht ebenfalls den Eiswein anzunehmen? Stattdessen war er nun derjenige, vor dem kein langstieliges, schlankbäuchiges Glas mit pfirsich-goldener Flüssigkeit stand. Nein, er tanzte aus der Reihe und betrachtete sein etwas niedrigeres bauchiges Glas, in dem eine sattrote Flüssigkeit, vom Vorgang des Hinstellens noch leicht wogend, Genuss versprach. Auch wenn ihn der Anblick erfreute, so wollte er die Bestellung am liebsten rückgängig machen, was jedoch nur noch mehr Aufsehen erregt hätte. Am besten wäre es, wenn er für den Rest des Abends nun nicht mehr auffiel, dachte er sich, und wartete für den Beginn des eigenen Essens den Moment ab, bis von Kleist seine Gabel ins Soufflee stach. Er spürte, dass auch seine vier Kollegen warteten, wann von Kleist zu essen beginnen würde. Aber was hieß überhaupt Kollegen? Kollegen waren sie nicht! Sie waren ein von von Kleist arrangierter Begleittrupp, einberufen mit dem Ziel, Existenzen zu zerstören. Wenn von Kleist jemanden zum persönlichen Feind deklariert hatte, dann war es für ihn wie eine sportliche Herausforderung, das Leben desjenigen nachhaltig zu schädigen. Die Gründe dafür erfuhr man selten, höchstens infolge eines kurzen unkontrollierten Wortflusses, wenn von Kleist einen Sieg davongetragen hatte, er sich lobte und nochmal kurz den Tatbestand, der zur Ächtung führte, mit von Triumph schwangerer Stimme darlegte. Louis Walden kannte allerlei Geschichten von den mannigfaltigen Möglichkeiten, die einem von Kleist zur Verfügung standen, um Leben zu ruinieren und die Vorstellung, dass von dem Erzählten auch nur die Hälfte der Wahrheit entsprechen könnte, war für die meisten der Anwesenden Grund genug, Angst um die eigene Sicherheit zu haben und Grund für die Darbringung einer geheuchelten Demut und eines erpressten Respekts. Letztlich kam von Kleist auf gleiche Weise zu seinen Helfern. Mit der Angst anderer Menschen spielen zu können, verlieh Macht. Louis Walden kannte nicht die innersten Beweggründe, weshalb die anderen vier hier am Tische zum kleist'schen Gefolge gehörten, und es war sicher auch gesünder es nicht zu wissen, wohl wusste er aber, wer sie waren.

Karl Hellwig war ein hohes Tier bei der Berufsfeuerwehr und von Kleists oberste Souffleuse, wenn es um Fragen des mangelnden Brandschutzes ging.

Lutz Ramelan war einer der führenden Statiker der Stadt. Es gab in der Stadt drei Statiker. Ramelan leitete mit vierundzwanzig Mitarbeitern das größte Büro, obwohl er mit den Jahren nahezu keine Aufträge mehr von Privatpersonen bekam. Man sagte ihm nach, dass seiner Auffassung nach, ein Gebäude erst statisch sicher sei, wenn dessen Innenraum komplett mit Beton ausgegossen wäre. Ramelan konnte sich dennoch kaum vor Aufträgen retten, denn er war als Gutachter fürs Bauamt tätig. Und so konnte man auch als privater Bauherr in Ramelans Fänge geraten. Denn wenn das

Bauamt bezüglich des Ausstellens einer Baugenehmigung Bedenken anmeldete, kam Ramelan zum Zug. Und wenn der mit seinem Werk fertig war, dann legte so mancher Bauherr sein Projekt nieder, da die entstehenden Kosten meist das Maß dessen überstiegen, was die Banken zu finanzieren bereit waren. Für Zweifel eines Bauamtsmitarbeiters und damit das Einschalten von Ramelan, reichte eine Laune. Es war wie bei den Gladiatorenkämpfen: Daumen nach oben oder unten – ein Akt reiner Willkür. Aus der Willkür dieser Institution war ein Geschäftsmodell erwachsen, von dem viele profitierten. Aus Angst vor Ramelan und einem möglichen Baustopp wurden meist von Anfang an Architekten hinzugezogen, um auch für die kleinsten geplanten Bauveränderungen an einem Haus ihren fachmännischen Segen und Siegel zu haben. Von Zeit zu Zeit florierte das Geschäft des einen oder anderen mehr, je nachdem, wessen Pläne reibungsloser durch das Genehmigungsverfahren des Bauamtes gingen. In der Bauszene verwendete man viel Energie darauf, solcherlei Entwicklungen genauestens zu beobachten, denn konnte dadurch viel Ärger und Geld gespart werden. Einige Mitarbeiter des Bauamts waren persönlich sowohl an Ramelans als auch am Gewinn mancher Architekten beteiligt. Kam beispielsweise ein Bauherr ohne zuvor eingeholten Segen eines Architekten zum Bauamt, dann wurden die Pläne bemängelt und das Hinzuziehen eines Architekten empfohlen. Diesen Rat befolgte ein Bauherr stets, denn es bestand auf diesem Weg noch Hoffnung, einen Kontakt mit Ramelan zu umgehen. Mit der Empfehlung eines Architekturbüros floss Geld: einerseits in Richtung Architekt, andererseits in Richtung der Privatkasse des Bauamtsmitarbeiters. Wenn man einem anderen Menschen Schaden zufügen oder zumindest nachhaltig im geplanten Bauvorhaben stören wollte, dann hatte man am besten einen Draht zum Bauamt und verdiente vielleicht selbst noch ein bisschen Geld nebenher, sozusagen als Vermittlercourtage. Es war schon Anlass von so mancher Stammtischzusammenkunft gewesen, um erfahrenes Glück und Leid eines Bauherrn zu begießen. Sprach sich rum, dass der Bauantrag eines Bauherrn, ohne dass es helfende Verbindungen gegeben hatte, anstandslos durchgewunken wurde, so nannte man dessen Haus ›Geisterhaus‹. Denn konnte es nur das Werk guter Geister sein, eine solche Genehmigung wie von Zauberhand erwirkt zu haben. Ramelan hingegen war ein verkörperter böser Geist.

Der dritte Begleiter in dieser Runde war Günther Starke, der die Anwesenheit des Bauamtes an diesem Tisch gewährleistete. Von der offiziellen Amtshierachie her ein kleines Licht, das jedoch große Schatten werfen konnte, da er auch die ihm vorgesetzten Mitarbeiter durch die Zahl seiner Kontakte und Beziehungen weit hinter sich ließ, was wiederum Grund für seine Macht und seinen Einfluss war. Dabei wurde rasch unwichtig was für einen unspektakulären Posten er laut Türschild innehatte.

Gerald Wittendorn, der vierte am Tisch, war Immobilienmakler und wurde von dem Ruf begleitet, ein billiger Ein- und teurer Verkäufer zu sein. Grund dafür war, dass auch er auf dem Baumarkt schwer zu umgehen war, denn wie es der Zufall wollte, kam er immer schneller an die Immobilien der insolventen Bauherren als jeder andere Makler.

Louis Walden schämte sich an diesem Tisch zu sitzen. Er war Chef der Lebensmittel- und Hygieneaufsicht und obwohl er hoch in Amt und Würden saß, schlug er in dieser Runde aus der Art. Er besaß Macht, doch man fürchtete ihn nicht. Er hatte in seinem Leben gelernt, dass klare Worte, ein sachlicher Ton, aber auch ein empfindsamer Kern mit offenen Ohren und konsequentem Handeln, Eigenschaften waren, die einem Respekt einbrachten, ohne das Mittel der Angst nutzen zu müssen. Wenn er Mängel bei einem Gastronomen feststellte, dann hatte er eine große Auswahl an Möglichkeiten diese zu beanstanden. Auch bei der Fristsetzung der Mängelbehebung gab es einen gewissen Spielraum und ebenfalls bei der Wahl der Strafen bei Nichtbeachtung seines – in erster Instanz immer erstmal gut gemeinten – Rates. Louis Walden war ein Mann klarer Worte, zeigte sowohl die Mängel als auch die Möglichkeiten deren Behebung auf. Dann setzte er Fristen, die sich an der Schwere des Hygienemangels orientierten. Er wurde von den Gastronomen geschätzt und nicht verrufen. Er verstand sich als Berater und Kontrolleur für eine bessere und sichere Gastronomie und nicht als Imperialist mit der Macht, Restaurants und Lebensmittelgeschäfte zu schließen. Und wenn es wirklich einmal vorgekommen war, dann war es, weil sich der Inhaber des Ladens oder Lokals nachhaltig uneinsichtig und stur verweigerte, die finanziellen Mittel zur Behebung des Schadens nicht ausreichten oder aber das Bauamt eine Genehmigung zur notwendigen baulichen Veränderung nicht erteilte – womit sich der elende Kreislauf dieser Stadt wieder schloss. Louis Walden fühlte sich in solchen Fällen viele Tage nicht gut, wog während des gesamten Prozesses die verschiedenen Entscheidungsmöglichkeiten gegeneinander ab und überlegte, an welchen Punkten er kulanter sein konnte, um Schaden abzuwenden. An von Kleists Tisch war er bisher erfreulicherweise selten gebeten worden. Und wenn er der Einladung nachkam, tat er es auch nur, weil er selbst Angst vor ihm hatte. Hätte er seine zweiundzwanzigjährige Tochter Dorothea, die sich unglückseligerweise in von Kleists Sohn verliebt hatte, nicht schützen wollen, so hätte er in dieser Runde sicher nicht Platz genommen. Doch von Kleist wusste, dass Louis Walden das Ausmaß seiner Macht einzuschätzen wusste und den Einladungen, wie der des heutigen Abends – jetzt, und auch im Weiteren – Folge leisten würde.

Was von Kleist jedoch störte, war die Tatsache, dass Louis Walden zwar ohne Widerrede den Einladungen folgte, jedoch die ihm bei einer solchen Zusammenkunft angedachte Aufgabe bisher nie mit herausragendem Ergebnis erledigt hatte. Seine Aufgabe war es Hygienemängeln auf die Schliche zu kommen, und seien sie auch noch so klein, damit man den jeweiligen Laden im schönsten Falle schließen oder ihm, in der etwas weniger dramatischen Version, zumindest einen schlechten Ruf anhängen konnte, der auch seine geschäftsschädigende Wirkung tat. Man konnte aus von Kleists Sicht durch eine solche illustre Runde eine Lawine lostreten, die ihre Wirkung nicht verfehlte: Ramelan äußerte statische Bedenken einer Lokalität und musste sich darüber nur mit Starke einig werden. Schon war Ärger geboren. Oder aber Hellwig bemängelte kreativ den Brandschutz. Aus von Kleists Sicht wäre es jedoch viel einfacher gewesen, statt an einem Haus, das, wie dieses hier, beispielsweise schon zweihundert Jahre unverwüstlich stand, statische Mängel zu erheben, ein paar Hygienemängel zu entdecken und diese der hungrigen Lokalpresse zu stecken. Und je länger er darüber nachdachte, umso mehr strapazierte Louis Walden seine Geduld, denn er bemängelte einfach nichts oder bemerkte derart belanglose Kleinigkeiten, dass es vor Langeweile troff. Auch was Louis Waldens Resümee des heutigen Abends angehen würde, gab von Kleist sich keiner falschen Hoffnung hin, denn er selbst musste sich eingestehen, dass Essen und Getränke des heutigen Abends von hervorragender Qualität gewesen waren, was ihn zugleich freute und ärgerte.

Mit diesem Gefühlsmix aus der Zufriedenheit darüber gut gegessen zu haben und einer unverdaulichen Niederlage, keinen Mangel gefunden zu haben, stach er mit der Gabel ins Soufflee und seine Begleiter taten es ihm unmittelbar nach. Von Kleists Blick gab seine Überraschung darüber preis entdeckt zu haben, dass das Soufflee nicht süß war. Getragen von dieser Entdeckung tauchte er den nächsten Bissen Gebäck in die rosa-weiße Sauce, die den Geschmacksknospen ihre pfeffrige Rosennote rasch preisgab. Die Gabel arbeitete sich zur Mitte des Souffleees vor und von Kleist genoss den Kern aus Dattelmus und Roquefortkäse, worin sich süß und deftig vereinten. Intuitiv genoss er einen kleinen Schluck des Eisweins, der mit samtiger Schwere alle Geschmacksnoten verband.

»Sind Datteln und Käse drin«, kommentierte von Kleist seine Entdeckung, den fünf immer noch neugierig Blickenden.

Louis Walden senkte den Blick. Seine Entdeckungsreise war entzaubert worden. Er stach seine Gabel enttäuscht in die Mitte seines Souffleees. Er hätte nicht sagen können, weshalb ihn diese Mischung aus Wut und Traurigkeit befiel, immerhin ging es hier nur um ein Soufflee, dennoch spürte er sie.

Seine Gabel teilte wütend und enttäuscht, mit etwas zu viel Schwung das Soufflee und hielt mit dem Akt der Zerstörung inne, als der Inhalt sichtbar wurde. Seine Verzückung war nicht zu übersehen und doch tat er alles, um sie zu verbergen. Im Kern seines Küchleins fanden sich Gorgonzola und drei Sauerkirschen, die, wie ihm das erste Kosten verriet, in einem Likör eingelegt worden waren. Diese saftige Süße des Likörs und die noch junge und feste Frische der Kirsche fanden mit der Würze des Gorgonzolas eine so perfekte Vereinigung, dass es unmöglich war zu sagen, welcher Geschmack an Intensität dominierte. Es gab keinen Gewinner. Es schmeckte so, als gehörten alle Komponenten untrennbar zusammen, als wäre es immer derart gedacht gewesen. Louis Walden griff zu seinem Likörglas und als dieser seine Zunge berührte, da entdeckte er die Heimat der Kirschensüße wieder. Sein Gaumen empfand eine Weichheit, wie seine Lippen es beim ersten Kuss einer Frau empfunden hatten. Er hatte die Augen geschlossen und er genoss die Empfindung dieses glücklichen Moments. Würde er jetzt die Augen öffnen, könnte er sehen, wie sich ihre Lippen von seinen lösten und ihr Gesicht sich entfernte, für die Augen wieder schärfer wurde und sie sich nach diesem ersten Kuss in die Augen schauten, voller Glück. Er vermochte in seinem Bauch für einen Moment dieses Glück erblühen fühlen. Er war fähig es zu spüren. Etwas, woran er nicht mehr geglaubt hatte. Er hielt die Augen geschlossen und wartete noch etwas. Er war sich nicht sicher, ob er, würde er jetzt zu schnell die Augen öffnen, das Hervorblinzeln einer Träne verhindern könnte. Als er es wagte, brannten seine Augenlider, doch selbst das war ein wunderbares Gefühl. Still aß er Gäbelchen für Gäbelchen weiter.

Seine Ruhe wurde von von Kleist gestört: »Sofern der Herr Hygieniker es heute noch schafft aufzuessen, könnte er sich entscheiden, ob er noch einen Kaffee oder Espresso zu trinken wünscht.«

Louis Walden lehnte mit einem einfachen Kopfschütteln ab, ohne den Blick von seinem Teller zu lösen, den Stiel seines Likörglases zwischen zwei Finger genussvoll drehend.

Mit keinem Kaffee der Welt, wollte er den Geschmack zerstören, der jetzt noch in seinem Mund wohnte.

Von Kleist zuckte mit den Schultern und erklärte den Abend für beendet, denn wenn er ehrlich war, so wollte er, dass der letzte verbliebene Schluck ›Roi d'Alsace‹ der letzte Eindruck dieses Abends blieb.

Jacques erhielt den Wink nach der Rechnung und verschwand in der Küche. »Emma! Stunde der Wahrheit! Er will zahlen. Ich muss nur noch kurz aufs Klo«, sprach Jacques eilig.

Emma sah ihn rasch in Richtung Toilette verschwinden und grinste, denn sie empfand das Präsentieren der Rechnung als nicht halb so dramatisch wie er. Kurzerhand nahm Emma ein Tablett und betrat den Gastraum.

»War alles zu Ihrer Zufriedenheit, Herr von Kleist?«, fragte sie ihn lächelnd.

»Ja, überraschenderweise. Ja, ganz vorzüglich«, antwortete er und musterte Emma nochmals genau vom Scheitel bis zur Sohle.

»Danke! Dann darf ich abräumen und die Rechnung bringen?«, fragte Emma und griff nach dem ersten Teller.

»Selbstverständlich«, entgegnete von Kleist und ergänzte: »Ich zahle bar.«

Emma nickte. Sie trug die Teller in die Küche und fand die Rechnung auf der Theke liegend. Der Preis des ›Roi d'Alsace‹ katapultierte die Rechnung in eine Höhe, die sie jetzt, da sie es mal schwarz auf weiß sah, erstmal schlucken ließ. Aber gut, Jacques hatte es gut gemeint von Kleist zu warnen. Jetzt würde sie ja erleben, wie er mit einer Rechnung in Höhe von 3775 Euro umging. Sie nahm eine Stoffserviette, legte diese auf ein Holzbrettchen und die Rechnung dazu. Sicher stand ein von Kleist auf einen Hauch von Diskretion, wenn es um Geld ging. Mit langsamem aber mutig entschlossenem Schritt kehrte sie zurück an den Tisch und stellte das Brettchen vor von Kleist. Dieser erblickte die Rechnung, nickte und zählte acht fünfhundert Euro Scheine aus einer Geldklammer, die er aus einer Innentasche seines Jacketts geborgen hatte, und schob diese unter die Serviette. Er stand auf und blickte Emma in die Augen:

»Einzig Ihr Service und Ihre Speisen retteten den Abend in jeglicher Hinsicht. Lassen Sie es sich von Monsieur Jacand danken. Ohne Sie wäre der Abend anders ausgegangen«, grinste von Kleist in einer Mischung aus aufrichtiger Anerkennung und einer Prise Unberechenbarkeit.

Nun erhob sich auch sein Gefolge und als sie sich gerade zum Gehen wandten, erschien Jacques. Im richtigen Moment, wie Emma fand. Denn nun war eine förmlich notwendige Verabschiedung der Gäste möglich, ohne dass die Stimmung noch durch die Rechnung angespannt gewesen wäre. Emma hatte mit dem Händeschütteln bereits begonnen.

Verwundert darüber, dass die Rechnung nicht mehr auf der Theke lag und die Stimmung derart ruhig war, reihte sich Jacques in die Szenerie des Verabschiedens ein. Hatte von Kleist gezahlt? Hatte er Emma bedroht? Eigentlich hatte sich Jacques auf alle Arten von Reaktion eingestellt, selbst auf die Notwendigkeit von neuem Mobiliar. Er beobachtete das Verabschieden durch Emma und entdeckte, dass der Mausmann ihr ein vorsichtiges Lächeln und ein mit den Lippen geformtes stummes »Danke« schenkte, das Emma durch einen Händedruck erwiderte. Ihm fiel auf, dass sie Waldens Hand einen Moment länger hielt, als es für einen förmlichen Abschied angemessen gewesen wäre und sie dabei einander nochmal in die Augen schauten. Der Mausmann, so fand Jacques, wirkte anders als zu Beginn des Abends, gelöster. Ja, vielleicht die Wirkung des Weins, dachte er schmunzelnd.

Von Kleist ging an Jacques vorbei, ohne ihn eines letzten Blickes zu würdigen. Als alle Gäste das Lokal verlassen hatten, schloss Jacques die Tür, drehte den Schlüssel und lehnte sich dagegen.

»Geschafft«, atmete er mit geschlossenen Augen und sichtbarer Erleichterung aus. Er öffnete sie wieder und ging mit weit ausgebreiteten Armen auf Emma zu: »Komm her, du Schutzengel!« Er umarmte sie und küsste sie sanft auf die Wange: »Danke! Du hast eine Katastrophe verhindert und ganz nebenbei mal neue Gerichte aus dem Hut gezaubert!«

Emma lächelte und spürte immer noch den Kuss auf ihrer Wange. Sie löste sich, ging zu dem Tisch, an dem von Kleist mit seinem Rudel gesessen hatte und holte das Brettchen mit der Serviette. Zurück bei Jacques schlug sie die Serviette zurück und ließ ihn das Geld zählen. »Wow!«, stockte ihm die Sprache. »Das sind viertausend Euro!« Jacques blickte Emma an.

»Ja, richtig gezählt, Garçon«, grinste Emma. »Darauf sollten wir anstoßen!«

»Oh ja! Aber erst machen wir uns unsichtbar. Mach du die Kerzen auf allen Tischen und in der Laterne an der Theke an und ich schließe die Fensterläden, dann sind wir für uns«, antwortete Jacques und begann damit, die Welt auszusperren. Als die Kerzen entzündet waren, trat schlagartig eine behütende Ruhe ein.

»Nehmen Sie Platz, Madame!« Jacques zog einen Stuhl an einem Tisch zurück und gebot Emma mit dieser Geste sich zu setzen. Danach verschwand er hinter der Theke und Emma hörte ihn ein paarmal zwischen Küche und Theke hin und her laufen. Derweil saß sie nur ganz still da und genoss die Stille des Augenblicks. Es war mittlerweile dreiundzwanzig Uhr geworden und draußen musste es geregnet und abgekühlt haben, denn die stickige Wärme war verflogen. Emma hätte es mit Worten nicht erklären können, empfand jedoch ein so übergroßes Glück, dass ihr beinahe die Tränen kamen. Der Moment fühlte sich einfach perfekt an. Es war Freitagabend und sie hatte ein ganzes freies Wochenende vor sich. Ein Umstand, der in ihrem Beruf, dank chronischer Unterbesetzung zwar nach Standard geplant, jedoch keine Selbstverständlichkeit war. Das Wochenende mit Jacques beginnen zu können, heute schon so viel getan und erlebt zu haben und trotzdem noch eine Nacht vor sich zu haben, die jung war, das war Glück in seiner reinsten Form. Sie hatte sich in solchen Momenten angewöhnt, das Glücksgefühl nicht einfach im Tagestreiben untergehen zu lassen, sondern es dadurch zu würdigen sich leise zu sagen »Ich bin glücklich!«

Umgeben vom behütenden Kerzenlicht im Lokal fühlte sie sich heimisch und registrierte, dass in ihr gerade Frieden und Stille herrschte. In dieser golddämmrigen Atmosphäre tauchte Jacques wieder auf und deckte den Tisch vor ihr ein. Er stellte ein schweres Buchenbrett ab, das vollbeladen mit Käse war, eine Schale des Restobst-Salates, den Emma vorhin gemacht hatte und ging nochmal zur Theke. Es ertönte leise Musik, Emmas Lieblingschansons. Jacques kam mit einem Tablett wieder: Gläser, eine Wasserkaraffe mit Minze und Limette sowie zwei Aperitifgläsern, in denen eine schwere, sattrote Flüssigkeit schwang. Jacques stellte ein Glas vor Emma:

»Bitte Madame! Nur für Sie von der Originalflasche abgezweigt!«

»Aha, da wurde der Herr von Kleist also um 40 ml betrogen! Schämen Sie sich denn nicht?«, fragte Emma gespielt vorwurfsvoll.

Jacques entgegnete: »Selbstverständlich schäme ich mich nicht. Ich berücksichtigte diesen fehlenden Schluck bei der Rechnungstellung, denn nie im Leben würde ich einen reichen Mann, der sich zudem so herausragender Umgangsformen bedient, benachteiligen!«

Er zwinkerte, erhob sein Glas, grinste und sagte: »Du weißt ja, nur nippen, nicht trinken.«

Emma tat es ihm gleich. Sie prosteten sich zu, schwenkten das kleine Glas, rochen daran und kosteten mit geschlossenen Augen. Der Gesichtsausdruck, der nun beide befiel, hätte unterschiedlicher nicht sein können. Während sich bei Jacques ein Lächeln des Genusses breit machte, spitzte Emma nur angewidert die Lippen und konnte sich, während sie die Augen rasch wieder öffnete, ein »Igitt« nicht verkneifen. Sie sah Jacques, der sich nur mit Mühe beherrschen konnte nicht vor Lachen loszuprusten.

»Mhmmm! Ich sehe, dir schmeckt der Wein vorzüglich«, kicherte er. »Und ich sehe, du brauchst was zum Nachspülen«, lachte er jetzt lauter und goss Emma Wasser ein, die dankbar das Glas in einem Zug leerte und am liebsten kurz damit gegurgelt hätte, um den Geschmack sicher von der Kehle zu waschen.

Mit immer noch verzogenem Gesicht schob sie Jacques ihren Wein zu: »Hier, kannst du haben. Ich weiß eine so edle Brühe nicht zu schätzen.«

»Nichts da!«, sagte Jacques und schob das Glas zu ihr zurück. »Jetzt hörst du mal auf Monsieur Jacand und nimmst einen Schluck, nachdem du eine Ecke des ›Coeur de la gracieuse‹ gekaut hast. Habe ich dir scheinbar ganz vergessen zu sagen. Upps!«

Emma entgegnete überrascht: »Sag bloß, du hast schon beim ersten Mal den Käse im Mund gehabt und hast mich hier in die Falle laufen lassen!?«

»Naja,« sagte Jacques. »Nur so kannst du jetzt den Kontrast wirklich schmecken!«

»Okay, Garçon! Aber nur einmal. Und du kannst mir gleich Wasser nachschenken«, sagte Emma mit wenig begeistertem Gesichtsausdruck. Sie nahm ein Stück des ›Coeur de la gracieuse‹ und kaute. Immerhin vermochte dieses Kauen, den ledrig herben Geschmack auf der Zunge zu mildern. Emma nahm den nächsten Bissen und gleich noch einen.

»Hallo! Nicht den Käse mampfen und den Wein vergessen«, erinnerte Jacques grinsend und schob das Gläschen noch ein Stückchen näher zu ihr.

»Upps«, grinste Emma augenrollend und mit vollem Mund. »Hätte ich doch fast vergessen!«

Sie beschloss den restlichen kleinen Schluck des Weines mit einem Mal zu nehmen und erwartete wieder diesen eklig schweren, ledrig herben Geschmack. Doch etwas Unerwartetes geschah. Der Wein verband sich mit dem Käse bevor er ihre Geschmacksknospen ärgern konnte und es entstand etwas ganz Neues. Käse und Wein für sich hatten jeweils etwas kantig Abstoßendes. Der Wein schmeckte alt und aufdringlich, rau und schwer. Der Käse zu ausgereift und die Salzkristalle knirschten beim Kauen. Doch beides zusammen harmonierte nun und es entstand ein Geschmack, den sie nicht beschreiben konnte, der einfach nur der Bedeutung des Wortes »Einklang« entsprach. Es war ein runder, voller, plötzlich ganz weicher Geschmack, irgendwie blumig und holzig, nussig, schwer und leicht zugleich.

Jacques beobachtete Emma und sagte: »Ha, erwischt! Da ist aber jemand überrascht. Soll ich deinen Gesichtsausdruck mal deuten?«

Emma nickte. Jacques nahm ein Stück Käse in die eine und das Glas Wein in die andere Hand und parodierte, Emmas Gedanken aussprechend: »Er ist hässlich«, er blickte das Käsestück an. »Und sie auch«, er wandte den Blick zum Wein. »Wie um Himmels Willen soll da ein schönes Kind entstehen?«, fragte er mit theatralischer Verzweiflung.

Emma musste schlucken, um Lachen zu können. »Ja, die wahren Rätsel dieser Welt«, lachte sie. »Aber weißt du, was ich nicht verstehe?«, fragte Emma. Jacques Blick verriet Neugier.

»Von Kleist hat den Wein ohne Käse gekostet und ihn als angemessen gelobt. Wie kann das sein, wenn der Wein ohne Käse derart schmeckt?«

Jacques grinste: »Dafür liefere ich dir zwei Erklärungsansätze. Erstens: Was so exquisit und teuer ist, muss schmecken. Zweitens: Minus mal Minus ergibt Plus. Also, herber Typ trinkt herben Wein, was Hochgenuss bedeuten muss!«

»Ach Jacques. Ihr hattet euch gleich vom ersten Moment an gefressen. Und es fühlte sich nach deutlich mehr als nur nicht mögen oder herausgeforderter Männlichkeit an, sondern …«, Emma zögerte, beendete ihren Satz dann aber doch: »Du wirktest bedroht.«

Jacques saß Emma gegenüber und er fühlte sich verwundbar und behütet zugleich. Es ergriff ihn eine Stille, obwohl er sprechen wollte. In ihm tauchte der Wunsch auf, Emma an seinem Leben teilhaben zu lassen und fürchtete sich zugleich vor der Macht dieser Bindung. Doch war diese Bindung nicht schon längst heimlich entstanden? Und zwar ohne zuvor seine offizielle Genehmigung erbeten zu haben?

Jacques betrachtete Emma ruhig. Es entstand der Raum um eine gemeinsame Stille, in dem er sich immer geborgener und sicherer fühlte.

Kapitel 2 – Jacques Jacand

Da saß er nun, Jacques Jacand, dreiundvierzig Jahre alt, in seinem eigenen Lokal und musste entscheiden, ob er bereit sein würde, einen neuen Lebensabschnitt zu beginnen. Er fand es eine Unart des Lebens, dass sich derartig schwierige Fragen immer aus dem Nichts stellen mussten und sich nicht gebührend vorher ankündigten. Gleichzeitig war er sich nicht sicher, ob er dann die Ankündigungen nicht doch beflissentlich übersehen hätte. Er haderte und spürte gleichzeitig, dass in ihm die längst getroffene Entscheidung auf Wahrnehmung wartete, obwohl sein Kopf mit dem Nachdenken noch nicht einmal begonnen hatte. Das wahrnehmend, rollte er innerlich mit den Augen und wusste nicht, wen er jetzt schelten konnte, doch er hasste es, wenn er auch noch von sich selbst derart übergangen wurde. Er hatte nicht das Gefühl irgendeine Art von Mitspracherecht gehabt zu haben. Sein Herz hatte entschieden, ohne vorher die Meinung des Verstandes abzuwarten, was entgegen der Abmachung war. Zudem ärgerte es ihn, dass einzig äußere Umstände diese Notsituation herbeigeführt hatten. Von Kleist war einfach wieder in sein Leben getreten, ungefragt, ungeladen und sorgte damit für inneren und äußeren Tumult. Er war die Ursache des Dilemmas, jetzt entscheiden zu müssen, ob er Emma Lillit wirklichen Einlass in sein Leben gewähren würde.

Wenn er zurückblickte, wie wenig er heute Abend Herr der Lage gewesen war und er die Reservierung von von Kleist nicht hatte abwenden können, fragte er sich, was er überhaupt im Leben für eine unmittelbare Entscheidungsgewalt hatte. Er versuchte sich klar zu machen, welche Geschehnisse in seinem Leben wirklich Ergebnisse seines Willens und seiner Entscheidungen gewesen waren. Als Antwort kroch ein Gefühl der Leere in ihm empor. Dachte er die Zeit seines Lebens zurück, wurde ihm klar, dass er keines der großen, lebensverändernden Ereignisse selbst bestimmt hatte. Sie waren einfach geschehen, ungefragt. Aber wenn dem so war, was hatte man dann zu sagen, im eigenen Leben? War alles Schicksal, Zufall oder Bestimmung? Aus dieser Perspektive hätte Jacques in seinem Leben einfach nur zufällig oft Pech gehabt. Waren die eigenen Entscheidungen in Wirklichkeit nur Reaktionen auf Impulse von außen und nicht Ergebnis des Inneren, so, wie das Heben der Hand einer Marionette nur Reaktion war, auf die aus der Ferne betrachtet unsichtbaren Fäden, die jemand in seinen Händen hielt? Doch wer war Jemand? War es Gott? Dann hätte dieser einen makabren Geschmack, das Leben des Einzelnen so intensiv zu verunstalten. Oder zeichnete das nur das Leben der Ungläubigen aus?

Derjenigen, die sich nur des menschlichen Verstandes bedienten und es nicht vermochten, sich dem Glauben anzuvertrauen.

Derjenigen, die dadurch nicht das Geschenk einer im Leben zu bestehenden Prüfungen und ihre vorhergesehene Bestimmung im großen Plan erkannten und akzeptierten.

War nur für diejenigen ein Unglück bestimmt, die ihrer angedachten Rolle nicht entsprechen wollten oder konnten und den Sinn des Ganzen nicht verstanden? Doch welcher Sinn und von wem vorgegeben? Mit welchem Ziel? Er fühlte sich bei diesen Gedanken klein, irgendwie selbstlos und er schaute seine Arme entlang, ob er vielleicht diesmal einen kurzen Blick auf die sonst unsichtbaren Fäden erhaschen konnte.

Vielleicht waren die Menschen doch Marionetten unsichtbarer Mächte.

Vielleicht waren alle nur Figuren auf einem Schachbrett, die glaubten selbst in die Schlacht zu ziehen, in Wirklichkeit jedoch in Willkür gerückt wurden. Manchmal schien ihm dieser Gedanke für einen kurzen Moment plausibel und auch tröstlich, wobei er alle weiteren Gedanken, wie zum Beispiel, wer denn die Macht sei, die alles in ihren Händen hielt, zurückdrängte. Doch selbst wenn die wichtigen Geschehnisse in seinem Leben fremdgesteuert gewesen wären, was war dann jetzt in diesem Moment, in dem er Emma gegenübersaß und entscheiden musste, was er erzählen würde? War das nicht eine der seltenen Situationen im Leben, in denen er selbst entscheiden konnte, was er tat oder unterließ? Ein Entscheiden-Dürfen, zumindest im Kleinen und Unbedeutendem. Er konnte Emma sein Leben erzählen oder es lassen. Er konnte entscheiden, ob er sprach oder schwieg, ob er durch sein Schweigen die Beziehung zu Emma so beließ, wie sie war oder ob er das Risiko der Veränderung einging, indem er sich preisgab. Oder veränderte das Schweigen die Beziehung zum Schlechten und das Reden würde bewirken, dass ihre Freundschaft blieb, wie sie war? Dann kam ihm in den Sinn, dass die kleinen Entscheidungen, die den Menschen überlassen wurden, vielleicht doch nicht ganz so unbedeutend waren und in ihrer Summe weitreichende Konsequenzen haben konnten. Vielleicht waren das ja auch die kleinen Chancen, die dann das Leben veränderten, ohne das »der Große da oben« mitmischte.

Vielleicht wurde den Menschen eine gewisse Restkompetenz eingeräumt, auf dem Lebensweg auch mal selbst das Steuer zu übernehmen oder aber es handelte sich doch um derart belanglose Angelegenheiten, dass sie die Menschen entscheiden durften, weil es eh keinen Einfluss auf den Verlauf haben würde. Vielleicht war das Schachmatt schon erkennbar und der König schon wissend, dass er fallen würde, während die Bauern, die die letzte Schlacht kämpften, noch nichts davon ahnten, es vielleicht als Anerkennung empfanden, dass die Befehle von Oben ausblieben und ihnen zugetraut wurde, den Gegner ohne Oberbefehle, allein aus ihrem Kämpferkönnen heraus, zu bezwingen. Sie verkannten, dass der Ausgang der Schlacht vollkommen egal war, es egal war, ob diese Schlacht überhaupt noch stattfand. Vielleicht hatte man es schlicht gar nicht für nötig befunden bekanntzugeben, dass der Krieg verloren war.

Jacques fragte sich, ob sein Krieg verloren war. Ob er lebte, wie jemand, der aufgegeben oder sinnlos gekämpft hatte? Es war so viel passiert. So vieles fühlte sich wie fremdgesteuert, über sein Leben hereingebrochen an, dass ihn seine Gedanken wütend machten. Zu allem Zweifeln am Geschehenen, saß er jetzt noch da und fragte sich, ob er ein Versager sei, weil er grübelte. Ihm fiel der Ausspruch ein: »Jeder bekommt nur so viel er tragen kann.«

Vielleicht bekommt jeder auch nur die Art Entscheidungen auferlegt, die er selbst zu entscheiden vermochte. Aber dann war er wieder bei der Frage »Von wem?« und drehte im Gedankenkarussell eine weitere Runde. Gleich tauchte eine neue Frage in seinem Kopf auf, die alles bisher Gedachte überschattete: War er es Emma nicht schuldig, sich ihr anzuvertrauen? Sie war für ihn dagewesen, war ihm ungefragt und unaufgefordert zur Hilfe gekommen und hatte ihm beigestanden. Nicht nur beigestanden, viel mehr als das! Sie hatte ihn an die Hand genommen und den Abend gelenkt. Sie hatte ihn aus der Kommunikation mit von Kleist rausgehalten und gleichzeitig nicht von der Bühne geschubst. Sie hatte den Abend durch den Verkauf des ›Roi d'Alsace‹ vor einem finanziellen Desaster bewahrt. Welche andere Person in seinem Leben hätte das für ihn getan, einfach so, ohne Bedingungen zu stellen, ohne Worte? Eine Frage, die zur Abwechslung mal eine schnelle und eindeutige Antwort fand: sein bester Freund Jim, ja, doch sonst, niemand. Als Gastronom kannte er viele Leute und kannte sie zugleich nicht. Er benutzte früher so achtlos den Ausdruck »Das ist ein Bekannter von mir«, doch wenn er ehrlich war, dann war er umgeben von lauter Unbekannten. Sicher, er hatte seinen Beitrag daran, dass weder er jemandem noch ein anderer Mensch ihm in den letzten Jahren zu nahegekommen war, doch er hatte sich nicht anders zu schützen gewusst. »Ah, Jacques, das ist der Franzose vom Bistro«, das wussten viele, doch darüber hinaus hätten nicht viele Menschen etwas über ihn sagen können. Er war verbindlich und herzenswarm im Umgang mit seinen Gästen, sodass niemand hinter diesem augenscheinlich menschenanziehenden Lebemann einen Alleingänger vermutet hätte – einen Mann, der sich dazu entschieden hatte, seinen weiteren Lebensweg allein zu gehen. Oder, anders gesprochen, für den das Leben diesen Weg vorgegeben zu haben schien. Es war der Weg mit vermeintlich geringstem Risiko, andere Menschen zu verletzen und verletzt zu werden. Beide Vorstellungen ängstigten ihn gleichermaßen. Und er fühlte, dass er jenes gefährliche Revier betrat, wenn er Emma in sein Leben ließ. Oder, hatte sich die jetzige Situation erst ergeben, weil er Emma längst in sein Leben gelassen hatte? Doch wie hatte das passieren können? Er kannte sie jetzt eineinhalb Jahre und hatte zuvor bereits über sieben Jahre Erfahrung sammeln können, die Menschen auf Distanz zu halten, dessen Abstand er vorgab.

Emma musste vor etwa zweieinhalb, ja vielleicht drei Jahren ins Viertel gezogen sein, denn plötzlich hatte er sie ab und zu in den Gassen gesehen. Und da sie immer wieder zu ähnlichen Zeiten an seinem Lokal vorbeigegangen war, um dann in die nächste Gasse rechts einzubiegen, schloss er darauf, dass sie hier in der Nähe wohnen musste. Die ersten Monate hatte er sie nur im Vorübergehen wahrgenommen. Eine junge Frau, so Anfang dreißig, die auffallend schöne Körperformen hatte, die sie, was seinen Geschmack betraf, manchmal etwas zu sehr verhüllte. Gleichsam weckte das seine Aufmerksamkeit. Sie hätte ihre zarten Rundungen durchaus mehr betonen können und wäre immer noch weit von jeglicher betonten Selbstdarstellung oder Zurschaustellung entfernt gewesen. Er hatte sie so mit Blicken studiert, dass er sie, sofern er etwas Talent besessen hätte, hätte zeichnen können. Er schätze ihre Größe auf einen Meter vierundsiebzig und das Erste, was ihm aufgefallen war, war ihr zielstrebiger Schritt. Das wiederum brachte den steten Nachteil mit sich, dass er, sobald er sie in der Gasse entdeckte, schnell innehalten und ihr nachschauen musste bevor sie wieder verschwunden war. Sie hatte schlanke, lange, muskulöse Beine, eine Silhouette wie aus einem Strumpfhosenkatalog. Nicht einen Millimeter hätte man bei ihren Beinen retuschieren müssen, um ein makelloses Foto geknipst zu haben. Ihre muskulösen Schenkel gingen in einen perfekt gerundeten, muskulösen Po über, den sie – denn Frauen machten das ständig so – bestimmt zu ihrer Problemzone deklarierte, was – und da hätte Jacques von der Mehrheit der Männer mit Geschmack eine klare Antwort erhalten – totaler Quatsch war. Aber vielleicht, so Jacques Interpretation, war das auch nur eine weibliche Strategie und Aufforderung, dass man sich mit den Problemen der Frau einfach intensiver befassen sollte. Ihr Po, ihr betontes Becken flossen hin zu ihrer geschwungenen Taille, um dann nach dieser Verschmälerung, umso üppiger ihren Busen zu betonen. Ihre Arme waren wohlgeformt und mussten, was er zu diesem Zeitpunkt noch nicht beurteilen konnte, in schlanken Fingern enden. Damit sollte er Recht behalten, wie er drei Monate später feststellen durfte. Sie hatte einen langen Hals. Ihre braunen Haare waren überschulterlang und führten aufgrund der Eigenwilligkeit ihrer Locken ein wildes Leben. Manchmal schien sie sie glattgeföhnt zu haben. Dann war ihr Kopf bezähmte Wildnis, die ihr sehr gutstand. Hätte er ihre Augenfarbe raten müssen, dann hätte er auf braun getippt. Er kannte bald ihre Art zu gehen, den Ablauf und die Eigenheit ihrer Bewegungen. Mehr als einmal hatte er versucht nicht zu ihr zu sehen, wenn sie in sein Blickfeld kam oder er sie an den Geräuschen ihrer Schritte auf dem Kopfsteinpflaster der Gasse erkannte. Doch er konnte nicht anders, auch wenn er nicht zu erklären vermochte, weshalb. Ihr Gang war so weich und harmonisch und doch strikt zugleich, dass ihn irgendetwas in den Bann zog und faszinierte. Irgendetwas an ihr hob ihre Erscheinung aus der Masse aller anderen Frauen hervor, obwohl sie zugleich keine Aufmerksamkeit auf sich zog. Okay, vielleicht war ihr Kleidungsstil manchmal ein bisschen sehr eigen, ein bisschen zu gewagt in den Farben oder ökologisch-alternativ im Schnitt, aber dennoch harmonisch und dann auch schon wieder modern. Doch das Wort »eigen« beschrieb es am besten. Sie war eigen. Sie war sie selbst. Sie war auf wunderschöne, unauffällige Weise eigen und artig – eigenartig.

Es war am Samstag, den 17. Juni 2016, als er sie zum ersten Mal von Angesicht zu Angesicht traf. Es regnete in Strömen und da es an Kundschaft an diesem Abend mangelte, hatte Jacques beschlossen, das Bistro zu schließen. Als er gerade den Schlüssel im Schloss drehte, schenkte er der Gasse einen letzten Blick und sah in der Ferne eine Frau, die in einem Tempo durch die Straßen ging, als sei der Regen nicht existent. Nicht eilend, nicht Zuflucht suchend, nein, fast vorsichtigen Schrittes. Die zweite Auffälligkeit war, dass an ihrem Arm ein geschlossener Schirm baumelte. Als sie näherkam, erkannte er dessen Muster. Ein roter Schirm mit weißen Punkten, konnte nur der Frau gehören, dessen Gang er so gut kannte. Noch ein paar Schritte näher erkannte er, dass sie eine Schachtel vor sich trug, die sie mit beiden Händen umklammerte. Er schloss die Tür wieder auf und trat in den Türrahmen, wo er einigermaßen regengeschützt stand, da ihn eine kleine Markise überragte. Er konnte nicht anders, als unentwegt zu ihr zu schauen, denn sonst war sie immer wie ein schneller Sausewind vorbei, doch jetzt, konnte er sie anschauen und er freute sich, dass er all ihre Schönheit wiederentdeckte und bestätigt sah, die er sich in mühevoller Puzzlearbeit während ihres Vorübergehens zusammensortiert hatte. Nun sah er auch ihre schlanken Finger, die den Schuhkarton umklammerten und balancierten, als befänden sich darin rohe Eier, die bereits gesprungen waren. Er war versunken in ihren Anblick und er erschrak aus diesem Vor-Sich-Hinschauen, als er merkte, dass sie triefnass direkt auf ihn zusteuerte.

Noch zwei Schritte hatte er Zeit sich zu sammeln, dann sprach sie ihn an: »Oh! Sie sind vielleicht unsere Rettung! Ein Geschenk des Himmels, dass Sie hier gerade im Regen stehen!« Emma kam vor ihm zum Stehen, nah genug, damit der Karton in ihren Händen ebenfalls im Trockenen unter der Markise Platz fand.

»Hallo«, lächelte Jacques und sprach, noch immer überrascht von dieser plötzlichen Situation, weiter: »Ja, ich dachte, ich stehe hier mal ein bisschen draußen, bis jemand vorbeikommt, der meine Hilfe braucht.«

Emma lächelte und nahm ihn in ihrer durchweichten Verwirrtheit beim Wort. Er blickte ihr nun zum ersten Mal in die Augen. Er hatte sie sich braun vorgestellt und nun schaute er in strahlend blaue Augen. Wie war das möglich? Er war wie hypnotisiert von diesem neuen Puzzleteil.

Zunächst war er einen Moment lang sprachlos, doch dann fand er ein paar Worte, die vielleicht passen könnten: »Was benötigen Sie denn zu Ihrer Rettung?«

In diesem Moment fiel ihm ein, dass er ihren Namen nicht wusste und in ihm stieg eine Hitze auf, dass ihm just dieses Detail bisher vollkommen entgangen war und er auch zuvor keine Überlegungen angestellt hatte, wie sie heißen könnte. Emmas Worte führten ihn wieder ins Hier und Jetzt.

»Ähm, also, ich habe einen kleinen Notfall« und verwies mit ihren Blicken auf den Karton in ihren Händen bevor sie weitersprach. »Daher kam ich später als geplant aus der Klinik und alle Geschäfte haben nun geschlossen und, naja, die beste Hilfe taugt nichts«, wieder deutete ihr Blick in Richtung Karton, »wenn man dann gerettet verhungert.« Emma schaute erwartungsvoll in Jacques verwirrtes Gesicht.

»Aha. Ich muss zugeben, dass ich von Ihren Worten gerade nicht allzu viel verstanden habe, aber Sie brauchen was zu essen. Richtig?«, fragte Jacques, zwinkerte Emma zu und lud sie mit einer ausschweifenden Bewegung seines Armes ein, das Lokal zu betreten.

»Oh, ich dumme Liese«, platze es aus Emma heraus. Sie stellte den Schuhkarton behutsam auf einem Tisch ab und streckte Jacques die Hand entgegen. »Ich habe ganz vergessen mich vorzustellen, wie unhöflich. Ich bin Emma Lillit. Ich wohne hier seit etwas über einem Jahr. Gleich in der Gasse um die Ecke. Im Haus der Bäckerei.«

Jacques lächelte: »Jacques Jacand. Freut mich sehr!«

Als er ihre Hand berührte, durchströmte es ihn warm. Die Hand war nass und so zart und doch kräftig und grüßte genauso zielstrebig und verbindlich, mit angenehmem und festem Druck, wie er es sich vorgestellt hätte, wenn er es sich vorgestellt hätte.

»Dann packe ich Ihnen mal ein Überlebenspaket, okay?!«

Emma nickte. »Danke! Es muss auch nur ein ganz kleines bisschen Goudakäse sein, irgendein Krümel milder Käse und vielleicht eine Ecke trockenes Baguette und ein Stück Apfel oder ein Rest Salat. Ich will auch alles bezahlen!«, erklärte Emma, während Jacques zwischen Theke und Küche hin und her pendelte und einen Korb packte.

Als er fertig war, stellte er den Korb vor Emma ab. »So, Mademoiselle! Sie sind eindeutig zu bescheiden mit Ihren Wünschen nach trockenem Baguette und Resten von Salat. Von ihrer Bestellung würde ja noch nicht mal eine Maus satt werden«, grinste Jacques. Als Emma plötzlich kichern musste, wurde Jacques verlegen.

Emma öffnete die Schachtel behutsam einen Spalt breit und sagte: »Aber mein Notfall ist eine Maus!«

Jacques beugte sich zum Tisch hinab und schaute in die Schachtel. Nach kurzem Suchen entdeckte er zwischen Schnipseln von Zeitungspapier und Papiertaschentüchern eine braune Maus sitzen, die ihn mit großen schwarzen Augen, jedoch mattem Blick anschaute und in seine Richtung die Nase hob und schnüffelte.

»Das ist eine Maus«, stellte Jacques fest, deutete auf den Karton und schaute zu Emma.

»Ja, sagte ich ja. Ich habe sie in einer Mausefalle hinter der Klinikküche gefunden. Sie muss dort schon länger gelegen haben. Ihr Schwanz war von der Falle erfasst worden.«

»Sind Sie Tierarzt?«, fiel Jacques gerade nichts Schlaueres ein zu fragen.

»Nein«, grinste Emma. »Menschenarzt. Aber ich kann nicht vorbeigehen, wenn ich über das Unglück anderer Lebewesen stolpere«, sagte Emma in einer Mischung aus Traurigkeit und Empörung.

»Aha. Sie machen das also öfter«, fragte Jacques und ärgerte sich über seine unüberlegten und naiv-neugierigen Fragen, die ihn dastehen lassen mussten, wie einen Depp.

»Nur wenn es sein muss. Ein Kaninchen aus dem Klinikpark lebte eine Zeit lang bei mir, nachdem es von einem Hund verletzt wurde. Und zwei weitere Mäusedamen wohnen bei mir in der Küche, die allerdings auf andere Weise zuvor von Menschenhand zu Schaden kamen«, antwortete sie. Emma stoppte an dieser Stelle ihre Erklärungen, denn Jacques wirkte bereits jetzt von ihren Erzählungen verwirrt.

»Aha«, mehr brachte er nicht hervor.

»Ja, so ist es. Was bekommen Sie, bitte?«, fragte Emma und zückte ihr Portemonnaie.

»Nichts, Frau Emma. Für diese einzigartige Großherzigkeit geht das Körbchen im Sinne meines Beitrages zur Tierrettung aufs Haus. Helfer brauchen Helfer«, sagte Jacques, stellte den Schuhkarton mit der Mäusedame in den Korb und legte ein Handtuch als Regenschutz darüber. »Doch kommen Sie irgendwann wieder her, um mir zu erzählen, ob es Frau Maus schmeckte und wie es ihr ergangen ist«, ergänzte Jacques.

Emma war verlegen. »Dankeschön. Sie haben ein großes Herz. Wir sehen uns ganz bestimmt wieder Monsieur Jacand«, verabschiedete sich Emma und verließ das Lokal.

Jacques schloss die Tür und schaute ihr hinterher, bis sie um die Ecke gebogen war. Er fühlte sich glücklich, überflutet von Eindrücken und hätte gar nicht in Worte fassen können, was ihn gerade so erfüllte. Hatte er sich bisher alle Beobachtungen mühsam im Vorübergehen erspäht, so war dieses erste Aufeinandertreffen nun ein wunderbarer Versuch der Überdosis, die es, so war er sich schon jetzt sicher, niemals geben würde. Nun kannte er ihre Stimme, ihren Namen, hatte ihre Hände gesehen und sogar berührt und war doch noch immer verwundert, dass ihre Augen blau, statt braun waren. Ihre Augen, ihr Blick, ihre besondere Art, so schnörkellos, beholfen und unbeholfen zugleich, ebenso verträumt konfus wie auch direkt und konkret. Seine Gedanken kreisten das ganze restliche Wochenende um sie. Als sie bei ihm war, schien die Welt drumherum in den Hintergrund getreten zu sein. Was für eine unwirkliche Situation: Sie, er und eine Maus waren ausreichend gewesen, um das Hier und Jetzt vollständig auszufüllen. Sie hatte ihn verwirrt und er fand im Laufe des Wochenendes auch Worte, die es treffend zu beschreiben vermochten und dennoch eigenartig klangen: Sie schien an keiner Vergangenheit zu haften, keinen Geschehnissen, die vielleicht gestern Sorge bereitet hatten, nachzuhängen. Sie schien sich auch nicht in die Zukunft zu sehnen. Sie war einfach mit jeder Faser ihres Seins in dieser Situation und bei ihm gewesen, samt Maus. Einen derart anwesenden und ihn wahrnehmenden Menschen, der es schaffte, mit Worten und Blicken und einer lebendigen Mimik so intensiv präsent zu sein, hatte er zuvor noch nie kennengelernt. Er hatte sie lächeln gesehen. Wie wunderschön sie erst sein musste, wenn sie lachte! Und gleichzeitig, dachte er, könnte er es nur schwer ertragen, wenn sie mit der gleichen ungeschminkten Authentizität traurig wäre, weinte oder trauerte. Einen Gedanken, den er zu verscheuchen versuchte, der jetzt hier nichts zu suchen hatte. Ihre Momentbezogenheit war ansteckend gewesen, denn hatte er während ihrer Anwesenheit nicht vielerlei drum herum gedacht. Er hatte nicht überlegt, wie sonst während eines Gespräches üblich, was man als Nächstes wissen oder fragen sollte. Smalltalk war nicht nötig gewesen. Und doch, als er sich das Gespräch noch mehrmals durch den Kopf hatte gehen lassen, wünschte er sich schon, dass er gern des Denkens befähigt geblieben wäre, denn seine Antworten waren seiner Ansicht nach peinlich, platt und eindimensional gewesen. Und doch fühlte sich das Zusammentreffen trotz seines paralysierten Zustandes perfekt an.

Am darauffolgenden Montagabend, als es ihm immer noch keine Ruhe lassen wollte und immerhin bereits ganze achtundvierzig Stunden seit ihrem ersten Kennenlernen vergangen waren, beschloss er, dass er lange genug anständig gewartet hatte, befüllte einen Briefumschlag mit einer Handvoll Haferflocken und faltete einen kleinen Zettel zu einer Klappkarte, auf die er vorne eine im Bett liegende Maus zeichnete, deren verbundener Schwanz unter der Bettdecke hervorlugte. In die Karte schrieb er:

»Liebe Frau Maus,

es war für mich ein sehr überraschendes Ereignis Ihre Bekanntschaft zu machen. Normalerweise sehe ich ihresgleichen nur schnell weghuschen, wenn ich das Licht im Keller anmache. Ihr Schicksal bewegte mich und es rührte mich zugleich sehr an, dass Sie das Glück hatten auf einen Menschen, wie Frau Emma, zu treffen, die Sie entdeckte, sich von dem von Menschenhand gemachten Leid betroffen fühlte, nicht vorüberging, sondern sich verantwortlich zeigte. Sie können ihr ausrichten, Sie habe meinen Blick auf die Welt zuweilen verändert. Ich wünsche Ihnen von Herzen gute Besserung.

Jacques Jacand.«

Den Umschlag beschriftete er mit »An Frau Maus« und fand den richtigen Briefkasten im Haus des Bäckers schnell. Statt nach diesem ersten Schritt der Kontaktaufnahme Ruhe zu finden, haderte Jacques im Nachhinein, ob die Aktion nicht vollständig bescheuert gewesen sei. Aber getan war getan und so blieb ihm nur das Abwarten.

Drei Tage später, an einem Donnerstag, stand Emma abends plötzlich vorm Lokal, trat ein, lächelte, gab ihm den leeren Korb zurück und nahm an einem kleinen Tisch Platz. Nach einem kurzen Anflug von Unsicherheit und Nervosität, ging Jacques zu ihr und merkte, dass ihn, sobald er in ihrer Nähe war, Ruhe umfing. Da ausgerechnet an diesem Abend viel Kundschaft zugegen war, blieb ihm nichts anderes übrig, als sie, ohne Zeit für viele Worte zu haben, zu bedienen. Bald hatte er das Gefühl, dass es der vielen Worte auch nicht bedurft hätte, um sich mit ihr verständigt zu fühlen. Sie verstand die Situation, signalisierte, dass alles in bester Ordnung sei, bestellte die Käseplatte »Wilde Ziege« und dazu einen Chardonnay. Nachdem er serviert hatte, schaute er immer mal wieder von der Theke aus zu ihr.

Ihr beim Essen zuzuschauen, verblüffte ihn. Denn selbst beim Essen schien sie ganz in sich zu ruhen, die Umgebung wahrzunehmen, sich jedoch von ihr nicht berühren oder ablenken zu lassen. Es war, als verweile sie ganz im Moment des Genießens. Sie schaute sich nicht großartig um, schien auch nicht denkend oder beobachtend. Sie kostete und genoss, sie roch und aß, trank ihren Wein und wirkte glücklich in sich ruhend, den Chansons weiter lauschend, als sie aufgegessen hatte. Hatte Jacques bisher andere Gäste im Lokal beobachtet, die allein speisten, so taten sie immer irgendetwas anderes parallel: sie hantierten mit dem Smartphone, lasen ein Buch oder blätterten nebenbei in einer Zeitschrift oder verfolgten mit so angestrengtem Blick die Gespräche anderer Gäste, dass Jacques schon des Öfteren geneigt gewesen war anzubieten, sich an den Nachbartisch zu setzen. Viele von ihnen aßen sehr schnell oder wippten ständig mit einem Bein unterm Tisch. Jedoch, nichts zu tun, außer da zu sein und zu essen, das hatte Jacques bisher noch nie in dieser Vollkommenheit beobachten können. Und er selbst, dachte er über sich nach, wusste nicht, ob er eines derartigen Genießens fähig wäre. Emma fühlte sich gerade wohl, das war nicht zu verkennen. Als sie zahlte, nahm er sehr verlegen das Trinkgeld an, auf das sie beharrte und nachdem sie aufgestanden und sich verabschiedet hatte, griff sie in ihre Handtasche, zog einen Umschlag heraus und reichte ihm diesen: »Diesen Brief hier soll ich Ihnen geben. Gute Nacht, Monsieur Jacand«, lächelte sie und ging, bevor Jacques sich aus seiner verdatterten Starre wieder lösen konnte. Auf dem Umschlag stand »An Jacques, Chef de la cuisine«. Er musste grinsen. Ein Grinsen, das er an diesem Abend nicht mehr verlor. Er verbarg den Umschlag in der Tasche seiner Küchenschürze, tastete immer wieder nach ihm, um sicherzustellen, dass er noch an Ort und Stelle war und manchmal griff er in die Tasche, spürte das Papier zwischen seinen Fingern und glaubte erst dann, dass er real und nicht Ergebnis seiner Einbildung war. Als die letzten Gäste gegangen und das Lokal samt Fensterläden verschlossen war, setzte er sich an den Tisch, an dem Emma vorhin gesessen hatte und den er im weiteren Abendverlauf erfreulicherweise nicht noch einmal hatte besetzen müssen, sodass er ihren Anblick lebendig vor Augen hatte, wenn er auf ihren leeren Stuhl schaute. Er öffnete den Umschlag und entfaltete das Blatt mit nervösen Fingern.

»Lieber Monsieur Jacand,

Mit großer Freude und Rührung las mir meine Ärztin Ihre bewegenden Genesungswünsche vor, während ich mich nicht gedulden konnte und zugleich von den köstlichen Haferflocken naschte. Es erfüllt mich mit Freude, dass ich die Gelegenheit hatte, die Bekanntschaft von gleich zwei Menschen zu machen, denen ein Mäuseleben nicht wertlos erscheint. Die meisten Vertreter Ihrer Art tun aus lauter Angst und Ekel so ziemlich alles dafür, um eine Begegnung mit meinesgleichen zu vermeiden. Wie Sie ja schon erfahren haben, hätte auch ich in einer Mäusefalle verenden sollen. Einen derartigen Tod wünscht man seinem ärgsten Feind nicht, doch bei uns geschieht er täglich tausendfach. Und wenn ich ehrlich sein darf, so versteht unsereiner nicht, weshalb. Wir haben doch nichts getan. Wir wollen einfach Leben, also satt werden, wenn möglich mit wenig Aufwand der Futtersuche, eine sichere Behausung haben, warm und trocken schlafen, in angenehmer Gesellschaft sein und sich das ein oder andere Mal vermehren. Ich möchte Ihnen nicht zu nahe treten, doch scheint mir dies eine Gemeinsamkeit von Maus und Mensch zu sein, da mir scheint, wir gleichsam danach streben in Bequemlichkeit und Sicherheit zu leben. Wissen Sie, dass manche Tiere uns des Fressens wegen jagen, macht das Leben ziemlich gefährlich. Doch darüber herrscht in der Mäuseschaft eine Art Verständnis, unabhängig davon, dass es nicht schön ist zu sterben, aus welchem Grunde auch immer. Wir alle müssen essen. So leugne ich auch nicht, dass ich mit Appetit in einen Mehlwurm beiße, wenn ich merke, dass das Kerlchen die Nährstoffe mitbringt, die mir fehlen. Wobei ich dann darauf achte, dass es einer ist, der eh schon kränkelnd oder uralt aussieht. Manchmal schien mir der Verzehr dann eher wie ein Akt der Erlösung von Siechtum als eine appetitliche Mahlzeit. Aber wissen Sie, das ist der eigentliche Fehler im Bauplan der Natur, dass sich nicht alle Lebewesen von Gras, Früchten und Blumen ernähren können. Wirklich ärgerlich ist jedoch, wenn uns die Lebewesen jagen und töten, die es nicht nötig haben, sich von uns zu ernähren. Man denke an die verwöhnte Katzenbrut, die sich ihr Futter vom Menschen servieren lässt und uns zum Zeitvertreib das Leben schwer oder den Garaus macht. Wo gucken die sich das ab? Beim Menschen? So nach dem Motto: mit denen kannst du es machen, das sind nur Mäuse!? Ich glaube, die Menschen stören sich daran, dass wir uns so schnell vermehren und so schnell so viele werden können. Aber ehrlich, bei den Verlusten, die wir zahlenmäßig erleiden, könnte man auf keine andere Weise das Überleben der Mäuseschaft sichern. Und, sind wir mal ehrlich, so macht ihr Menschen das auf keine cleverere Weise, trotz der Überlegenheit eines tausendfaches Mehr an Hirnmasse im Vergleich zur Maus! Ihr vermehrt euch ebenfalls unkontrolliert, unverständlicherweise auch noch in Regionen der Welt, wo Hunger und Armut herrschen, was die Chance auf eine erfolgreiche Aufzucht der Nachkommen mindert und dann, so erzählt man sich bei uns, bringen sich die Menschen auch noch gegenseitig um, ohne Absicht den anderen dann auch zu fressen. Es erklärt sich mir nicht, weshalb gerade die Menschen nicht ökonomisch und ökologisch sinnvoller leben, wo sie doch allerlei zu bedenken imstande sind. Stattdessen denkt jeder Einzelne in erster Linie an sich selbst und lebt in dieser Welt, ohne nach links oder rechts zu schauen, koste es den Planeten, was es wolle. Dabei wäre es doch so einfach, ein kleines bisschen aufeinander Acht zu geben. Umso dankbarer bin ich zu den wenigen zu gehören, die behaupten dürfen, dass Menschen auch ganz anders sein können. Ich danke Ihnen für all die Köstlichkeiten, die sich in dem Korb befanden und die mir schon auf dem Transport in mein neues Zuhause mit ihren Düften die Sinne verheißungsvoll vernebelt haben. Seien Sie herzlichst gegrüßt.

Ihre, schon deutlich gesündere, Frau Maus.«

Jacques fand im Umschlag noch ein Foto. Es wurde mit einer alten Polaroidkamera gemacht, die die Bilder sofort entwickelte. Er sah Frau Maus, die gerade eine Haferflocke, wie ein Lenkrad zwischen den Vorderpfoten hielt und reinbiss. Jacques grinste: »Eine einzelne Haferflocke. Sie nimmt sie und beißt rein. Eine kleine Genießerin, wie Frau Emma.«

Von da an sahen sich Jacques und Emma jeden Donnerstagabend. Emma machte es sich zur Gewohnheit, bei ihm im

Lokal zu essen. Da immer auch andere Gäste anwesend waren, tauschten sie nur kleine Worte und doch war es für beide auf diese Art vollkommen. Als sie einmal an einem Donnerstag ausblieb, sorgte sich Jacques. Eine Unruhe befiel ihn, die ihn auch noch nach Ladenschluss immer mal wieder einen Blick in die Gassen werfen ließ, um sie vielleicht doch noch auf dem Heimweg zu sehen und zu wissen, dass sie wohlbehalten und nichts passiert war. Er schlief unruhig und ärgerte sich zugleich über sich selbst, weil er sich nicht sorgen wollte. Emma hatte sich bei ihm weder an- noch abzumelden und konnte machen, was sie wollte. Und doch konnte er dem Drang nicht widerstehen nachts kurz in ihre Gasse zu gehen, um vielleicht zu sehen, ob in einem ihrer Dachfenster Licht brannte. Aber natürlich brannte keins. Denn selbst falls sie jetzt daheim war, schlief sie höchstwahrscheinlich längst. Eine Logik, die dennoch seiner ängstlichen Fantasie nicht die Flügel zu stutzen vermochte. Als sie einen Abend später zu ihm ins Lokal kam, da umarmte er sie zur Begrüßung im Affekt seiner Erleichterung. Diese Berührung, sie derart lebendig zu spüren, war wunderbar. Sie freute sich, dass er so glücklich war sie zu sehen und entschuldigte sich, dass sie gestern nicht gekommen war. Die Arbeit in der Klinik habe es ihr unmöglich gemacht am frühen Abend nach Hause zu gehen.

Jetzt, da er mit Emma zusammensaß, von Kleist wie von Geisterhand wieder Zutritt zu seinem Leben gefunden hatte, er ohne Emmas tatkräftige und emotionale Hilfe diesen Abend nicht derart unbeschadet überstanden hätte und ihm all diese Gedanken, Bilder und auch Emotionen ihres Kennenlernens durch Kopf und Herz gegangen waren, fand er die Antwort, die er bereits gefühlt hatte erneut bestätigt. Er würde Emma alles erzählen, damit sie den heutigen Abend verstehen konnte. Es war schwierig für Jacques zu bestimmen, an welcher Stelle seines Lebens er mit dem Erzählen beginnen sollte. Nicht, dass von Kleist schon seit jeher eine Rolle gespielt hätte, doch irgendwie schien alles miteinander verwoben.

Jacques hatte sich im Laufe seines Lebens eine gewisse bildliche Vorstellung von Glück und Unglück gemacht. Er sah vor sich parallel verlaufende Gleise, auf dem der Lebenszug fahren konnte. Ein Gleis war der glückliche und behütete Weg, das andere der unglückliche Weg, mitunter voll von Schicksalsschlägen. Beide Schienensysteme waren durch mannigfaltige Weichen verbunden, sodass ein Lebenszug durchaus die Möglichkeit hatte von einer Schiene zur anderen zu wechseln, so wie Glück und Unglück sich im Leben abwechselten. An den verschiedenen Bahnhöfen stiegen Menschen dem eigenen Lebenszug zu, schlossen Bekanntschaft und konnten den Weg des Zuges auf Höhe der nächsten Weiche beeinflussen. Manche Menschen konnten während der gemeinsamen Fahrt behilflich sein, die Weichen des Lebens so zu stellen, um vom Unglücksgleis wieder auf die schöne Schiene des Lebens zu wechseln; manchmal war es jedoch auch andersrum und der Zug rollte, scheinbar ohne Weichen in Sicht einfach weiter, den Unglücksweg entlang. Ob es keine Weichen gab oder ob sie einfach nicht zu stellen waren, das war oft schwer zu sagen. Auch konnten auf dem Weg Unglücke geschehen, die unfassbar groß waren und den Lebenszug ganz aus der Bahn zu werfen vermochten. Dann bedurfte es Hilfe, den Zug wieder aufs Gleis zu stellen. Das allein zu schaffen war unmöglich.

Als Emma seinem Lebenszug zugestiegen war, hätte Jacques nicht sagen können, auf welchem Gleis er gerade fuhr, denn das Leben dümpelte erfreulich ereignislos vor sich hin, aber er war sich bewusst, dass Emma eine angenehme Begleiterin sein würde, egal auf welcher Reise und dass sie mit ihrem aufmerksamen Blick sicher nicht die Weichen zum Glück übersehen würde. Er hatte keinen Plan und keine Absichten, damit hatte er schon lange zuvor aufgehört, doch es fühlte sich nicht falsch an. Und genau das hatte gereicht, um ihr einen Platz in seinem Zug anzubieten. Wann Jacques Leben aufs falsche Gleis geraten war, war ihm klar. Nicht nach dem Warum zu fragen hatte er mit den Jahren gelernt. Die Frage nach dem Grund für das Geschehen von Unglück hinterlässt viel: Trauer, Wut, einen selbst, kleiner und ahnungsloser als zuvor, aber sie hinterlässt niemals eine Antwort.

Bis kurz nach seinem achten Geburtstag erinnerte er sich, eine glückliche Kindheit gehabt zu haben. Er wuchs in einem Dorf in unmittelbarer Nähe einer Kleinstadt in der Bretagne auf und sein Leben fand überwiegend unter freiem Himmel und am Meer statt. Es gab so viel zu tun. Sein Großvater war Fischer und wenn er zweimal in der Woche mit dem Netz auf See fuhr, dann war Jacques an diesen Tagen besonders aufgeregt am Nachmittag zu ihm zu gehen, denn sein Interesse galt dem Beifang. Sein Großvater schätzte einerseits Jacques Hilfe beim Säubern des Netzes, doch noch viel mehr machte es ihn glücklich, die Freude seines Enkels zu sehen, wie er dabei auf eine Art Schatzsuche ging. Jacques liebte es, wenn er das ein oder andere Getier lebendig aus dem Netz, in dem es sich verfangen hatte, pflücken konnte, um es dann in einen Eimer mit Meerwasser zu tun und am Ende des Tages wieder zurück ins Meer zu bringen. Jacques aß zwar gern Fisch, doch dass dieser dafür aus dem Meer geholt und sterben musste, bescherte ihm ein stark ambivalentes Gefühl. Die Muscheln, die er fand, behandelte er, als seien es die kostbarsten Edelsteine. Andere kleinere und mal größere Gegenstände, die sich hin und wieder vom Netz haben einfangen lassen, betrachtete er mit einer Hingabe, als erzählten sie ihm ihre Geschichte. Ging er am Strand spazieren, dann um Muscheln zu suchen und Müll einzusammeln, der mit der Flut angespült wurde. Für ihn war das ein angemessenes Tauschgeschäft: er ließ sich vom Meer mit einer Muschel beschenken und befreite es im Gegensatz von etwas Belastendem. Zuhause hatte sein Vater einen Teil des Schuppens für seine gesammelten Werke geräumt und so hatte Jacques bald sein eigenes Museum. Die Schule war eher eine lästige Pflicht, die zu allem Übel unter einem Dach und hinter dicken Mauern stattfindend sechs Stunden am Tag die Sicht auf das Wetter und somit das wahre Leben verwehrte. Hatte es zum Schulschluss geklingelt, war Jacques stets das erste Kind, das aus dem Klassenzimmer gestürmt war, um vor der Tür gleich zu schauen, was die Welt in der Zwischenzeit so getan hatte.

Die Stadt war lebendig und voll schöner alter Häuser, meist Sandstein oder Fachwerk, manche noch gänzlich aus Holz. Insbesondere donnerstags war es unendlich schwer bis zum Schulende still auf dem Stuhl zu sitzen, denn Jacques wollte noch rechtzeitig zum Stand von Madame Arnauld, um die Reste ihres Kuchens zu ergattern, die er dann seiner Mutter mitbringen würde. Als Zahlungsmittel dienten Jacques Sorgfalt und kräftiges Anpacken beim Zusammenräumen ihres Marktstandes. Manchmal, wenn der Fischhändler schräg gegenüber von Madame Arnaulds Stand, zu viele Kunden hatte und sich sein Zusammenräumen verzögerte, dann warb er Jacques ebenfalls als Hilfe an und gab ihm ein reichliches Abendessen als Dank mit. Zudem war er Jacques erste Adresse, wenn er einen Meeresfund aus dem eigenen Beifang in wertschätzende Hände bringen wollte, denn die Art, wie dieser sich darüber freute, öffnete ihm jedes Mal das Herz. Wenn Jacques an einem solchen Nachmittag nach Hause kam und stolz seine Mitbringsel ablieferte, dann erfüllte es ihn mit Stolz, dass er dafür gesorgt hatte, dass das Abendbrot auf dem Tisch stand. Zudem hatte er dann ein weniger schlechtes Gewissen, wenn er es mit den Hausaufgaben mal wieder nicht ganz so ernst genommen hatte und er der Mutter den Eintrag des Lehrers im Schulheft zur Unterschrift vorlegen musste.

Er liebte die Stadt mit ihrem bunten Treiben, dem Fluss, der in seinen Augen die Lebensgeister des Meeres in die Stadt spülte und so viele Gesichter hatte, wie es verschiedene Wetter gab. Er mochte den Wochenmarkt, die Geräusche von Pferdehufen auf dem Kopfsteinpflaster und den Anblick der Schaufenster. Doch er war gern nur Gast in der Stadt. Zum Leben war ihm die Stadt zu laut, auch wenn ein Großstädter hier im Urlaub die Ruhe genoss und durchaus schon behauptete, dass am Abend die Gehwege hochgeklappt würden. Doch für Jacques war es, verglichen mit dem Vorort am Meer, in dem seine Eltern ihren Hof hatten, laut. Er liebte es, wenn er nichts hörte, außer den Wind und das Meer und eine Möwe oder seine Mama, die ihn rief, wenn es Zeit war, um in die Wanne zu gehen oder zu Abend zu essen. Er liebte den Geruch des Meeres, der so wechselhaft war. Manchmal roch es nach Seetang, fast modrig, dann wieder würzig, mal nach Fisch, mal konnte er Salz schmecken, obwohl er nur durch die Nase atmete, mal roch es sonnenwarm.

Seine Eltern hielten eine kleine Ziegenherde und lieferten die Milch einer Käserei. Für die Ziegen war hauptsächlich seine Mutter zuständig. Der Vater war Schreiner und arbeite in einer Werkstatt im nächsten Ort. Seine Eltern, Babette und Clément, waren in Jacques Augen Mensch gewordene Liebe, denn sie wollten nur drei Dinge im Leben: ihre Kinder sollten gesund sein, einen glücklichen Alltag haben und irgendwann mit einer Arbeit, die sie mit Zufriedenheit machten, einen sicheren Unterhalt verdienen können. Babette wollte eigentlich einen ganzen Stall voll Kinder, doch bei der Geburt von Jacques und seiner Zwillingsschwester Lilly, gab es Komplikationen, die einerseits beinahe ihr Leben gekostet hätten und es ihr andererseits unmöglich machte weitere Kinder zu bekommen. Da sich die Nabelschnüre der Zwillinge umeinander gewunden hatten, hatte Lilly unter der Geburt zu wenig Sauerstoff erhalten, was dazu führte, dass sie sich, nicht vergleichbar mit anderen Kindern, entwickelte. So war sie als Achtjährige auf dem Entwicklungsstand eines zweijährigen Kindes gewesen, wie der Arzt einmal sagte. Was, wie Jacques fand, stimmte und auch wieder nicht. Sie lernte nie sprechen und hatte dennoch Tausende Facetten ihrer Mimik und Gestik, sich auszudrücken; manchmal eindrücklicher und präziser als es mit Worten möglich gewesen wäre. Lillys Wesen war anrührend herzlich. Sie begegnete der Welt mit einer unbefangenen Offenheit und einem Strahlen. Ein jeder Mensch, der mit ihr zu tun hatte, konnte ihrem einnehmenden Wesen nicht widerstehen. So fand sie unentwegt jemanden, der auf ihr Wünsche zu spielen oder zu blödeln einging, was stets mit ihrem unnachahmlichen, kichernden Lachen endete, bei dem sie ihren Kopf in den Nacken legte, als ob das Lachen nur derart den direkten Weg aus ihr heraus und in die Welt fände. Ihr Lachen war ein Geschenk für die Menschen, das ihnen zeigte, dass Unbeschwertheit und scheinbar grundloses Glücklichsein auf dieser Welt noch existieren konnten.

Jacques und Lilly waren zweimal in der Woche in der Stadt unterwegs. In ihnen beiden floss das neugierige Blut von Entdeckern und so liebte Lilly das Treiben der Stadt ebenso wie ihr Bruder. Sie waren unzertrennlich. Und da Lillys Abenteuerlust größer war, als ihre Beine sie zu tragen vermocht hätten, nahm Jacques stets einen Bollerwagen mit, den sein Vater gebaut hatte. So zog er sie, auf einer Decke sitzend oder hockend und den Menschen winkend durch die Gassen. Oft waren die Menschen von Lillys grenzenlosem Charme so glücklich eingenommen oder aus einer Lethargie erweckt und unverhofft zu einem Lächeln getrieben, dass sie sich dafür bedankten oder sie sogar beschenkten. So kehrten die beiden an so manchem Abend mit reichen Gaben heim, brachten immer wieder mal Eier, eine kleine Quiche, Äpfel oder Quitten, Pflaumen, Blumen, ein selbstgebackenes Brot und einmal sogar zur Weihnachtszeit den Rohling eines Pfefferkuchenhauses mit, dass Madame Arnauld gebacken hatte. Dazu schenkte sie ihnen ein Päckchen Puderzucker und eine Tüte der buntesten Süßigkeiten, die einem schon beim Anblick das Wasser im Munde zusammenlaufen ließen. Daheim war es eine großartige Freude das noch nackte Haus zu verzieren und mit den Naschereien zu bestücken. Noch weit über die Weihnachtszeit hinaus blieb es den Geschwistern ein Genuss, ab und zu an dem Häuschen zu riechen, um das Gefühl des Weihnachtsfestes wiederzubeleben.

Wenn der Vater abends nach Hause kam und unverhoffte Lebensmittel auf dem Abendbrottisch vorfand, nahm er Lilly voller Freude auf den Arm, drehte sich mit ihr wild im Kreis, bis sie juchzte, lachte und er sagte: »Hast du wieder dein Lächeln verkauft?!«

Jacques schwoll vor Stolz die Brust, wenn der Vater Lilly wieder absetzte und die schwere väterliche Hand anerkennend auf seiner Schulter ruhte. Für Jacques währten diese Jahre ewig. Er liebte den Alltag, dessen einzige Unbequemlichkeit die Schule war. Natürlich wollte er etwas lernen, doch er hatte den Eindruck, dass man, bis auf Lesen, Rechnen und Schreiben, nichts in der Schule lernen konnte, was man im echten Leben gebrauchen würde. Da fand er es sinnvoller mit seiner Mutter die Ziegen zu versorgen, zu lernen wie man aus Milch Käse machte, zu wissen, wie man einer Ziege in Geburtsnot half und das kleine Zicklein durchbrachte, wenn die Muttermilch zu knapp war. Es war sinnvoller zu wissen, wie man Brot backte, einen Fisch fing oder einen Schrank reparierte; alles Dinge, die er sicher nicht in der Schule lernen konnte. Zudem sah Jacques keine Notwendigkeit erwachsen zu werden, denn besser als jetzt konnte das Leben als großer Mensch gar nicht sein. Viele seiner Schulkameraden konnte es mit dem Erwachsenwerden nicht schnell genug gehen. Jacques verstand nicht, weshalb. Viele Erwachsene schienen ihr Lächeln im Alltag verloren zu haben und er fand es wichtig, dass es Lilly und ihn gab, die umherzogen und vielen Menschen ihr Lächeln wiederbrachten.

Eines Nachmittags war er mit Lilly im Bollerwagen unterwegs gewesen und musste die Brücke am Marktplatz benutzen, um den Heimweg mit ihr anzutreten. Normalerweise mied Jacques die Brücke, wenn er Lilly dabeihatte, denn solange er denken konnte lebte unter der Brücke, an ihrem Pfeiler in Ufernähe, ein Bettler, der so furchteinflößend und verkommen aussah, dass er Lilly die Angst und den Schrecken des Anblickes seit jeher ersparen wollte. An diesem Nachmittag jedoch, war in der Rue d'Alfonse ein Unfall geschehen, sodass die Straße nicht passierbar war und Jacques, wenn er nicht große Umwege in Kauf nehmen wollte, als einzig sinnvolle Alternative den Weg über die Brücke nehmen musste. So zog er den Bollerwagen wohl oder übel in deren Richtung und gab sich allerlei Mühe Lilly abzulenken, damit sie den Clochard erst gar nicht erblickte. Doch, wie es nicht anders kommen konnte, hatte sie ihn bereits in der ersten Sekunde entdeckt und ihrer beider Blicke schienen sich sofort getroffen zu haben, um einander nicht mehr loszulassen. Als Jacques das bemerkte, beschleunigte er seinen Schritt, denn auch der grimmige Clochard wandte seinen Blick nicht mehr ab. Jacques Fantasie machte mittlerweile ähnlich große Schritte, wie er. Es konnte gar nicht anders sein; der Clochard würde sicher gerade überlegen, ob er Lilly besser mit oder ohne Zwiebeln schmoren wollte. Jacques brach der Schweiß aus und zu allem Überfluss reckte Lilly ihre Ärmchen in Richtung des Clochards und fing an zu juchzen, als sie ihm am nächsten waren. Jacques spürte die Panik in sich aufsteigen, doch statt schneller zu gehen, wurden ihm die Beine schwerer und er, auch wenn er es sicher nicht gewollt hatte, blieb wie angewurzelt stehen. Der Clochard rührte sich nicht, sondern starrte Lilly nur weiter ruhig an. Jacques verschaffte dies ein kurzes Gefühl der Erleichterung, denn so gewann er Zeit zum Schmieden eines Fluchtplans, den er umzusetzen versuchen würde, sobald ihm seine starren Beine wieder gehorchten. Doch als Lilly nur noch lauter jauchzte und die Arme dem Clochard entgegenstreckte, dieser dann begann, sich in ihre Richtung zu bewegen, da versteinerte Jacques in Gänze. Nun war es besiegelt, dass er und seine Schwester heute noch am Spieß gebraten werden würden. Während er regungslos beobachten musste, wie der Clochard Lilly einen seiner dreckigen, halbbehandschuhten Finger entgegenstreckte, spürte Jacques nur, wie in ihm die Angst überlief und als wärmender Strahl das Hosenbein hinunterrann, um danach die Hose verräterisch am Bein kleben zu lassen. Der Clochard hielt seinen Finger nah an Lillys und wartete mit grimmiger, jedoch auch neugieriger Miene was geschehen würde. Lilly, überwand den zögernden Moment und tippte vorsichtig mit ihrem Zeigefinger an den seinen. Als wäre er mit einem Zauberstab berührt worden, klarte der grimmige Blick des Clochards auf. Bei der zweiten und dritten Berührung war sein Gesicht frei von Gram und aus dem Spiel des zaghaften Antippens wurde bald ein fröhliches Klatschen der Hände. Er lächelte nicht, aber die Züge seines Gesichts wurden immer weicher. Als er merkte, dass Jacques die Szene weiterhin zitternd beobachtete, hielt der Clochard in seinem Spiel inne, wandte sich Jacques zu und streckte ihm vorsichtig einen Finger entgegen. Er wartete. Er wartete ohne Ungeduld, während Jacques Blick verwirrt zwischen dem Clochard und Lilly hin und her ging. Lilly hockte mittlerweile in dem Bollerwagen und wippte ungeduldig quietschend auf und ab, als Jacques endlich vorsichtig seinen Finger hob. Wie ein Fremder schaute er seinen eigenen Bewegungen zu, und sah seinen Finger in Richtung des Clochards schweben. Er hatte die Augen geschlossen und das Gesicht in Erwartung schmerzhaft verzogen, als sich ihre Finger berührten. Als Jacques dies, wie durch ein Wunder überlebt hatte, öffnete er die Augen und das Zuzwinkern des Clochards rang ihm ein unsicheres Lächeln ab. Dann wandte sich dieser von den Kindern ab, drehte sich ein letztes Mal kurz um und winkte, ein kleines vorsichtiges Winken, unsicher, ob er es in den letzten Jahren nicht doch verlernt hatte, einen anderen Menschen zu grüßen. Jacques winkte ebenfalls zaghaft, während Lilly juchzte. Den Rest des Heimweges überlegte sich Jacques, wie er die Zeichen der Angst auf seiner Hose verbergen konnte. Dass er das hatte erleben müssen, war für ihn allein schon peinlich genug gewesen. Er beabsichtigte nicht, das Ergebnis zur Schau zu stellen und sich zu erklären. Etwa hundert Meter vor seinem Zuhause brachte ihm eine Pfütze den rettenden Einfall und ohne weitere Optionen abzuwägen, stellte er Lilly im Bollerwagen kurz am Wegesrand ab und ließ sich der Länge nach in die Pfütze fallen. Zuhause würde er behaupten gestolpert zu sein. Hauptsache, der Pinkelfleck war getarnt.

Von diesem Tag an, auch wenn es Jacques beim nächsten Mal noch etwas mulmig war, ließ er sich von Lilly heimwärts immer in Richtung Brücke aus der Stadt dirigieren. Dann winkten sie dem Clochard zu, der bald an den besagten Tagen nach ihnen Ausschau zu halten schien, um dann bereits zu winken, wenn er die Kinder in der Ferne sah. Beim dritten Mal signalisierte Lilly, dass Jacques anhalten sollte. Sie griff vor sich unter die Decke und zog aus dem heutigen Angebot der geschenkten Gaben ein großes Stück Apfeltarte hervor und streckte es dem Clochard entgegen. Der nahm es in stiller Rührung an. Beim nächsten Besuch lupfte Lilly die Decke über den Habseligkeiten und der Clochard sollte sich etwas aussuchen. Doch als der bescheiden nur einen Apfel wählte, änderte sich Lillys Taktik wieder hin zum Beschenken, denn dann war ein ausreichendes Abendbrot garantiert. Und dass, so empfand Jacques, passte nicht zu den Worten des Doktors, der behauptete, dass Lilly stark in ihrer Entwicklung zurückgeblieben sei. Eines frühen Abends Ende August kamen sie zum letzten Mal zum Clochard, ohne dass sie es zu diesem Zeitpunkt hätten ahnen können. Nachdem Lilly ihm ein großes Stück Quiche mit Lauch, Käse und Speck geschenkt und Jacques ihm eine von Zuhause mitgebrachte Flasche Ziegenmilch überreicht hatte, griff der Clochard in den Ausschnitt seines Pullovers, tastete kurz suchend und barg in seiner Hand etwas, das er mit einer kräftigen, ruckartigen Bewegung löste. Die Kinder sahen wie sich dabei ein Lederband von seinem Hals wand, das nun aus der geschlossenen Hand herausbaumelte. Der Clochard zog an dem Lederband und ließ es in der Hosentasche verschwinden. Als er die Hand nun öffnete, kamen zwei hölzerne Anhänger zum Vorschein. Einen gab er Jacques. Einen reichte er Lillys kleinem Händchen, das von einem quiekenden Geräusch begleitet danach griff. Die Kinder betrachteten ihre Geschenke. Es waren zwei Engelsflügel, fein geschnitzt aus Eichenholz.

»Ihr beide seid Engel für mich. Damit ihr das nicht vergesst, will ich euch die Anhänger schenken. Sie sind alt. Älter als ich«, sagte der Clochard, lächelte und wandte sich seinem Nachtlager zu.

Lilly küsste ihren Anhänger ein paarmal hintereinander. Jacques rief dem Clochard ein »Vielen Dank« entgegen, woraufhin dieser sich nochmal umdrehte und winkte. Auf dem Heimweg dachte Jacques darüber nach, dass es schon etwas sehr Besonderes ist, wenn ein Mensch, der selbst kaum etwas besaß, etwas von seinem Wenigen verschenkte. Er befühlte den Engelsflügel in seiner Hosentasche immer wieder und genoss die Wärme, die das Holz von seiner Hand annahm, solange, bis er nicht mehr zu sagen vermochte, von wem die Wärme ausging, dem Anhänger oder ihm. An diesem Abend schlief Lilly mit dem Holzflügelchen in der Hand ein. Es war gerade so groß, dass es von ihrer Hand vollständig umschlossen werden konnte und darin verschwand.

Jacques teilte sich mit Lilly das Zimmer. Sie schliefen in einem Doppelstockbett – er oben, Lilly unten. Auch wenn Jacques länger hätte aufbleiben dürfen, so ging er dennoch mit Lilly um acht Uhr ins Bett, denn er mochte das gemeinsame Einschlafen. Wenn Mama sie ins Bett gebracht und das Zimmer verlassen hatte, dann horchte Jacques still, ob Lilly gleich einschlief oder ob sie weiter im Bett raschelte. Er wartete immer etwa eine halbe Stunde und orientierte sich an dem Läuten der Kirchenglocke, die jede Viertelstunde mit einem einzelnen Gong mitteilte, dass sie noch wach war, um zur vollen Stunde die Zeit zu verraten. Je nachdem wie der Wind stand, konnte sie sich fern anhören oder so nah, dass er glaubte, sie wandere nachts durch die Straßen, statt im Kirchenturm zu hängen. Hatte er zwei der Einzelgongs abgewartet und raschelte es dann immer noch in Lillys Bett, setzte er sich auf, kletterte hinab und legte sich zur ihr. Er kuschelte sich an sie, legte ihre Hand in seine, sodass sich ihr Handrücken in seine Handfläche schmiegte, ihre Hand offen in seiner lag und er mit Mittel- und Zeigefinger seiner anderen Hand ihre Handfläche in kleinen kreisenden Bewegungen zu streicheln begann. Manchmal, wenn er Lillys Hand zum Einschlafen ergriff, fand er darin den kleinen hölzernen Engelsflügel. Dann schloss er ihre Hand wieder und legte seine um ihre kleine geschlossene Faust. Dabei erzählte er ihr immer im Flüsterton von ihrem gemeinsamen Tag. Meist blieb er dann bei ihr liegen, denn es gab nichts Schöneres als ihr Lächeln am nächsten Morgen als Erstes zu sehen, nachdem er die Augen aufgeschlagen hatte. Sie war immer vor ihm wach, muckste sich jedoch nicht, bevor Jacques nicht von allein wach geworden war.

Sechs Wochen, nachdem sie den Clochard zum letzten Mal gesehen hatten, waren Jacques und Lilly nachmittags wieder mit dem Bollerwagen unterwegs. Es war ein bisher milder Herbst ins Land gezogen und sie wollten nochmal gemeinsam zum Strand. Würden erstmal die Herbststürme das Wasser wild und ungestüm machen und der Wind den Sand unberechenbar in alle Richtungen wirbeln lassen, mied Jacques es, Lilly mit an den Strand zu nehmen. Heute jedoch würden sie nochmal nach Muscheln Ausschau halten oder, wenn sie Glück hatten, ein interessantes Treibgut entdecken. Jacques träumte von einer an Land gespülten Schatzkiste, die jedoch bislang auf sich warten ließ. Als Jacques an diesem Nachmittag den Bollerwagen durch den Sand zog, sang er ein selbstgedichtetes Piratenlied, das Lilly mit ihrem Klatschen begleitete. Jacques Lied wurde unterbrochen als sein Blick plötzlich von einer Muschel angezogen wurde, die halb vom Sand verdeckt, mit ihrer perlmuten Seite im Sonnenlicht funkelte. Er lenkte den Bollerwagen raschen Schrittes zu der Muschel hin, die immer verheißungsvoller glitzerte und größer wurde, je näher sie kamen. Seine Muschelsammlung würde ein neues Oberhaupt bekommen, das spürte er. Als sie bei der Muschel angekommen waren, traute er seinen Augen kaum. Sie war so groß wie zwei Apfelsinen nebeneinander. So eine hatte er noch nie gesehen. Er kniete sich in den Sand und buddelte mit beiden Händen gleichzeitig, von juchzenden Schreien Lillys begleitet, die Muschel aus. Dann hielt er sie, wie eine Trophäe und kratzte mit dem Finger den Sand aus ihrem Inneren, wobei ihm Lilly half. Als seine Finger plötzlich in der Tiefe des Muschelinneren auf etwas Hartes stießen, dachte er zuerst an eine weitere kleine Muschel, die sich im Spiel der Gezeiten verkantet hatte. Doch als er weiter mit den Fingern entlang des Dinges bohrte, um den Fund im Fund freizulegen, tastete er keine Muschelform. Er wurde aufgeregt und als sich mit einem sanften Ruck das Verborgene löste, er die Finger hervorzog und darin eine Münze erblickte, da überwältigte ihn das Glück, wie es nur einen echten Piraten überwältigen konnte. Er betrachtete die Münze aufgeregt, rieb sie zwischen den Fingern, biss einmal darauf, um nach Piratenmanier, die Echtheit zu prüfen und rannte schnell zum Meer, um sie abzuspülen. Sie war ganz flach, rund, jedoch nicht akkurat rund. Der Rand war zum Teil leicht wellig und sie schimmerte golden, auch wenn sie nicht strahlte. Auf der einen Seite war deutlich ein Wappen zu erkennen, auf der anderen Seite drei Buchstaben geprägt, die nicht zu lesen waren, so verschnörkelt waren sie. Auch prangte dort ein dickes Kreuz. Vorerst musste sich Jacques damit begnügen. Mehr würde er vielleicht erkennen, wenn er und sein Vater sie richtig geputzt hatten. Er konnte sein Glück kaum fassen. Endlich würde er eine echte Chance haben, bei den Piraten aufgenommen zu werden. Jetzt musste er nur noch warten, dass das Segelschiff auftauchte, was selbstverständlich früher oder später passieren würde. Er begann mit Muschel und Münze einen Freudentanz mit wilden Sprüngen und Gejohle, stimmte erneut sein Piratenlied an. Lilly saß währenddessen im Bollerwagen, wippte kniend auf und ab, klatschte und lachte, ihren Bruder bei seinem Siegesgesang beobachtend. Jacques kam es in den Sinn, dass die Muschel vielleicht nur der Wegweiser zu einem noch viel größeren Schatz sein mochte und begann in der Nähe der Fundstelle mit beiden Händen wild und wahllos im Sand zu buddeln. Er sang und buddelte und erzählte Lilly nebenbei von Schatztruhen und verzauberten Münzen und bösen Geistern, die den Schatz bewacht hatten und vergaß die Zeit.

Als ihn plötzlich eine starke Bö erschreckte, fand er keine Zeit enttäuscht darüber zu sein, an diesem Nachmittag keine weiteren Schätze gefunden zu haben. Kaum hatte er die erst Bö gespürt, kam auch schon die nächste. Jacques schaute schnell zum Himmel und zum Meer. Derartige Böen waren nicht ungewöhnlich. Gerade im Herbst konnte sich das Wetter sehr schnell ändern und der Wind rasch rau werden. Jacques hatte von seinem Großvater gelernt, die frühen Anzeichen für einen drohenden Wetterwechsel zu erkennen, denn das zu können gehörte zum Einmaleins eines Fischers. Es hatte schon Tage gegeben, an denen er sich mit Lilly auf den Heimweg vom Strand gemacht hatte, weil ihm klar geworden war, dass in der nächsten halben Stunde das Meer in hohen Wellen dem tosenden Sturm trotzen würde, obwohl es im Moment nur leicht aufgeraut war und die Sonne am Himmel stand. Obwohl die Zeichen des Wetterwechsels derart offensichtlich waren, hatten Jacques und Lilly, während sie sich rasch auf den Heimweg machten, zeitgleich Touristen beobachten können, die sich mit voller Strandausrüstung zum Meer begaben, um dort den Tag zu genießen. Erst da hatte Jacques verstanden, dass die Zeichen des Wetters aus Sicht eines Stadtmenschen scheinbar nicht leicht zu deuten waren, so, als ob Wetter einfach passierte. An diesem Tag des Schatzfundes kam sich Jacques wie ein blinder Stadtmensch vor, der vom Wetter überrascht wurde. Er hatte keine Obacht gehabt. Normalerweise wäre ihm das veränderte Licht sofort aufgefallen und auch, dass alle Möwen auf dem Weg in Richtung Festland waren, war ein untrügliches Zeichen. Er schaute zu Lilly, die in Richtung einer gelblich grauen Wolke schaute, dann befiel ihn die Unruhe, die sich der Natur um ihn schon längst bemächtigt hatte. Er legte Muschel und Münze zu Lilly in den Bollerwagen, erklärte ihr, dass sie nun Zelt spielen würden, weil es gleich zu regnen anfange. Er nahm die Plane, die er für solche Fälle unter der Decke, auf der Lilly saß, verstaut hatte, hervor und band die Schnüre, die an die Eckzipfel der Plane befestigt waren, an dem Rahmen des Bollerwagens fest und sah Lilly sich mit einem Grinsen hinlegen, damit er die Plane über ihr schließen konnte. Jacques sah, dass eine der Schnüre fehlte und konnte daher nur drei der vier Ecken befestigen, was zu Lillys Freude eine Lücke ließ, um der Welt zuzuwinken, auch wenn sie auf dem Rücken liegend nicht würde sehen können, wem sie winkte. Er hörte sie lachen und von unten mit den Händen immer wieder gegen die Plane patschen. Dann begann Jacques zu laufen. Auch wenn er so schnell lief, wie er es mit dem Wagen im Schlepptau vermochte, so würde er mindestens zwanzig Minuten brauchen, bis sie zuhause wären. Er ahnte, dass seine Mutter schon jetzt vor dem kleinen Sandsteinhaus im Hof stehen würde, um Ausschau zu halten, wo ihre Kinder blieben. Sie wusste, dass Jacques das Wetter kannte und sie sich auf ihn verlassen konnte. Einen Unterschlupf gab es auf dem Weg vom Meer zum Hof nicht, doch wenn er jetzt losging, dann würde er mit jedem Schritt dem Zuhause näherkommen. Jacques stellte sich vor, ein besonders starkes Pferd zu sein, stark und schnell zugleich, das den Wagen mit der Piratenprinzessin so schnell zog, wie es konnte. Sicher war das Meer mittlerweile wild und angepeitscht, weil eine wütende Piratenmannschaft mächtig ins Ruder schlug, da sie mitbekommen hatten, dass er einen Teil ihres Schatzes gefunden hatte.

Jacques lief so schnell er konnte, doch Regen und Sturmböen setzten bereits nach wenigen Minuten des Weges ein. Es war ein eiskalter Regen, der über das Land getrieben wurde und nichts mehr von dem schönen Herbsttag ahnen ließ, der vorhin noch herrschte. Die Kleider klebten an Jacques Körper. Von Strandromantik keine Spur mehr. Die Mischung aus Böen, die den Sand, spitz, wie Nadeln gegen die Haut schleuderten und die höher werdenden Wellen bei zudem anstehender Flut waren bedrohlich. Der Wind kam aus immer wieder wechselnder Richtung, dass es kaum möglich war gerade und sicheren Schrittes zu gehen. Jacques Vorstellung, wie die sorgende Mutter gerade nach ihnen Ausschau halten würde, trieb ihn an und so fing er an zu rennen. Der Weg schien heute kein Ende zu nehmen. Die Sicht war durch den mittlerweile dichten Regen auf vielleicht zehn Schritte begrenzt, sodass er seine Mutter tatsächlich erst ein paar Meter vor der Haustür erblickte. Als sie Jacques mit dem Bollerwagen entdeckte, ließ sie ihre vor der Brust gefalteten Hände sinken, dankte mit einem Kuss gen Himmel und bedeutete Jacques mit der aufgehaltenen Haustür und winkender Hand direkt in die Küche einfahren zu dürfen. Dort hatte sie vorsorglich ein Feuer im Kamin entzündet.

Als Jacques angekommen war, troff er vor Nässe, sodass sich auf dem Steinboden unter ihm rasch eine Pfütze bildete. Die Mutter schloss die Tür und sperrte ab. Auch die Fensterläden waren verriegelt und in der Küche herrschte ein schummriges Licht, dass vom Kamin und einer Petroleumlampe kam. Der Strom war ausgefallen. Jacques machte sich sofort daran die Plane des Bollerwagens zu öffnen, während seine Mutter Handtücher, Schlafanzug, Bademantel und Decken holte. Jacques würde den Anblick, der sich ihm beim Öffnen der Plane geboten hatte, lebenslang nicht vergessen. Er, der keuchend und mit vor Anstrengung brennenden Lungen, nass und zitternd, mit erfrorenen Händen kaum mehr einer Tat fähig war, blickte auf Lilly, die unter der Plane eingerollt schlief. Eine blonde Haarsträhne klebte in ihrem nassen Gesicht und sie schmatze im Schlaf. Erst jetzt stutzte Jacques. Denn trotz der Plane, war Lillys Kleidung nass. Seine Mutter nahm sie aus dem Bollerwagen, legte sie auf den Küchentisch und zog die nassen Kleider aus. Sie trocknete sie ab, zog einen dicken Schlafanzug und Lammfellhausschuhe an und gab sie Jacques, der sich mittlerweile auch getrocknet und umgezogen hatte, auf den Schoß. Sie saßen gemeinsam in einem Ohrensessel vorm Kamin, eingehüllt in eine Decke und genossen aneinander gekuschelt die Wärme des Feuers. Seine Mutter machte sich und ihm eine heiße Schokolade, setzte sich zu ihren Kindern und hörte sich Jacques Geschichte vom heutigen Schatzfund an. Erst dachte sie, dass die Erleichterung über die überstandenen Anstrengungen der letzten Stunde Spuren in Jacques Fantasie hinterlassen hatten, doch als er sie bat, die beiden Fundstücke aus dem Bollerwagen zu holen, staunte sie aufrichtig. Jacques, der immer noch mit der schlafenden Lilly dasaß, bat seine Mutter seinen Schatz mit Wasser abzuspülen, damit er vor dem Feuer trocknen könne. Als er Muschel und Münze auf dem Boden vorm Kamin im Feuerschein glitzern, das Spiegelbild der Flammen im Perlmutt funkeln sah, wurden ihm die Augen schwer und er träumte sich auf die Meere und Pirateninseln dieser Welt. Zwei Stunden später weckte ihn sein hungriger Magen, als der Duft von Nudeln mit Tomatensauce in seine Nase stieg. Lilly war vor ihm wach geworden und saß bereits in ihrem Stühlchen am Esstisch und lachte.

Eigentlich war es nichts Außergewöhnliches, dass Lilly mal weniger aß. Doch später würde Jacques sagen, dass die Tatsache, dass Lilly auf ihr Lieblingsgericht keinen Appetit gehabt hatte, ein untrügliches Zeichen dafür war, dass sein Lebenszug in diesem Moment über eine Weiche rumpelte, die ihm vom Glücks- aufs Unglücksgleis führte. Nachdem

Lilly am nächsten Tag auch auffallend viel schlief, begann Jacques sich zu sorgen. Am Abend bekam sie Fieber, Husten und aß kaum noch etwas. Seine Mutter versuchte seine Angst zu mildern, schließlich hatte auch er sich durch den Gang im Regen leicht erkältet, doch die Angst saß fest in seinem Bauch, genauso stark wütend, wie der Sturm, der nun seit zwei Tagen herrschte und keine Anstalten machte wieder abzuziehen. Dass ihm sein Vater am Abend die geputzte Münze ans Bett brachte, konnte Jacques nur wenig erfreuen. Wenn er die Münze sah, wurde er wütend, denn dieses Ding war schuld, dass er nicht aufs Wetter geachtet hatte. Er wich nicht mehr von Lillys Seite und half der Mutter bei der Zubereitung von Kräuterwickeln und Tee. Als am fünften Tag der Doktor kam, schnürte dessen ernster Blick einen festen Gürtel um Jacques Brust. Lilly in ein Krankenhaus zu bringen war nicht möglich, denn durch das Unwetter, das nun seit einer Woche tobte, hatte es einen Steinschlag gegeben, der die Küstenstraße, die zum nächsten Krankenhaus führte, verschüttete. Der Doktor gab ihr Spritzen, die sie tapfer erduldete. Tagsüber, wenn sie wach war, schaute sie mit müden Augen, griff nach Jacques Hand, lächelte und schlief schnell wieder ein. Nachts schlief er in ihrem Bett und hielt sie fest. Er achtete darauf, dass sie immer schön zugedeckt war und erzählte ihr Geschichten. Er gewöhnte sich an das schnelle Schlagen ihres Herzens und an den Husten, und auch wenn er lieber gewollt hätte, dass das Husten weggehen würde, so war es doch ein untrügliches Zeichen, dass Lilly da war. Wenn sie auf der Seite lag, dann schlief er mit einem Ohr an ihrem Rücken ein und ließ sich vom Galopp ihres Herzens in den Schlaf tragen.

In der zehnten Nacht konnte er nicht einschlafen, denn das gleichmäßige hastige Schlagen ihres Herzens war zu einem schnellen Stolpern geworden, so, als ob ein Vogeljunges von innen gegen die Schale pickte, um zu schlüpfen. Lilly lag ruhig da, atmete langsamer als in den Tagen zuvor und Jacques hoffte, dass das alles Zeichen waren, die für eine Besserung sprachen. Doch mit den hoffenden Gedanken krampfte sich zugleich eine wissende Angst in seinem Bauch zusammen, sodass er keinen Schlaf finden konnte. Er lag neben ihr und hielt sie fest und folgte mit dem Ohr dem stolpernden Schritt ihres Herzens. Gegen Mitternacht, die Kirchturmuhr hatte es verraten, hörte es sich wie ein munter flatternder Vogel an. Ihr Atem machte Pausen, so, als wolle Lilly selbst dem Flügelschlag des jungen wilden Vogels lauschen, der gerade geschlüpft war. Dann war der Vogel still, scheinbar um auszuruhen. Jacques lauschte, wann er sich wieder rühren würde. Ängstlich umklammerte er Lilly fester und küsste ihre Wange. Er hörte, wie ein Glucksen ihrem Mund entwich, dann ein paarmal ein Geräusch, dass einem Schluckauf glich. Dann war alles still. Er legte sein Ohr wieder auf ihre Brust und hörte nichts. Der Vogel war davongeflogen.

Sein Körper verkrampfte sich zu einem stummen Schrei. Er konnte sich nicht rühren, so, wie er sich nicht gerührt hatte, wenn sie in seinen Armen eingeschlafen war und er sie nicht durch eine unachtsame Bewegung hatte wecken wollen. Er hielt sie fest. Er hielt sich fest. Er konnte seine Mutter nicht holen. Er konnte Lilly nicht alleinlassen. Er rührte sich nicht, denn er hatte Angst, Lilly zu bewegen. Dabei wollte er gleichzeitig nichts sehnlicher als dass sie nun aus dem Schlaf schreckte und weinte. Dann würde er sie trösten und ihr von dem wilden Vogel in der Brust erzählen. Er lag da. Er wusste, was tot sein bedeutete. Er kannte es von den Fischen. Nur, dass Lilly kein Fisch war und deswegen verstand er nicht, wieso sie sich wie einer verhielt. Er hoffte, dass es ein neues Spiel von ihr war und würde ihr, gleich wenn sie wach würde, verbieten es nochmal zu spielen. Er hoffte es und wusste doch, dass es nicht nur tote Fische gab. Alles auf der Welt konnte tot sein. Er spürte, wie ihm das Atmen in der Brust schmerzte und sich eine reißende Schwere in seiner Kehle mit dem Schmerz in der Brust verband. Dieses Gefühl wurde stärker und leichter zugleich, als ihm die Tränen kamen, die heiß seine Wangen hinunterrannen. Er schmiegte sein Gesicht an Lillys. Er spürte seinen Herzschlag und wünschte sich die Zahl der Herzschläge, die ihm für sein Leben verbleiben würden, mit ihr teilen zu dürfen. Er wollte doch sowieso nicht erwachsen werden! Wo hielt sich denn der elende Teufel auf, wenn man ihn einmal für einen Pakt brauchte? Er hätte Lilly die Hälfte seines Lebens geschenkt. Und überhaupt, wenn der Teufel erstmal Lillys Lachen gehört hätte, dann wäre auch der ihrem Charme erlegen. Wie konnte es überhaupt sein, dass Lillys Herzschläge schon aufgebraucht waren? Sie kamen doch aus dem gleichen Bauch! Es musste doch vorgesehen sein, dass sie auch gleich alt werden würden, denn schließlich hatten sie bisher alles geteilt und müssten auch weiterhin alles gemeinsam erleben. Und ganz genau genommen, war Jacques der Ältere. Also wenn bei einem die Herzschläge nicht mehr reichen dürften, dann doch wohl bei ihm! Oder, würde er nun auch heute Nacht sterben? Er presste sich noch näher an Lilly. Vielleicht wohnte auch in seiner Brust ein kleiner Vogel, der schlüpfen würde, um dann fortzufliegen. Doch er spürte nichts Sonderbares am Schlag seines Herzens.

Jacques ergriff Trauer. Ihn ergriff auch Angst. Er fürchtete sich davor, was geschehen würde, wenn seine Mutter am nächsten Morgen ins Zimmer käme. Was wäre, wenn in ihm nun doch noch der Vogel schlüpfen würde und seine Mutter beide Kinder tot finden müsste? Eine Panik ergriff ihn. Er konnte den Vogel nicht aus seiner Brust lassen. Seine Mama wäre bei der Geburt von ihm und Lilly fast gestorben, das hatte ihm der Großvater mal erzählt. Ob bei ihr damals auch ein Vogel in der Brust gewohnt hatte, der schlüpfen und fliegen lernen wollte? Er konnte seine Mama nicht allein lassen. Ebenso wenig war es vorstellbar ohne Lilly zu sein. Er entschied zu warten, was geschehen würde. Und als das Morgenlicht kam, sagte er Lilly, dass er wohl bei Mama bleiben müsse. Wieder befiel ihn Angst. Wie konnte sich Lilly nun allein auf die Reise machen, ohne ihn? Er hatte sie doch immer begleitet! Als der Gedanke fertig gedacht war, da spürte er in sich eine ungekannte Leere. Später würde er sagen, dass es das Gefühl war, als ein Teil von ihm starb, um Lilly zu begleiten. Der andere Teil von ihm, der, in dem sein Herzschlag wohnte, würde weiterleben und bei seiner Mutter bleiben aber irgendwie nicht mehr als der Junge, der er gestern noch gewesen war.

Er lebte weiter. Unglaublicherweise ging die Sonne am nächsten Morgen wieder auf. Einfach so. Gnadenlos. Ihr Licht war hell, doch sie hatte ihre Wärme verloren. Der Herbst war gleich in den Winter übergegangen. Jacques Mutter fand ihre beiden Kinder eng umschlungen. Sie hielt in den Bewegungen inne, setzte sich ans Bett und begriff. Stumm weinend lehnte sie sich über ihre Kinder und verband sie mit einer einzigen schützenden Umarmung. Jacques Vater schrie kurz auf und verließ weinend das Haus. Drei Tage lang hackte er Holz, von morgens bis zur Erschöpfung am Abend. Er aß nichts und schlief im Schuppen. Jacques Mutter war einfach nur da. Wann immer Jacques es brauchte, nahm sie ihn in den Arm.

Am Nachmittag nach Lillys Tod wuschen Jacques und seine Mutter ihren kleinen Körper. Ihre Arme und Beine waren steif. In ihrem blassen Gesicht lagen die Augen tief in den Höhlen. Ihre Haut wirkte wächsern. Ihre Gesichtszüge waren entspannt. Jacques durfte aussuchen, was sie ihr anziehen würden. Weil es so kalt geworden war, entschied er sich für ihren kuscheligen Lieblingsschlafanzug und die dicken Wollsocken mit den Lammfellschuhen. Als sie angekleidet war, hielt Jacques ihre Hand und streichelte sie. Noch war sie irgendwie da, wenn auch schon irgendwie weg. Er war erleichtert, dass das Haus der Eltern wegen der Sturmschäden weiterhin vom Rest des Ortes abgeschnitten war, denn so verblieb mehr gemeinsame Zeit. Lilly wurde auf die Couch gebettet. Jacques und seine Mutter saßen bei ihr. Sie waren still. Sie weinten. Irgendwann erzählten sie sich von lustigen Begebenheiten, von Lillys Lachen und all den wunderschönen Momenten, derer sie sich erinnerten. Dann lachten und weinten sie. Jacques Vater kam nur einmal zur Tür hinein; er wirkte betrunken. Abends im Schein des Feuers bekam Lillys Gesicht den rosa Hauch von Lebendigkeit. Welch falscher Zauber.

Jacques verbrachte den folgenden Tag auf der Couch oder davor. Er sprach mit Lilly, aber nicht so, als sei sie noch lebendig und doch auch nicht so, als sei sie schon weg. Am dritten Tag war es anders. Er erwachte auf seinem Lager vor der Couch, sah sie an und hatte das Gefühl dort nur noch einen leeren Körper zu erblicken. Irgendwas war geschehen. So, als wäre der letzte verbindende Faden zur lebendigen Welt gekappt worden. Als wäre sie, also ihr Wesen, weg und als hätte der Körper, der dort lag, nur noch äußerlich Ähnlichkeit mit Lilly, war zugleich aber nicht mehr Lilly selbst. Er wollte diese Wahrnehmung und Empfindung nicht. Er wollte, dass Lilly, Lilly blieb. Er wollte sich nicht entfremden. Er kam sich vor wie ein Verräter. Und es gefiel ihm nicht, dass sich allmählich neben dem Gefühl der traurigen Schwere auch eine erleichterte Empfindung einstellte. Erleichtert darüber, dass ihm nicht mehr bei jedem Anblick ihres Körpers das Herz zu zerreißen drohte. Die Ruhe, die allmählich in ihm einkehrte, hatte etwas Heilendes und zugleich gab sie den Blick auf eine große Leere frei. Das Erkennen dieser Leere stieß ihn in ein Wechselbad aus Atemholen können und größter Zerrissenheit. Er wusste, dass Lillys Körper heute vom Bestatter abgeholt werden würde. Dass ihn diese Tatsache nicht in einen neuen Schmerz des Abschieds stieß, beunruhigte ihn und ließ in ihm die Frage aufkommen, ob er ein schlechter Bruder war. Hatte er sie schon losgelassen oder gar vergessen? Es hatte keine weitere Bedeutung für ihn, dass sie heute das Haus verließ und unsichtbar wurde. Sein bereits empfundener Schmerz war dadurch nicht mehr steigerbar. Er küsste sie zum Abschied. Er küsste sie so, wie er sie immer geküsst hatte, wenn er ihr eine gute Nacht gewünscht hatte. Nun wünschte er ihr eine gute Reise und wusste gleichsam, dass sie diese längst begonnen hatte. Er sagte seiner Mutter, dass er ans Meer gehen wolle. Seine Mutter nahm ihn als Antwort in den Arm und hatte Vertrauen, dass er nach Hause zurückkehren würde. Er verließ das Haus und atmete die eiskalte Luft ein, die trotz der Windstille tief in seiner Lunge brannte. Das letzte Mal war er vor der Tür gewesen, als Lilly noch lebte. Es fühlte sich an, als müsse er jeden Schritt allein in dieser Welt neu erlernen.

Als Jacques am Strand angekommen war und er nach wenigen hundert Schritten das Perlmutt einer Muschel im Licht der kalten Sonne funkeln sah, tat es ihm einen Stich in der Brust, den er kaum auszuhalten imstande war. Ihm kam zum ersten Mal der Gedanke, schuld an Lillys Tod zu sein. Hätte er keinen Schatz finden wollen, dann hätte er die Zeichen des Wetterwechsels nicht übersehen. Sie wären rechtzeitig vorm Regen daheim gewesen und Lilly wäre nicht krank geworden. Er sackte unter der Last der Erkenntnis im Sand auf die Knie und schrie. Er schrie, bis er keine Stimme mehr hatte. Dann kehrte er heim, vor lauter Schreien verstummt. Nachts schlief er in Lillys Bett, das immer noch leicht nach ihr roch. In dieser Nacht, als er sich im Schmerz der Sehnsucht an der Matratze festkrallte, fand er, zwischen Matratze und Bettgestell eingeklemmt ihren hölzernen Engelsflügel, der von nun an, sein kostbarster Besitz war. Er hielt ihn die ganze Nacht in seiner Faust verborgen.

Am nächsten Tag fädelte er beide Engelsflügel auf einen Lederriemen und bewahrte sie auf. Von da an nahm er sie, wenn ihn fröhliche oder traurige Sehnsucht überfiel, zur Hand und streichelte sie zärtlich. Fröhliche Erinnerungen konnten genauso schmerzen wie traurige. Es gab Momente, da konnte er das Geschehene begreifen, dann wurde es wieder unfassbar. Mal ertrug er die Erinnerungen mit einem Lächeln, mal half nur weinen. Was blieb, war die Schuld, die Jacques sich gab. Er hatte sich bei jenem für ihn erkenntnisvollen Spaziergang mit einer Schuld beladen, mit dieser zu leben für ihn zu einer ähnlichen Selbstverständlichkeit wurde, wie das Ziehen des Bollerwagens selbstverständlich gewesen war.

Lilly wurde verbrannt. Die Eltern wollten nicht, dass die Würmer das Lächeln ihrer Tochter zerfressen würden. Auch wenn die Vorstellung des Verbrennens und damit des Verschwindens ihres Körpers auf eine andere Art ähnlich unerträglich war, so war sie nicht so schlimm wie das Wissen um einen Fleck Erde, an dem sie vergraben läge und wo man sie fände, wenn man buddeln würde. Ihre Hülle finden würde, nicht Lilly. In der Vorstellung von Jacques war das Verbrennen ein Vorgang, der Lilly zur Sonne werden ließ, die mit ihrem Lächeln und Strahlen die Sonne bereicherte und ihre

Herzenswärme über die Erde aussandte. Daran dachte Jacques, als er mit seinen Eltern und Großeltern auf der höchsten Stelle der Granitfelsenklippen stand und ihre Asche dem Wind übergeben wurde. Sie hatten es am Tag zuvor schonmal versucht, doch sie mussten auf Landwind warten, der sich an dem Sonnabend einfach nicht einstellen wollte. Einen Tag später pfiff der Wind vom Land zur See. Der Himmel hing voller grauer Wolken, doch vereinzelt durchbrachen Sonnenstrahlen die dichte Wolkensuppe. Als Lillys Asche die Urne verließ, hatte Jacques die Augen geschlossen und stellte sich vor, sie würde aus ihrem Bollerwagen aussteigen und plötzlich laufen können. Er ließ sie in Gedanken springen und tanzen und sah sie jetzt auf einen Sonnenstrahl zu rennen, der, noch bevor sie beginnen konnte an ihm empor zu klettern, sich um sie schlängelte, sie sanft umgriff und der Sonne entgegen hob. Mit diesem inneren Bild öffnete er die Augen und sah, wie Lillys Asche die Reise begann. Nun war sie ein Teil von allem. Sie war die Wärme der Sonne, sie war der Wind, das Meer und auch die Erde, auf der ein Teil von ihr irgendwann landen würde. Als von Lillys Asche keine Spur mehr zu sehen war, griff Jacques in seine Hosentasche nach der Münze und warf sie zurück ins Meer. Eine letzte kleine Hoffnung, alles auf Anfang zu drehen.

Das Leben hatte sich mit Lillys Tod verändert. Jacques Vater wurde stiller und vertraute seine Trauer dem Wein an, während seine Mutter tapfer versuchte einen neuen Alltag, um die immer sichtbare Lücke, die Lilly hinterlassen hatte, einzurichten. Jacques half ihr so gut er konnte. Er setzte sich mit einer Decke auf den Wochenmarkt und verkaufte seine schönsten Muscheln an Touristen. Das Geld gab er seiner Mutter, genau wie die Lebensmittel, die er als Dank für seine Hilfe von den Markthändlern bekam. Seine Mutter war sehr gerührt von dieser Geste, verwahrte das Geld jedoch auf und würde es ihm irgendwann zurückgeben. Das Muschelgeld, wie sie es nannte, gehörte rechtmäßig Jacques und niemand anderem. Doch sie nahm es vorerst entgegen, denn sie ahnte, dass Jacques damit versuchte etwas wieder gut zu machen, seine Schuld abzutragen, was unsinnig, aber nicht mit dem Verstand zu klären war. Er wollte weitere existenzielle Not verhindern und trug mit seinem Verdienst dazu bei.

Etwa ein Jahr nach Lillys Tod, als Jacques vom Markt kam und sein gefülltes Körbchen mit einem vorsichtigen Lächeln auf dem Küchentisch abstellte, da nahm ihn seine Mutter in den Arm und hielt ihn fest.

»Jacques, du hast keine Schuld«, sagte sie und hielt ihn fester, als sie sein Schluchzen spürte.

Jacques wurde zugleich im Herzen leicht und schwer zumute. Es war wie ein Freispruch, für den er sich schämte. Er wurde von seiner Mutter entschuldigt, doch vielleicht tat sie das nur, damit wenigstens er einen Frieden fand, damit es für ihn leichter werden konnte, trotz der vorhandenen Schuld. Vielleicht baute sie nur auf die mächtige Wirkung mütterlicher Worte in einer Kinderseele und wollte ihm etwas Gutes tun. So sehr er diesen einen leichten Moment in ihren Armen genoss, der Moment, da sie die entschuldigenden Worte aussprach und ihn hielt, so unverändert blieb die Schuld bestehen, die er sich aufgeladen hatte und nicht loslassen konnte. Es würde nie den sicheren Beweis dafür geben, dass er keine Schuld an Lillys Tod trug.

Jacques schaffte seinen Schulabschluss mit einem Elan, der dem Wunsch entsprang, seine Eltern nicht zu enttäuschen, denn er wollte jede unnötige Sorge vermeiden. Er machte eine Kaufmannslehre, denn sein Vater bestand darauf, dass er einen Beruf erlernte, der seinen Körper nicht schinden würde. Damit sprach er sich so ziemlich gegen jeden Handwerksberuf aus, den Jacques vorschlug.

»Nimm einen Beruf, bei dem du den Kopf benutzt, der geht davon nicht kaputt. Deinen Rücken und deine Knie bekommst du nicht ersetzt, wenn sie von der Arbeit kaputt gegangen sind«, sagte er jedes Mal wieder und rieb sich dabei das eigene Kreuz.

Jacques, der seinen Körper als unverwüstlich empfand, konnte der Argumentation nicht folgen, gab der Diskussion jedoch nach, als sich die Möglichkeit bot in einem Obst-

und Gemüseladen zu lernen. Bald verdiente er ein ordentliches Zubrot, weil er die heimische Ziegenmilch im Lädchen verkaufen durfte. Die Lehre erfolgreich abzuschließen fiel Jacques nicht schwer, denn er liebte seine Arbeit. Obst und Gemüse entsprang irgendwie auch einer Art Handwerk, sozusagen dem Zusammenspiel der Handarbeit des Menschen und den Kräften der Natur. Mit der Zeit wurde ihm bewusst, dass es ihn auch erfüllte etwas zu tun, das die Menschen satt werden ließ. Dabei schweiften seine Gedanken hin zur Dankbarkeit des Clochards und einmal mehr fragte er sich, was wohl aus ihm geworden war. Dann kehrten seine Gedanken zu den hölzernen Engelsflügeln und spannten damit den Bogen zu Lilly. Wie Lilly erwachsen ausgesehen hätte, konnte sich Jacques nicht vorstellen. Er versuchte diesen Gedanken auch immer schnell wieder loszuwerden, denn ein erwachsenes Alter hätte für Lilly viel mehr Einschränkungen bedeutet. Vermutlich hätte sie in einem Rollstuhl sitzen müssen, denn für den Bollerwagen wäre sie irgendwann zu groß geworden. Und was würde sie tagsüber erleben, jetzt, da Jacques arbeiten musste und erst abends nach Hause kam? Natürlich wünschte er sie sich lebendig, allein, um sie lachen zu sehen. Doch es gab auch vereinzelte Momente, in denen ihm die Vorstellung Angst machte. Denn die Pflege eines behinderten Kindes war das eine, die eines behinderten Erwachsenen jedoch eine ganz andere Herausforderung, die seine älter werdenden Eltern sicher nicht ewig hätten bewältigen können. Und dann? Hätte Lilly in ein Heim gemusst? Ein unvorstellbarer Umstand, der den sonst kaum tröstlichen Gedanken ihres Todes einen kleinen Schimmer Frieden schenkte.

Jacques genoss den gewissermaßen vorhersehbaren Alltag. Er war zufrieden, wenn er Obst und Gemüse sortierte, schön aufbaute und dann den Laden aufschloss, die Kunden bediente, seine Waren wog und verpackte. Besonders freute er sich, wenn er Milch vom Hof seiner Eltern verkaufte, denn dieses Geld brauchten sie dringend. Sooft er konnte half er seiner Mutter mit den Ziegen, denn sein Vater war durch den regelmäßigen Einfluss des Alkohols gebrechlicher geworden.

Als Jacques vierundzwanzig Jahre alt war, begegnete er Katharina. Sie war Urlauberin und kam aus Deutschland. Sie war zweiundzwanzig und machte zweimal im Jahr, im Frühjahr und im Herbst, mit ihrer Großmutter Urlaub in der Bretagne. Katharina gewann Jacques Aufmerksamkeit als sie einmal in Begleitung der Großmutter im Laden war und schallend lachen musste. Ein Lachen, so erfüllt von Lebendigkeit, dass es Seelenbalsam und Schmerz zugleich, da es die Erinnerung an das für Jacques schönste Lachen der Welt zurückbrachte.

In den ersten Monaten nach Lillys Tod bedurfte es keinerlei Impulse von außen, um seine Gedanken zu ihr zu lenken, denn er hatte ständig das Gefühl, Lilly sei direkt hinter ihm, so, wie wenn man Versteck spielte, den Gesuchten noch nicht sehen, aber dessen Anwesenheit im Raum schon spüren konnte. Manchmal saß er einfach nur mit geschlossenen Augen da und genoss dieses Gefühl, sie um sich zu spüren. Manchmal, abends beim Einschlafen, wenn die Erinnerung besonders wehtat, legte er sich auf die Seite, die Arme angewinkelt und die untere Hand mit der Handfläche nach oben neben seinem Kopf. Dann streichelte er die Handfläche mit zwei Fingern der anderen Hand in kleinen kreisenden Bewegungen und spürte die nahende Schwere des Schlafes, die auch Lilly gespürt haben musste, wenn er sie derart streichelte. Diese gemeinsame Empfindung, wenn auch um Jahre versetzt, führte ihn in jenen Nächten im Traum oft zu ihr. Lilly steckte jedoch auch tagsüber in allen Dingen. Sein Leben schien bis zu Lillys Tod nur aus ihr bestanden zu haben, denn er konnte in der Stadt oder am Meer nicht einen Schritt tun, ohne dass ihn nicht eine Fülle von Erinnerungen bedrängte. Es war ein Wechselbad der Gefühle. Einerseits befiel ihn der Gedanke, dass Lilly nun zum ersten Mal in ihrem Leben frei war. Frei von der Behinderung durch Beine, die einfach nicht verstehen wollten, wie man lief. Nun berührte ihre Asche irgendwo die Erde und konnte sich Krümel für Krümel rollend fortbewegen. Ein Teil ihrer Asche war im Meer gelandet und trieb nun schwimmend und mit den Wellen spielend im Ozean, lernte vielleicht, wenn die Reise nur lange genug dauerte, andere Ozeane kennen. Sie konnte sich an den Rumpf eines Schiffes heften, um schneller voran zu kommen und als blinder Passagier reisen. Ein Teil ihrer Asche war sicher noch in der Luft und wurde von den Winden getragen. Lilly gehörte die ganze Welt und das freute ihn von Herzen. Unmittelbar nach der Freude folgte dann der Schmerz darüber, sie nicht bei ihrer Weltendeckung beobachten zu können. Wie viele Orte sie durch ihr Lachen hätte verschönern, wie viele Menschen dadurch glücklicher machen können. Er wollte bei ihr sein, auf sie aufpassen. Ein Wunsch, der sofort wieder das Gefühl der Schuld weckte, die unentwegt in ihm schlummerte, um auch beim nur leisesten Weckruf parat zu stehen und ihn zu quälen. Wie konnte er sich nur wünschen bei ihr zu sein und sie zu beschützen, wenn er doch gerade dabei so kläglich versagt hatte?! Und dann kam das Gedankenkarussell erst richtig in Fahrt. Hätte der Teufel ihm in so mancher verzweifelten Stunde einen Pakt angeboten, dann wäre er bereit gewesen nicht nur die Hälfte seiner Herzschläge an Lilly zu verschenken, sondern alle. Doch Halt! Welch fauler Tausch! Wer hätte Lilly dann durch ihr Leben begleitet?

Jacques lernte in den ersten sechs Monaten, dass Trauer ein so kleines, unscheinbares Wort für ein so großes, lebensveränderndes Ding war. Er lernte auch, dass die Menschen um ihn herum kein unerschöpfliches Maß an Rücksicht und Gnade für Trauernde besaßen. Es wurde erwartet, dass man mit dem Trauern auch wieder fertig wurde und das Leben weiterführte. Komischerweise meinten oft die der Familie am wenigsten nahestehenden Menschen einschätzen zu können, wann der richtige Zeitpunkt sei, die Trauer zu beenden. Ob in der Schule, dem Wirtshaus oder dem Marktplatz – für andere Menschen war es scheinbar sehr schnell normal, dass seiner Familie ein Mensch gestohlen worden war. Am Anfang herrschte Mitgefühl, doch bald wollten die Menschen die Normalität wieder. So war die verwundete Familie rasch gezwungen zu funktionieren und das Leben wieder aufzunehmen. Und das, was daran so grausam war, war zugleich ein rettender Impuls gewesen, um in der Trauer nicht unterzugehen. Mit der Zeit hatte Jacques nicht mehr das Gefühl, dass Lilly um ihn herum körperlich anwesend war, so, wie sie auch in seinen Träumen seltener auftauchte. Das war auch die Zeit, da es in Ordnung war, das Doppelstockbett abzusägen und das Zimmer zu seinem Zimmer umzugestalten. Und dennoch war Lilly bei ihm, in ihm. Vielleicht hatte er im Moment des Verstreuens ihrer Asche einfach im richtigen Moment eingeatmet und sie war leibhaftig in ihm. Wie auch immer, sie war da. Doch unwiederbringlich erloschen, war ihr Lachen. Jedem, der sich an dieses Lachen erinnerte, trat ein Strahlen ins Gesicht. Doch Erinnerung und das wirkliche Hören ihres Lachens waren zwei verschiedene Welten, sodass sich selbst die lebhafteste Erinnerung als blasse Kopie bekennen musste.

Als Jacques Katharina im Gemüseladen zum ersten Mal lachen hörte, da stand er gerade vornübergebeugt vor einer Kiste Äpfel, um sie umzufüllen. Er bekam unmittelbar einen Schweißausbruch, Herzrasen, hielt in der Bewegung inne, schloss die Augen und wollte seinen Ohren so gern trauen. Er hörte ein Lachen, gereifter im Klang, doch von ähnlicher Fülle und gleichzeitig kindlicher Leichtigkeit geprägt, wie es Lillys Lachen gewesen war. Er hatte damals sehr vorsichtig die Augen geöffnet und aufgeschaut. Und als er das Lachen nach einer kurzen Atempause erneut hörte, wurde sein Blick magisch zu ihr gelenkt. Inmitten der anderen Kunden stand Katharina, eine kleine Frau von zierlicher Gestalt. Sie hatte kurze braune Haare und große braune Augen, die ihr Gesicht dominierten. Ihr Lächeln war Zauber. Ihr Lachen, Magie. Katharina bemerkte den jungen Gemüsehändler, dessen weicher Blick so verdattert auf ihr ruhte. Nachdem Jacques Blick keine Anstalten machte von ihr zu weichen, als sie ihn erwiderte, hielt sie ihm Stand, bis er es bemerkte, erschrak und errötete.

»Entschuldigen Sie, Madame. Sie erinnerten mich an jemanden, den ich sehr vermisse«, sprach er schnell auf Französisch und wollte sich abwenden, als sie, antwortete:

»Dann hoffe ich, Monsieur, es war ein schöner und nicht gar so schmerzlicher Moment.«

Dass Sie, die eben mit der Großmutter noch Deutsch sprach, in fließendem Französisch antwortete, verblüffte ihn erst im Nachhinein, doch er sollte in den nächsten zwei Wochen fast täglich die Gelegenheit haben ein bisschen mehr über sie zu erfahren, denn Katharina erfand jeden Tag einen neuen Vorwand, weshalb sie in den Gemüseladen gehen musste. Als beiden am achten Tag auffiel, dass Katherina sowohl mit leerem Einkaufskorb kam als auch wieder ging, erklang ihr wunderschönes Lachen und sie verabredeten sich von da an im Café und später, am Meer.

Sie verliebten sich. Sie liebten sich und hungerten in ihrer Sehnsucht nach einander von einem Urlaub Katharinas zum nächsten. Immer, wenn sie sich wiederhatten, war beider Leben perfekt und es war undenkbar wieder voneinander zu lassen. War Katharina wieder in Deutschland, herrschte ein Leben der gegenseitigen Entbehrung, dass zwar auch wieder im gewohnten Alltag funktionierte, sich jedoch unvollständig anfühlte. Die Frage, die sich Jacques nicht zu stellen traute, da es für ihn unvorstellbar war seine Eltern allein zurückzulassen, beantwortete sich, als Katharina eineinhalb Jahre nach ihrem Kennenlernen zwei Monate früher als zum geplanten Urlaub, zu ihm zurückkehrte und ihm sagte, dass sie schwanger sei. Das war ein Moment, in dem sich sein Leben überschlug. Sie war einfach im Laden aufgetaucht und als er sie erblickte, hatte sie nichts mehr sagen brauchen. Er hatte nicht mit derlei gerechnet, doch ihr Anblick, so rundum in sich ruhend und strahlend, obwohl zugleich Unsicherheit und Angst in ihrem Blick zu lesen war, verriet ihm ihr kleines großes Geheimnis sofort. Er ging zu ihr, nahm sie in den Arm und bevor sie etwas sagen konnte legte er ihr seine Hand auf die zarte Wölbung ihres Bauches. In diesem Moment war es für ihn entschieden worden. Er würde mit Katharina nach

Deutschland gehen. Hätte er Monate zuvor gewusst, dass er, wenn es soweit war es zu entscheiden, gar nichts zu entscheiden, sondern nur zu tun haben würde, dann hätte er sich so einige sorgende Gedanken ersparen können und wäre stattdessen gleich in Panik geraten. Jacques machte zum ersten Mal im Leben die Erfahrung, dass es auch gut sein konnte, wenn Dinge einfach geschahen. Er hatte sich das Denken und Gegeneinander-Abwägen von Millionen Alternativen sparen können. Er hatte zu reagieren. Und in welcher Form, stand für Jacques außer Frage. Dass Katharina in die Bretagne ziehen würde, war für ihn nachvollziehbar unsinnig. Sie war Floristin, hatte eine eigene kleine Gärtnerei mit Laden und sie hatten schon gemeinsam in so mancher sehnsuchtsvollen Stunde der Fantasie nachgehangen, wie es wohl wäre, gemeinsam dort zu arbeiten. Als Jacques es seiner Mutter mit Tränen in den Augen verkündete, überwog in ihr die Freude und die Gewissheit, dass die Liebe zwischen ihr und ihrem Sohn so stark war, dass ein Abschied nie von langer Dauer sein würde.

Jacques verließ Frankreich mit einer Unbeschwertheit, die er sich zuvor nie zugetraut hätte. Er war beflügelt durch den Gedanken Vater und mit der Geburt, praktisch über Nacht, auch Teil einer eigenen Familie zu werden. Er lernte rasch Deutsch mit einem unverkennbaren Akzent zu sprechen und bemühte sich eifrig sprachliche Fehler zu verbessern, schließlich hatte er nur einen kleinen zeitlichen Vorsprung zu seinem Kind und das sollte die Sprache von ihm lernen, nicht umgekehrt. Katharina hatte das große Glück eine komplikationslose Schwangerschaft erleben zu dürfen und arbeitete sogar noch am Vorabend der Geburt im Blumenladen, um ein Hochzeitgebinde zu stecken. Sie war eine so schöne Schwangere. Durch ihre zierliche Statur wirkte ihr Bauch überdimensioniert und war kugelrund. Sah man sie von hinten, fiel einem nicht viel auf. Doch wenn sie sich dann umdrehte, kam ein Bauch in Sicht, der ein statisches Phänomen war, denn unerklärbar schien, weshalb sie nicht vornüberkippte. Bereits im siebten Schwangerschaftsmonat war

Jacques daher überzeugt, dass das Kind, wie er es formulierte, praktisch jeden Tag schlüpfen könnte, denn er fand es unwahrscheinlich, dass in Katharina auch nur noch eine weitere Woche Platz für ein Baby sein würde. Doch der Bauch wuchs und wuchs, sodass er eines Abends unsicher nachfragte, ob sie sich denn wirklich sicher sei, dass es nur ein Baby wäre.

Als Katharina daraufhin im Scherz, jedoch mit überzeugend ernster und enttäuschter Miene antwortete: »Wie, nur ein Kind? Mach keine Späße! Du weißt doch seit acht Monaten, dass es zwei werden«, sah sie die Farbe aus seinem Gesicht weichen.

In ihr daraufhin heftiges Lachen, dass ihn in seinem schönen Schreck fast zum glücklichen Weinen brachte, mischten sich die ersten Senkwehen. Jacques hatte panische Angst vor der Geburt. Er vertraute auf die Natur, die hoffentlich irgendwie dafür gesorgt hatte, dass auch so zarte Frauen, wie Katharina, es zu überstehen vermochten, ein Kind auf die Welt zu bringen. Doch das Wissen, dass seine Mutter bei der Geburt von ihm und Lilly beinahe gestorben wäre, hielt seine Angst am Leben. Katharina hingegen war deutlich entspannter. Sie wollte gegen Ende der Schwangerschaft einfach nur noch das Gewicht ihres Bauches loswerden und diesen bisher unsichtbaren kleinen Menschen endlich in den Armen halten.

Am 21. Mai 2000 war es dann soweit. Katharina gebar Emil und sie tat es, als wäre es die natürlichste Sache der Welt. Die es ja auch war, aber nur, so Jacques Ansicht, solange man nicht darüber nachdachte. Denn wenn man sich erstmal klar gemacht hatte, was für eine Strapaze so eine Geburt für Frau und Kind und beide Körper war, dann war es eher ein Wunder, dass dieses normale Ereignis überhaupt gelang. Katharinas Wunsch entsprechend, zur Hochzeit wieder einen halbwegs normal dimensionierten Körper zu haben, heirateten sie, als Emil ein Jahr alt war. In diesem Jahr wurde Jacques zum »Rundum-sorglos-Papa«. Er wickelte Emil, sang ihm die Lieder vor, die er zuletzt für Lilly gesungen hatte und fütterte ihn. Denn Katharinas Milch war dem Burschen von Anfang an zu wenig und dieser Umstand, der Katharina am

Anfang das Gefühl gab keine gute Mutter zu sein, empfand Jacques als Glück, denn so konnte er an der ganz wesentlichen Versorgung seines Sohnes sinnvoll mitwirken. Viermal im Jahr fuhren sie zu Emils Großeltern in die Bretagne. Emil sollte sie als steten Teil seiner Kindheit wahrnehmen und auch das Gesicht der Bretagne zu allen Jahreszeiten kennen. Als Emil an seinem vierten Geburtstag die Kerzen der Torte mit aller Kraft auspustete, um sich dann in der Heimlichkeit zusammengekniffener Augen etwas zu wünschen, da platze Jacques fast vor Stolz als Emil aus dem Nichts heraus seinen ersten französischen Satz plapperte.

Jacques genoss das Leben. Die Gärtnerei blühte, im doppelten Sinne des Wortes, denn obwohl er und Katharina viel Zeit miteinander verbrachten, waren sie sich nicht zu viel, ganz im Gegenteil. Einer von ihnen war stets bei Emil. Waren beide im Laden oder der Gärtnerei unabkömmlich, so war Emil dabei. Jacques hatte ihm in der Gärtnerei einen Sandkasten und im Laden eine Schaukel eingerichtet. Ein freundlicher Kunde, der im Vorbeigehen innehielt, um die Schaukel anzuschubsen, fand sich immer. Emil aufwachsen zu sehen, mit ihm die Welt gemeinsam zu entdecken, war Jacques größtes Glück. Seinen Sohn dabei zu beobachten, wenn er eine Blume nahm, seine ganze Hand dabei den Stängel umgriff, und er, um an der Blume zu riechen, sich mit seinen noch ungelenken Bewegungen dabei den ganzen Blumenkopf ins Gesicht drückte, um dann mit einem Lachen wieder aufzutauchen, sie dann Jacques entgegen zu strecken, damit er ebenso daran roch, war eine der unzähligen Alltagsfreuden. Wenn Jacques, wie befohlen, an der Blume gerochen hatte, erzählte er Emil, wie sie hieß, welche Farbe sie hatte und derlei mehr. Als Emil drei Jahre alt war, saß er einmal im Blumenladen und sah, wie der Verschnitt der Blumensträuße während des Bindens auf dem Boden landete. Neben Blättern, Stielen und Gezweig, landete dort auch der ein oder andere welke oder abgeknickte Blütenkopf. Emil entdeckte das, lief hin und sammelte alle Blüten auf. Diese wurden zu seinem bunten Schatz, die er in einer kleinen Holzkiste, in der schon die von ihm geliebten bunten Schleifenbänder waren, verwahrte. Natürlich behielten die Blüten ihre Schönheit nicht und diese Entdeckung führte an so manchem Morgen zu dicken Tränen. Diese Tränen rührten Jacques so sehr, dass er sich etwas einfallen ließ. Er sollte das Lachen von Emil niemals vergessen, als er an einem weiteren Morgen die Holzkiste öffnete und inmitten der welken Blüten eine in voller Pracht erstrahlende Rose entdeckte, die Jacques als erste Tat des Tages in der Gärtnerei geschnitten und platziert hatte. Als Emil den Deckel der Holzkiste anhob und nicht, wie erwartet, das Bild lauter verwelkter Blüten sah, entflammte in seinem Gesicht ein Strahlen. Er warf den Kopf zurück, klatschte in die Hände und jauchzte vor Freude, sodass Jacques, ergriffen von einer so lebendigen Erinnerung an Lilly, Tränen übers Gesicht liefen.

Es gab Momente im Leben, deren Erinnerung brannten sich ein und hielten ein Leben lang. Manchmal gelang das den scheinbar kleinsten Erlebnissen, sogar Augenblicken, deren Bilder man dann ewig lebendig in sich trug. Als die Freude am Sammeln der Blüten nachließ, weil sie einer neuen Weltentdeckungsidee Emils weichen musste, trug Jacques ein Sammelsurium an Erinnerungen dieses besonderen Kinderlächelns in sich. Emils Liebe zu den Blumen blieb. Es zeigte sich, dass Emil Margeriten am meisten mochte. Er nahm sie in die Hand und betastete sie vorsichtig, immer ein Blütenblatt zwischen Daumen und Zeigefinger sanft gleitend und streichelte derart ein jedes der Reihe nach. Als Emil einmal beobachtete, wie eine junge Frau fröhlich in den Laden kam, um eine einzelne Margerite zu kaufen, danach mit ihrem Freund gemeinsam vor dem Laden stand, um der Blume, begleitet durch die Worte »Du liebst mich, du liebst mich nicht«, einzeln ihre Blütenblätter abzuzupfen, da begann er wütend zu weinen und zu schreien, wie Jacques ihn bis dahin niemals hatte schreien hören. Emil stürmte zu der Frau, so schnell, dass weder Jacques noch Katharina, die in diesem Moment Kunden bedient hatten, ihn hätten aufhalten können, und haute mit der flachen Hand wild auf Po und Beine der Dame ein, die nicht wusste, wie ihr geschah. Als sie dann beobachtete, wie das Kind heulend die auf dem Boden verteilten Reste der Blume aufhob, meinte sie ihn zu verstehen und verstand doch gleichzeitig gar nichts. In den langen Minuten, die Jacques danach brauchte, um Emil im Arm wiegend zu beruhigen, ruhte sein Blick auf einem Sommerstrauß, den er gerade frisch gebunden hatte und der auf seinen Käufer wartete. Ihm kamen die Gedanken, dass es etwas Bigottes an sich hatte, sich einen Blumenstrauß als Dekoration hinzustellen. Einerseits wehrten sich die Menschen gegen das Altern und die Vergänglichkeit und versuchten nicht selten das Bewusstsein über Tod und Sterben aus ihrem Leben zu verdrängen. Doch Blumen wurden gedankenlos abgeschnitten, entwurzelt, in eine Vase gestellt, mit Wasser gefüttert, um ihnen dann beim Sterben zuzusehen. Die Menschen nannten es dann verblühen oder welken, aber eigentlich war es sterben. Ganz einfach, sterben.

Auch wenn Jacques es nicht gewollt hatte, so veränderten diese ihm plötzlich zugeflogenen Gedanken, sein generelles Denken. Er hatte durch diesen ungeplanten Perspektivwechsel eine neue Sicht und ein neues Denken gewonnen. Und ganz egal wie kurz dieser andere Blick auch gewährt hatte, er konnte sich nicht dagegen erheben, die Dinge nun anders zu sehen. Was er in dem Moment, als ihm der Gedanke zum ersten Mal gekommen war, nicht geglaubt hätte war, dass sie der Grund für den ersten Streit mit Katharina sein würden. Er erzählte ihr eines Abends seine Gedanken über das Sterben und Vergehen der Blumen in einer Vase, eigentlich beiläufig. Doch was für ihn nur eine Mitteilung von überraschend dahergekommenen Gedanken war, fasste Katharina als Angriff gegen ihren Beruf auf. So, als würde Jacques mit seiner Sicht der Dinge an den Grundfesten ihres Ladens wackeln wollen. Doch je mehr sich Jacques zu erklären versuchte, umso weiter entfernten sie sich in diesem Gespräch. Abgesehen von der Tatsache, dass er mit Katharina zuvor noch nie gestritten hatte, war es für Jacques unerträglich und nicht zu begreifen, wie dieses harmlose Gespräch eine derartige Dynamik hatte erfahren können. So oft er sich auch später an das Gespräch erinnerte und erneut durchlebte, seinen Tonfall und seine Wortwahl überdachte, er konnte nicht entdecken, an welcher Stelle der Bruch entstanden war. Bis zu diesem Zeitpunkt hätte er die Ehe mit Katharina als unbeschwert und erfüllt beschrieben, was es noch schwerer machte zu begreifen, welche Veränderung sich danach vollzog. Katharina war kühler, schneller gereizt und hielt Jacques von ihren Schnittblumen und Sträußen fern. Diese Geste, die Jacques zunächst als kleine Stichelei deutete, meinte sie ernst. Blumengebinde fertigte von da an grundsätzlich sie an. Wenn er fragte, was sie nun als Nächstes vorhabe zu tun, da erntete er Sätze, wie: »Ich begehe Massenmord für einen fünfzigsten Geburtstag.« Jacques verhielt sich in diesen Situationen defensiv, was jedoch auch nichts mehr änderte, denn Katharina und er waren bei diesem Thema an einem Punkt angelangt, bei dem jede Art von Reaktion und Nichtreaktion falsch war.

Als Jacques vier Jahre später auf diesen Lebensbruch zurückblickte, da fragte er sich, ob das schon ein Vorbote für das gewesen war, was noch geschehen würde. So, wie sich bereits durch das Kräuseln einer Wasseroberfläche eine Böe ankündigte, obwohl man noch keinen Lufthauch spürte. Hatte er, diesmal nicht durch einen vermeintlichen Schatzfund, sondern durch die banalen Beschäftigungen des Alltags, Vorzeichen des Wetterwechsels übersehen? Hätte er, so wie damals am Strand das Unwetter früher kommen sehen, auch die nächste Lebenskatastrophe erahnen müssen und vielleicht verhindern können? War er zu sorglos mit dem Glück umgegangen oder war er zu undankbar gewesen? Seitdem er Katharina kannte, ganz sicher jedoch, seitdem Emil auf der Welt war, hatte sein Lebenszug das Unglücksgleis verlassen gehabt. Katharina hatte ihm die Weiche gezeigt, die er passieren musste, um auf die glückliche Seite des Lebens zu wechseln. Doch wann war es passiert, dass er erneut aufs falsche Gleis geraten war?

Es war der 26. September 2008. Der Tag, der Jacques Leben zum zweiten Mal an den Abgrund des eigenen Daseins führte, sein Herz zum zweiten Mal zerriss und ihn mit einem

Schmerz der Leere und des Verlustes zurückließ, wie er ihn nicht glaubte überleben zu können und zu wollen, begann damit, dass der mittlerweile achtjährige Emil mit Stolz sein erstes Omelett für sich und seinen Vater zubereitete, während Jacques einen Milchkaffee und eine heiße Schokolade kochte. Emil liebte das Omelett, wie es sein Vater zubereitete und war ganz erpicht darauf gewesen es zu lernen und allein zu machen. Schuld war, dass Jacques einmal sagte, dass es ein Omelett nach Männerart sei und das musste Emil als etwas ganz Besonderes verstanden haben. Er ahnte nicht, dass die Art der Herstellung, die ihm derart imponierte, das Ergebnis zahlreicher angebrannter und ungenießbarer Fehlversuche und eher so eine Art kreative Notlösung war. Doch Jacques dachte, dass Emil zu jung für derartige Geständnisse war. Er würde warten, bis er ein Teenager wäre und seinen Vater nicht mehr für unfehlbar hielt. Emil fischte gerade Eierschalen aus der in einer Schüssel aufgeschlagenen Eiermasse, während Jacques die von ihm gewünschten Zutaten lieferte: Schnittlauch, Schinken und Champignons, klein gewürfelt. Nachdem alle Schalen gefischt waren, würzte Emil mit Salz und Pfeffer und teilte die Masse auf zwei Gefrierbeutel auf. Dann gab er die gewünschten Zutaten in die Tüten. Für Jacques, Schinken und viel Champignons, für Emil das umgekehrte Verhältnis. Bei Jacques kamen noch kleine Stücken Camembert rein sowie eine Kinderhand voll Schnittlauch. Die Tüten wurden knapp oberhalb der Masse verknotet, von Emil kräftig geschüttelt und dann exakt dreizehn Minuten in kochendem Wasser gebadet. Der Moment, da die Tüten aus dem Wasser genommen, aufgeschnitten wurden und die perfekt labbrige Masse auf den Teller glitt, war für Emil reine Freude. Er wollte gut gestärkt in den Tag starten, denn es war ein Ausflug mit der Schulklasse in den Zoo geplant, dem er schon eine Woche entgegenfieberte. Er hatte sich vorgenommen an diesem Morgen extra viel zu essen, damit er nicht, nur weil er Hunger hatte und was essen musste, das Tiere-Gucken würde pausieren müssen. Nicht eine Minute wollte er etwas anderes tun.

Katharina war seit zwei Tagen auf einer Floristikmesse, deren Besuch sie als wichtig befand, hatte aber genaue Anweisungen hinterlassen, auf was Jacques bei der Versorgung seines Sohnes zu achten hatte. Die ersten Zettelbotschaften, die er fand, hatte er noch ernst genommen oder mit einem Schmunzeln zur Seite gelegt. Doch es standen, seiner Ansicht nach, derart schwachsinnige Anweisungen darauf, die er als Vater intuitiv befolgt hätte, dass es fast anmaßend und beleidigend war: »Wünsche deinem Kind einen schönen Tag« oder »Gib ihm einen Gute- Nacht-Kuss«. Nach dem Fund dieser Botschaften, brachte er alle weiteren Zettel, die ihm noch, zum Teil an den abwegigsten Orten begegneten, ungelesen in den Papierkorb.

Nach dem Frühstück packten Emil und Jacques den Rucksack für den Wandertag und gingen gemeinsam zum Bus. Emil stieg ein, sich mit beiden Händen an den Rucksackgurten festhaltend, und winkte stolz. Jacques verspürte plötzlich den dringenden Wunsch nochmal zu seinem Sohn zu gehen und folgte diesem Impuls. Mit drei raschen Schritten war er am Bus und als hätte sein Sohn das gleiche Bedürfnis empfunden, fiel er seinem Vater in die Arme und sie drückten sich. Emil drückte Jacques einen nassen Kuss auf die Wange und sagte: »Ich hab dich lieb, Papa«, löste sich und ging zu seinem Sitzplatz.

Jacques trat vom Bus zurück, die Türen schlossen sich und beide winkten einander, bis sie außer Sicht waren. Durch einen Windhauch, der seine rechte Wange gerade streifte, spürte er die noch feuchte, eben geküsste Stelle. Jacques lächelte und ging in den Laden. Er arbeitete den ganzen Tag geschäftig und war mit einer fast nervösen Vorfreude erfüllt, am Nachmittag den Berichten seines Sohnes lauschen zu können, der sicher mit sich überschlagender Stimme und rasender Geschwindigkeit von den Tieren erzählen würde. Sie hatten vereinbart, dass Emil an der Bushaltestelle warten sollte und Jacques ihn abholen würde. Jacques verspätete sich um zehn Minuten und sah seinen Sohn schon aus der Ferne wartend stehen. Es trennte sie nur noch die Hauptstraße. Jacques wusste, wenn er seinen Sohn erstmal in die Arme geschlossen und ihn gefragt haben würde, wie der Tag war (auf die Idee war er ganz ohne Katharinas großmütige Ratschläge gekommen), dann hätte er für den Rest des Tages nicht mehr zu tun, als zuzuhören und sich von Emil die Welt erklären zu lassen. Die Vorstellung zauberte ihm ein Lächeln ins Gesicht, denn er freute sich darauf.

Als Emil Jacques erblickte, blitzte Freude in seinem Gesicht auf. Sie winkten einander und Emil rannte los. Ab diesem Moment geschah für Jacques alles in Zeitraffer und Zeitlupe zugleich. Zeitraffer, weil er keine Chance hatte zu handeln. Zeitlupe, weil er sich an die folgenden Gedanken, Eindrücke und Bilder für den Rest seines Lebens im Detail erinnern konnte. Erinnern musste. Von ihnen verfolgt wurde. Emil rannte zur Straße. Jacques fuchtelte mit den Armen, um ihm zu bedeuten stehen zu bleiben. Jacques schrie. Doch Emil winkte nur und rannte. Auch Jacques rannte nun und schrie. Er versuchte dem Verkehr auf der Straße irgendwie zu vermitteln langsamer zu werden. Die Autos auf der Fahrbahnseite, die er jetzt blockierte bremsten. Doch als der nächste Autofahrer der Gegenfahrbahn Jacques bemerkte und zu ihm blickte, sich ihre Blicke trafen, erfasste das Auto gleichzeitig den Körper von Emil, der augenblicklich aus dem Sichtfeld seines Vaters verschwand. Jacques schrie. Das Auto kam zum Stehen. Er rannte um das Auto und suchte seinen Sohn. Er fand ihn. Emil lag seitlich unter dem Auto mit dem Kopf an den Bordstein gepresst. Jacques zog seinen Sohn unter dem Auto hervor auf den Gehweg und kniete neben ihm nieder. Er sah ein dünnes Rinnsal Blut aus Emils Ohr und auch vom Hinterkopf auf die Steinplatten sickern. Er sah den noch erschrockenen Blick seines Kindes. Er sah, wie Emil nochmal versuchte, ihn für einen Moment anzuschauen, es kurz schaffte und den Blick seines Vaters festhielt. Er formte mit den Lippen und leiser Stimme das Wort »Elefant« und machte dabei staunende Augen, um sich danach mit seinem Blick binnen Sekunden von dieser Welt zu entfernen und einer Leere zu weichen.

Jacques begriff. Er hätte vor Schmerz geschrien, wenn er nicht die Kraft gefunden hätte das zu unterdrücken, denn er wollte nicht, dass das letzte, was Emils Ohren auf dieser Erde hörten, die verzweifelten Schreie seines Vaters waren. Er beugte sich über Emil, küsste sein Gesicht und sang. Er sang die Schlaflieder, die sie jeden Abend sangen und er legte dabei sein Gesicht an das von Emil und konnte nicht verhindern, dass seine Tränen über Emils Wange liefen, um sich in dessen Nacken zu sammeln. Jacques wog ihn sachte, eine kleine Unendlichkeit lang. So lang, bis er die Hand eines Sanitäters auf seiner Schulter spürte. Er war wie in Watte gehüllt. Die Welt um ihn herum war entfernt und geschah ohne ihn. Er hatte seinen Sohn losgelassen, ohne dass er es wollte. Er wollte ihn mit nach Hause nehmen, dorthin wo er hingehörte, doch er durfte es nicht. Er schrie, als der Körper Emils in eine Plastikwanne gelegt und der Deckel über ihm geschlossen wurde. Jacques wurde erst zur Polizei, dann nach Hause gefahren. Der Fahrer des Unfallwagens kam mit einem Schock ins Krankenhaus. Jacques kam heim und hatte kein Zuhause mehr. Er setzte sich an den Küchentisch. Dort saß er bis Katharina nachts heimkehrte. Er hatte sie auf dem Handy nicht erreichen können. Darüber war er unglücklich und glücklich zugleich. Denn was hätte er am Telefon sagen sollen: »Katharina, unser Sohn ist tot«? Das waren Worte, die gar nicht existieren durften!

Katharina betrat die Küche eilig, schaltete das Licht im Vorübergehen ein, stellte ihren Koffer ab, ging zum Küchenschrank, nahm sich ein Glas, füllte es mit Leitungswasser, trank es in einem Zug, füllte es erneut, drehte sich um, um sich an der Spüle anzulehnen und das zweite Glas in Ruhe zu trinken, erblickte Jacques und erschrak so sehr, dass ihr das Glas aus den Fingern glitt und sie kurz aufschrie. Durch den hellen Schrei und das Geräusch des zerspringenden Glases, kam Jacques zu sich. Er hatte seit Stunden am Küchentisch gesessen und einfach nur ins Leere geblickt. Er hatte das Gefühl in einem Raum gewesen zu sein, in dem nichts existierte, nur ein dumpfes, leeres Nichts. Ein Raum, der zu ihm passte, denn nichts hätte er lieber gemacht als seine Existenz aufzulösen. Er blickte Katharina an und sie begriff beim Anblick seiner roten, brennenden Augen und dem fehlenden Ausdruck darin, dass irgendetwas passiert sein musste. Sein Gesicht hatte keine Mimik mehr. Es war, als sei es seiner menschlichen Ausdrucksfähigkeit beraubt worden. Katharina stand wie angewurzelt und hielt sich mit beiden Händen an der Spüle hinter sich fest. Jacques hatte gehofft die richtigen Worte zu finden, wenn der unausweichliche Moment, es Katharina zu sagen, gekommen wäre. Doch zugleich wusste er, dass es keine richtigen Worte gab. Man konnte ein Mutterherz nicht sanft brechen. Die Tatsache, dass er es tun würde, schnürte ihm die Luft ab. Er, der sie liebte, auch wenn er immer noch nicht verstanden hatte, weshalb ein Gespräch über Schnittblumen sie derart voneinander hat entfernen und entfremden können, musste sie verletzen. Wäre es nicht die Aufgabe eines Polizisten oder sonst eines offiziellen Menschen gewesen, ihr derart wehzutun? Irgendein Fremder, den man anonym hassen konnte, für das, was er einem sagte. Und wäre es nicht Jacques Aufgabe, sie in diesem Moment in den Arm zu nehmen, zu halten und aufzufangen? Stattdessen war er nun der, der sie in den Abgrund stieß, der sie zu einer verwaisten Mutter machte.

Er stand auf und ging auf sie zu. Er wollte ihre Hände fassen, doch das wehrte sie ab. Ihre Blicke trafen sich. Ihrer war suchend. Seiner war leer. Sie begann den Kopf zu schütteln und wiederholte leise, immer wieder leise, doch panisch, das Wort »nein«. Jacques umgriff ihre Handgelenke fest und sagte, laut genug, dass es gerade noch so in ihren stumm schreienden Geist vordringen konnte und doch erstickt von dem sich verkrampfenden Schmerz im Kehlkopf:

»Emil kam vom Zoo. So glücklich. Er war voll von zu erzählenden Geschichten, das sah ich ihm an. Er rannte einfach los. Das Auto. Er hat es nicht gesehen. Dann lag er da. Sein Kopf blutete. Er sah mich an. Dann sah er durch mich hindurch. Katharina, unser Kind ist in meinen Armen gestorben.«

Es folgte ein kurzer Moment einer undurchdringlichen Stille. Ein kurzer Moment, in dem der Schmerz Anlauf nahm, um, eines Tornados gleich, das eigene Ich ins Auge zu fassen und zu zerstören. Das geschah. Der Schmerz traf mit voller Wucht. Katharina tobte und schrie, schlug ihn und heulte, ließ sich nicht halten. Sie ging in Emils Zimmer, kam wieder heraus. Sie begann das ganze Haus nach ihm abzusuchen, rief ihn. Sie suchte in der Gärtnerei, dem Blumenladen, dem Hof. Sie kam zurück zu Jacques, der nicht fähig war, ihr zu folgen.

Sie stellte sich vor ihn und fragte mit rasender Wut und doch beherrscht erstickter Stimme, dass es Jacques Brust vor Schmerz schier zerriss:

»Wo ist mein Kind?«

Und ohne eine Antwort abzuwarten schrie sie und schlug wieder nach ihm und musste sich bewegen, um das Unveränderbare zu ertragen, wollte weglaufen und ihren Sohn einholen, so, als spielten sie Fangen.

Nach zwei Stunden war es ruhig im Haus. Jacques fand Katharina in der gleichen betäubten Starre, in der er vorhin stundenlang verharrt hatte, vor Emils Bett sitzend, halb kniend, mit ihrem Kopf auf seinem Kissen liegend. Jacques holte eine große Decke, schlug sie erst um sich, um sich dann neben Katharina zu setzen und sie mit in diesem Zelt einzuhüllen. Sie wehrte sich nicht. Sie war weit weg. Jacques hoffte, dass ihre Seele gerade die ihres Sohnes küsste.

Es folgten unerträgliche Tage. Auf der einen Seite bestanden sie nur aus Schmerz und Leere. Auf der anderen Seite aus bürokratischen Pflichten und Kondolenzbekundungen, für die sie noch nicht bereit waren. Schon einen Tag nach Emils Tod fanden sie bereits Beileidskarten in ihrem Briefkasten, von Kunden, deren Worte klangen, als wäre der Tod zu erwarten gewesen. So, als hätte man die Karte schon seit Wochen, auf diesen Moment lauernd, auf dem Küchentisch bereitliegen gehabt. Für die Welt war Emil einfach weg. Man hakte den Punkt mit der Kondolenzkarte ab, zeigte den leidenden Eltern die aufrichtige Anteilnahme, fertig. Auf einer Karte standen außen die Worte »Aufrichtige Anteilnahme« und innen »Wünscht Familie Manderlin«. Diese Karte, die gut gemeint aber unüberlegt war, ließ er verschwinden, bevor Katharina sie zu sehen bekommen konnte, denn sie wäre rasend geworden.

Katharina existierte in dieser Zeit entweder in erdrückender Stille oder laut und außer sich. Beides konnte Jacques kaum ertragen. Er wusste, wie schnell es gehen würde, dass die Welt der Unversehrten die Trauer von Katharina und ihm nicht mehr akzeptieren würde. Er hatte es schon einmal erlebt. Die anderen erwarteten wieder ihren normalen Trott, dass der Alltag, den sie sonst in seiner Eintönigkeit gern verfluchten, weitergehen würde, wie gewohnt. Eine Verlängerung der akzeptierten Trauerzeit, eine Gnadenfrist, gab es nur, weil die Umstände tragisch waren und es dazu noch um den Tod eines Kindes ging. Doch die Geduld des Mitgefühls war auch in diesem Sonderfall begrenzt, sodass man erwartete, die Eltern in ihrem Laden zu sehen, erste Worte zu wechseln und sich einen Eindruck zu machen, den man dann mit anderen Kunden teilen konnte. So funktionierte die Welt; jedes Unglück hatte auch seine Sensation, so lange man von ihm weit genug entfernt war, um den Grad der Betroffenheit selbst bestimmen zu dürfen.

Katharina verschloss sich gegenüber Jacques. Hatte Jacques in der Nacht, in der er sie, vor Emils Bett sitzend, eingehüllt in der Decke im Arm hatte, noch die Hoffnung, sie könnten dieses Leben gemeinsam überleben, so wusste er in den nächsten Tagen, dass Katharina nur überleben würde, wenn sie einen Schuldigen benennen und diesen verlassen konnte. Das geschah nicht über Nacht, doch es geschah. Die Versuche anderer Menschen ihn mit den Worten zu trösten, dass es die normale Trauerreaktion einer Mutter sei und sie sich schon wieder fange, verhallten in dem großen wissenden Nichts seiner Seele. Katharina lebte in Emils Zimmer. Sie warf Jacques vor, dass er das Sterben von Emil zugelassen hatte, indem er, statt ihn wiederzubeleben, am Straßenrand gehockt und ihm Lieder vorgesungen habe. Er habe ihn gehen lassen und sie entzog ihm mit dieser Begründung das Recht, Emils Zimmer zu betreten. Alles im Kinderzimmer deklarierte sie als ihren Besitz; ihre Erinnerungen, ihr Spielzeug und ihre Bettdecke, die immer noch nach Emil roch. Jacques hatte keine Widerworte. Die Frage der Schuld war sein täglicher Begleiter geworden. Er wusste nicht, ob der Autofahrer, dem er durch sein Winken die drohende Gefahr zu signalisieren versucht hatte, nicht letztlich dadurch von der Straße abgelenkt worden war und Emil aus diesem Grund zu spät gesehen hatte. Er hatte Angst vor dieser Antwort.

In den Tagen nach Emils Tod blieb der Blumenladen geschlossen und Jacques entschied, alle Schnittblumen, die im Laden ebenso nur verwelken würden, vor dem Blumenladen auszulegen. Er fertigte aus abertausenden Blüten einen Teppich, der die Kerzen, Blumensträuße und Plüschtiere, die anteilnehmende Menschen dort bereits hingelegt hatten, umgab. Er stellte sich Emils strahlende Augen vor, wenn er dieses Blütenmeer erblicken könnte. Als er auf sein Werk blickte und sah, wie sich die Blumenköpfchen aneinanderschmiegten, einzig, um seinem Sohn zu gefallen, da trat in Jacques Brust eine kurze Ruhe ein. Für einen weiteren Moment wurde es ihm leicht ums Herz. Er vermochte mehrfach tief durchzuatmen und kniete mit aufrechtem Rücken, doch gesenktem Kopf vor dem Blumenteppich. Es war ein Moment, in dem die Last der Schuld wich. So, als ob jemand von hinten einen schweren Rucksack anhob und unterstützte, um für eine kurze Weile beim Tragen zu helfen. Sein Blick ruhte auf den Margeriten und ihm war, als würde die Welt um ihn herum einen Schritt zurücktreten.

Er fühlte sich behütet, warm umgeben von Licht, sicher, wie in einem Kokon. Er war, ein paar weitere Atemzüge später, frei von dem Gefühl der Schuld und empfand Trost. Er spürte einen Augenblick lang das Gefühl der Zuversicht, dessen Dasein für ihn unerklärlich war. Er spürte, dass es richtig war weiterzuleben, auch wenn er immer wieder damit hadern würde. Die in ihm unaufhörlich klingende Frage, ob es nicht Zeichen wirklicher Vaterliebe wäre, wenn er seinem Sohn in den Tod folgen würde, wurde leiser. Stattdessen tauchten neue Gedanken auf: Was wäre, wenn der Tod zweier Menschen, diese nicht an einem fernen Ort wiedervereint? Was, wenn der Himmel nur so eine Art Bahnhof wäre, Zwischenstopp bis zur Wiedergeburt? Was, wenn sein Sohn schon den nächsten Zug in ein neues Leben genommen hätte und er ihn gar nicht mehr antreffen könnte, wenn er ihm nun folgte? Was, wenn er seinem Sohn nur nahe sein könnte, wenn er auf der Erde bliebe, weil Emil ihm vom Himmel aus beobachten könnte, doch im Himmel selbst kein Treffen möglich wäre? Diese Flut sonderbarer Gedanken kamen ihm beim Anblick der Blumen.

Mit den Gedanken kam ein Frieden, der die tiefe Erkenntnis mit sich trug, dass Jacques seinen Sohn nur mit der Kraft der Erinnerung bei sich tragen und in dieser Welt lebendig halten konnte. Und das würde nur gelingen, wenn er selbst am Leben blieb, denn ein Freitod löschte nicht nur sein Leben, sondern auch die lebendigen Erinnerung an seinen Sohn aus. Hätte er die Gewissheit gehabt, seinen Sohn auf der anderen Seite des Daseins wiederzusehen, ihn nochmal in den Arm schließen zu können, und sei es auch nur für kurz, dann wären Jacques Argumente fürs Weiterleben mit einem Mal erloschen. Doch, und das fühlte er nun ganz deutlich, derartige experimentelle Spekulationen waren keine Option. Er musste weiterleben. Auch wenn das hieße, Emil nur hinter dem schmerzlichen Vorhang der Erinnerung leben zu sehen.

Als Katharina das Blumenmeer erblickte, schlang sie ihre Arme um ihren dünnen Körper und sagte:

»Das hätte ihm gefallen. Vermutlich hätte er sich ein Bett mit einer solchen Blütenmatratze gewünscht.«

Sie lächelte schmerzverzerrt. Jacques hätte sie gern umarmt, doch ihre Haltung verriet, dass sie sich bereits wieder distanzierte. Er hätte sich gewünscht, dass dieser Satz ein Zusammenrücken bedeutete, Brücke, statt Mauer. Doch dem war nicht so. Die letzte Einigkeit beider bestand bei der Entscheidung Emil verbrennen zu lassen, da für beide die Vorstellung unerträglich war, dass es einen Ort gab, an dem ihr Sohn lag und sie dennoch nicht wirklich zu ihm konnten. Für Katharina war dies unerträglich, weil sie Emil nicht noch einmal hatte sehen können. Jacques, der wusste, dass Emil – abgesehen von einer kleinen Wunde am Hinterkopf – unversehrt aussah, hatte versucht Katharina dazu zu bewegen, noch einmal zu ihm in die Rechtsmedizin zu gehen. Er wusste, dass nur dieser schmerzliche Schritt ihre Fantasie bezähmen und die Horrorbilder eines schwerverletzten Kindes, die sie vor Augen hatte, auszulöschen vermochte. Mit der Vorstellung schwerer Verletzungen, stellte sich Katharina automatisch auch großen Schmerz und Qual vor. Hätte sie sehen können, wie äußerlich heil er war, wäre es ihr vielleicht möglich gewesen Jacques Worten einen Hauch Glauben zu schenken, dass Emil dem Leben einfach entglitten und es kein Kampf für ihn gewesen war. Katharina jedoch wollte es nicht. Einerseits aus Angst, andererseits, so empfand es Jacques, wollte sie es nicht, weil der Vorschlag von ihm kam.

Emils Asche wurde in einer biologisch abbaubaren Urne voller Margeritenblüten gebettet und im Schatten einer Rotbuche beigesetzt. Jacques spürte mit einer neuen Art innerer Leere, dass die Asche einzig die verbrannten Reste des Körpers seines Sohnes war, nicht die seines Wesens, nicht seiner Seele. Und diese Gewissheit machte das Beerdigen erträglich. Für Katharina war das anders. Für sie fühlte es sich an, als sei ihr Sohn in diese Dose gezwängt worden. Nachts erwachte sie aus Träumen, in denen sie ihn schreien hörte, sie auf die Urne zuging, sie öffnete und den zusammengepressten Körper ihres Kindes sah, dessen Miniatur mit sämtlichen gebrochenen Knochen im eigenen Blut lag, und auf dieser Gewebemasse schwamm, wie das Fettauge einer Suppe, einzig unversehrt, Emils Gesicht, blickte sie an und schrie. Die Qualen dieser Bilder ließen sie keinen Frieden finden, sondern nährten das Empfinden, dass der Tod ihres Sohnes kein Schicksal war, sondern es dafür einen Schuldigen gab, nämlich Jacques.

Nach der Beerdigung folgten drei Monate des Versuchens. Jacques versuchte mit Katharina ins Gespräch zu kommen, um ihren Groll zu mindern. Er wusste, dass sich die eigenen Gedanken derart anstauen konnten, dass sie einen zu ersticken drohten. Gedanken brauchten die Möglichkeit, den Geist auch wieder zu verlassen, was am besten in einem Gespräch gelang.

Ob man es mit sich selbst oder einer anderen Person führte war erstmal nachrangig. Gab man den Gedanken keinen Raum sich zu entfalten und dadurch weniger konzentriert dem Menschen anzuhaften, so nahmen sie ihn sich und ließen Taten oder Worte entwachsen. Beides hatte einen verzweifelt zerstörerischen Impuls. So beobachtete er Katharina einmal, wie sie sich mit der Scherbe einer zufällig beim Abwaschen gesprungenen Tasse in den Unterarm schnitt, was sie so verletzte, wie ihn ihre Worte, wenn ihre schmerzverzerrten Hasstiraden auf ihn niederprasselten. In der Hoffnung, dass Katharina dies Erleichterung schaffen würde, war er bereit das zu ertragen, ebenso wie die Schuld, die sie ihm gab. Sein Wunsch war es, dass sie aufhören würde ihn zu hassen. Doch dass sich das nicht erfüllen würde, ahnte er. Jede Frage, die Katharina an Jacques richtete, mit einem »Warum« begann und durch Jacques keine Antwort fand, bestätigte und festigte sie in ihrem Recht, ihn hassen zu dürfen. Jacques konnte dem Gefühl der Hoffnung nicht widerstehen, ihr vielleicht doch helfen zu können und so versuchte er die Fragen nach dem Unerklärlichen zu beantworten. Jedes Mal endete dies damit, dass Katharina das Haus verließ und er sich vornahm, keinen weiteren Versuch des Erklärens zu wagen, denn der Tod von Lilly hatte ihn gelehrt, dass die Fragen nach dem Warum einen nur in einer Hinsicht weiterbrachten, nämlich einen Schritt näher in Richtung des eigenen Abgrundes.

Am 27. März 2009 kam er nach der Auslieferung einer Pflanzenbestellung zurück nach Hause und sah, als er gerade in den Hof fuhr, fünf nagelneue Koffer vor dem Blumenladen stehen. Er hielt mitten in der Einfahrt, stieg aus und besah sie sich. Die Preisschilder waren noch dran. An einem Koffer war mit Klebestreifen ein Zettel befestigt, auf dem in Katharinas Handschrift zu lesen war:

»Das sind deine Sachen. Ich ertrage deine Schuld nicht. Deswegen will ich, dass du gehst. Ich werde die Stadt verlassen. Gib deine neue Adresse dem Anwalt (siehe Visitenkarte). Er regelt für mich unsere Scheidung. Bitte mache es nicht schwieriger, als es ist. Katharina.«

In diesem Moment tat sich vor ihm eine bisher unsichtbar gewesene Tür auf, durch die er von Katharina in ein neues Leben, von dessen möglicher Existenz er bis dahin ebenfalls nichts geahnt hatte, gestoßen wurde. Jacques stand, in Angesicht der Tatsache, dass sie diesen Ausweg gewählt hatte, wie erstarrt vor den Koffern. Vielleicht hatte er den Blick zu sehr in Richtung Hoffnung gewandt und es war in Wirklichkeit absehbar gewesen, dass sich ihre Wege trennen mussten, doch er hatte sich so sehr gewünscht, dass es nicht passieren würde. Er erinnerte sich an den Abend, als er ihr vorschlug gemeinsam professionelle Hilfe anzunehmen und sie ihn daraufhin als Mörder ihres Kindes beschrie. Von der verheerenden Wirkung ihrer Worte abgesehen, machte Jacques der Ausdruck ihrer Augen mit Gewissheit klar, dass sich diese Ansicht in ihr manifestiert hatte und länger bestehen würde, als ihre Liebe Zeit gehabt hätte, ihre Stärke zu demonstrieren und diesen Dämon zu vertreiben. Katharina brauchte diese Adresse der Schuldzuweisung, um zu überleben, egal um welchen Preis der Zerstörung. Trauer vermochte genauso blind zu machen, wie Liebe, Hoffnung oder Wut. Doch auch wenn Jacques zu diesem Zeitpunkt schon ahnte, dass sie sich verlieren würden, hätte er nie gedacht, dass sie ihn einfach vor die Tür setzte.

Das Haus mit der Gärtnerei gehörte ihren Eltern. Er ahnte, dass seine Haustürschlüssel nicht mehr passen würden und beschloss, sich diese erniedrigende Szene zu ersparen. So lud er die fünf Koffer in sein Auto und war froh, dass der alte klapprige VW-Bus, der aus der Zeit vor Katharina stammte, unbestreitbar und unmissverständlich sein Eigentum war. Der einzige Ort, der ihm als Zuflucht einfiel, war die Bretagne. Keine zehn Minuten nach der Entdeckung der gepackten Koffer war er auf dem Weg in sein altes Zuhause.

Acht Monate verbrachte er auf dem Hof seiner Eltern, zog jedoch ins Gartenhaus, da ihn sein altes Kinderzimmer nun im doppelten Sinne erdrückte. War der Schmerz um Lilly mittlerweile nicht mehr daseinsbeherrschend, sondern saß kontrolliert in einer Ecke der Seele, so entfesselte der Schmerz um Emil diese alten Mächte mit neuer Kraft. Jacques half mit Gelegenheitsarbeiten im ganzen Ort aus und beseitigte viele Schäden an Haus und Hof der Eltern, die Zeichen der Zeit waren. Er war dankbar für die Zeit, die er mit ihnen verbringen durfte und erfuhr tröstende Liebe durch seine Mutter, die das Geschehene zwar nicht veränderte, doch auf sonderbare Weise heilsam war. Mutter und Sohn, und wie Jacques nach den acht Monaten auch feststellen konnte, auch Vater und Sohn, fanden durch die traurige Gemeinsamkeit ein Kind verloren zu haben, und damit der gleichen Perspektive der Trauer, eine neue Verbundenheit.

Jacques tägliche Spaziergänge ans Meer warfen irgendwann die Frage auf, wie es in seinem Leben weitergehen sollte. Rational konnte er nicht erklären, weshalb er sich dafür entschied wieder nach Deutschland zu gehen, zurück in seine Stadt. Aber ein Gefühl sagte ihm, dass er am ehesten dorthin gehörte, ohne Logik, nur Gefühl. Bei einer Internetrecherche stolperte er über das Angebot eines Hausverkaufes von privat, dass er zunächst für ein unseriöses Lockangebot gehalten hatte, denn ein Haus in gutem Zustand, in der Altstadt, zu einem so niedrigen Preis, konnte es eigentlich nicht geben. Nachdem er sich eine Woche lang bremsen konnte, die angegebene Telefonnummer zu wählen, um sich ein Ärgernis und eine Enttäuschung zugleich zu ersparen, die Gedanken jedoch weiterhin nicht aufhörten, um dieses Haus zu kreisen, nutzte er eine Lücke seiner Vernunft, um Kontakt mit dem Verkäufer aufzunehmen. Dieser entpuppte sich als einer der seltenen Sorte Mensch, der andere an seinem eigenen Glück teilhaben lassen wollte. Er hatte reich geerbt und verkaufte nun sein Elternhaus, um wegzuziehen und die letzten emotionalen Bindungen, die durch das Haus bestanden, loszulassen. Er suchte nicht den solventesten Käufer, sondern den richtigen. Jacques hätte nicht gedacht, dass es auf dieser Welt noch eine derartige materielle Großzügigkeit gab. Manche Menschen, so Jacques Beobachtungen, schienen zu befürchten, dass ihnen allein dadurch, dass sie anderen Menschen etwas Gutes wünschten, schon ein Nachteil entstehen konnte. Als der Verkäufer in Jacques den Mann aus der Zeitung erkannte, der über ein Kind gebeugt fotografiert worden war, das nach einem Unfall auf dem Gehweg lag und dort verstarb, bestand er auf die Halbierung des ursprünglich angedachten Kaufpreises und wünschte Jacques, dass dieses Haus ihm von nun an nur Glück beschere. Jacques nahm dieses großzügige Geschenk an und als er das Haus zum ersten Mal als rechtmäßiger Besitzer betrat, stellte sich sofort das Gefühl eines Zuhauses ein. Es war ein kleines Fachwerkhaus, mit einem Gewölbekeller, einer Lokalität im Erdgeschoss, zwei weiteren Etagen darüber, die jedoch höchstens fünfzig Quadratmeter Wohnraum boten und einem Dachboden, den Jacques, da das Dach eh neu gedeckt werden musste, plante, als Dachterrasse umzubauen. Dort würde er Blumen pflanzen, die bis in den Himmel wachsen könnten. Denn auch wenn er Emil auf keiner Wolke sitzend vermutete, so würde es kein Fehler sein, seiner Seele diesen Gruß zu schicken.

Im folgenden Jahr richtete sich Jacques in seinem Häuschen ein und beschloss die gastronomische Lücke der Stadt, durch das Angebot von Käse und Wein in seinem kleinen Lokal, zu schließen. Nachdem das erste halbe Jahr durch abendliche Erschöpfung und Alleinsein dominiert war, weil jeder Funken körperlicher Kraft in die handwerklichen Arbeiten der Renovierung geflossen war und er kein Bedürfnis nach Gesellschaft hatte, genoss er allmählich mit der Eröffnung seines Lokals die wieder zunehmenden, jedoch wohldosierten Kontakte mit anderen Menschen. Er mochte die Gespräche mit seinen Gästen, doch leben wollte er allein. Alleinsein fühlte sich risikoärmer an. Er empfand es als Luxus nur sich im Blick und keine Sorge um einen anderen Menschen haben zu müssen. So plätscherte sein Leben dahin. Das war ihm recht so. Keine besonderen Vorkommnisse bedeuteten zugleich, keine Katastrophen. Er fuhr weiterhin viermal im Jahr zu seinen Eltern und konnte die Bretagne mit dem Gefühl genießen jetzt zwei Zuhause zu haben, die ihn, jedes auf seine Art, behüteten.

Am 11. Oktober 2014 änderte sich die Sache mit der Ruhe und dem Fehlen besonderer Vorkommnisse. Es war Sonnabend und das Lokal war gut besucht. Um dreiundzwanzig Uhr war der letzte Gast gegangen und Jacques schloss hinter diesem die Tür zu. Wie jedes Mal schweifte sein Blick beim Abschließen der Tür nochmal ganz automatisch nach links und rechts die Gasse entlang, als er sie sah. Sie war vier oder fünf Meter entfernt und verschwand gerade um die nächste Ecke, als Jacques sie erkannte. Katharina sah dürr und ausgezehrt aus. Sie hatte ein eingefallenes Gesicht mit spitzen Wangenknochen. Mehr Details hatte er auf die Schnelle nicht erhaschen können. Sie hatte einen langen Mantel an, darunter scheinbar einen kurzen Rock, Absatzschuhe und er schämte sich dafür ihr Aussehen als aufreizend-anbiedernd und zugleich billig empfunden zu haben. Er musste an das strahlende Lachen aus ihrem Munde denken, mit dem sie damals im Gemüseladen seine Aufmerksamkeit auf sich gezogen hatte. Er versuchte sich zu erinnern, wann er es zum letzten Mal gehört hatte. Mit Emil, das war klar, doch wann er das letzte Mal der Grund für ihr Lachen gewesen war, das wollte ihm nicht mehr einfallen. Jetzt, mit diesem kurzen Eindruck ihres ausgemergelten Gesichtes war es nicht vorstellbar, dass sie die Quelle eines solchen Lachens sein konnte. Er ging an jenem Abend bald zu Bett, doch er machte sich weiterhin Gedanken um Katharinas Erscheinen. Er hatte sie seit fast fünf Jahren nicht gesehen und wusste von seinem Anwalt, dass sie weggezogen war, wohin, durfte er ihm nicht sagen. Ihre Eltern, denen sowohl Gelände als auch Gebäude der Gärtnerei gehörten, hatten beides an zugezogene Floristen verpachtet. Womit Katharina jetzt ihren Lebensunterhalt verdiente, war ihm ebenfalls nicht bekannt.

Drei Tage später sah er sie wieder. Es war etwas früher am Abend und er servierte gerade gebackenen Ziegencamembert, als er sie beim zufälligen Blick durch das Fenster entdeckte. Ihr Gang wirkte unsicher, als wollten ihr die Stöckelschuhe nicht nur wegen des Kopfsteinpflasters nicht gehorchen. Dennoch versuchte sie sich zu beeilen und in die nächste Gasse zu huschen. Ab diesem Abend konnte Jacques nicht anders, als beim Abschließen des Lokals immer wieder nach Katharina Ausschau zu halten. Mit welchem Ziel er das tat, hätte er nicht sagen können. Vielleicht war es eine Mischung aus Neugierde und Sorge.

Eine Woche später, es war kalt geworden und nieselte eisig, entdeckte Jacques sie bei Lokalschluss gegen zweiundzwanzig Uhr erneut. Sie stöckelte nicht. Sie huschte nicht. Jacques schaute gebannt. Sie stand an eine Laterne gelehnt, suchte etwas in ihrer Handtasche, fand es aber offensichtlich nicht, denn sie fluchte und tupfte sich dann vorsichtig mit dem Handrücken über das linke Jochbein. Jacques zögerte eine gefühlte Ewigkeit, entschloss sich jedoch nach dem Bruchteil einer Sekunde, zu ihr zu gehen. Als er sich ihr näherte, blickte sie zu spät auf, um sich zu einem Weglaufen entschließen zu können. Doch der Impuls es zu tun, steckte in ihr, das spürte Jacques an ihrer Körperspannung und dem erschrockenen Blick. Als er vor ihr stand, wurde sie von der Straßenlaterne beleuchtet. Ihr Anblick war entsetzlich. Ihre übernächtigten Augen lagen tief in den Höhlen und wirkten noch größer als sonst. Die Wangen waren eingefallen, aus der Nase lief ein dünnes Rinnsal Blut, die Haut über dem linken Jochbogen zeigte einen zarten Riss, schien aber mit jeder Sekunde an Schwellung zuzunehmen. Alles an ihr schien verzögert, die Reaktionen, die Bewegungen, die Sprache. Jacques merkte, dass sie betrunken war. Sie zog ihren Mantel enger um ihren viel zu dünnen Leib. Ihr Blick ruhte immer nur wenige Momente auf Jacques, dann schaute sie sich um, lachte kurz, dann wiederum wich jeder Ausdruck aus ihrem Gesicht. Jacques forderte sie auf mit ins Lokal zu kommen, doch sie machte keine Anstalten sich zu bewegen. Also lief er rasch, um ein sauberes Handtuch und eine Kühlpackung zu holen, um zumindest das Gesicht vom Blut zu befreien und durch die Kühlung eine weitere Schwellung zu verhindern. Er war gerade dabei das Lokal wieder zu verlassen, als er einen Mann auf Katharina zueilen sah. Dieser packte sie am Oberarm und wollte sie mit sich ziehen, doch sie wehrte ab. Die Situation begreifend, eilte Jacques hinaus. Er versuchte zunächst mit besänftigenden und diplomatischen Worten

Herr der Situation zu werden. Doch als er auf sein »Lassen Sie die Frau los!« nur ein »Ich bin mit der Schlampe noch nicht fertig!« als Antwort bekam und er sah, dass der Mann erneut nach Katharina griff, sogar ansetzte, um nach ihr zu treten, da befand Jacques, dass der Diplomatie genug Chance eingeräumt worden war. Mit dem Aufbrausen rasender Wut holte Jacques aus und landete mit seiner rechten Faust einen unbeabsichtigten Volltreffer auf die Nase seines Kontrahenten, setzte jedoch reflektorisch nach, was dazu führte, dass das Jochbein des Mannes am nächsten Tag sicher nicht besser aussehen würde als Katharinas. Jacques nutzte den Moment, als der Mann schwankte, schnappte Katharina am Arm und zog sie zu sich, um sie kurzerhand mit ins Lokal zu nehmen. Sie wehrte sich nicht. Er schloss hinter sich ab und beobachtete noch kurz, wie sich der Mann taumelnd entfernte. Er führte Katharina, ohne erst großartig auf Zustimmung zu warten, in die erste Etage seines Hauses, die nur aus einer kleinen Küche, dem Schlafzimmer, in dem nicht mehr Platz fand als das Bett, und einem kleinen Bad bestand.

Das Küchenlicht war gnadenloser als das Licht der Laterne. Er sah Katharina in die leeren, traurigen Augen, deren Ausdruck durch den Schrecken des eben Geschehenen ein wenig an Betrunkenheit verloren hatten. An ihren nackten Beinen waren blaue Flecken verschiedenen Alters zu sehen. Sie roch unangenehm, irgendwie säuerlich. Sie sagte nichts, schaute nur. Er brachte ihr ein großes Handtuch, damit sie duschen konnte und setzte Teewasser auf. Tee, ganz automatisch so, wie sie ihn immer gemocht hatte. Sie stand ohne Worte auf, legte ihren Mantel ab, streifte sich die Schuhe von den Füßen und machte sich auf den Weg ins Bad. Er sah Striemen an ihren Handgelenken und blaue Flecken an den Stellen ihres Rückens, die das Hemdchen nicht bedeckte. Sie ging duschen und tauchte nach fünfzehn Minuten in Jacques Bademantel wieder auf. Als er einen kurzen Blick der Katharina erhaschte, die sie im Grunde ihres Herzens noch immer war und in die er sich damals verliebt hatte, versetzte es seinem Herzen einen Stich. Ihn befiel in diesem Moment keine Hoffnung, doch eine Besänftigung und die sofortige Bereitschaft zu verzeihen. Er ahnte nicht, dass er am nächsten Morgen würde erkennen müssen, dass nur ihre Betrunkenheit den Vorhang kurz beiseite zu schieben vermocht hatte, um einen Blick auf ihr zartes Wesen freizugeben, sie jedoch nüchtern wieder zur Unnahbaren wurde, die ihre undurchdringliche Fassade wiedergefunden hatte. Nach dem Duschen hatten sie Brote gegessen, die Jacques geschmiert hatte und Tee getrunken, den sie mit geschlossenen Augen genoss. Jacques konnte sich vorstellen, welche Bilder glücklicher Zeiten sie dabei sah.

Irgendwann hatte sie zu sprechen begonnen. Nicht darüber, wo sie wohnte und wie sie lebte, sondern nur, dass sie an diesen Typen geraten war, den sie Paul nannte. Er sei ein erfolgreicher Geschäftsmann. Oder zumindest sei er reich. Er hatte sie in einer Drogerie angesprochen, in der sie sich als Kunden zufällig begegnet waren. Er hatte gefragt, ob sie Arbeit suche. Sie hatte bejaht. Er habe ihr eine Stelle als Assistentin angeboten und sie hatte damals naiverweise automatisch an einen Sekretärinnenjob gedacht und zugesagt. Die ersten Treffen seien noch harmlos gewesen. Er habe gesagt, man müsse sich schließlich erstmal kennenlernen und Vertrauen in der Person finden, die als Assistentin seine intimsten Geheimnisse bewahren würde. Sie verstand die Bedeutung seiner Worte nicht und fand es schlüssig, dass sie sich nicht gleich in der Firma dieses Herren trafen. Sie waren Essen und auch mal Kaffeetrinken, was alles sehr angenehm gewesen sei. Beim fünften Treffen hatte sich sein Auftreten geändert. Er begrüßte sie freundlich, fuhr mit ihr in eine Villa außerhalb der Stadt und kündigte ihr an, dass sie heute die Geschäftsräume kennenlernen würde und Probearbeiten dürfe. Die Villa war menschenleer und spartanisch eingerichtet. In einem Raum stand ein großer Schreibtisch und in der anderen Ecke, sie habe ihren Augen kaum getraut, ein Bett. Als sie den Raum betreten hatten schloss er hinter ihnen die Tür ab und mit dem Drehen des Schlüssels hatten Stimmfarbe und Tonfall schlagartig gewechselt. Er verzog keine Miene mehr. Seine Sätze waren Befehle. Sie hatte sich auszuziehen und sich auf den Schreibtisch zu legen. Sein Tonfall ließ unmissverständlich erkennen, dass Widerworte Konsequenzen hätten, die sie nicht kennenlernen wollte. Sie gehorchte. In das Mittelfeld der hölzernen Schreibtischplatte war eine Fläche aus Marmor eingelassen. Sie hatte es nicht verhindern können, doch durch die Berührung ihres Rückens mit der Kälte des Steins bekam sie, als sie sich hinlegte, Gänsehaut und ihr Brustwarzen richteten sich auf. Sie schauderte und verspürte Ekel. Sie hatte Angst und kannte doch keinen Ausweg. Er befahl ihr die Beine anzustellen und mit dem Po bis an die Tischkante zu rutschen. Die Arme hatte sie von sich zu strecken. Er band sie fest. Mit rauen Seilen, die an den Tischbeinen festgezurrt wurden. Sie schloss automatisch die Beine, als er sich vor sie stellte. Er duldete es, was ihr Hoffnung schenkte, jedoch nur solange währen sollte, bis er seine Hose ausgezogen hatte. Er begann seinen Schwanz in seiner Hand zu reiben. Sie wusste, was folgen würde. Sie wusste, dass keine Gegenwehr zu leisten das Klügste war, was sie tun konnte. Doch durch das Erdulden fühlte sie sich mitschuldig, an dem, was geschah. Diese Gefühle lähmten sie. Er öffnete ihre Beine und mit der Entscheidung sich nicht zu wehren, um es nicht noch länger hinzuziehen, rannen ihr die Tränen übers Gesicht. Sie spürte einen Finger in ihre Scheide eindringen. Dann zwei. Er dehnte sie. Dann drei. Dann erfüllte sie Schmerz. Sie sah an sich hinab, wie sich eine Hand an ihr bewegte, er mit der anderen onanierte. Dann, so erzählte sie mit dem traurigsten Lächeln, das Jacques jemals gesehen hatte, habe sie den Kopf auf dem kalten Marmor abgelegt, die Augen geschlossen und ein Feld aus Margeriten gesehen. Dann erinnerte sie sich erst wieder daran, sich angezogen zu haben. Er habe sie in die Stadt zurückgefahren, ohne ein Wort zu sagen. Als er angehalten hatte und sie aussteigen wollte, habe er die Zentralverriegelung betätigt und ihr mitgeteilt, dass er es mit ihr probieren wolle und sie das Probearbeiten bestanden hätte. Er gab ihr zwei Fünfhundert-Euro-Scheine. Als sie erwiderte, dass sie keine Hure sei und auch nicht vorhabe eine zu werden und ihm gerade das Geld in den Schoß werfen wollte, habe er ihr Handgelenk mit festem Griff gepackt, noch bevor sie das Geld loslassen konnte, und gesagt:

»Du bist eine Hure. Und wenn du damit aufhörst oder uns verrätst, dann sorge ich dafür, dass deine Eltern die Gärtnerei verlieren.«

Sie hatte es einmal probiert ihm zu entkommen. Doch wie viel Macht dieser Mann zu haben schien, verriet acht Wochen später ein Schreiben vom Bauamt, das behauptete, die Gärtnerei, samt derer Nebengebäude, sei ohne Baugenehmigung entstanden. Das Schlimme daran war, dass der Bau dieser Gebäude so viele Generationen her war, dass ihre Eltern das Gegenteil dieser Behauptung nicht beweisen konnten. Die Eltern konnten sich das plötzliche Interesse des Bauamtes an den Grundstücksverhältnissen nicht erklären, lebten aber seither in Angst, denn dieser Besitz sicherte ihren Lebensunterhalt. Katharina konnte nicht anders, als aus Angst zu schweigen. Wenn sie Paul weiterhin gefügig wäre, würden weitere Schreiben vielleicht nicht folgen. Daher beruhigte sie ihre Eltern und beharrte auf einen Amtsirrtum, dem sie keine weitere Beachtung schenken sollten. Sie hoffte, dass Paul irgendwann aus Langeweile von ihr ablassen und noch mehr, dass danach kein Racheakt folgen würde.

Jacques hörte in dieser Nacht all ihre verzweifelten Worte und er fragte sich, wie ihr Leben, und auch ihrer beider Leben, verlaufen wäre, wenn … ja, wenn… Gedanken, die er sich sofort verbot. Er hätte sie so gern in den Arm genommen, doch er spürte, dass es falsch, dass es zu nah gewesen wäre. Eine Nähe, die dennoch unfähig gewesen wäre zu trösten. Mit vor Müdigkeit schweren Augen und vom Erzählen heiserer Stimme bezog Katharina ohne Gegenwehr ihr Nachtlager auf der Couch.

Als Jacques sie am nächsten Morgen wecken wollte, fand er nur einen Zettel auf dem Kopfkissen, auf dem stand:

»Bleib weg aus meinem Leben. Noch mehr Leid ertrage ich nicht.«

Jacques blieb an diesem Vormittag daheim und wurde mit dem Denken und Fühlen kaum noch fertig. Er sah sie nie wieder, hörte jedoch nicht auf, bei jedem Ladenschluss einen Blick zu riskieren, der sie vielleicht doch entdecken könnte.

Als Jacques am 18. Mai 2018 auf seine zwölf Gäste wartete und den leicht als Rudelführer zu erkennendem Herrn ankommen sah, auf dessen Namen die Reservierung erfolgt war, da ordneten sich die Puzzleteile und er versteinerte. Vor ihm stand dieser Mistkerl, der Katharina gegeißelt, misshandelt und erpresst hatte. Richard Paul von Kleist. Paul.

Jacques war damals schon unwohl gewesen, als er die Bestellung angenommen hatte, denn es hieß, von Kleist sei ein korrupter, brutaler und gewissensloser Millionenerbe. Doch nun hatte der Name ein Gesicht. Und zwar eins mit scheinbar ehemals erfolgreich gebrochener Nase.

Kapitel 3 – 15. Juni 2018

Emma war mit den Naturgesetzen bestens vertraut. Wollte man einmal wirklich pünktlich von der Arbeit nach Hause, dann konnte man gewiss sein, dass alles, was an Verzögerung und Unaufschiebbarem dazwischenkommen konnte, auch dazwischenkommen würde. Da sie dies aus Erfahrung wusste, erlag sie auch nicht der naturgegebenen Hoffnung, dass es diesmal anders kommen könnte, was wiederum dazu führte, dass es ihr an solchen Tagen gelang, die innere Ruhe länger zu bewahren, als das beispielsweise ihre Lieblingskollegin Ada vermochte, die allein durch den Wunsch, abends pünktlich wegzukommen, von der ersten Tagesminute an hippelig im Zickzack sprang. Ada versuchte, ihre Arbeit in doppeltem Tempo zu erledigen, damit am Ende genügend Zeitpuffer für die unvorhergesehen Dinge bleiben würde. Doch letztlich kam Ada jedes Mal, von ihrem Dauersprint vollkommen aus der Puste, genauso wenig pünktlich in den Feierabend und kämpfte zusätzlich noch mit der Frage, ob sie sich hätte besser organisieren können. Erfreulicherweise war Ada, ebenso wie Emma, schon so berufserfahren und realistisch genug, dass sie es, so gut es ging, vermied wichtige private Termine im Anschluss ihrer Arbeitstage zu planen, sondern Derartiges eher auf freie Tage zu legen, denn das entstresste enorm. Aber manchmal gab das Leben die Notwendigkeiten vor und so war es auch heute.

Jacques hatte Emma gebeten, sie heute treffen zu können. Und dies, scheinbar um den Schwierigkeitsgrad zu erhöhen, bevor die Sonne untergegangen sein würde. Das schuf eine zeitliche Eingrenzung, die das Maß an entschuldbarem Zuspätkommen erheblich begrenzte. Seitdem sich Emma für die Fachrichtung ihres Herzens entschieden hatte und zusammen mit Ada die Palliativstation der Klinik betreute, hatten sich für sie die Prioritäten verschoben. Zu sehen, um was es bei der Linderung der Not auf der Endstrecke des Lebens und dem Begleiten des Sterbens wirklich ging, ließ wieder die Aspekte in ihrer Arbeit in den Vordergrund treten, die von der vermeintlich dringend zu erledigender Bürokratie verdrängt worden waren. Natürlich musste auch der Papierkram bearbeitet werden, doch das Verhältnis der Zeiten, die sie mit ihren Patienten verbrachte und der am Schreibtisch, kehrte sich zugunsten der Kranken um. Man starb nur einmal und im Zweifelsfall war Papier geduldiger als der Tod. Als für Emma im Verlauf dieser Woche zu spüren war, dass vier ihrer Patienten die inneren stillen Verhandlungen über weiteres Festhalten am Leben oder der Richtigkeit dem Sterben zu vertrauen, abgeschlossen hatten, wusste sie, dass deren Tod nicht mehr fern war, denn eine Leichtigkeit erfasste die Sterbenden, die sich nun scheinbar dem Lauf der Natur hingaben, statt dagegen anzukämpfen. Für Emma bedeutete dies normalerweise, dass sie auf jegliche Feierabendplanung verzichtete, damit sie bleiben könne, so lange sie es für richtig befand. Solange, bis sie nicht mehr gebraucht würde oder aber es selbst nicht mehr brauchte. Emma hatte Jacques erklärt, dass das Treffen selbst auf wackeligen Beinen stand, von einer Pünktlichkeit ganz zu schweigen, doch er hatte sie gebeten, es zu versuchen, versicherte ihr aber zugleich, als er merkte, wie nervös Emma bei der Vorstellung wurde, ihn eventuell enttäuschen zu müssen, dass die Welt nicht untergehen würde, wenn sie nicht kommen konnte und er sie letztlich an jedem anderen Tag ebenso gern sehe. Als sie daraufhin spürte, dass er dies nicht nur sagte, um sie zu beruhigen, sondern auch meinte, da kehrte in ihr etwas Ruhe ein. Sie wusste, müsste sie sich dazu entschließen länger in der Klinik zu bleiben, würde er es verstehen. Dennoch, sie wollte nicht, dass es soweit käme.

Auch wenn sie nun bereits über zwei Jahre befreundet waren, so hatten sie erst in der Nacht, nachdem sie von Kleist und seine Begleiter bewirtet hatten, begonnen einander kennenzulernen. Es war das erste Mal, dass sie nicht nur umgeben von Arbeit beieinander waren, sondern miteinander innehielten. Es gab in diesen Stunden erstmals kein gemeinsames Tun und nicht die Aufgabe für das Wohlbefinden anderer Menschen zu sorgen. Es war das erste Mal, dass sie beide im Zentrum ihres Geschehens standen und so natürlich es sich anfühlte, so scheu, ängstlich und ungewohnt war es andererseits. Sie hatten im Kerzenschein beisammengesessen und das Gefühl eines Sieges in sich getragen, nachdem sie den Abend gewinnbringend und ohne Eskalation der eigenartigen Stimmung hinter sich gebracht hatten. Getragen von dem Hochgefühl aßen sie gemeinsam und Emma hatte mit Jacques Hilfe das Geheimnis gelüftet, wie der ›Roi d'Alsace‹ nur in Kombination mit dem ›Coeur de la gracieuse‹ schmecken konnte. Gleichzeitig waren sie auf den süffigen Hauswein umgestiegen, von dem Jacques behauptete, er sei ein fruchtig trockener Rosé, wohingegen Emma spielerisch fachsimpelte, es handele sich wohl eher um einen herben Halbtrockenen. Dann lenkte sich das Gespräch in Richtung von Kleists Bedeutung. Als Emma Jacques Miene sah und an seiner unruhigen Atmung spürte, dass er mit dem, was er zu erzählen hatte keine kurze Story über von Kleist ausplaudern würde, ahnte sie bereits, dass sich sein ganzes Sein mit diesem Abend verflochten zeigen würde. Da befiel sie einerseits Angst, unberechtigt und ungewollt über ein Geheimnis gestolpert zu sein, worüber er nun entscheiden musste es preiszugeben und andererseits fühlte sie die Gewissheit, dass sie beide dafür bereit waren, nicht nur die Leichtigkeit miteinander teilen zu können. Nach einem kurzen Innehalten hatte Jacques zu reden begonnen und sein Redefluss versiegte lange nicht. Trotz schweigsamer Pausen hatte Emma nicht das Gefühl selbst sprechen oder etwas fragen zu wollen.

Jacques erzählte ihr sein Leben und war doch zugleich weit weg. Er sprach zum Universum, als sich die großen Fragen des Sinns stellten und sprach zugleich auch nur zu sich. Es klang, als ob er zum ersten Mal all das Erlebte und tausendmal Gedachte und Gefühlte laut aussprach. Stellenweise schien er selbst durch seine Worte zu erschrecken, die zu hören eine andere Intensität hatte, als sie bisher nur still im Kopf gedacht zu haben. Über etwas nachzudenken konnte schon schmerzlich sein, doch es zu benennen, schaffte eine weitere Dimension der Realität. Sie dann noch mit einem anderen Menschen zu teilen, erforderte Mut, der sich oftmals erst durch Verzweiflung fand. Er schenkte Emma das Wissen darüber, wie in seinem Leben alles zusammenhing. Zum ersten Mal hatte er es zugelassen, vor einem anderen Menschen seinen Schmerz nicht mit einem Lächeln zu tarnen. Zum ersten Mal war es für ihn in Ordnung gewesen, seine Verwundbarkeit und Verletztheit zu zeigen. Emma hatte seinen Schmerz während des Erzählens physisch spüren können und musste den zahlreichen Momenten widerstehen, in denen sie ihn am liebsten einfach in den Arm genommen hätte. Hierfür bot sich keine Gelegenheit, keine Atempause, denn seine Erzählungen fanden, kaum hatten sie einen traurigen Gipfel erklommen, schon gleich den Pfad zum nächsten Unheil.

Emma war durch seine Worte gefangen und hoffte so sehr, dass nach dem nächsten Satz die Wendung der Geschichte, hin zum Guten, kommen möge. Sie hoffte, doch erkannte zugleich an Jacques verzweifelter Ausdrucksweise, dass das glückliche Ende ausbleiben würde. Sie wusste es und hoffte dennoch weiter. Sie hatte dagesessen, zugehört und Jacques während des gesamten Gesprächs nicht aus dem Blick gelassen. Ihre Kehle war zeitweise vor Mitgefühl so eng und trocken, dass Mitleid daraus wurde und sie sich nicht anders zu helfen wusste, als dem kühlen Rosé Vorrang vor dem vernünftigen Wasser zu geben. Was hätte die Vernunft hier auch noch zu ändern vermocht? Jede Faser ihres Körpers war durch das Gehörte derart unter Spannung, dass ein wenig Sinnesdämpfung durch den Wein nicht hatte schaden können.

Als Jacques nach einer Stunde des Erzählens geendet hatte, saß er mit auf den Knien aufgestützten Armen, in die Hände gebettetem Kopf und geschlossenen Augen da. Emma sah ihn an und erblickte seine innere Leere, die durch das Aussprechen entstanden war, jedoch für ihn noch nicht als Erleichterung spürbar sein würde. Sie sah ihm an, wie der Schmerz ihn quälte. Es war kein Schmerz der Erinnerung. Es war ein Schmerz im Hier und Jetzt und tat weh, als ob alles Erlebte eben geschehen, jede Wunde noch frisch sei. Sie spürte, wie sie helfen konnte, doch die Angst zu aufdringlich zu sein, ließ sie zögern. Bisher hatten Jacques und sie jede Geste oder Berührung, die zu einer körperlichen Vertrautheit hätte führen können, mit großen Schritten umgangen. Beide taten dies, wie sie jetzt begriff, aus gutem Grunde. Dennoch bedurfte diese Situation einer emotionalen Ersten Hilfe, die nichts mit einer plumpen Anmache zu tun hätte. So stand Emma leise auf und ging zu ihm. Sie stellte sich seitlich neben ihn, so nah, dass sein Kopf ihren Bauch berührte. Sie legte eine Hand um seine Schulter, die andere schmiegte sich seinen Händen an, in denen sein Gesicht weiter ruhte. Sie spürte, wie sein Atem unregelmäßiger wurde und sein Körper mehr und mehr Spannung erfuhr bis er erbebte. Der seit Jahren angesammelte und beherrschte Schmerz verflüssigte sich und Jacques vermochte endlich zu weinen. Sie spürte seine heißen Tränen durch seine Hände rinnen und ihre Haut berühren. Als das stumme Weinen eine Stimme fand und zu einem Schluchzen wurde, nahm sie ihre Hände von ihm, woraufhin er den Kopf hob. In einem wortlosen Selbstverständnis öffnete er die Arme und ließ sie ein. Sie setzte sich auf seinen Schoß, eine ungeplante Tat, für die sie der Verstand gescholten hätte, wäre er nicht immer noch unangetastet in der Wasserkaraffe eingesperrt gewesen. Sie umarmte ihn und hielt ihn fest. Jacques sollte spüren, dass es auch für ihn einen Halt in dieser Welt gab. Er erwiderte dieses Halten und schloss seine Arme um sie. Sein Kopf lag an ihr Dekolleté gelehnt, sodass sie seinen Atem spürte und seine Tränen ihre Haut hinab rannen. Sie lehnte ihren Kopf an seinen, spürte seine Haare an der Wange, roch dessen Duft und fand darin etwas Vertrautes, etwas, dass an Heimat erinnerte.

Als nach einer halben Stunde das Weinen versiegt war, wiegten sie sich einander sacht. Der Rhythmus ihres Atems wurde zu einem Sein. Sie atmeten gemeinsam. Ein und wieder aus und Emma stellte sich mit jedem Einatmen vor, wie sie all sein Leid, all seinen Schmerz und die Schuld, die er auf sich genommen hatte, von ihm nahm. Sie stellte sich vor, wie sich das Schmerzende und Schlechte, dass wie ein schmieriger Ruß an seinem Dasein haftete und ihn quälte, zu einer schwarzen Wolke formte, ihn verließ und über ihm aufstieg. Mit jedem Ausatmen wünschte sie sich, dass durch die über ihnen befindlichen schwarzen Wolken ein Strahl gleißenden Lichtes brechen würde, um Jacques mit Helligkeit zu umfangen, so, wie die Sonnenstrahlen auf der Meeresoberfläche einen goldblendenden Glitzerteppich zu weben vermochten, und ihm dadurch Klarheit und Hoffnung schenkte. Sie sah, wie das Licht den dann schmerzleeren Raum mit Frieden und Ruhe ausfüllte und Jacques wieder erlauben würde zu strahlen. In dieser Vorstellung fand sie Halt und Ruhe. Dass ihre eigenen Tränen, die sich still in seinem Haar verfingen, Tränen des Glückes waren, spürte sie, doch verstand es nicht. Es schlich sich eine Ahnung in ihr Bewusstsein, dass alles gut werden könnte. Was auch immer das bedeuten würde, da doch die schrecklichen Geschehnisse in Jacques Leben nicht umkehrbar waren. Nach der Ahnung spürte sie darüber eine Gewissheit, die sie noch mehr irritierte, sie jedoch zu genießen beschloss, statt sie zu verstehen zu versuchen. Über zwei Stunden saßen sie beisammen und hielten einander. Am Ende des Weinens herrschte erschöpfte Ruhe. Die Kerzen waren erloschen. Sie lehnten aneinander. Sie schliefen nicht und doch spürten beide immer wieder ein erschöpftes Abdriften der Sinne.

Als Jacques aus dem Gefühl in die unendliche Tiefe des Schlafes zu fallen aufschreckte, kam auch Emma zu sich. Ohne Worte folgte Jacques dem Impuls des Erschreckens. Sie standen auf und er führte Emma an der Hand haltend aus dem Gastraum, durch die Küche, eine enge Treppe hinauf. Jacques machte kein Licht. Er wollte im Schutz der Dunkelheit bleiben, damit die Sinne, die gerade alle schwiegen, nicht durch das Sehen geweckt wurden. Er hielt Emma fest an der Hand, als sie seine Wohnung betraten. Sie löste sich von ihm und verschwand kurz auf der Toilette. Am nächsten Morgen würde sie lächelnd feststellen, dass dieser eigenmächtige Ausflug nur möglich war, weil die erste Etage seiner Wohnung den fast identischen Schnitt hatte, wie die ihre. Sie war noch nie zuvor hier gewesen und hätte sich unmöglich im Dunkeln erschließen können, wo in dieser verwinkelten Burg die Toilette war. Jacques wartete auf Emma und nahm sie wieder an der Hand. Sich über Emmas Ortskenntnis zu wundern, kam ihm ebenfalls nicht in den Sinn. Er führte sie in sein Schlafzimmer. Sie legten sich hin, ohne einander loszulassen und schliefen aneinandergeschmiegt ein und verfielen bald in einen traumlosen Schlaf, aus dem Emma kurz nach Sonnenaufgang erwachte. Sie blieb still liegen, rührte sich nicht und betrachtete Jacques. Seine Augenlider wirkten schwer vom Weinen, sein Gesicht ruhte erschöpft im Kissen. Scheinbar weckten ihre Blicke ihn. Er öffnete die Augen und sein Blick verriet, dass er erneut den Schritt zurück in die Welt des Träumens tun würde, sobald er die Augen wieder schloss. Emma stützte sich sachte auf, näherte sich seinem Gesicht und küsste vorsichtig seine Stirn. Ihre Lippen ruhten für einen Moment auf seiner Haut, als sie beschloss zu gehen. Er würde in einen gnädigen Schlaf sinken und würde nicht nachher nach Worten suchen müssen, während sie ein Frühstück improvisierten, obwohl keiner von ihnen Hunger hätte. Sie war sich sicher, dass die erschöpfte Leere, die ihn in den Tag begleiten würde, nicht mehr diesen verheerenden Schmerz der Verzweiflung in sich trug, der in den letzten Jahren sein Weggefährte gewesen war. Es wäre diese Art Leere, in der zwar das Erblühen einer Hoffnung noch nicht deutlich zu erkennen ist, die einen jedoch auch nicht mehr an den Rand des Erträglichen führt und mit dem Wunsch hinterlässt, ihr entfliehen zu müssen, indem man das eigene Leben beendet. Jacques konnte jetzt allein gelassen werden. Er musste es jetzt sogar sein. Es war heilsame Stille.

Als Emma an diesem Morgen die Straße betrat, war die Stadt noch menschenleer. Sie beschloss auf den Markt zu gehen, denn sie hatte sich bei Trüffel zu entschuldigen nicht nach Hause gekommen zu sein und wollte dies nicht mit leeren Händen tun. Zugleich würde sie sich ein Brötchen und ein Croissant mitnehmen, denn irgendwann käme sicher auch bei ihr der Hunger. Als sie nach Hause kam, lag Trüffel eingerollt in ihrem Bett. Er hob den Kopf und reckte sich erwartungsvoll. Emma konnte dieser Einladung nicht widerstehen, denn sie spürte, wie die Erschöpfung sie einholte. Es war Samstag, sie hatte frei und es war eine schöne Vorstellung, dass der Tag ein zweites Mal beginnen würde, wenn sie später nach einem weiteren kleinen Schläfchen aufstehen würde. Sie zog sich aus, ließ ihre Kleidung als Haufen vorm Bett und schlüpfte unter die Decke. Trüffel antwortete mit vertrautem Schnurren, ihrem liebsten Einschlafgeräusch, und zugleich der Vorstellung, Jacques läge noch neben ihr. Für einen kurzen Moment war diese Fantasie so stark, dass sie nochmals die Augen aufschlug, um sich zu vergewissern, dass er nicht da war.

Sie schlief mit einem Lächeln ein und erwachte gegen Mittag durch Trüffels kitzelnde Schnurrhaare, die ihr Gesicht auf Erweckbarkeit abtasteten, um ein Frühstückchen zu bekommen. Sie genossen den gemeinsamen Start in den Tag und als Emma in ihr Croissant biss, war es ihr eine Freude zu sehen, wie Trüffel ein mit etwas Milch verrührtes Eigelb mit gieriger Zunge zu verspeisen begann. Danach räumte sie die Wohnung auf, was einem Akt der Ablenkung und Verlegenheit entsprach. Sie musste sich bewegen, irgendetwas tun, denn ihre Gedanken kreisten um den gestrigen Abend, die Nacht und immer wieder um den Mann, der ihr plötzlich näher war als je ein anderer zuvor. Alles fühlte sich auf einmal vertrauter an. Waren sie bisher oft beisammen gewesen, hatten gearbeitet, gesprochen, gelacht, so hatte dennoch irgendeine Art von Distanz und Vorsicht bestanden. Und nun, mit einem Mal, war dieses unsichtbare Band, das bisher verhindert hatte, dass sich ihre Seelen wirklich berührten, weg. Im Gegenteil, es war nicht mehr zwischen ihnen und trennte, sondern wie um sie herum gewunden und verband sie miteinander. In einem Moment der sichtbaren Not hatte Emma den Mut zur Nähe gefunden und Jacques hatte nicht mehr die Kraft aufgebracht, dagegen aufzubegehren. Ihn zu halten, seine Haut zu spüren, ihn zu riechen, seine Wärme zu empfinden, seinem kraftvollen, doch erschöpften Körper Geborgenheit zu geben war plötzlich das Schönste und Natürlichste der Welt gewesen. Und nicht nur das. Heute Morgen bei ihm aufzuwachen barg das Gefühl angekommen zu sein, ein Zuhause zu haben, längst die ihm verbundene Frau zu sein und ihn auch zu begehren. Diese Empfindung betörte Emma und störte zugleich. Wie konnte sie im Kontext all dieser schwermütigen Emotionen körperliche Lust empfinden? Sie hatte es nicht bewusst erlebt, wann es geschehen war, dass sie Jacques plötzlich mit anderen Augen sah. Doch alles an ihm wirkte plötzlich begehrenswert und sie wunderte sich, wie sie das so lange hatte übersehen können. In Emmas Kopf trieben die Gedanken wild durcheinander, wie die aufgewirbelten Blätter inmitten eines Herbststurmes, sodass sie unmöglich Ruhe fand.

Als die Wohnung ordentlich war und sie jedes weitere Maß an Putzaktivität als übertrieben und nicht mehr ihrem Typ entsprechend gefunden hatte, war es Nachmittag und Emma beschloss zu Mathilda in die Bäckerei zu gehen und ihr beim Ladenschluss zur Hand zu gehen. Schon als sie die Treppe hinunter ging fiel ihr auf, wie federleicht sie sich fühlte. Doch als sie an ihrem Briefkasten einen Zweig getrockneten Lavendels fand, glaubte sie zu schweben. Emma war nun von einer inneren Ruhe beherrscht, ja einer schönen Leere, in der nur Strahlen herrschte. Es war ein Moment der Sorgenfreiheit, ein Moment, in dem die großen Fragen ihres Daseins nicht mehr ungeduldig auf eine Antwort warteten, sondern still im Lebensfluss trieben und vertrauten, dass alles Richtige zu gegebener Zeit geschehen würde. Aus dieser Ruhe erwuchs das Gefühl des Glücklichseins. Sie hätte nicht sagen können, wie die Dinge zusammenhingen, ob Jacques sie glücklich machte und sie sich deshalb sorgenfrei fühlte oder ob sie sorgenfrei war und deshalb das Glück mit Jacques empfinden konnte. Und war es nicht einerlei? Es fühlte sich wunderbar an. Mathilda freute sich über die unverhoffte Hilfe und beobachtete Emmas behändes Tun mit einem breiten Grinsen.

Den Abend verbrachte Emma mit Trüffel, einem Glas Wein, einem Stift und einem Block. Er endete, als sie Worte gefunden hatte, die ihre neue Sehnsucht auszudrücken vermochten. Sie las das Gedicht ein einziges Mal laut, einfach nur, damit die Worte auf der Welt waren:

Liebreizender Hauch,
der du bist.
Streichst feengleich mein Haar,
rührst mit Unschuldsblick mein Herz
und weckst mit leidenschaftlichem Wort
die Gier
in mir
nach dir
mit dir
all die weiten Gründe zu entdecken
und zu sehen,
die da locken, in ihrer heimlichen Armut.
Und in des Glückes Trunkenheit
ertränkt sich die Unsicherheit vor dem, was kommen mag.
In unendlich hingebender Gebärde erwarte ich,
zitternd wie in Kindertagen,
wenn ungewiss die Ahnung des Nahenden,
dich zu sehen – gesehen zu werden;
dich zu kennen – gekannt zu werden;
dich zu entdecken – entdeckt zu werden.
Und sind doch ängstlich mit jedem Schritt.
Ein Drahtseilakt,
sich nicht zu verlieren.
Betreten Boden, der uns ungeheuer
und können doch der Neugier nicht widerstehen,
zu sehen,
welcher Wind uns trägt.

Am nächsten Morgen, Emma hätte nicht sagen können weshalb, denn es war Sonntag, führte sie ihr erster Gang zum

Briefkasten. So, als hätte er nach ihr gerufen, fand sie dort eine getrocknete Lavendelblüte, die ihr aus dem Briefkastenschlitz entgegenblickte, und einen Briefumschlag vor. Emma überkam es heiß und mit leicht zitternder Hand, nahm sie den Briefumschlag, hielt ihn mit beiden Händen und betastete ihn, während sie die Treppe hinauf ging, sich dann, statt die Wohnung zu betreten, auf die oberste Treppenstufe setzte, ihn öffnete und las:

»Liebste Emma,

ich hoffe, dass dir in diesem Moment nicht so sehr die Hände zittern, wie mir, die versuchen leserliche Buchstaben zu Papier zu bringen. Keine Sorge! Das ist kein schlimmer Brief, kein Abschied und auch nichts mit Hiobsbotschaft und trotzdem bin ich verdammt nervös. Ich schreibe dir, weil ich dich einerseits so früh nicht wecken wollte und du dir andererseits keine Sorgen machen sollst, wenn du mein Lokal verschlossen vorfindest. Und ich schätze, du hättest dir Sorgen gemacht. Ich werde für ein paar Wochen in die Bretagne fahren. Ich möchte, dass mich meine Mama nach all den Jahren glücklich sieht.

Als ich heute Morgen beim Zähneputzen in den Spiegel schaute, da musste ich nach dem erst flüchtigen Blick nochmal hingucken, denn mein Gesicht guckte nicht wie gewohnt zurück. Irgendwas war anders. Ich stand da und schaute und ja, es ist schwer zu beschreiben, irgendwas ist mit meinen Augen passiert. Sie wirken heller, klarer, offener. Keine Ahnung. Es klingt vielleicht bescheuert, doch es ist so, als hätte das Weinen etwas von ihnen gewaschen. Es war höchste Zeit zu weinen. Die Seele war zum Überlaufen voll mit Schmerz. Das Weinen war Medizin.

Danke, Frau Doktor. Ohne dein Festhalten wäre es nie dazu gekommen. Es fühlte sich plötzlich so an, wie es sich immer angefühlt hat, wenn ich Emil in den Arm nahm, um ihn zu trösten. Und diese Empfindung ließ die Dämme brechen. Zu viele Jahre bedeutete Weinen für mich Kapitulation.

Emma, ich weiß nicht wie ich dir danken kann. Danke, dass du nicht davongelaufen bist. Danke, dass du mich gehalten hast, als ich mich im freien Fall befand. Wenn ich aus der Bretagne zurück bin, dann möchte ich mich bei dir bedanken. Wäre es dir möglich am 15. Juni so gegen 20 Uhr zu mir zu kommen? Ich werde das Lokal geschlossen haben und koche uns eine Kleinigkeit, wenn du magst.

Ja, du magst?! Wunderbar! Ich freue mich auf dich!

Jacques.«

Emma zitterten die Hände wieder, vielleicht auch immer noch. Jetzt jedoch vor Rührung, vor Dankbarkeit, Vorfreude und Glück. Zum ersten Mal im Leben fühlte sie sich in Gegenwart eines anderen Mannes wirklich angenommen und angekommen. Es war nicht so wie bisher, dass Sympathie dazu führte, miteinander zu schlafen und dann ein ganz passabler Sex das Fortbestehen der Beziehung rechtfertigte, obwohl keine zwischenmenschliche Basis bestand, die alltagstauglich gewesen wäre. Meist hielt eine derartige Verbindung ein paar Monate. Dann, so hatte Emma den Eindruck, war der Glanz des Neuen verblasst und für mehr fehlte es an Liebe. Bei Jacques war es anders. Und jetzt, da sich bei diesen Gedanken zum ersten Mal überhaupt ein Gedanke an Sex den Weg ins Bewusstsein brach, errötete sie vor Scham, vergrub ihr Gesicht in ihren Händen, die weiterhin den Brief hielten und atmete den Geruch des Papiers und fühlte bereits die Unendlichkeit der kommenden Wochen.

Die erste Woche verging im Schleichgang. Die Tage waren scheinbar länger als sonst und die Nächte vergingen auch nicht. Die zweite Woche war so voll von Arbeit, dass Emma gar nicht merkte, wie ihr geschehen war, als plötzlich Freitag war. Als sie am Freitagabend nach Hause kam und im eigentlich leer gewähnten Briefkasten eine Postkarte entdeckte, die einen Leuchtturm, umschlossen von ungemütlich hohen Wellen, zeigte, da brach sich sofort eine Hitze ihren Weg auf die Wangen und die Knie drohten weich zu werden.

»Noch zwei Wochen, dann sehe ich dich endlich wieder!«, stand auf der Rückseite.

Emma war, als könne sie Jacques Stimme diesen Satz sprechen hören. Getragen von einem satten Glücksgefühl begann die dritte Woche und ließ den Juni mit frühsommerlich warmen Temperaturen beginnen, so, als spiegele die Natur Emmas inneres Strahlen wider. Als sie am Ende dieser Woche von der Arbeit nach Hause ging, war es ihr leicht ums Herz. Sie genoss den lauen Wind, der noch die Wärme des Tages in sich trug, das Gezwitscher der Vögel, die sich gegenseitig von ihrem Tag zu erzählen schienen und freute sich darüber, dass sie am Wochenende arbeiten würde, denn dieses Wochenende war die Brücke zur letzten Woche ohne Jacques und eine bessere Ablenkung als die Klinik konnte sie sich jetzt gar nicht vorstellen.

Als sie zuhause ankam, öffnete sie den Briefkasten und bekam Herzklopfen, als sie einen Umschlag entdeckte. Das Herzklopfen bändigte sich bald, denn die spitze, krakelige und ungelenke Handschrift gehörte unmöglich zu Jacques. Der Absender verriet den Autor: Louis Walden. Emma beschloss diesen Brief in Gesellschaft eines Milchkaffees in ihrer Küche zu lesen, das Fenster weit geöffnet und die Abendluft einlassend.

»Verehrte Frau Lillit,

einen Brief mit der Bitte um Entschuldigung zu beginnen ist nicht sonderlich edel, doch notwendig. Ihre Adresse ausfindig zu machen war ebenso notwendig, um Ihnen diese Zeilen zustellen zu können, soll Sie jedoch nicht in Bedrängnis bringen und das Gefühl entstehen lassen, ich würde Ihnen nachstellen. Bitte entschuldigen Sie diesen Weg. Sicher hätte ich mich gedulden und abwarten sollen bis Monsieur Jacand das Lokal wieder geöffnet hat und ich den Brief dort hätte abgeben können. Doch die Angst, dass mich mit dem Warten der Mut verlassen hätte, ließ mich diesen Weg der Zustellung wählen. Ich hoffe, Sie verzeihen mir das.

Sicher wissen Sie gerade nicht, wer ich bin. Sie erinnern sich bestimmt an den Abend des 18. Mai, als Sie im ›Fromagique‹ die Gesellschaft um Herrn von Kleist bewirteten. Ihnen ist sicher nicht entgangen, dass die Art des Zusammentreffens gezwungener Natur war und von Anfang an eine Spannung zwischen Monsieur Jacand und Herrn von Kleist bestand. Ich schreibe Ihnen, um Sie wissen zu lassen, dass Sie mit Ihrer besonderen Art zwei Wunder vollbracht haben.

Zum einen war es das erste Mal, dass ich erleben durfte, dass Herr von Kleist von einem seiner bösen Rachepläne abließ, ohne dass eine erpresste Gegenleistung der Grund dafür war. Herr von Kleist hatte uns an diesem Abend zusammengerufen, um mir und meinen Begleitern Gutachten abzuringen, die, ob aus Sicht der Hygiene, des Brandschutzes, wegen Baumängeln oder einfach durch einen diskreditierenden Artikel in der Ortszeitung wegen unhöflicher Umgangsformen, das ›Fromagique‹ in den Ruin treiben sollten. Weshalb Herr von Kleist von diesem Plan abließ, kann ich nicht sagen, doch Ihr Auftreten hat ihn aus dem Konzept gebracht und unsicher gemacht. Das erlebte ich zum ersten Mal.

Das zweite Wunder, Frau Lillit, betrifft mich. Dass ich Ihnen heute diesen Brief schreiben kann, war nicht geplant. Der Abend im ›Fromagique‹ sollte mein letzter sein. Ein Abend, dem ich beiwohnte, weil das Gefühl der Pflichterfüllung siegte, mir jedoch letztlich nur noch einmal beweisen sollte, dass ich in dieser Welt keinen Platz mehr innehaben will. Seitdem meine Tochter unter dem Einfluss des Sohns von Kleists steht, erkenne ich sie nicht wieder. Sie gibt mir die Schuld daran, dass sich meine Frau vor einem Jahr erhängte. Ich hatte sie damals auf dem Speicher gefunden und genauso wie die Erinnerungen an den furchtbaren Anblick, sind seither die Fragen, die niemand zu beantworten vermag, meine täglichen Begleiter. Alles Schöne war aus meinem Leben gewichen. Hoffnung, war nur noch ein Wort und kein Gefühl mehr. Die Traurigkeit und Schwere wuchs von Tag zu Tag, sodass ich ihr folgen wollte. Der Dachboden war noch unverändert, so, wie die Polizei ihn verlassen hatte. Der Strick wartete die ganze Zeit auf mich. An dem Abend des 18. Mai, genau ein Jahr nach ihr, wollte ich meiner Frau folgen. Doch auch diese Pläne durchkreuzten Sie, Frau Lillit. Sie schenkten mir Momente der ungeteilten Aufmerksamkeit, der Fürsorge und nahmen meine Not wahr. Sie weckten in mir eine Erinnerung, die mir zeigte, dass ich im Leben Glück und Liebe erfahren habe und nicht alles so trist war, wie es mir meine Gedanken täglich vorgaukeln. Und dann kam ich ins Hadern. Denn, wenn mein Kopf mich bezüglich der Wertigkeit meiner Vergangenheit betrügt, dann vermag er es sicher auch mit der der Gegenwart tun. Und so begann ein Ordnen und Sortieren von Gedanken und Gefühlen mit dem Ergebnis, dass es falsch wäre das Leben zu beenden und sicher sinnvoller einem Versuch der therapeutischen Hilfe Vorrang zu geben. Ich danke Ihnen dafür. Ich danke von ganzem Herzen. Sollte ich Ihnen jemals in irgendeiner Form helfen können, so lassen Sie es mich bitte wissen.

Herzlichst, Louis Walden.«

Emma stand die Verblüffung ins Gesicht geschrieben. Sie brauchte einen Moment, um sich zu sortieren. Dass dieser Herr in einer besonderen Verfassung gewesen war, ja, das hatte sie an dem Abend als er mit von Kleist zu Gast in Jacques Lokal war, rasch gesehen. Sie glaubte zu sehen, dass eine tiefe Traurigkeit in ihm wohnte oder er eine außerordentlich große Last trug. Aber das? Nein, das hatte sie nicht geahnt. Sie musste an den Ausspruch denken »Man schaut den Menschen nur bis zur Stirn«. So viel liegt im Verborgenen dahinter, kann überspielt werden und schon gar nicht könnte man mit Sicherheit behaupten, dass man gerade wisse, was der andere denkt. Aber manchmal, da fällt der Blick nicht auf die Stirn und sucht Gedanken, sondern erfasst direkt das Wesen eines Menschen, erlaubt den Einblick in Seele oder Herz, wie auch immer man es benennen will. Dann ist es ein Blick hinter den Schleier, der das Ich vor den neugierigen Augen der Welt schützen will. Der Schleier, der dazu beiträgt, die soziale Konformität zu wahren oder das nach außen gerichtete Selbstbild zu optimieren, das man irgendwann selbst glaubt, in seiner virtuosen Mischung aus Selbstbelügen und Wunschdenken. Dieser Anblick, ohne Schleier, zeigt die Menschen seelennackt. Solch einen Moment hatte es an dem Abend auch mit Louis Walden gegeben. Einen derartigen Moment zu erfassen, dafür war sie mit den Jahren sensibilisiert worden, denn es bot eine Chance des Helfens. Meist war es ein kleines, aber eindeutiges Anzeichen herrschender Not, ein stummer, unbewusster Hilfeschrei, der zudem signalisierte, dass es eine Bereitschaft gab Hilfe anzunehmen. Denn wenn ein Mensch, gewollt oder ungewollt, den Schleier fallen ließ und mit all seiner Verletzlichkeit in Erscheinung trat, dann steckte oft ein Grad der Verzweiflung dahinter, der gleichbedeutend war mit einem Stehen am Abgrund, gefühlt, ohne Möglichkeit der Rettung und sich nur noch die Frage stellend, ob man nun springen oder fallen würde.

Emma wusste einzuschätzen wie fragil derartige Situationen sein konnten und dass es dann galt, sich vorsichtig und langsam zu nähern, denn die wenigsten Menschen waren sich in den Momenten gewahr, was sie gerade preisgegeben hatten und auch nicht darauf vorbereitet, dass ein anderer Mensch das wahrgenommen hatte und bereit war Anteil zu nehmen. Der kürzeste Weg der Verständigung war dann die Berührung. In diesem verwundbaren Moment berührt zu werden baute eine Brücke zum Innersten des Menschen. Ob man sich später an die Worte eines Gespräches würde erinnern können, war fraglich. Doch durch eine Berührung wurde stets eine Verbindung geschaffen, deren Eindruck und Wärme lebendig blieb. Emma hatte häufig erlebt, dass die Berührung, und sei es nur ein Händedruck, ein plötzlicher Schlüssel für die Tür war, hinter der Schmerz, Verzweiflung und Sorgen gut versteckt gehalten wurden. Alle Emotionen, die in einem Alltag nichts zu suchen hatten, die man nicht zulassen konnte, weil sie das eigene Funktionieren bedrohen und die Fassade der Stärke erschüttern konnten. War das Schloss dieses verbotenen Zimmers einmal entriegelt, so sprang die Tür meist auf und die Flut bedrohlicher Emotionen brach hervor. Das was folgte war ein kaum auszuhaltender Schmerz in der Konfrontation mit all dem Schlechten und doch war es unbeschadet überlebbar und heilsam durch den Halt der anderen Person, die als Anker in dieser Flut gemeinsam mit einem durch den Schmerz trieb. Nicht allein sein in schlechten Zeiten, das ist die Medizin, die nicht selbstverständlich ist. Die Fähigkeit, den Moment der Seelennacktheit zu erkennen war aus Emmas Sicht keine Frage des Talentes oder Könnens, sondern des Zulassens. Emma hatte Kollegen oder Angehörige von Patienten in Situationen erlebt, in der sie die Not des anderen erkannten und intuitiv auf den Menschen eingingen. Doch ihr fielen auch genügend Situationen ein, in denen Menschen vor der plötzlich sichtbaren Not des anderen erschraken und durch, manch alberne Ablenkungen oder Ausflüchte, Themensprünge oder dem Kontern mit eigenen Problemen, denen man gerade Herr werden musste, den Ausweg und das Ende der gegenseitigen Gesellschaft suchten.

Emma war oft erschüttert, wenn sie mit ansehen musste, wie mit der Not und dem Krankheitsfortschreiten eines Patienten die anfangs große Freundeszahl rapide Verluste erlitt. Sie kam für sich zu dem Ergebnis, dass es nicht der Unwille zum Helfen war, sondern eine Art Angst vor der Not des anderen, die manche Menschen abschreckte zu bleiben. Ob aus Angst vor der eigenen Hilflosigkeit, die man nicht erleben wollte, wenn man merkte, dass man nicht derart fähig war zu helfen, wie man es von sich erwartet hatte oder ob eine unbewusste Angst davor herrschte, man könnte sich an der Not des anderen anstecken, so war man in beiden Fällen besser beraten einen gesunden Abstand zu halten. Emma wusste, dass die Menschen generell gern halfen, doch lieber durch eine Spende oder eine Tat. Mit anzupacken, etwas bewegen, das war oft machbar. Doch helfen, indem man sich der gegenwärtigen Not des anderen aussetzte und diese mit aushielt und ertrug, eben ohne die Ursache der Not an sich verändern zu können, das war für viele Menschen angsteinflößend und wurde oft mit entsetzten Blicken und der Feststellung »Aber da muss man doch was machen können«, kommentiert. Zusehen und scheinbar nichts tun zu können war unerträglicher als mit großen Taten ebenso wenig auszurichten. Das

Tun, auch wenn es keinen Effekt hatte, hinterließ zumindest den Trost »etwas gemacht und versucht zu haben«.

Letztlich unterschied genau diese Fähigkeit Emmas Arztdasein von dem vieler ihrer Kollegen. Es war eine große Aufgabe gegen Krankheiten zu kämpfen und sogar Leben retten zu können und sie wusste welch Hochgefühl einen durchströmte, wenn es gelang. Doch wenn es eben nicht gelang, eine Krankheit zu besiegen oder in Schach zu halten, wenn es sich abzeichnete, dass eine Heilung nicht möglich war und der Arzt zum Lindern von Beschwerden gebraucht wurde, zum Begrenzen von Leiden, da verstand Emma nicht, dass sich viele ihrer Kollegen von den Patienten zurückzogen und keine Zuständigkeit mehr sahen. »Austherapiert« war das Unwort, das dann erklang und mit dem die Patienten, mit ihren unheilbaren Krankheiten von der Hochleistungsmedizin ins alleingelassene Nichts gestoßen wurden. Dann hatten die Patienten nicht nur mit der Tatsache zu kämpfen, dass sie sterben würden, weil dem Fortschreiten der Krankheit kein Einhalt mehr geboten werden konnte, sondern mussten sich mit einem traurigen Unverständnis damit auseinandersetzen, dass sich der Spezialist, der bisher der Federführende der Therapie und Experte der Krankheit gewesen war, nun nicht mehr zuständig fühlte. Emma hatte oft erlebt, dass sich Patienten trotz fehlender Aussichten auf Veränderung des Krankheitsverlaufes oder Besserung des Befindens für belastende Therapien entschieden. Viele taten dies, weil sie nicht ertragen konnten, nichts gegen ihre Erkrankung zu tun oder doch noch die Hoffnung besaßen, dass sich etwas bessern würde. Doch eine ebenso große Anzahl von Patienten setzten sich den Therapien aus, weil sie schlichtweg nicht klar genug darüber aufgeklärt worden waren, dass es keine Erfolgsaussichten mehr gab. Wenn die Patienten spürten, dass die Therapie mehr Schaden als Nutzen brachte und von den nun kostbaren Reserven zehrte, sie diese jedoch fortsetzten, um den Arzt, der die Therapie empfohlen hatte, nicht zu enttäuschen und letztlich als Wegbegleiter auch nicht zu verlieren, versetzte das Emma einen Stich. Derart erfuhr Emma beim

Kennenlernen ihrer Patienten. Sie waren unheilbar krank, auf der Endstrecke ihres Lebens und brauchten dringender denn je einen begleitenden Arzt, denn niemand war frei von der Angst qualvoll sterben zu müssen.

Für diese lindernde und begleitende Medizin schlug Emmas Herz. Jenseits des Heilens bedurfte es ebenso viel ärztlichen Könnens wie auf der Siegesstraße in Richtung Heilung. Emma hatte schon einige Male Gespräche mit Kollegen geführt, die aus ihrem geringschätzigen Blick auf die Palliativmedizin keinen Hehl machten und ihr sogar absprachen, eine richtige Ärztin zu sein, da sie nicht mehr um das Leben eines Patienten kämpfte. Sie waren der Meinung, dass es zum Sterben keines Arztes bedurfte, dass die Anwesenheit von Angehörigen, Krankenschwestern oder einem Pfarrer genügen würde und ihre Vorstellung, wie Emmas Arbeitstag ablief, ging über das Bild des Händchenhaltens nicht hinaus. Die echte Medizin fand ihrer Ansicht nach zwischen Chemotherapien, Operationen und Studien statt. Da sich Emma im Laufe der Jahre ihr eigenes Bild von den Wertigkeiten verschiedener Therapien machen konnte und gelernt hatte, dass es Kollegen gab, die sich niemals dem Akzeptieren der Endlichkeit des Lebens in ihrem Beruf öffnen würden, ließ sie vom Missionieren in solchen Gesprächen ab. Sie wusste, dass jede Therapie seine Zeit und seine Chance im Laufe einer Krankheit hatte, doch dass es immer der Aufrichtigkeit bedurfte und es die Pflicht eines Arztes war abzuwägen, welche Wirkung zu erwarten und welche Last an Therapienebenwirkungen dem Patienten noch zumutbar waren. Er hatte einzuschätzen, welche Therapie mit welcher Wahrscheinlichkeit die Lebenszeit verlängern und welche Lebensqualität dabei herrschen würde. Dabei musste ein Arzt nicht allwissend sein, sondern dürfte auch die Unsicherheit darüber aussprechen, nicht mit Bestimmtheit zu wissen, wie der Verlauf einer Krankheit sein würde. Nur damit wäre sichergestellt, dass Humanmedizin auch selbstverständlich menschlich war.

Emma sah die Verantwortung der Heilung anstrebenden Ärzte auch darin, den Patienten vor falschen Hoffnungen zu schützen und nach Ausschöpfung der kurativen Therapie nicht das Gefühl zu vermitteln von nun an alleine mit der Erkrankung dazustehen, sondern ihn in die Hände von Palliativmedizinern zu übergeben, die sich den Zielen Symptomkontrolle und Erhaltung der Lebensqualität verschrieben hatten. Emma verstand nicht, warum manche Kollegen so selten sagen konnten:

»Herr Patient, die Therapien, die ja zum Teil sehr belastend für Sie sind, zeigen bei Ihrer Erkrankung keinen Effekt mehr, der uns versprechen würde, dass Sie einen Nutzen davon haben. Wir können Ihre Krankheit nicht mehr heilen oder wesentlich in Ihrem Verlauf verzögern. Sie werden jedoch ab jetzt von Medizinern mitbehandelt, deren Ziel es ist, alle entstehenden Symptome zu behandeln, damit Sie die restliche Lebenszeit so gut wie möglich verbringen können.«

Dass das keine Gespräche waren, auf die sich ein Arzt mit Freude vorbereiten würde, verstand sich von selbst, doch die schönsten Worte der Welt vermochten den Inhalt, der die Realität abbildete, nicht schön verpacken. Doch diese paar Sätze würden ein Netz schaffen, in das der Patient fallen konnte. Denn fallen würde er, ob mit Gespräch oder ohne. Mit diesen Gedanken schloss sich der Kreis wieder. Die Entscheidung zu einem solchen Gespräch, wäre auch die Entscheidung zum Aushalten der Situation, die absehbar unangenehm würde. Denn gerade der Arzt, der bisher für den Patienten der Hoffnungsträger gewesen war, war jetzt der Übermittler schlechter Nachrichten. Und Aushalten, sich selbst mit den Grenzen der Medizin zu konfrontieren, ist schwieriger als ein weiteres Empfehlungsgespräch einer hoffnungsminiaturisierten Therapieoption.

Emma kannte mittlerweile diese Art medizinischer Helden in ihrem Umfeld und vermied Gespräche über die Berufsauffassung. Sie war der Ansicht, dass ein derartiges Auftreten letztlich ein Abbild der fehlenden oder unglücklichen Auseinandersetzung mit der eigenen Sterblichkeit war. Sie versuchte innerlich die Haltung von Empathie zu erreichen, schaffte es aber – je nach Grad des herabwürdigenden Dozierens – oft nur bis zum Gedanken »Armseliger Depp!«.

Emma war auf derartige Gedanken nicht stolz, entschuldigte dies jedoch mit der Ansicht, dass offensichtliche Dinge auch benannt werden dürften, denn schließlich hätte sie nie so gedacht, wenn es nicht so wäre und grinste mit ein bisschen Scham in sich hinein. Von einer anderen Fraktion ihrer Kollegen bekam sie als Ärztin eine Existenzberechtigung, denn sie respektierten ihre Arbeit, konnten nur nicht verstehen, dass sie freiwillig einen Beruf machte, der immer so traurig war. Mit diesen Kollegen war ein normales Gespräch möglich, auch wenn Emma die depressive Miene, die die Kollegen dann aufsetzten, wenn sie feststellten, dass alle Patienten von Emma sterben würden, nicht teilen konnte.

Natürlich gab es sehr traurige Momente, sehr tragische Schicksale, doch Emmas Aufgabe war es Leiden zu mindern und das fand man eben nicht auf der lustigen Seite des Lebens. Gelindertes Leiden machte das Leben besser, das Sterben leichter und war ein ganz wichtiger Aspekt beim Abschiednehmen und Trauern der Angehörigen. Der Mensch suchte auch die schlechten Zeiten nach guten Erinnerungen ab und da macht es viel aus, wenn man erlebt hat, dass geholfen werden und das Leben wieder erträglicher, ja, zum Teil sogar wieder mit schönen Tagen versehen werden konnte. In Zeiten des Abschiednehmens gemeinsam gelacht, eine schöne Situation erlebt und das Gefühl gehabt zu haben, dass man beispielsweise Schmerzen, Übelkeit, Luftnot und Juckreiz nicht tatenlos ausgeliefert war, dass machte das Leben, das Gehen und das Bleiben leichter. Einige der Patienten, die auf Emmas Station kamen, hatten das Gefühl nicht freiwillig gekommen zu sein, sondern, weil der Hausarzt an die Grenzen seiner ambulanten Versorgungsmöglichkeiten gestoßen war, sich kurativ versierte Fachärzte nicht mehr zuständig fühlten und auch die Angehörigen an den Grenzen ihrer Belastbarkeit angekommen waren. Die Farbe der Enttäuschung über die aktuelle Situation dominierte meist das erste gemeinsame Gespräch zwischen Emma und ihren Patienten. Das Ziel sei es gewesen zuhause zu sterben und nun musste man ins Krankenhaus. In diesen Patienten wohnte eine doppelte Trauer. Die Trauer darüber, sterben zu müssen und dazu die Trauer darüber, es nicht an einem vertrauten Ort zu können. Oft war es möglich in diesem ersten Gespräch ein Ziel zu formulieren, das es vermochte in den Patienten die schier grenzenlose Macht der Hoffnung zu mobilisieren. Je nachdem was der Grund der stationären Aufnahme war, zeigte sich meist, dass es kein Aufenthalt war, der automatisch bedeutete im Krankenhaus sterben zu müssen. Viele Probleme konnten erstmal durch einen Zwischenstopp auf einer Palliativstation entschärft werden. War nur die häusliche Versorgung zu optimieren, für zum Beispiel die Pflege, etwaige Verbandswechsel oder die Medikamentengabe, waren Symptome außer Kontrolle geraten, so galt es die Therapie zu verbessern, dann konnte diese Zeit genutzt werden, um den Patienten gut versorgt zu wissen, während man ein stabiles Netzwerk flocht, das zuhause funktionieren würde. Es gab Ärzte, die hauptberuflich oder neben ihrem normalen Berufsalltag schwerkranke und sterbende Patienten zu Hause betreuten. Hand in Hand mit unzähligen anderen Helfern, aus den Bereichen der Hospiz-, Kranken- und Altenpflege, Sozialarbeitern, Physio- und Ergotherapeuten, Mitarbeitern rund um die Hilfsmittelversorgung und Apothekern, war die spezialisierte ambulante Palliativversorgung ein kostbarer Anker. Viele der Patienten, denen dieses Netzwerk geschaffen werden konnte und dadurch nach Hause zurückkehren konnten, fanden in dieser Art der Versorgung Beruhigung. Zu wissen vierundzwanzig Stunden einen zuständigen Ansprechpartner zu haben, der informiert und nicht fremd war, dem in der Situation der Not nicht die Umstände erklärt werden mussten und nicht automatisch die Krankenhauseinweisung veranlasste, das brachte für alle Beteiligten Zuversicht und gab Ressourcen frei. Es war Entlastung, im wahrsten Sinne des Wortes. Und wenn es wirklich dazu kam, dass eine Klinikeinweisung einen Sinn hatte, dann verlor dieser Ort seinen Schrecken, denn man wusste, das Ziel, wieder so stabil zu werden, um nach Hause zu gehen, blieb bestehen und man konnte sich auf dieser Vertrauensbasis auch damit versöhnen, wenn man das Ziel doch nicht mehr erreichen konnte und im Krankenhaus starb.

Emma schätzte die Aufrichtigkeit, die zwischen ihr und ihren Patienten herrschte. Im Augenblick eines nahenden Todes lohnte es sich einerseits nicht mehr zu lügen und andererseits konnte man sich das Lügen zeitbedingt nicht mehr leisten. Wenn auch empathisch, so war man einander dennoch verpflichtet aufrichtig zu sein. Wenn Emma Patienten zugewiesen wurden, die nicht darüber informiert waren, was die Fachrichtung der Palliativmedizin beinhaltete, fielen diese erstmal aus allen Wolken, wenn sie im Erstgespräch merkten, dass es sich hier nicht einfach um einen weiteren Arzt handelte, der ein neues Register der möglichen Heilungsversuche zog und eine neue Therapie zur Bekämpfung der Krankheit anbieten würde. Es kam immer wieder vor, dass Emma die Ärztin war, die zum ersten Mal die Unheilbarkeit der Erkrankung und die greifbare Endlichkeit des Lebens verständlich formulierte. Die Beziehung hatte dann meist einen sehr holprigen Start, denn all die Abwehr gegen die Einsicht unheilbar krank zu sein, nichts mehr gegen diesen Verlauf tun zu können und sterben zu müssen, richteten sich dann vorerst gegen den Überbringer der schlechten Nachricht. Ebenso massiv fiel im ersten Moment die Wut gegenüber dem einweisenden Arzt aus, denn hieß es nicht gleichsam, aufgegeben und abgegeben worden zu sein?

Emma hatte rasch gelernt, sich dieses Negative ihrer Rolle nicht zu Herzen zu nehmen oder überzubewerten. Bei Weitem musste man, wenn es darum ging zu beurteilen, was tatsächlich in einem Gespräch zwischen Arzt und Patient besprochen worden war, beide Seiten kennen. Einerseits scheuten einige Ärzte klare Worte und versuchten die schlechte Nachricht noch irgendwie in harmlosen Worten zu verpacken, was die Botschaft unscharf und missverständlich machte. Andererseits durfte man die Scheuklappen nicht außer Acht lassen, die die Patienten besaßen, um sich zu schützen. Der Mensch besaß ein hervorragendes unterbewusstes Filtersystem, um den Schock einer schlechten Nachricht abzumildern. Doch Emma wusste, man kann den Inhalt von »Ihre Zeit ist absehbar endlich – Ihre Krankheit ist nicht heilbar« nicht beschönigen. Ebenso wenig man den Schmerz des Hörens und Verstehens dieser Worte verhindern konnte. Es war wichtig erstmal herauszubekommen, auf welchem Stand des Wissens der Patient war, frei von der Wertung, wie der Patient an diesen Punkt gekommen war. Emma musste lernen, dass es manchmal auch für eine gewisse Zeit jemanden brauchte, den der Patient verantwortlich machen konnte. Behandelnde Ärzte des Versagens zu beschuldigen war einfacher, als das Schicksal am Schopfe zu packen oder einen Gott zur Rechenschaft zu ziehen. Die vermeintliche Wahrheit einer Vergangenheit interessierte Emma weniger. Sie kannte die vielen Fallstricke auf dem Weg einer Krankheit und wusste, dass ihre Arbeit nur gelingen konnte, wenn sie sich mit dem Patienten einen eigenen Boden schuf, auf dem sie fortan gehen konnten. Es entstand um sie und den Patienten ein klarer Raum, in dessen Mitte das Wissen um die Endlichkeit stand, in dem jedoch noch genügend Platz für Entwicklung und Veränderung war. Nicht nur Beschwerden von Körper und Seele lindern, um dadurch Lebensqualität zu schaffen, sondern den Rest des Lebens in eine Ordnung zu bringen, um Zwistigkeiten am Lebensende zu verhindern. Themen wie Patientenverfügung, Vorsorgevollmacht und das Vorhandensein letzter Wünsche sowie die Vermittlung der Beratung, wenn es um Dinge ging, wie Testament, Versorgung und Absicherung von Angehörigen sowie klärende Gespräche zwischen Familienmitgliedern waren genauso alltäglich, wie Fragen der Spiritualität, des Lebenssinns und der großen Frage des »Was kommt danach?«. Anstelle der anfangs engen Kammer der Angst, mit dem Inhalt »Ich werde sterben«, konnte eine Villa entstehen, in die plötzlich auch wieder Menschen eingelassen werden konnten, in der sogar Humor und Lachen wieder wohnten.

Diesen Weg des Wandels mit ihren Patienten und deren Angehörigen zu gehen, die letztlich durch das Sterben eines anderen Menschen auch zu Hilfsbedürftigen wurden, erfüllten Emma. Sie nahm für eine begrenzte Zeit an der Seite ihrer Patienten einen Platz ein. Sie wurde zum Bündnispartner mit dem Ziel das restliche Leben so gut wie möglich zu leben. Manchmal bedurfte es nur das Wissen, dass sie im Hintergrund da sein würde, wenn man ihre Hilfe bräuchte. Oft waren Gespräche, das Teilen der Ängste oder das Geben eines ganz pragmatischen Rats zur Behebung eines belastenden Umstandes der Schlüssel zur Hilfe. Doch ebenso häufig kam es vor, dass Emma im Moment des Todes diejenige war, die da war. Sie hatte ein gutes Gespür dafür, welche Menschen lieber allein sein wollten, wenn sie den letzten Schritt aus dem irdischen Leben taten und welche nicht. Sie hatte gelernt, dass es keine Selbstverständlichkeit war, Begleitung an seinem Sterbebett zu haben oder auch zu wollen. Mehr als die Hälfte ihrer Patienten hatten keine Angehörigen mehr und viele derer, hatten ihre sozialen Kontakte auf dem Weg in die Krankheit verloren. Bei Menschen, die es gewohnt waren, ihr Leben seit jeher allein meistern zu müssen, gab es die, die entschieden auch den letzten Weg des Lebens allein zu gehen, zwar Hilfe annahmen aber keine engeren Beziehungen zu den Helfenden aufbauten. Doch es gab auch diejenigen unter ihnen, die mit großer Dankbarkeit am Ende ihres Lebens die Erfahrung machten einen Freund zu finden, der bleiben würde, bis zuletzt. Emma vermochte die Menschen in einer so verletzlichen Phase des Lebens bedingungslos anzunehmen. Sie interessierte sich zwar für den Menschen, seine Geschichte und sein Wesen, doch wenn sie nichts aus der Vergangenheit erfuhr, dann machte sie das nicht unglücklich und hinterließ auch nicht das Gefühl, es versäumt zu haben den Menschen kennenzulernen – im Gegenteil. Nichts zu wissen über die Dinge, die waren, schenkte auch Freiheit. Sie musste nicht wissen, ob ein Mensch gut war oder schlecht, denn es änderte an der Situation und der Hilfsbedürftigkeit während des Sterbens nichts. Es brachte sie höchstens noch in ernsthafte Konflikte mit sich selbst, wenn sie das Aufkommen der Frage erstmal zugelassen hatte, ob derjenige denn

Hilfe verdient habe. Und damit kam sie nicht klar, denn, musste man sich Hilfe verdienen?

Emma war wahrhaftig und in den Situationen gegenwärtig, hatte eine klare Art zu sprechen und zu erklären und wirkte in ihrem Wesen aufrichtig und ungeschminkt. Sie konnte mit ihren Patienten schweigen und lachen, versteckte nicht, wenn sie sich betroffen fühlte und vermochte es auch leise Tränen zu weinen, wenn sie ein Abschied zu sehr berührte. Auf die Frage, ob ein Beruf schön sein kann, der Traurigkeit beinhaltete, fand sie, ohne nachzudenken eine klare Antwort. Sie liebte ihren Beruf, denn er war reich an aufrichtigem Miteinander und Dankbarkeit. Diese Gedanken, angestoßen durch den Brief des Herrn Walden, den sich Emma schämte jemals ›Mausmann‹ genannt zu haben, erfrischten ihr Bewusstsein über die Wertigkeit ihres Berufes und die Basis des generellen menschlichen Miteinanders. Bereit zu sein, einander zu sehen, war alles was man bereit sein musste zu investieren. Der Rest ergab sich. Dieser unverhoffte Dankesbrief trug Emma durch die letzte Woche, die sie von dem Wiedersehen mit Jacques trennte.

Heute, da sie Jacques treffen wollte, hoffte sie inständig, dass sich keiner ihrer Patienten akut verschlechtern würde, sodass ihre Anwesenheit erforderlich sein würde. Sie wusste, dass es egoistisch war sich das aus diesem Grunde zu wünschen, doch sie spürte in diesem Moment ein eigenes Leben zu haben, das oft genug hinter der Arbeit zurückstecken musste. Sie war so voll von angespannter Vorfreude, dass sie es als berechtigt ansah, ein kleines Stoßgebet aussenden zu dürfen, einfach mal nach oben, ohne klaren Adressaten. Auf die Existenz Gottes konnte sie sich nicht festlegen, nachdem ihr im Sterben schon so viel unzumutbares Leid begegnet war. Doch wer auch immer sich ihrer kleinen Bitte annehmen würde, würde es ihr hoffentlich nicht übelnehmen. Sie erbat den pünktlichen Feierabend ja auch ein bisschen mehr für Jacques, um ihn nicht zu enttäuschen, als für sich selbst. Wobei, von enttäuschen konnte keine Rede sein. Sie wollte jedoch, dass er glücklich war und da er es sich gewünscht hatte, sie ausgerechnet heute Abend zu sehen, schien es ihm etwas zu bedeuten. Das war es, was sie nicht kaputt machen wollte. Als sie gegen Nachmittag merkte, dass sie es schaffen würde, die Klinik pünktlich zu verlassen, wurde sie von einer Euphorie erfasst, die sie fast manisch anspornte. Die Arbeit ging ihr mit einem geschäftigen Strahlen im Gesicht von der Hand und sie wirbelte in einer Vorfreude, dass allein dieser Schwung dazu beitrug, dass sich ihr niemand mehr bremsend in den Weg zu stellen wagte. Als sie tatsächlich pünktlich die Klinik verließ, überlegte sie, ob sie laufen oder die Straßenbahn nehmen sollte und wog die möglicherweise auftretenden Pannen gegeneinander ab. Von »sich den Fuß beim Laufen verstauchen« bis zur Durchsage »Ist ein Arzt in der Bahn?« und die Notwendigkeit des Helfens, durchspann sie alle Unwahrscheinlichkeiten und entschloss sich, nach mehrmaligem stillen, inneren Ermahnen nicht durchzudrehen, für die Bahn.

Diesmal atmete sie deutlich häufiger tief durch, als es für ihren Heimweg üblich war. Sie war aufgeregt und konnte doch nicht genau fassen, weshalb. Es war Vorfreude Jacques zu sehen. Es war Wiedersehensfreude in ihrer reinsten Form, und zwar von der ungeduldigen Sorte. Kurz vor Erreichen ihrer Haltestelle schaute Emma auf die Uhr. Sie würde mehr Zeit haben als sie je gedacht hatte zu haben. Das wiederum brachte Erleichterung und Probleme zugleich. Sie war ursprünglich davon ausgegangen, dass sie abgehetzt den direkten Weg von der Arbeit zu Jacques würde nehmen müssen, um sich dann für ihr verschwitztes Outfit zu entschuldigen. Mit diesem Gedanken hatte sie sich nach langem innerem Gezeter arrangiert. Sie konnte schließlich weder was für ihre Arbeitszeiten, der von Jacques gewünschten Uhrzeit sie zu sehen, noch für den heute ungewöhnlich warmen Junitag, der das Thermometer auf vierunddreißig Grad hatte klettern lassen. Nun aber hatte sie mehr als zwei Stunden Zeit, denn vor halb acht würde Jacques sie nicht erwarten. Sie würde sich den schwitzig schwülen Tag von ihrer Haut duschen und sich etwas Frisches anziehen können. Diese Vorstellung war im ersten Moment gut, doch im zweiten wollte sie auf keinen Fall bei Jacques den Eindruck erwecken, dass sie extra frisch geduscht und gestriegelt zu einem Date kam. Er sollte nicht denken, dass sie jetzt davon ausgehe, sie seien ein Paar. Nein, nicht Paar, sondern irgendwas anderes Verbindliches, nur weil sie Arm in Arm in seinem Bett gelegen hatten. Wiederum war das ja schon irgendwie verbindend gewesen. Aber eher so Mensch-Mensch-mäßig und nicht Mann-Frau-mäßig. Und dann ertappte sie sich, wie sie dieser Unterschied ärgerte und sie hoffte, dass sich vielleicht doch etwas mehr zwischen ihnen verbunden hätte. Und kaum hatte sie das gedacht, ärgerte sie sich schon wieder über sich. Ach, wäre sie doch nur kurz vor knapp aus der Klinik rausgekommen und hätte abgehetzt und schwitzig vor ihm gestanden! Dann hätte er gnädig über ihre Schweißflecken hinweg gesehen, denn schließlich wären sie Zeichen des Opfers, dass sie erbracht hatte, um pünktlich zu sein. Aber nichts war! Der Plan war futsch und nach dem doch angenehmen Duschen stellte sich eine viel bedeutsamere Frage: Was sollte sie nun anziehen? Manchmal war es gut keine Zeit zu haben. Das sah Emma zum ersten Mal im Leben ein. Für die Kleiderfrage hätten sie viele andere Frauen belächelt. Sie hätten Emmas alten Kleiderschrank aus Urgroßmutters Zeiten geöffnet und mit einem schnellen Blick festgestellt, dass hier nur eine Shoppingtour helfen könnte, und zwar eine, in diesem Jahrhundert. Emma jedoch liebte den Gang in den Second-Hand-Laden genauso wie ihre Nähmaschine und wenn sie sich partout mal vorgenommen hatte in irgendeinem normalen Laden was zu kaufen, dann fand sie mit diesem Vorsatz eigentlich nie etwas. Emma entschied sich für ein blaues, überknie-langes, tailliertes Kleid mit kurzen Ärmeln, dessen Rock weit genug schwang, um nicht bei jedem Schritt die Kontur ihrer Schenkel abzuzeichnen. Es war ein sattes, strahlendes Tiefblau mit filigranem Blumenmuster in den buntesten Farben. Dazu ein dunkelblauer, halbhoher Absatzschuh. Als sie sich betrachtete, war sie zufrieden. Es war nicht zu viel und nicht zu wenig. Bevor sie beschloss die Wohnung zu verlassen, schaute sie sich nochmal um, ob sie Trüffel irgendwo schlummernd entdecken konnte, doch der schien unterwegs zu sein. Sie stellte ihm, für den Fall, dass er eher nach Hause kommen würde als sie, frisches kaltes Wasser hin, denn das war sicher angenehmer als das, was schon den ganzen Tag vor sich hin stand und durch die Hitze nicht geschmackvoller geworden war. Dann schaute sie noch nach Frau Maus und ihren Gespielinnen, die wohlauf waren.

Wenige Minuten nach halb acht stand Emma vor Jacques Haus. An der Eingangstür des Lokals hing ein Schild, das verkündete, dass das ›Fromagique‹ geschlossen war. Eine neue Welle der Nervosität durchflutete sie. Sie klingelte. Es dauerte nur wenige Herzschläge lang, da öffnete sich die Tür und er stand vor ihr. Sie war unfähig sich zu rühren, starrte nur. War das derselbe Mann, den sie bis vor einem Monat gekannt hatte? Er sah jünger aus. Er strahlte. Seine Augen hatten einen Glanz, seine Bewegungen bisher ungekannten Schwung und Leichtigkeit. Sein Gang war aufrecht.

Jacques starrte ebenfalls. Er hatte die Tür geöffnet und wusste nicht, wie er Emma begrüßen sollte. Ein »Hallo« wäre mal ein Anfang gewesen, aber dann? Sollte er sie umarmen? Allen Überlegungen zum Trotz standen sie sich gegenüber und schauten sich stumm an. Da stand Emma, seine Lebensretterin. Da stand sie in ihrer ganzen nicht perfekten Perfektion und war für ihn so einmalig schön. Jacques hatte den Eindruck, als sähe er sie heute zum ersten Mal richtig an. Ihr Gesicht von reiner, ungeschminkter Schönheit, dass er sich fragte, wie ihm das erst heute auffallen konnte. Die Art, ihr Wesen mit samt der unzerbrechlichen Ruhe, die sie ausstrahlte, hatten ihn von Beginn an magisch angezogen. Doch heute war es intensiver denn je. Nach einer kurzen Ewigkeit ging er auf sie zu, was auch Emma aus ihrer Starre löste. Er umarmte sie mit sanfter Festigkeit, die Emma schwache Knie verlieh.

»Schön, dass du da bist«, sagte er in der Umarmung ruhend, was sie beantwortete, indem sie ihn noch einige Sekunden fester an sich zog.

Dabei konnte sie ihn riechen. Sie roch nicht sein Deodorant, Aftershave oder Duschgel. Nein, sie roch ihn. Den Geruch seiner Haut am Übergang vom Hals zum Nacken. So weich und mild, so markant und kantig zugleich. Seinen Geruch so anziehend zu finden schuf für Emma eine neue Ebene der Anziehung. Der Duft schenkte ihr Geborgenheit und war in so vielen Nuancen männlich, erzählend von seiner Stärke, jedoch auch Verletzlichkeit. In ihm entdeckte sie eine Vertrautheit, die sie mit dem Gefühl des Glücks förmlich überschwemmte. Sie lösten sich voneinander, wobei Emma kurz wankte.

»Komm rein, schöne Frau«, wollte Jacques eigentlich nur denken, hatte es jedoch offensichtlich auch gesagt, denn Emma lächelte verlegen.

Er schloss das Lokal hinter ihnen ab und ging voran nach oben. Nun sah Emma seine Wohnung zum ersten Mal bei Licht. Die erste Etage war ähnlich geschnitten wie die ihrer Wohnung. Ein flüchtiger Blick in die Küche, den Jacques am liebsten verhindert hätte verriet, dass hier entweder was ganz gewaltig außer Kontrolle geraten war oder er beim Kochen das Chaos beherrschte. Mit einem »Ähm, hier wird noch gekocht«, zog er Emma von der Küchentür weg, weiter zur Treppe nach oben. Die zweite Etage war ein Wohnzimmer, in dessen Mitte nochmals eine Leiter in die Höhe führte. Jacques stieg voraus und erwartete sie oben. Als ihr Kopf durch die Bodenluke auftauchte und sie Stück für Stück immer mehr erblickte, begann sie mit offenem Mund zu staunen. Das Dach, ein Satteldach, klassisch mit Ziegeln gedeckt, bestand nur auf der einen Hälfte des Hauses, nämlich der Seite zur Gasse hin, die ins Lokal führte. In Giebelhöhe führte das Dach auf der anderen Seite nur ein kurzes Stück hinab, eine Dachspitze sozusagen, nicht mehr und gab, durch eine Fensterfont den Blick auf eine Dachterrasse frei, die die Fläche der restlichen halben Dachbreite einnahm. Diese Konstruktion entsprach Emmas Idee ihres Dachgartens, nur in groß. Hier war eine andere Welt. Im überdachten Teil stand eine Couch. Sie wusste sofort an welchem Ort Jacques die Sommernächte verbrachte.

Von der Couch aus konnte der Blick in Richtung eines großen Blumenbeetes schweifen. Ein Meer aus Mohn, Lavendel und Margeriten, dass, wie Emma sofort erkannte, ihn jeden Abend seinem Sohn näherbrachte. Emmas Blick folgte dem Beet, an dessen Ende sich ein breiter Haufen Sand ergoss, auf dem ein Strandkorb stand. Er war alt und klapprig und trotzte dennoch den Zeiten. Quer über die Dachterrasse war ein Sonnensegel gespannt, das beim Auftreffen eines Windes den sanften Schlag und Klang eines Segels machte und für Jacques Heimat bedeutete. Entlang der Fensterfront hatte Jacques ein Lager gebaut und auf dem Holzboden drei dicke Decken übereinander ausgelegt, wo er Emma Platz zu nehmen bat. Danach verabschiedete er sich nochmal in Richtung Küche.

Emma setzte sich und schloss kurz die Augen. Welch idyllischer Ort. Hier herrschte Ruhe. Die Luft war noch schwül, doch es ging eine leichte Brise. Sie besah sich die Blumenlandschaft genauer. Sie war so vertieft in den Genuss dieser unerwarteten Natur, die sich mit starkem Kontrast vom tiefblauen Himmel abhob, dass sie Jacques erst bemerkte, als er neben ihr saß. Er stellte gerade einen Krug Eistee vor ihnen ab, der satt war vor gefrorenen Himbeeren, Limetten und Pfirsichspalten. Mit dieser Erfrischung genossen sie den Beginn des Abends. Sie saßen nebeneinander auf der Decke, mit dem Rücken zur großen Fensterfront, plauderten über ihren bisherigen Tag, Emmas Glück, es pünktlich aus der Klinik geschafft zu haben und genossen die Leichtigkeit ihres Zusammenseins in der einzigartigen, schon sommerlich anmutenden Stimmung dieses Abends.

»Noch nie habe ich einen Menschen mit hierher in meinen Garten genommen«, durchbrach Jacques die Stille der kleinen Stadt, die sich allmählich über den Giebeln ausbreitete. »Hier ist meine Bretagne und es ist der Ort, an dem sich Lilly und Emil in so mancher Nacht bei mir von ihrer Sternenreise ausruhen«, erklärte er und führte Emmas Blick durch den Garten.

Erst jetzt nahm sie die Details war. Erst jetzt ergaben seine Worte einen Sinn. Links in der Ecke, die die Terrasse mit der

Hauswand bildete, waren zwei Bruchsteinplatten aus Granit gelehnt. Seine Steilküste, an der der Regen des gesamten Halbdaches hinabrinnen konnte, da Jacques die abführende Regenrinne dahin umgeleitet hatte. Er erklärte, dass er unter den Felsen ein Drainagesystem installiert habe, das das Wasser auffange. Am Fuße der Felsen lag Sand und die ein oder andere bretonische Muschel, eine Erinnerung an seine Kindheitsschätze. Auf gleicher Bodenhöhe schloss sich der Lavendel an, eine Bodenstufe tiefer der Mohn und wiederum eine Stufe tiefer, die Margeriten. Umrahmt wurde das Ganze von Schilf, das entlang der Terrassenbrüstung emporragte. Jacques erklärte ihr das Bewässerungssystem, das jeder Pflanze ein eigenes Bodenklima schuf.

Emma war gerührt. Er hatte das ausgetüftelt, um sich seine Oase zu schaffen. Der Rastplatz für seine Seele. Inmitten einer Welt, in der man überwiegend an der eigenen Leistungsfähigkeit und sozialen Integrität gemessen, beurteilt und auch schnell verurteilt wurde, war dieser Ort voller Ruhe und Entschleunigung. Sie wusste, dass Jacques, hier sitzend, bereits an all seine Grenzen geführt worden war. An die Grenzen des Gefühls von Glück, das er in seiner Erinnerung behütete, an die der Leichtigkeit, wenn mit der Ruhe um ihn herum irgendetwas Trost verströmte, an die Grenzen der tragbaren Schuld, wenn ihm alle Verluste hier oben präsent wurden und über ihm nichts als die Unendlichkeit des Himmels war, in der er keinen Halt fand und alles an Bedeutung verlor, nur seine Schuld sich in den Weiten des Blaus nicht aufzulösen vermochte. Es war ein Ort, an dem Jacques einfach existieren konnte, ohne irgendwelchen Normen entsprechen zu müssen.

»Hier ist es schön, Jacques! Es ist so viel mehr als nur ein Ort. Hier umarmt sich das Alles mit dem Nichts«, sagte Emma und ließ den Blick erneut umherwandern.

»Ich weiß, was du meinst. Und manchmal ist es tröstend und manchmal tut diese Empfindung den Abgrund vor mir auf«, sagte Jacques mit belegter Stimme. Er räusperte sich: »Ich will dir heute Abend etwas zeigen, Emma. Etwas, das mir niemand anderes auf der Welt glauben würde, selbst, wenn derjenige es mit eigenen Augen sähe.«

Er schaute zum Himmel und ergänzte: »Aber wir haben noch ein bisschen Zeit! Zuerst sehen wir die Sonne untergehen, dann essen wir eine Kleinigkeit und dann brauchen wir etwas Glück mit dem Mond.«

Sie saßen da und sprachen über allerlei. Jacques berichtete über seinen Besuch in der Bretagne und erzählte mit leuchtenden Augen von seiner Mutter, die ihr Glück nicht fassen konnte, als ihr Sohn einfach vor der Tür stand, mit einem großen Strauß ihrer Lieblingsblumen, Karthäusernelken, in der Hand. Er erzählte, wie innig sie die Wochen miteinander verbracht hatten und wieder allerhand am Hofe zu tun war. Er würde im Herbst nochmal zwei Wochen nach Hause fahren, um sicher zu stellen, dass der Hof den Winterstürmen trotzen könnte.

Jacques hätte Emma am liebsten gleich zu dieser Reise eingeladen, denn in ihm war der Wunsch plötzlich aufgetaucht, ihr all die für ihn bedeutsamen Orte zu zeigen. Er wusste zugleich, dass seine Mutter Emma mögen würde. Doch er befand es als zu anzüglich, Emma derart zu überfallen. Deshalb schwieg er. Ebenso verschwieg er Emma, dass seine Mutter ihn mit Fragen gelöchert hatte, was denn zu der Veränderung ihres Sohnes geführt haben mochte und spekulierte in Richtung der Wirkung einer Frau. Jacques wusste, dass das stimmte, aber eben doch auch wieder nicht so, wie das seine Mutter gemeint hatte, dachte er. Als seine Mutter den Erklärungsversuchen zuhörte, hatte sie nur gegrinst und ihn, ohne weitere Fragen zu stellen, auf die Wange geküsst.

Als die Sonne fast untergegangen war, sich mit den letzten warmen Strahlen des Tages flach über die Giebel der Altstadt beugte, unterbrach sich Jacques mitten im Satz und lenkte Emmas Aufmerksamkeit und Blick hinüber zum Mohn. Mit einer Mischung aus kindlichem Enthusiasmus und Ehrfurcht begann er zu sprechen:

»Okay, ähm, schau dir die Mohnblüten an, wie sie vom Sonnenlicht zum Strahlen gebracht werden. Welche strahlen am meisten?«

Emma schaute sich um und entdeckte drei Mohnblumen, die ihre Köpfe oberhalb der Backsteinmauer, die die Terrassenbrüstung bildete, mit voll geöffneter Blüte dem Himmel entgegenstreckten und dabei intensiver als alle anderen Blumen leuchteten. Emma deutete auf die drei Blumen. Jacques stand ohne ein Wort auf und stellte hinter jede der drei Blumen ein Windlicht auf die Backsteinmauer.

»Was wird das?«, fragte Emma irritiert. Doch Jacques lächelte verschmitzt und antworte: »Jetzt mache ich unser Essen fertig und wenn wir gegessen haben, dann wird es dunkel sein.«

»Ja, das klingt jetzt logisch und erklärt alles, Monsieur Jacand, Sie rätselhafter Mann«, erwiderte Emma in einem Tonfall, der ihre ungeduldige Neugier nicht verbarg.

Jacques grinste und wandte sich ab, um in die Küche zu gehen. Als Emma ihm folgte, hielt er inne:

»Oh, du willst aufs Klo?! Klar, komm mit!«

Emma grinste: »Nein, eigentlich will ich nicht aufs Klo!«

Jacques rollte die Augen: »Ich habe es geahnt. Willst du dir nicht doch lieber die Schönheit dieses Abends beschauen, anstatt …«

»… anstatt das explosive Chaos in deiner Küche zu betrachten?«, vollendete Emma seinen Satz und fuhr fort: »Lass mich ganz kurz überlegen. Entschieden! Küche!«, und schob ihn lachend vor sich her in Richtung Küche.

»Aber du musst wissen«, wandte sich Jacques mit großen beschwichtigenden Gesten an sie, »der Zustand meiner Küche sagt nichts, aber auch rein gar nichts über meine Persönlichkeit und auch nichts über das Essen aus!«

»Na, ob Louis Walden das auch so sehen würde?«, fragte Emma mit kritischem Blick das Chaos durchsuchend und zückte ihr Smartphone, um mit einer Fotodokumentation die Beweise zu sichern.

Mit gespielter Strenge trat Jacques ihr vor die Linse: »Meine Küche. Mein künstlerisches Chaos. Meine Regeln. Sei friedlich oder ich verbinde dir die Augen!«

Jacques drehte mit drohender Gebärde sein Geschirrhandtuch zu einer provisorischen Augenbinde und wies Emma gleichzeitig an auf einem der beiden Stühle des Küchentischs Platz zu nehmen. Emma gehorchte mit sich ergebender Miene, setzte sich und schaute sich um. Die Küche war genauso klein wie ihre. Also exakt jene Größe, bei der Gästen ein genauer Aufenthaltsort zugewiesen werden musste, damit sie nicht störend im Weg rumstanden, sofern der Koch in der Küche weiter hantieren wollte. Der Küchentisch stand mitten im Raum und hatte zwei hochklappbare Seitenteile, um ihn – wie jetzt, zum Gewinn von Abstell- und Arbeitsfläche – bei Bedarf zu vergrößern. Ein alter blauer Küchenschrank, dessen Glastüren im oberen Schrankteil mit Mosaikfensterscheiben versehen war, war der Blickfang des Raumes.

Jacques bemerkte Emmas Staunen und begann zu erklären: »In meinem Heimatort gab es einen Glasmaler. Er hatte den Auftrag bekommen, ein im Sturm gesprungenes Kirchenfenster zu reparieren. Den richtigen Farbton der zu ersetzenden Mosaikstücke zu treffen schien nicht leicht zu sein und ließ den Glaser fast verrückt werden. Oft ging ich mit Lilly im Bollerwagen an seiner Werkstatt vorbei, denn das bunte Glas schimmerte wie ein verführerischer Schatz und so nahmen wir stets Anteil am aktuellen Stand seiner Verzweiflung. Dank Lillys Lachen fand sein Fluchen, bei dem wir ihn oft ertappten, ein rasches Ende. Und als Dank oder Schweigegeld, durften wir uns jedes Mal eine der bunten, ausrangierten Glasscherben seiner Farbversuche mitnehmen. Bald hatten wir eine kleine Schatztruhe voller Glasscherben in den schönsten Farben und wenn uns mal langweilig war, dann lagen Lilly und ich gemeinsam auf dem Fußboden und hielten die Scherben gegen das Licht einer Kerze und freuten uns über die bunten Farbspiele an der Wand. Als ich dieses Haus zum Kauf besichtigte, stand der Schrank an der gleichen Stelle wie jetzt, hatte jedoch keine Glasscheiben mehr in den Türen. Mir gefiel der Schrank, der sicher seit fast hundert Jahren auf der gleichen Stelle stand, so sehr, dass ich ihm wieder ein vollständiges Aussehen verleihen wollte. Also reiste ich mit meinem alten Scherbenschatz zu dem Glaser, von dem wir sie damals bekommen hatten und der nun fast neunzig Jahre alt war. Als er die Kiste sah, war er zu Tränen gerührt und erinnerte sich mit einem Grinsen im Gesicht spielerisch fluchend an den Auftrag mit dem Kirchenfenster. Ich bat ihn, mir drei Glasscheiben für die Türen zu fertigen. Und, naja, das ist das Ergebnis!«

Emma konnte sich nicht sattsehen. Denn wenn das Licht in der Küche wechselte, wirkte auch das Farbspiel der Scheiben immer wieder aufs Neue. Dann wanderte Emmas Blick zu dem schweren alten Küchenofen.

»Wow, der hat auch schon mehr als ein Jahrhundert Kocherfahrung! Da kannst du ja loslegen«, deutete Emma mit dem Finger zum Herd und ergänzte: »Was gibt es eigentlich?«

Mit gespielter Empörung stemmte Jacques die Hände in die Hüften und erwiderte: »Madame! Was soll die Frage? Das ist ja wohl offensichtlich!«

Emma blickte sich um, konnte sich aber aus dem Chaos der Zutaten keinen Reim machen, zu welchem Ergebnis, das führen sollte.

»Also ehrlich, Emma. Das ist doch augenscheinlich!« Er deutete mit seinem Kochlöffel von einer Ecke zur nächsten und erklärte: »Da sind die Zutaten für unseren Wildkräutersalat mit Manouri und in Honig gebratenen Walnüssen und Apfelscheiben. Dort im Topf entsteht gerade das Omlette a l'Emil. Da im Ofen bäckt die Tarte de Citrone und im Eisfach ruht unser Mandeleis. Voilà!« Jacques besah sich das Chaos, schwang den Kochlöffel wie einen Zauberstab und stellte fest:

»Eigentlich muss ich nur noch aufräumen«, und grinste Emma an.

»Ich bin sprachlos!«, lachte Emma und schlug vor: »Lass uns das Chaos gemeinsam beseitigen. Du kochst, ich putze! Klar!?«

Jacques war dankbar für diesen Vorschlag und sagte: »Na, was wäre ich für ein schlechter Gastgeber, wenn ich meinem Gast einen Wunsch abschlagen würde. Wenn du also unbedingt aufräumen magst, dann, danke!«

Sie lächelten sich an und in einer angenehmen Ruhe genossen sie ihr gemeinsames Werk. Es fühlte sich anders an, als im Lokal zusammen zu arbeiten. Hier waren sie sich näher. Sie machten sich ihr gemeinsames Essen. Das fühlte sich wunderbar an.

Nach einer halben Stunde trugen Emma und Jacques ihr Essen aufs Dach. Jacques entzündete zwei Petroleumlampen und die vorhin postierten Windlichter auf der Mauer und deckte einen großen flachen Hocker als Tisch ein, den er in der Mitte der Decke platzierte, sodass sie sich davorsetzen konnten. Mittlerweile war die Abendluft merklich abgekühlt und eine gnädige Belohnung nach der Wärme des Tages. Der Cidre, den sie tranken, passte mit seiner zartherben Note perfekt in diese Stimmung. Das Essen war ein Hochgenuss. Mit Jacques hier zu sitzen weckte in Emma das Gefühl von Vertrautheit und Geborgensein. Sie hatte dergleichen niemals zuvor so klar und intensiv gespürt. Ein Gefühl, das zugleich freier Fall und auffangendes Netz war.

Jacques verschwand kurz, um die Teller abzuräumen. Es war mittlerweile dunkel geworden und der Himmel zeigte ein Wechselspiel des Mondes mit den Wolken. Plötzlich zog ein Schattenspiel Emmas Aufmerksamkeit magisch an. Erst dachte sie nur einer kurzen Sinnestäuschung erlegen zu sein, doch dann sah sie die Schemen auch auf den zweiten und dritten und jedem weiteren Blick. Sie sah inmitten der geschlossenen Blütenköpfe die Silhouette eines Gesichtes. Es entstand durch die Bewegungen der in der Abendluft wogenden Mohnblütenköpfe und der Margeriten, die einerseits von den Windlichten, andererseits vom zarten Licht des Mondes, der nicht mehr als eine Sichel war, angestrahlt wurden. Durch das Zusammenspiel der Bewegungen des flackernden Kerzenlichts, der Blumen und dem Wolkenspiel vorm Mond, erfuhr das erschienene Gesicht Wandlung. Anfangs war es eindeutig das Gesicht eines Jungen, dann waren wenige Momente später die weiblichen Züge des Kindergesichtes nicht zu leugnen. Emma schaute ganz gebannt. Als Jacques zurückkam, sprach er bereits mit Emma, bevor sein Kopf durch die Dachluke sichtbar war:

»Du, ich warte noch mit dem Dessert. Stattdessen dachte ich, richtet ein Milchkaffee sicher kein Unheil an, jetzt, da die Nacht auffrischt. Okay!?«

Als er zu Ende gesprochen und sein Tablett abgestellt hatte, erblickte er Emma, die gerade zur Besinnung kam.

»T'schuldigung, Milchkaffee? Toll! Ich, ähm. Ja, ein Kaffee ist goldrichtig«, sprach Emma, schaute kurz zu Jacques, um dann jedoch rasch die Augen wieder auf die Blumen zu richten. Jacques folgte ihrem Blick und wusste, wie ihr geschehen war.

»Du hast es also entdeckt«, sagte Jacques mit vorsichtiger und vor Rührung beschlagener Stimme. »Du hast gesehen, wie die Sternenkinder von ihrer Reise bei mir ausruhen«, lächelte er und setzte sich neben sie. »Es ist immer eine andere Stelle und ich erkenne sie mittlerweile weit vor Aufgehen des Mondes an dem Strahlen der Blüten beim Sonnenuntergang. Und es geschieht nur in der Zeit, wenn Mohn und Margeriten gleichzeitig blühen.«

»Es ist unglaublich«, sagte Emma verdattert und fuhr gleich fort. »Es ist unglaublich und auch wieder nicht. Es ist ein Beweis dafür, dass alles eins ist. Nur die Materie ihrer Körper ist vergangen. Ihre Energie lebt. Und vermutlich bedarf es einfach nur wieder einer gewissen Zeit, bis sie in eine neue Lebenshülle schlüpfen.«

Jacques schwieg. Er rückte etwas näher zu Emma und legte eine Decke um ihrer beider Schultern, denn er sah, dass sie fröstelte. Er hatte nicht geahnt, dass dieser Abend derart schnell auf eine so innige Bahn geraten würde. Er hatte niemals in Erwägung gezogen, dass sie die Gesichter von allein entdecken könnte. Er fühlte, dass es der richtige Moment war, um sich zu bedanken.

»Emma«, er nahm ihre Hand in die seine.

Wie zart sie sich anfühlte. Wie geborgen sie in seiner lag.

»Ich möchte dir etwas schenken.«

Sie spürte seine Hände, ihre Hand umschließen. Sie spürte die Stärke und zugleich zarte Wärme, die von seiner Berührung ausging. Dann spürte sie zwischen ihrer und seiner Handfläche einen Gegenstand, glatt warm und doch fest. Sie wusste nach einem kurzen Moment was es war, ohne, dass sie einen Blick in ihrer beider Handflächen hätte werfen müssen.

»Jacques, das kann ich nicht«, begann sie zu sprechen, doch sein Händedruck wurde fester und schmiegte das Holz warm in ihre Hand, als gehöre es bereits ihr.

»Doch, Emma. Die Flügel wurden Lilly und mir vom Clochard geschenkt, denn sie verbanden zwei Menschen miteinander, die sich das Liebste waren. Du sollst ihn haben, denn du hast mir ein Stück Leben wiedergegeben. Du bist bei mir geblieben und nicht weggegangen. Du hast meinen Schmerz mit ausgehalten, als er mir unerträglich wurde. Ich habe Lilly lächeln gesehen, als ich endlich weinen konnte. Und das konnte ich nur, weil mich dein Schutz umgab. Danke.«

Sie hielten sich und schauten einander in die Augen. Emma schloss ihre Hand und verschränkte ihre Finger mit seinen.

»Danke«, flüsterte Emma und legte ihren Kopf an seine Schulter.

Sie lehnten aneinander, Jacques legte seinen Arm um Emma. Mit der anderen Hand hielten sie das Flügelchen, das sich bereits anfühlte, als sei es ein gemeinsamer Teil ihrer Hände. Sie schauten beiden den Blütengesichtern zu bis sie verschwanden. Es war unerklärlich weshalb sie plötzlich nicht mehr zu erkennen waren, denn die Kerzen brannten wie zuvor und der Mond, ja, vielleicht lag es daran, dass der Mond ein Stückchen weitergewandert war. Die Wolken waren verschwunden und vereinzelt waren Sterne zu sehen. Ja, vielleicht mussten die Sternenkinder mit der Nacht weiterreisen und waren daher nicht länger zu sehen. Jacques zog eine weitere Decke heran und legte sie über Emma und sich. Es war nicht kalt, doch der Kontrast der Nachtluft zum schwülen Tag legte sich wie ein Schaudern auf die Haut und er spürte eine Art Verletzlichkeit oder Dünnhäutigkeit, die den Schutz einer Decke gut vertragen konnte.

Emma im Arm zu halten fühlte sich wunderbar an. So, als ob es die sinnvollste aller Tätigkeiten wäre, die seine Arme bewerkstelligen konnten. Er wusste nicht viel über Emma, hätte keine Auskunft über ihre Biografie geben können und hatte dennoch das Gefühl sie zu kennen. Er vermisste keine Information, die er gebraucht hätte, um sich ihr noch näher zu fühlen. Emma war einfach in seinem Leben aufgetaucht. Es gab so viele Dinge, die verhindern oder fördern konnten, ob man sich überhaupt über den Weg lief und in Versuchung kam sich kennenzulernen. Beruf, Religion, Beziehungen, die man zu anderen Menschen und Gesellschaftsschichten hatte, Aussehen und Erscheinungsbild, all diese Schnörkel des gesellschaftlichen Lebens steckten die Menschen in eine Verpackung, die dem anderen auffiel oder nicht oder sogar abschreckte und ein erstes Urteil fällte. Emma war einfach da gewesen und das Kennenlernen vollzog sich Schritt für Schritt, ohne dass es schonmal eine Situation gegeben hätte, in der Jacques mit einer Salve Fragen ihre Vergangenheit erfragt hätte. Es war auch kein Zeichen von mangelndem Interesse seinerseits gewesen, stellte er fest. Ihr Zusammensein war bisher von der gemeinsamen Arbeit erfüllt gewesen. Doch jetzt, da sie nebeneinandersaßen, halb lagen, in Stille und nicht in Bewegung waren, öffnete sich der große neugierige Raum, den man am liebsten mit dem Wissen aller Details des Lebens des anderen ausfüllen möchte. Jacques hatte plötzlich das Gefühl, er wolle sie in- und auswendig kennen, sie über alle Menschen, die er je kannte, emporheben und am liebsten stolz in die Welt rufen, dass er diese großartige Frau, die im Alltag so schnell übersehen werden konnte, kannte. Jeder Teenie hätte ihm Verliebtheit bescheinigt, die – wo auch immer sie sich bisher versteckt gehalten hatte – plötzlich ganz selbstverständlich bei ihnen saß, als er Emma nun im Arm hielt. Doch hätte man Jacques gefragt, dann hätte er abgestritten, dass die Erklärung eine so banale war. »Verliebt? Na, das hätte ich ja wohl gemerkt!«, wäre vermutlich seine Antwort gewesen und so hielt er sie im Arm und gab ihr einen unverliebten Kuss auf die Stirn. Er fühlte sich ihr nahe und vertraut. Sie hatte ihn weinend gesehen, zerbrochen und geheilt. Sie kannte alles von ihm, mehr noch, als Worte jemals hätten erzählen können. Er spürte, dass er mit allem, was sein Dasein berührte bei ihr aufgehoben war. So nahm er seinen Mut zusammen, den er eigentlich gar nicht gebraucht hätte, und bat Emma:

»Bitte, erzähle mir vom Sterben.«

Kapitel 4 – Emma Lillit

Da lag sie nun in den Armen eines Mannes und fühlte Geborgenheit. Sie konnte zwar sagen, dass sie gegenüber einem Mann schonmal eine Vertrautheit empfunden hatte, wollte dann aber nicht daran denken, wie verletzend das geendet hatte und konnte nicht verhindern sich die Frage zu stellen, ob das schöne Gefühl nicht auch ein Ergebnis von Täuschung gewesen sein könnte. Das damals und das jetzt Empfundene waren nicht vergleichbar. Mit Jacques war alles so unverstellt und natürlich, zwanglos und real, intensiv und doch auch federleicht. Ihr Beisammensein war bedingungslos und durfte sich einfach entwickeln, ohne einen Namen bekommen zu müssen oder definiert zu werden. Sie hatte in jenem Moment mit allerlei Fragen gerechnet, jedoch nicht mit dieser. Was heißt Frage? Er hatte keine Frage gestellt. Er bat sie um etwas. Also ging er davon aus, dass sie ein Wissen darüber hatte. Er fragte nicht »Kannst du mir vom Sterben erzählen?«, sondern forderte sie dazu auf. Warum dachte er, sie wüsste mehr als er? Bezog er sich auf die Tatsache, dass sie allein von Berufswegen mehr wissen musste? Sie hatte gespürt, wie sehr diese Bitte aus ihm herausdrängte und wie wichtig es ihm war. Vermutlich war er seiner bereits unzählig gedachten Gedanken müde und es war Zeit sie zu teilen. Er hatte zweimal sein Liebstes verloren und wurde mit der Frage zurückgelassen, wie es wohl war, das Sterben. Wie es sich anfühlte weiterleben zu müssen, das hatte er erfahren. Doch nun suchte er Antworten darauf, ob zu sterben schlimmer war, als zu überleben. Emma fielen Rilkes Worte aus »Der Tod der Geliebten« ein:

»Er wußte nur vom Tod, was alle wissen: daß er uns nimmt und in das Stumme stößt …«

Ja, bis dahin kannten vermutlich die meisten Menschen den Tod. Er war der Wegnehmer, der Zerstörer von Gewohntem, der ungerechte Räuber, der nie gelegen kam, immer zur falschen Zeit, am falschen Ort war. Den Tod wünschte man keinem, doch wenn man sich schon entscheiden müsste, dann am wenigsten sich selbst oder seinen Lieben. Emma hatte früh im Leben ein anderes Bild vom Tod gewonnen und deshalb verstand sie die weiteren Worte von Rilkes Gedicht:

»Als aber sie, nicht von ihm fortgerissen, nein, leis aus seinen Augen ausgelöst, hinüberglitt in unbekannten Schatten, und als er fühlte, daß sie drüben nun wie einen Mond ihr Mädchenlächeln hatten und ihre Weise wohlzutun: Da wurden ihm die Toten so bekannt …«

Für Emma war der Tod so eine Art Reiseleiter und Abholservice, ja, vielleicht ein Lotse oder Chauffeur. Nicht der Tod selbst war der Spielleiter, der die Menschen dem Leben entriss und nach Willkür mit sich nahm, indem er Leben beendete, sondern der Tod trat erst auf den Plan, wenn das Werden des Sterbens endete. Mit dem Prozess und der Entscheidung, ob ein Mensch zu sterben begann, hatte er nach Emmas Vorstellungen nichts zu tun. Und im Grunde tat man nach ihrer Ansicht dem Tod Unrecht, wenn man sterben und tot sein über einen Kamm scherte. Sowohl der Vorgang an sich als auch die Form des Seins unterschieden sich in beiden Zustandsformen der Existenz erheblich. War das Sterben noch ein körperlicher Prozess, der er- und durchlebt wurde, konnte beim Totsein nicht mehr allzu viel körperliche Aktivität beobachtet werden. Der Tod an sich war ein unschuldiger Geselle, der sich dem nicht mehr änderbaren Zustand des Totseins annahm. Die wenigsten, die einmal mit dem Sterben begonnen hatten, bekamen nochmal die Kurve zum Leben, sondern folgten dem Pfad des Sterbens mit dem Ziel: Tod. Genau genommen war der Tod ein altruistischer Kümmerer, der sich jedem annahm. Sein Image war mies, doch er war ein Opfer des Systems, dessen Rolle gänzlich missverstanden wurde. Und hätte der Tod hierzu Stellung nehmen können, dann hätte er zum Denken angeregt, indem er die Feststellung in den Raum geworfen hätte, warum sich die meisten Menschen, wenn sie sich denn einmal in Ruhe mit der Frage auseinandersetzten, eher vorm Sterben als vorm Tod fürchteten? Seiner Ansicht nach hatte Sterben ein schlechtes Image, das auf ihn ungerechterweise abfärbte. Emmas Bild vom Tod war ein gnädiges, dass sich während ihrer frühen Jugend geformt hatte. Es basierte nicht auf den romantischen Spinnereien eines Teenagers, der versuchte das Unabwendbare in rosaroten Farben zu tünchen, sondern, weil ihr die eigenen Erfahrungen dieses Bild geschenkt hatten. Längst vor dem Erwachsensein, hatte sie Gelegenheit gehabt, in dem Moment in der Nähe eines Sterbenden zu sein, wenn er vom Leben losließ und sich in die Obhut des Todes begab.

Emma wuchs als Einzelkind ihrer Eltern, Moritz und Auguste, auf und empfand, trotz der immer wieder dominierenden emotionalen Kälte der Mutter im Umgang mit ihr, die sie sich nicht erklären konnte, eine glückliche Kindheit gehabt zu haben. Die Herzlichkeit und uneingeschränkte Liebe kam von Vater Moritz und reichte in ihrer Fülle, um es Emma an nichts fehlen zu lassen. Jeden Abend brachte er Emma ins Bett und dann lagen sie aneinander gekuschelt und erzählten sich vom Tag. Während Mutter Auguste sich phasenweise immer wieder zurückzog und zum Teil tagelang für ihre Tochter nicht ansprechbar war, war Vater Moritz um sie, wann auch immer sie ihn brauchte. Emma war wenig auf Beschäftigung angewiesen, denn in ihrem Kopf folgte eine Spielidee der nächsten und so liebte sie es in ihre eigene Fantasiewelt einzutauchen. Ob das Bett zum Segelboot, der Schreibtisch mit einem Laken verhangen zur Höhle oder die Küche für die Zubereitung eines Obstsalates zum Gourmetrestaurant wurde, sie fand überall eine Spielidee. Am liebsten spielte sie am Fuße der dicken Eiche im Garten, deren Wurzeln sich aus dem Erdreich knöchern erhoben und eine eigene verwunschene Landschaft schufen. Mal bedeuteten diese im Spiel die Gatter eines Tiergeheges zu sein, dann nahm sie die kleinen Hartgummitiere und die Holzhäuser ihres kleinen Bauernhofes mit nach draußen und stellte die Tiere auf bis ein großer Zoo entstanden war. Meist jedoch, wurden die Wurzeln zu Zimmern eines Schlosses mit verwunschenen Gängen, geheimen Pfaden, die in den Baum führten und sie spielte mit den Puppen ihres Puppenhauses, bestückte die einzelnen Wurzelzimmer mit dem Mobiliar und war selbst meist die Hexe in dem Spiel, die im Baum verborgen wohnte. Von diesen Spielen konnte Moritz sie nur mit kühler Limonade im Sommer und heißer Schokolade im Herbst ablenken, so vertieft war sie.

An einem heißen Sommertag, Emma war fünf Jahre alt, fand sie auf ihrem Weg zum Schatten des Baumes, eine Spitzmaus, die der Hitze der Mittagssonne ungeschützt ausgesetzt, auf der Wiese lag; in ihrem Fell waren die zerzausten Spuren einer Jagd sichtbar. Die Augen der Maus waren geöffnet und ihr kleiner Körper bebte durch das schnelle Heben und Senken des Brustkorbes beim Atmen. Als Emma das kleine Wesen entdeckte, durchfuhr sie Panik. Sie rannte zur begrünten Grundstücksmauer in der Nähe und pflückte zwei große Blätter der Pfeifenwinde, die größer als Emmas Hände waren, um damit die Maus vorsichtig vom Boden aufzuheben. Sie ging in den Schatten und rief nach ihrem Vater. Der kam in Sorge herbeigeeilt, denn Emmas Stimme verkündete Not. Als er die Situation begriff und Emma in ihrer Betroffenheit erblickte, verbot sich für ihn sofort der Gedanke, dass es doch nur eine Maus sei und er nahm sich seinem traurigen und hilflosen Kind an. Er sprach mit Emma, dass die Maus vermutlich einer Katze entkommen war und nun bei der Hitze, vielleicht auch innerlich verletzt, keine Kraft mehr habe. Sie einigten sich darauf, dass es das Beste sei, dem Mäuschen Ruhe zu geben und es in eine kühle Umgebung, mit der Möglichkeit etwas trinken zu können, zu bringen. Moritz erklärte, dass sie mehr nicht tun könnten, da auch ein Tierarzt jetzt nicht helfen würde.

»Mutter Natur wird entscheiden, was jetzt für das Mäuschen richtig ist«, hatte Moritz zu Emma gesagt.

Sie legten die Maus in dem Schatten der Gartenmauer auf den großen Blättern ab. Für Emma lag sie somit in einem Blätterbett. Sie hockte sich mit einem Glas Wasser davor und kam auf die rührende Idee ein Ohrenstäbchen ins Wasser zu tauchen und zumindest einmal vorsichtig das Mäulchen der Maus mit Wasser zu betupfen.

»Wie soll sie denn sonst wissen, dass hier etwas zu trinken ist?«, hatte Emma mit Tränen in den Augen gefragt.

Einmal leckte die Maus mit ihrer kleinen rosa Zunge an dem Stäbchen. Ein Anblick, den Emma nie vergessen würde und die Erkenntnis brachte, dass dieses kleine Wesen ein genauso vollständiges Leben war, wie jedes andere noch so große Geschöpf auf dieser Erde. Und als sie die Maus still bewachte, damit keine Katze es wagen würde sie zu stören, da dachte sie daran, dass, wenn die kleine Maus ein vollkommenes Geschöpf war, mit Herz und Lunge, Zähnchen, Zunge und Augen, die schauten, dann wäre das auch bei einem noch kleineren Lebewesen so, selbst bei der Stubenfliege, nach der sie schon so oft gedankenlos geschlagen hatte. Das Mäuschen starb als sich die Sonne hinter der Gartenmauer zu verstecken begonnen hatte und die Krone der Eiche in einen warmen Schimmer tauchte. Emma weinte, hätte aber nicht sagen können, wie genau die Trauer hieß. Gemeinsam mit ihrem Vater beerdigte sie die Maus. Sie gruben ein kleines Loch, Emma bedeckte den Boden des Grabes mit noch mehr Blättern, damit die Maus weich liegen würde, legte die Maus hinein und bedeckte den kleinen Körper durch den großen Kopf einer Klatschmohnblüte, damit die Erde das Fell nicht unmittelbar berühren würde. Auf die Grabstelle legte Emma einen Stein, damit kein anderes Tier die Maus ausgraben konnte.

Am Abend brachte Moritz Emma zu Bett und wirkte belastet und befreit zugleich, dass es heute einen Anlass gab mit seiner Tochter über das Sterben zu reden. Er erzählte ihr von der Seele der Maus, die gar nicht zwingend eine Mauseseele sein musste, sondern nur im Körper einer Maus geboren war. Dass diese Seele schon viele Leben gelebt haben konnte und mit dem Sterben nur die Verbundenheit zum Körper aufgelöst wurde. Die Seele sei bereits auf ihrer nächsten Reise und der Körper, in den sie als nächstes schlüpfen würde, diene wieder nur der Sichtbarmachung, um am Leben auf der Erde, gemeinsam mit anderen Lebewesen teilhaben zu können. Er erzählte, dass die Seelen, die noch keinen neuen Körper hätten, durchaus unsichtbar zugegen waren und dass es verständlich sei, traurig zu sein, wenn jemand stirbt, weil er nicht mehr sichtbar anwesend wäre, aber eigentlich immer um uns sei – nur unsichtbar. Emma wusste schon, dass alle Lebewesen geboren wurden und sterben mussten, doch nun hatte sie erfahren, dass alle die, die sterben, wiederkommen würden. Nur wann, wo und als was, das war das unlösbare Rätsel. Emma schlief mit dem Gedanken ein, was sie wohl in ihren vorherigen Leben schon gewesen war und sie traute sich auch an den Gedanken, was sie mal werden möchte, nach ihrem Leben. Obwohl sie das dachte, konnte sie sich nicht vorstellen, dass auch sie mal sterben würde. Doch, es würde wohl so sein, denn geboren worden war sie ja auch, das war nicht zu leugnen.

Als Moritz dreiundfünfzig war starb er an plötzlichem Herzversagen infolge einer Lungenembolie. Wie die Autopsie ergab war ihm dadurch ein schwereres Sterben erspart geblieben, denn sein Körper war zu diesem Zeitpunkt bereits der Macht eines bösartigen Darmtumors unterlegen. Emma hatte gemerkt, dass der Vater seit mehreren Monaten blasser war und nicht mehr so lange mit ihr toben konnte und dass er noch viel häufiger mit ihr kuschelte als früher. Sie spürte, dass etwas anders war, fand dafür aber keine Erklärung. Moritz war beim Rasenmähen einfach umgefallen, während Emma nicht weit von ihm weg im Erdbeerbeet kniete, Mutters Bierfallen manipulierte und, statt die Weinbergschnecken zu töten, fütterte. Der Vater wusste um ihre Sabotage und hatte seine Freude daran, denn war das nur ein weiteres Spiel von Gut und Böse, Leben und Tod auf dieser Welt. Als Emma ihn nach dem Sinn der Bierfallen gefragt hatte und als Antwort bekam, dass so verhindert würde, dass die Schnecken die Erdbeeren fressen, da antworte Emma zutiefst empört, dass sie das nicht verstehe, denn schließlich könnten sich Schnecken keine Erdbeeren im Supermarkt kaufen, wir Menschen hingegen schon. Damit war der Vater entwaffnet und half Emma kleine Löcher in den Boden der Bierfallen zu bohren, damit es langsam versickerte und keine beschwipste Schnecke im Becher ertrank. Emma erklärte ihm, dass die

Becher von nun an die Kneipen der Schnecken seien und Emma sie am nächsten Tag nach dem Trinkgelage wieder aus dem Becher befreien würde. Das tat sie auch. Jeden Tag. Als Moritz starb, der Motor des Rasenmähers plötzlich verstummte und das monotone Mähgeräusch abrupt abbrach, hob Emma ihren Blick und sah den Vater langsam auf die Knie sinken und aus dem Kniestand umkippen. Kein Zucken, kein Drama, kein Geschrei. Er sackte zusammen und lag auf dem Rasen mit leicht geöffneten Augen. Emma eilte zu ihm und sah zum allerersten Mal in ihrem Leben, wie dem Blick der Augen eines Menschen das Erlöschen des Lebens anzusehen war. Es war eine Beobachtung, die zu verstehen es keinerlei Erklärungen bedurfte. Es war so unmissverständlich wie das Erklingen des ersten Schreies eines Neugeborenen. Emma sah und begriff was geschah.

Vielleicht war das der Grund dafür, dass ihre Panik ausblieb – sie begriff das Unabänderbare. In allen Dingen lag in diesem Moment eine große Ruhe. Emma wusste, dass ihr Vater den letzten Blick seines Lebens auf seine Tochter gerichtet hatte und dass es trotz all der ungeheuerlichen Schrecklichkeit ein glücklicher Moment für ihn gewesen war. Das schien dem Verstand absurd, doch der Blick war untrüglich. Mit Schuldzuweisungen, nicht sofort um Hilfe geschrien und somit das möglicherweise frühere Eintreffen eines Arztes verzögert zu haben, hielt sich Mutter Auguste nicht lange zurück. Und auch wenn Emma die Logik des Vorwurfes verstehen konnte, so nahm ihr Herz diese zugewiesene Schuld am Sterben des Vaters nie an. Sie hatte in den Augen ihres Vaters gesehen, dass er den Weg des Sterbens bereits in den letzten Schritten ging und dass es unaufhaltsam war. Sie wusste nicht weshalb, aber sie hatte gewusst, dass er nicht zu retten gewesen wäre. Auch später in ihrem medizinischen Leben machte sie Erfahrungen, die diese intuitive Kinderreaktion bestärkten. Emma hatte ein Gespür dafür, wie weit die Seele schon auf der Reise war.

Emma war elf als ihr Vater starb und lebte seither von Tag zu Tag mehr im Haushalt ihrer Großmutter Agatha. Ihre

Mutter lernte ein Jahr nach dem Versterben von Moritz einen Mann kennen, mit dem sie, – aus Emmas Sicht, mit aller Macht – nochmal ein neues Glück aufbauen wollte. In diese Vorstellung von Glück passte Emma scheinbar nicht rein, wobei Augustes Sicht der Dinge die war, dass Emma bereits selbstständig genug sei, was aber nicht stimmte. Sie verabschiedete Emma für ein Wochenende und kam nicht wieder. Emma zog in das Haus Agathas und bekam dadurch vom ersten Tage an eine Großmutter geschenkt, die es verstand, die bisher fehlende Herzlichkeit einer Mutter nachzuholen. Agatha war Moritz Mutter und frei von irgendwelchen Schuldzuweisungen bezüglich seines Todes. Sie hatte nur einmal gesagt:

»Es gehört sich nicht, dass Kinder eher sterben als die Eltern. Aber Emma, wem soll ich das erklären. Da können wir nichts machen.«

Das Leben mit Agatha wurde herzlich und unzertrennlich. Agatha war früher Hebamme gewesen und genoss seit mehr als fünf Jahrzehnten einen exzellenten Ruf. Sie praktizierte mit ihren fünfundsiebzig Jahren nicht mehr, wurde jedoch immer wieder von Kolleginnen zu Rate gezogen oder von Schwangeren zu Hausgeburten herbeigewünscht, die sich trotz eines von Schwierigkeiten bedrohten Geburtsverlaufes nicht davon abbringen ließen, zu Hause entbinden zu wollen. Die Klinik der Stadt genoss den schlechten Ruf aufgrund von finanziellen Interessen schnell zum Kaiserschnitt zu raten und gerade Erstgebärende in ihrer Angst vorm Wehenschmerz diesbezüglich zu bestärken. Viele Frauen sprachen hinterher von fehlender Menschlichkeit, einem Fließbandbetrieb, in dem das Besondere des Mutterwerdens keinen Platz mehr habe und wollten einen Aufenthalt in der Klinik, leider auch manchmal entgegen jedes Verstandes, umgehen. So kam es, dass Agatha noch regelmäßig bei Geburten half, da es ihrer Ansicht nach noch weniger sinnvoll war, diese Frauen in einer eh schon risikobehafteten Geburt sich selbst zu überlassen. Das hatte zur Folge, dass Emma dreizehn Jahre alt war, als sie der ersten Geburt beiwohnte. Das war weder geplant noch gewollt, doch auch nicht zu verhindern gewesen. Eine Schwangere klingelte mitten in der Nacht an der Tür von Agathas Haus. Als diese öffnete, stand auch Emma bereits, besorgt wegen der unüblichen Störung, mit verschlafenem Blick im Treppenhaus. Sie sah eine junge Frau, mit einem weiten langen Rock bekleidet, in der Tür stehen. Der Rock war vorne angehoben, eine Hand der Frau zwischen die gespreizt stehenden Beine geführt und eine sichtbare Wölbung unterstützend. Das Gesicht der Frau verriet Angst und Emma verstand nicht, weshalb Agatha lächelte. Agatha bedeutete der Frau einzutreten, schloss die Tür hinter ihr und lachte:

»Jetzt kommst du zu mir zur Hilfe, wo du doch das Schlimmste schon selbst geschafft hast? Der Kopf ist ja schon fast geboren!«

Emma verstand die Bedeutung der Worte nicht. Die Frau kam rein und kniete sich, kaum dass sie in der Stube war auf alle Viere und ließ den Kopf auf die aufgestützten Hände sinken, als sich plötzlich ihr ganzer Leib verkrampfte, sie nur noch keuchend atmete und schwer stöhnte. Agatha war hinfort geeilt und kam mit einem Stapel Handtücher wieder. Sie hockte sich hinter die Frau, hob deren Rock an und entblößte sie. Emma, immer noch nicht begreifend, aber gefesselt von dem bisher Erlebten, wich einen Schritt zurück. Ihre Augen waren weit aufgerissen vor Entsetzen und Neugier zugleich. Sie wollte wegschauen, doch sie vermochte nicht den Blick abzuwenden. Emma kannte sich gut mit dem Aussehen des weiblichen Körpers aus. Auch ihre Scham hatte sie sich schon mehrfach genau mit dem Spiegel betrachtet, denn sie musste dem Gerücht eines Jungen aus der Schule nachgehen, der behauptet hatte, dass Mädchen nur eine Körperöffnung hätten, aus der alles käme: Urin, Kot und auch die Babys. Und auch wenn Emma sich vorher schon sicher gewesen war, hatte sie mit ihren Selbsterkundungen Gewissheit erlangt, dass die Behauptungen nicht stimmten. Emma wusste woher die Babys kamen, dennoch hatte sie es bisher nicht geschafft, sich das wirklich vorstellen zu können. Jetzt, da sie auf das Hinterteil der Gebärenden starrte, war sie schockiert von den entstellten Dimensionen des Geschlechtes dieser Frau. Sie war weiterhin auf allen Vieren, der Po in die Höhe gereckt, der Anus klaffte weit und es war etwas Kot sichtbar. Die Vagina spannte sich mit weißer, straffer Haut um den riesigen Kopf des Babys, umrahmt von dem Ansatz rotbehaarter Schamlippen. Es war für Emma eine Sache der Unglaublichkeit, dass eine Körperöffnung, in der bei ihr gerade mal der kleine Finger passte, solch eine Größe annehmen konnte. Emma hatte den Test mit dem Finger gemacht, um auszuschließen, dass es doch eine Verbindung zum After gab. Als sie in sich einen warm weichen Widerstand gespürt hatte, der bedeutete, dass der Tunnel zu Ende sei, wusste sie mit Gewissheit, dass der Junge keine Ahnung hatte und sie hatte es sich nicht verkneifen können, ihn das in der Hofpause am nächsten Tag wissen zu lassen.

Emma sah ihre Großmutter den Damm umgreifen. Ihr war sofort verständlich, was sie damit bezweckte. Die Frau schrie in einer Wehe auf und gebar mit dem Schrei den restlichen Kopf des Kindes. Starr auf das Geschehen blickend, begriff Emma erst jetzt wirklich, dass ein Mensch geboren wurde. Mit den zwei nächsten Wehen kamen die Schultern zum Vorschein, woraufhin der Rand der Vagina wieder Farbe annahm und sich entspannte. Kaum hatte Emma das erblickt, schlüpfte unter leichtem Zug und einer geschickt führenden Bewegung von Agathas Händen der Rest des Körpers hervor. War der erste Teil der Geburt ein Drängen, Dehnen und Weiten, das bereits vom Ansehen her unheimlich und nahezu unvorstellbar schmerzhaft aussah, so war die Geburt des restlichen Körpers eher ein Herausrutschen, ein Schlüpfen. Emmas Blick war vorerst weiter auf die nun schlaffe Vulva gerichtet aus der etwas Blaues hing. Diesem wulstigen Ding mit dem Blick folgend war ihr klar, dass es die Nabelschnur war. Erst dann erblickte sie das Baby. Ein kleiner Mensch. Und sie war sich sicher einem Wunder beigewohnt zu haben.

Agatha trocknete das Kind, unterband und durchtrennte die Nabelschnur und legte es der Mutter, die nun mit weit geöffneten Beinen auf dem Rücken lag, an den Busen. Als die Frau nochmal verkrampft aufstöhnte, glitt Emmas Blick gleich wieder zwischen deren Beine und erwartete vielleicht ein zweites Köpfchen zu sehen. Mit der Nachgeburt hatte sie nicht gerechnet, denn dieses Kapitel der Geburt war bisher sowohl in der Schule als auch bei Erzählungen in der Verwandtschaft nach Familienzuwachs unterschlagen worden. Die Großmutter begutachtete diesen Klumpen genau und die innerliche Liste an Fragen, die Emma Agatha später stellen musste, wurde minütlich länger. Die Frau blieb bis zum nächsten Morgen und Emma begriff nicht, weshalb es ihr nach all dem Schmerz so gut gehen konnte. Doch als Emma die kleine neugeborene Anna dann halten durfte, da bekam sie eine Ahnung von dem Glücksgefühl, mit dem die Natur die Erinnerung an den Schmerz der Geburt einer Frau zu betäuben vermochte.

Agatha brachte Emma um acht Uhr morgens mit rot übernächtigten Augen ins Bett. Emma kämpfte, sie offen zu halten, als Agatha sie zudeckte und sagte:

»Schlaf ein bisschen. Ich verspreche dir, dass du mich auch später alles fragen darfst, was dich beschäftigt. Doch damit du auch alle Antworten verstehst, muss der Kopf ausgeschlafen sein.«

Sie küsste Emma auf die Stirn und verließ das Zimmer. Nach einem traumlosen Schlaf erwachte Emma mit dem Duft frisch gebackenen Schokoladenkuchens in der Nase, wie er nur duften konnte, wenn er gerade aus dem Backofen genommen wurde. Sie lauschte auf das Tun der Großmutter und genoss den Duft des Kuchens, der nun zum schnelleren Abkühlen auf der Terrasse der Herbstluft ausgesetzt wurde. Die Vorstellung, heute noch Schokoladenkuchen essen zu dürfen und dazu ein Glas eiskalte Milch zu trinken, ließ Emma das Wasser im Mund zusammenlaufen. Die Vorfreude belebte ihre Geister, das Erlebte der Nacht kam ihr wieder in den Sinn und eine Unruhe befiel sie, der Tag könne zur Beantwortung all ihrer Fragen nicht mehr ausreichen, sodass sie schnell das Bett verließ. Kaum bewegte sie sich, wurde Emma innerlich wieder ruhig. Es gab keinen Grund zu eilen. Agatha hatte versprochen ihr alle Fragen zu beantworten und sie hatte ihre Versprechen bisher immer gehalten. Generell war sie verlässlich. Ihr Auftreten hatte im Verlauf der Jahre eine Wandlung erfahren. Als Emma noch mit Vater und Mutter lebte, hatte Agatha eine Nebenrolle im Leben der Familie gehabt. Sie schmiegte ihr Dasein an das Leben und die Gewohnheiten der anderen an. Sie fiel nicht auf, war eher die Kuchen backende Oma im Hintergrund. Doch seit Auguste ihre Tochter verlassen hatte, nahm Agatha eine mütterliche Großmutterrolle ein, die sie wehrhaft machte und keinen Anschein mehr von der beginnenden Zerbrechlichkeit des Älterwerdens hatte. Sie vereinte Stabilität und Führungskraft nach klaren Regeln mit bedingungsloser Liebe und Nachsichtigkeit. Als Emmas Vater starb wurde Agatha plötzlich sichtbar, als habe sie vorausgeahnt, dass Emmas Mutter unfähig sein werde, mit ihrer Tochter allein weiterzuleben.

Agatha war davon beeindruckt, dass Emma den Schuldzuweisungen ihrer Mutter, was den Tod des Vaters betraf, nicht zugänglich war. Sie dachte bei sich, dass Auguste vielleicht geblieben wäre, wenn Emma die Schuld angenommen hätte und sie ihr irgendwann theatralisch und wortreich hätte verzeihen können. Doch wie soll man jemandem verzeihen, wenn keine Einsicht einer Schuld besteht? Das machte Auguste hilflos, denn gab es ohne Schuldannahme auch keinen Ansatz für Versöhnung. Eine Versöhnung, deren Notwendigkeit Emma genauso wenig verstand, wie die Tatsache, dass sie von ihrer Mutter verlassen wurde. Emma war mit der Fähigkeit gesegnet, mit dem Unabänderlichen nicht lange zu hadern, sondern lebte auf der Basis der veränderten Umstände frei von Zorn weiter. Das hieß nicht, dass Emma alles wehrlos hinnahm. Aber sie verstand, dass es Zeitpunkte gab, da ein krampfhaftes Verändern-Wollen der Umstände nur vergeudete Energie bedeutete. Für viele Veränderungen gab es eine zweite Chance, die dann weniger Kraftaufwand erforderten. Dieses Vertrauen auf bessere Zeiten ersparte Emma viele Anstrengungen und ernüchternde Erfahrungen, die ihr die Minderwertigkeit des eigenen Strebens vor Augen geführt hätten. Doch eben diese besondere Ruhe, Umstände erstmal hinzunehmen, schenkten Emma vom Kindergarten an bis ins Arbeitsleben eine Außenseiterrolle. Sie vermochte es einfach nicht sich mit anderen gemeinsam über, wie sie es nannte, unabänderliche Schwachsinnigkeiten aufzuregen. Sie hasste es, wenn andere wieder und wieder viele Worte über Geschehenes oder bestehende Umstände machten. Jeder wiederholte die Worte des anderen, echauffierte sich und änderte damit an den Tatsachen nichts. Emma bekam den Stempel, arrogant über den Dingen zu stehen. Sie wurde nie Teil einer Clique, denn sie hatte den Eindruck da eher der Spielverderber zu sein, wenn sie mit ihren Ansichten aufwartete. Sie hatte stets nur vereinzelte Freundschaften, pflegte diese jedoch intensiv.

Noch bevor ihr Vater gestorben war, hatte Agatha ihr einmal bei einem Spaziergang gesagt, dass sie im Leben darauf Acht geben müsse, nie ganz allein zu sein. Sie sagte:

»Wenn jeder Mensch auf der Welt sich auch nur um einen anderen Menschen kümmern würde, dann hätten wir viel weniger Not, denn keiner wäre allein.«

Emma fand die Worte einleuchtend und als sie in der fünften Klasse war und Rachel kurz nach Schuljahresbeginn in ihre Klasse versetzt wurde, da spürte sie nach kurzer Zeit, dass sich zwischen ihr und diesem Mädchen ein besonderes Band entwickeln würde, wenn sie sich einander nur annäherten.

Rachel war in sich gekehrt und wirkte unsicher. Sie stieß mit diesem Auftreten von Anfang an auf Ablehnung bei den Mitschülern und Emma war klar, dass Rachel lange nicht den ersten Schritt auf irgendjemanden zu machen würde, um Anschluss zu finden. Rachel war zwei Jahre älter und erntete allein deshalb Spott. Dabei fragte sie niemand, weshalb sie zweimal zurückgestuft worden war. Nach einer kurzen Phase des zurückhaltenden Beobachtens lief alles ganz klassisch ab, so, wie man es sich in einem Film vorstellen würde: Emma bot Rachel nach drei Tagen den leeren Platz neben sich an, denn Rachel wanderte von einem neuen Tischnachbarn zum nächsten, nachdem ihr nach der Hofpause das Platznehmen am eben erst bezogenen Tisch verwehrt worden war. Die Klasse machte sich daraus einen Spaß. Emma kannte die Rolle der Verstoßenen nur zu gut. Auch sie hatte es sich nicht ausgesucht allein zu sitzen. Als Emma den Stuhl neben sich zurückzog und Rachel herwinkte, huschte ein kurzes Lächeln über Rachels Gesicht. Dann verband beide vorerst ein vorsichtiges Schweigen. Am fünften Tag schob Rachel ihr während der Mathestunde einen Zettel unters Heft. Diesen bewahrte Emma in dem Schuhkarton ihrer Habseligkeiten noch als Erwachsene auf. Auf ihm stand:

»Hallo Emma.

Es ist schön neben dir zu sitzen, denn ich merke, dass du mich nicht doof findest. Danke.

Deine Rachel«

Zwischen Emma und Rachel begann ein zunächst allmählicher, dann reger Wechsel mit Zettelbriefchen. Einmal wurde Emma von der Lehrerin erwischt und bekam einen Eintrag ins Klassenbuch. Doch auch, wenn sie darüber erst erschreckt war, ertappt worden zu sein, so gewann das Gefühl des Stolzes. Sie kam an diesem Tag heim und sagte beim Abendbrot:

»Heute war ich endlich mal wie die anderen. Ich war cool! Ich hatte Ärger mit der Lehrerin!«

Emmas Mutter reagierte mit fragendem Blick, der Vater grinste und die Großmutter, die an diesem Abend zu Besuch war und noch nichts davon ahnte, dass sie bald Emmas Hauptbezugsperson werden würde, erfuhr heimlich als Erste etwas von Rachel. Sie sagte zu Emma:

»Ja, mein Kind. Dieses Mädchen ist dabei deine Freundin zu werden, auch wenn ihr euch beide noch so gut wie gar nicht kennt!«

So sollte es werden. Emma und Rachel wurden unzertrennlich.

Im Laufe der Zeit kannten sie sich in- und auswendig. Als Emma den Grund erfuhr, weshalb Rachel zwei Klassen zurückgestuft worden war, knüpfte dies ein schwesterliches Band, denn war dies Rachels großes Geheimnis, für das sie sich schämte. Sie hatte, als sie zehn Jahre alt war, während des Sportunterrichts plötzlich Schmerzen im Oberschenkel verspürt. Kaum drei Wochen später war die Diagnose eines bösartigen Knochenkrebses gestellt worden, der durch Operation, Chemotherapie und Bestrahlung behandelt worden war. Dadurch hatte sie lange Zeit in der Schule gefehlt. Erst nach zwei Schuljahren war sie endlich wieder gesund genug, um wie ein normales Mädchen zur Schule zu gehen. Doch in eine Klasse zu kommen, in der man zwei Jahre älter als alle anderen war, doch im Vergleich zu den jüngeren Mitschülern viel zerbrechlicher aussah, bescherte ihr alles andere als ein normales Leben. Rachels Eltern brauchten mehrere Monate, um zu akzeptieren, dass sie eine Freundin hatte. Sie hatten Angst, dass ihre Tochter, die schon so viele Schmerzen durchleben und Zurückweisungen durch andere Kinder hatte erfahren müssen, erneut enttäuscht werden könnte. Sie wollten sie beschützen. Daher kam es einem Feiertag gleich, als Emma zum ersten Mal zu Rachel nach Hause kommen und mit ihr spielen durfte. Bisher waren die Eltern der Meinung, dass es reichen würde, wenn sich Schulfreundinnen in der Schule sahen, doch das reichte aus Sicht der Freundinnen bei Weitem nicht aus. Rachel öffnete die Haustür und begrüßte Emma mit den Worten:

»Willkommen im goldenen Käfig! Du bist die Erste, die hier reindarf, seitdem der Krebs ausgezogen ist!«

Rachels Zimmer wirkte ungemütlich, irgendwie steril. Emma konnte nicht verbergen, dass ihr das Zimmer so nicht gefiel und rannte mit ihrer gerümpften Nase bei Rachel offene Türen ein. Rachel hatte es bisher weder an Ideen noch an Kreativität gefehlt, um das Zimmer zu verändern, doch mit Emmas Unterstützung hatte sie nun auch genügend Mut, was sie strahlen ließ. Den Eltern hätte es von Anfang an klar sein müssen, dass ihr Widerstand durch die fröhliche Veränderung ihrer Tochter bald gebrochen werden würde, doch anfangs zeterten sie hartnäckig, dass so viel Unordnung in das vormals desinfizierte Leben ihrer Tochter einzog. Da Emma die Sorge der Eltern verstehen konnte, beschloss sie mit Rachel den sanften Weg der Veränderung, denn steter Tropfen höhlte den Stein. Es bedurfte keiner zerstörerischen Flut. Mit der Zeit ließen die Eltern Emma in ihr Haus und Herz und sollten es nicht bereuen. Es war, als hätten sie eine zweite Tochter gewonnen. Die Schuljahre kamen und gingen. Das Leben gewann an Normalität und der Raum der Aufmerksamkeit, den vormals die Krankheit eingenommen hatte, wurde dem Teenagerdasein freigegeben. Die Tage, an denen Rachel zur Krebsnachsorge gehen musste, unterbrachen das Gefühl des Normalen und erinnerten an die schlimme Zeit. Doch bei immer gutem Ergebnis war es bald nur noch eine kurze Zeit des Bangens, gefolgt von einem Kinobesuch, Eis essen oder Grillabend zur Freude des Tages.

Als Rachel das erste Mal Schmerzen im Brustkorb verspürt hatte, dachte sie, sich nur beim Sport verzerrt zu haben. Denn in der Zeit, in der Emma mit Rachel fürs Abitur lernte, zwangen sich beide ein körperliches Sportprogramm zu absolvieren, um nicht gänzlich vor den Büchern zu sitzen und vor lauter Knabbereien dicker zu werden. Jeden Tag machten sie irgendeine Art von Sport, ob Schwimmen, Joggen oder Eis essen gehen. Sie verließen im Jogginganzug das Haus, was Abbild ihrer durchaus ernsten Absichten und des guten Willens war. Doch wie es enden würde, vermochten sie nicht immer vorherzusagen. An schlechten Tagen galt es bereits als Sporteinheit zur Eisdiele oder in Richtung Kino gejoggt zu sein, um dann in Teenagermanier abzuhängen und sich für den Sportwillen mit Eis oder Popcorn zu belohnen. Als beide drei Tage nach dem Auftreten der ersten Schmerzen tatsächlich die Absicht hatten joggen zu gehen, war Rachel nach wenigen hundert Metern aus der Puste. Erst wollte Emma scherzen, dass sich da wohl das Eis der letzten Woche bemerkbar machte, doch als sie Rachel ins Gesicht sah, begriff sie die Not.

Nach ein paar Minuten der Pause erholte sich Rachel und grinste schief, doch beide befiel eine stille Angst. Sie spürten, dass hier nichts Banales vor sich ging und so vertrauten sie sich rasch Rachels Eltern an. Diese verfielen in einen Zustand zwischen Schockstarre und Panik. Die letzten Jahre hatten sie lernen müssen, in Rachel wieder ein gesundes Mädchen zu sehen, dass ihr Leben nun endlich auch leben durfte. Sie hatten aufgehört, sie in einem Kokon behüten zu wollen und nun, kaum dass sie es zugelassen und Sicherheit mit diesem normalen Leben gewonnen hatten, schnappte die Falle der Angst zu. Schmerzliche Erinnerungen an den bereits hinter ihnen liegenden Kampf gegen den Krebs tauchten auf und paarten sich mit der Horrorvorstellung der Wiederholung. Kampfgeist und Aktionismus, Mut und Zuversicht wechselten mit dem unerträglichen Gedanken, bereits verloren zu haben. Und dieser Gedanke schnürte allen die Kehle zu und zermalmte das Herz in einem eisernen Griff, der körperliche Schmerzen zufügte. Rachel bestand darauf, dass Emma sie zum Arzt begleitete, was die Eltern ohne Diskussion akzeptierten, denn sie vertrauten dem Instinkt ihres Kindes.

Am nächsten Tag gingen sie zum Arzt. Dieser wies Rachel mit dem Verdacht auf Vorliegen von Wasser zwischen Brustkorbwand und rechter Lunge umgehend in die Klinik ein. Der Verdacht bestätigte sich und rasch war klar, dass die Ursache für das Wasser Krebsgeschwüre in Lunge und Rippenfell waren. Rachel reagierte zunächst ganz nüchtern und wünschte sich ein Einzelzimmer mit Zustellbett, was unausgesprochen besiegelte, dass Emma nicht mehr von ihrer Seite weichen würde. Mit jedem Tag weiterer Diagnostik wurde klarer, dass sich der Krebs in Rachels ganzem Körper ausgebreitet hatte. Selbst im Gehirn waren schon drei kleine Herde sichtbar.

Mit der Diagnose überschlugen sich die Ereignisse und zugleich stand das Leben wie im Schock still. Die Wahrheit über die Rückkehr des Krebses war kaum im Bewusstsein der Familie angekommen, da gab die Aussage, dass einer weiteren Chemotherapie sowie die Bestrahlungstherapie des Gehirns keine Hoffnung auf Heilung zugesprochen werden könne, Antworten auf Fragen, die sich niemand getraut hatte zu stellen. Eine Chemotherapie würde Zeit verschaffen. Und das auch nur im besten Fall. Während Rachels Eltern für einen Kampf um jede Lebensminute bereit waren, stellte Rachel früh die Frage, was ein Mehr an Lebenszeit bedeutete, wenn man sie damit verbrachte, die zum Teil kaum erträglichen Nebenwirkungen der Therapien zu ertragen. Diese Frage verlangte nach einer Antwort, die von allen Gefragten, ob Ärzten, Pflegern, Emma oder Rachels Eltern mit einem stummen Blick zum Boden am ehrlichsten beantwortet wurde. Die Antwort lag auf der Hand. Niemand wollte, dass Rachel leiden musste, wenn sie den Weg damit nur verlängerte, ohne die Hoffnung haben zu dürfen, dass sich das Leiden lohne, um den Krebs zu vertreiben oder zumindest im Zaum zu halten. Doch gleichzeitig besaß eine derartige Entscheidung eine Endgültigkeit, die das Herz zerriss. Dem Wasser im Brustkorb, welches das Atmen behinderte, würde man Herr werden, indem man es punktierte. Doch da dessen Wiederkehr gewiss war, weil die Ursache nicht zu beseitigen wäre und man immer wieder würde stechen müssen, mit mal weniger und mal mehr Tagen Pause, entschloss sich Rachel für die Anlage einer Drainage, die es möglich machte, täglich, wenn notwendig mehrmals, die Flüssigkeit mit einem Ventil abzulassen.

Rachel führte mit sich einen Kampf. Sie wusste, wie schwer es war die Chemotherapien zu ertragen und sie fühlte, dass die Ablehnung der Therapie ihr zwar Lebenszeit rauben, aber Kraft erhalten würde. Die Vorstellung jedoch, den Kampf nicht versucht zu haben, quälte sie. Wie konnte sie es ihren Eltern zumuten, die ihr bisher so sehr beigestanden, sie unterstützt und auf die Normalität ihres eigenen Lebens in den Jahren der Krankheit verzichtet hatten, zuzusehen, wie die eigene Tochter aufgibt? So kam sie zu dem Entschluss, einen Zyklus der Chemotherapie zu versuchen, mehr für ihre Eltern als für sich. Emma vertraute sich ihrer Großmutter an und bat sie, sich für den Rest des Schuljahres beurlauben lassen zu dürfen. Sie konnte nicht Abitur machen, während sie gleichzeitig die wichtigste Reifeprüfung ihres Lebens bestehen musste. Für Agatha gab es keine Sekunde des Einwandes. Sie kannte Emmas sture Entschlossenheit und erkannte beim Blick in ihre Augen, welche Angst in diesem Mädchenherzen wohnte, doch auch welch Mut, nicht wegzugehen, sondern zu bleiben. Es auszuhalten, weil es aus ihrer Sicht keine Alternative gab. Was war schon ein verpasstes Schuljahr?

Der Rest vom Jahr wurde zu einer Zeit voller Leben und Abschied. Ein Jahresrest, der gleichzeitig der Rest ihres gemeinsamen Lebens sein würde. Nachdem Rachel den ersten Zyklus der Chemotherapie überraschend gut verkraftet hatte und sah, wie ihre Eltern vor lauter Hoffnung weinten, da trat sie auch den zweiten Zyklus an, unter dem sie litt und abends in Emmas Armen weinte und laut bat, das alles nicht mehr ertragen zu müssen. Ihre Mundschleimhaut, der Rachen, die Speiseröhre und der Darm wurden wund, schmerzten, bluteten und machten eine Nahrungsaufnahme fast unmöglich. Emma bewies Kreativität, wenn es darum ging verschiedene Speisen mit einer betäubenden Lösung zu vermengen, sodass Rachel wenigstens irgendetwas zu sich nahm. So wurde für eine Woche Vanilleeis mit Xylocain, das sie bald Xyloeis nannten, das Einzige, was halbwegs zu essen war. Mit Rachels nicht zu übersehendem Leiden zerbrach die so tapfer erschaffene Hoffnung der Eltern auf einen Erfolg der Therapie. Zu sehen, dass die Therapie das eh schon zeitlich greifbar bemessene Leben ihrer Tochter zerstörte, ließ sie stumm die Entscheidung ertragen, dass Rachel die Fortsetzung der Chemotherapie verweigerte.

Emma begriff, dass Rachel sterben würde. Sie fand die Welt scheiße und ungerecht. Zum ersten Mal im Leben haderte Emma mit der Unabänderlichkeit der Dinge. Sie würde in ihrem Leben alles akzeptieren, dass versprach sie abends dem Himmel, wenn sie doch bitte nur nicht Rachel verlieren müsste. Rachel und Emma durchlebten die Wut und die Trauer gemeinsam. Sie schmiedeten Pläne, surften im Internet nach alternativen Heilmethoden, weinten zusammen und schliefen erschöpft aneinander ein. Sie redeten über das, was wohl nach dem Leben kommen würde. Sie debattierten, ob ein »danach« zugleich ein »davor« bedeuten könne. Oder ob das Leben, dass sie glaubten gerade zu führen in Wirklichkeit ein Traum war, aus dem man, wenn man starb, erwachte. Sie einigten sich darauf, dass, falls an der Schutzengelsache was dran sein sollte, Rachel in Zukunft Emmas Schutzengel werden würde und sie machten ein Zeichen aus, um dann einander zu erkennen und sich zu signalisieren, dass alles nach Plan laufe.

»Emma, wenn ich bei dir bin, dann mache ich, dass du Folgendes spürst«, sagte Rachel und nährte sich mit den Lippen Emmas Nacken, atmete langsam, ohne die Haut zu berühren, küsste sie unterhalb des Haaransatzes, stupste mit der Zunge kurz frech die Haut und pustete diese feuchte Stelle zart an, sodass Emma eine Gänsehaut über den Rücken lief. Das sollte das Zeichen sein. Sie lachten weinend und umarmten sich.

Zu sehen, wie Rachel immer schwächer wurde, die Drainage stets neue Flüssigkeit aus ihrem Brustkorb förderte, die erst allmählich weniger wurde, als Rachel kaum noch etwas trank – der Appetit war schon seit zwei Wochen gewichen – war schmerzhaft, kaum erträglich und doch war es das Einzige, was Emma begreifen ließ, dass Sterben notwendig war, um die Not zu beenden. Emma war in ihren Gefühlen zerrissen, denn niemals hätte sie Rachel den Tod gewünscht und tat es nun doch. Aus dem anfänglich kaum auszuhaltenden Gefühl, den Tod akzeptieren zu müssen, wurde das Gefühl, ihn willkommen zu heißen. War das der Wunsch nach Gnade für Rachel oder Zeichen ihrer eigenen Schwäche, Rachels Sterben mit anzusehen? Sie schwankte zwischen Selbstabscheu und Selbstverständnis. Ähnlich erging es Rachels Eltern, die es vor lauter Angst, ihr Kind nicht richtig versorgen zu können, nicht schafften Rachel aus dem Krankenhaus zum Sterben nach Hause zu holen.

An dem Morgen an dem Rachel starb war die Welt still. Der Schnee hatte dafür gesorgt, dass die störende geschäftige Welt in dumpfen Tönen vor dem Fenster des Krankenzimmers verstummte. Emma hatte sich bereits die ganze Nacht an die Atempausen von Rachel gewöhnt, lag mit in ihrem Bett, an ihre Seite gekuschelt. Als nach einer der vielen Atempausen kein erneutes Luftholen folgte, formte sich ein stummer Schrei in Emmas Kehle und sie weinte still, während sie sich an Rachel klammerte. Erst nach vielen Minuten, in denen die Hoffnung auf einen erneuten Atemzug endgültig erstorben war, auch die unruhigen Herzschläge still wurden, hob Emma den Kopf, streichelte Rachels Gesicht und sie sah im Licht der Straßenlaterne erstmals seit so langer Zeit den früher so gewohnten Ausdruck von Lässigkeit. Rachel war gegangen und dennoch wirkte ihr Gesicht jetzt erst wieder lebendig, befreit von der Last des Ertragen-Müssens. Emma empfand die Gnade des Todes. Rachel war bereit gewesen. Auch wenn sie lieber gelebt hätte, so nicht länger auf diese qualvolle Art. Der Tod war für die, die er mitnahm kein Ungeheuer. Nur für die, die dableiben und den Verlust akzeptieren mussten, war er ungeheuerlich.

Emma kam an jenem Abend heim, fühlte sich voll von Leere, einerseits untröstlich aufgebracht vor Schmerz und andererseits ruhig durch das Wissen, dass Rachels Leiden geendet hatte. Agatha nahm sie stumm in den Arm. An der Brust der Großmutter lehnend flüsterte Emma mit von Tränen erstickter Stimme:

»Ich hatte diesen einen Menschen. Den einen, auf den ich Acht geben wollte! Und nun?«

Agatha hielt sie fest und wusste, dass jede Antwort falsch oder zumindest unvollständig oder nicht tröstend war, doch sie sagte: »Das hast du, mein Kind! Du hast auf sie Acht gegeben!«

Mehr sprachen sie an diesem Abend nicht. Emma haderte in der folgenden Zeit mit allem auf der Welt. Sie hatte nie zuvor einen derartigen Schmerz gespürt. Neben dem Gefühl der universellen Ungerechtigkeit, dass es überhaupt zugelassen wurde, dass Rachel so jung starb – starb, trotz allem, was sie an Kampf auf sich genommen hatte – und dem Gefühl des Verlustes, stellte sich nach einer Woche des Weinens ein anderes Gefühl ein, dass ihr noch mehr abverlangte. Es war ein Gefühl, dass sie bereits einmal, unmittelbar nach dem Verhauchen des letzten Atemzuges empfunden, dann jedoch verscheucht hatte. In dem Moment, als Rachel starb, oder besser, das Sterben beendete, denn das Sterben an sich war schon seit Wochen im Gange, da fühlte es sich in Ordnung an. Das Aufhören der Atmung bedeutete auch das Ende der

Kurzatmigkeit und Atemnot. Jetzt, da ihr Herz nicht mehr schlug, kein Blut mehr floss, wurde auch der Krebs nicht mehr mit Nährstoffen versorgt. Er hatte sich selbst das Wasser abgegraben. Er hatte wie ein Parasit seinen Wirt zerstört und damit auch unumkehrbar sein eigenes Ende besiegelt, der dumme Idiot. Hatte Rachel durch das Sterben nicht letztlich den Krebs besiegt? Emma schämte sich für diese Empfindung und für die Gedanken, denn sie hatte Angst, dass diese ihr nur ein gutes Gewissen einredeten, obwohl sie eigentlich ein Zeichen von mangelnder Liebe waren. Doch immer wieder erinnerte sie sich an die letzte Phase des Sterbens und fand den gleichen Trost.

Der letzte Lebenstag von Rachel war von Unruhe geprägt gewesen. Obwohl sie eigentlich für alle körperlichen Bewegungen zu schwach war, hatte sie einen Bewegungsdrang in sich. Die Hände griffen ständig nach etwas, sie wollte hingesetzt werden, saß sie dann, war das auch nicht gut und sie wollte wieder liegen. Nichts war für länger als wenige Minuten gut. Oder vielleicht war genau die Summe aller Positionswechsel am Ende doch genau richtig gewesen. Emma hatte sich am Abend neben Rachel ins Bett gelegt und ihre Hand genommen. Und während sie ihr Erlebnisse aus ihren gemeinsamen Jahren erzählte, bewegte sie ihre Hand und den Unterarm und ließ Rachel intuitiv den Fluss ihrer Erzählungen als Bewegung spüren, so, als gestikulierten sie gemeinsam. Emma spürte, dass Rachels Drang sich zu bewegen dadurch etwas gemildert wurde. Sie schaute angestrengt mit weit geöffneten Augen ins Leere, so, als könne sie Emmas Erzählungen als Film vor sich sehen. Ihre Atmung ging schnell. Erst, als sie der Schwere ihrer Augenlider nachgab, atmete sie ruhiger. Mit der Ruhe kamen die Atempausen. Ihr Körper entspannte sich und in ihrem Gesicht lag irgendetwas Verschmitztes. Etwas, das Emma nicht erwartet hatte, in einer so ernsten und traurigen Situation zu entdecken. Rachels Gesichtsausdruck hatte fast etwas Schelmisches. So, als habe sie einen Vorsprung gegenüber den noch nicht sterbenden Menschen und sehe etwas, das den anderen verborgen war.

Rachels letzter Atemzug war nur noch eine Bewegung ihres Mundes. Ein leichtes Öffnen, ein Bewegen der Lippen, wie ein Luftschnappen, doch ganz ohne Eile, oder so, wie wenn jemand zum Sprechen ansetzt, aber dann doch nichts sagt. Vielleicht geschah es automatisch, von den tiefsten Hirnfunktionen angetrieben, den gleichen, die nach der Geburt befahlen, mit dem Atmen zu beginnen. Rachels Brustkorb bewegte sich bei diesem Atemzug nicht mehr. Es schien sich rasch von einer Körperzelle zur anderen rumzusprechen, dass man seine Arbeit nicht mehr in den Dienst des Organismus stellen brauchte, weil das Große und Ganze zu existieren aufgehört hatte. Es folgte eine letzte Bewegung durch Rachels Lippen, dann war das sichtbare Leben erloschen. Das, was Emma im Nachhinein irritierte, war, dass bevor das Gefühl von Trauer über sie hereinbrach und sich die Abgründe des Verlustes und des Vermissens vor ihr auftaten, Stille und Frieden in ihr herrschte. Für einen kurzen Moment schien alles im Gleichgewicht. Rachel sah unversehrt und wunderschön, ja, federleicht aus. Vielleicht spiegelte ihr schelmischer Gesichtsausdruck jenen Moment wider, da sie dem Tod begegnete und ihn entgegen seiner Erwartungen nicht mit Abscheu begrüßte, sondern ihn anlächelte und willkommen hieß. Willkommen, weil das Leben zu schwer geworden war. Rachel hatte zu Emma gesagt:

»Und wenn die Chemo nicht wirkt, dann ist Sterben eben mein Plan B. Viel Schlimmeres als Schmerzen, Luftnot, Haarausfall und Kotzen, kann dem schwarzen Gesellen auch nicht einfallen. Also kann es mal von dem Aspekt her nur besser werden. Aber dass ich mit dir dieses Abenteuer nicht teilen kann, das ist scheiße! Hey, aber nicht, dass du jetzt denkst, ich will, dass du auch tot bist! Nee! Lass dir bloß nicht einfallen vor deinem Hundertsten da oben aufzukreuzen! Ha! Das wird irre: ich, die ewig Junge und du klapperst mit deinem Rollator durch das Himmelstor!«

Beide mussten kräftig lachen. Sie hatten bis zum Tag von Rachels Sterben so viel gelacht und geweint, dass sie leer waren und nur noch beieinander lagen. Sie hatten alles beweint, was es zu vermissen galt. Für Rachel war der größte Schmerz, niemals einen Freund gehabt zu haben. Sie hatte sich so auf ihren ersten Kuss gefreut und davon geträumt, dass die Spuren der Krankheit von einem Jungen übersehen werden würden und er sie schön finden könnte. Emma wusste was Rachel beweinte, wenn sie nachts im Schein der Straßenlaterne, von ihrem Matratzenlager rüber zu ihr schaute und sie mit offenen, feucht glitzernden Augen liegen sah. Zwei Wochen vor ihrem Tod hörte sie Rachel nachts schluchzen und legte sich zu ihr ins Bett. Nachdem das Weinen verebbt war, fragte Rachel:

»Du, darf ich dich um was Blödes bitten?«

»Klar«, antwortete Emma, »wozu sonst hast du eine beste Freundin?«

Rachel bat um einen einzigen Kuss. Sie wollte einmal spüren, wie es sich anfühlte, wenn Lippen einander liebkosen. Emma setzte sich im Bett auf:

»Na, endlich! Ich dachte, du fragst nie?!«

Rachel war schockiert: »Echt jetzt?«

Emma gackerte: »Natürlich nicht, du blöde Kuh. Aber dich kurz sprachlos zu machen, war es wert!«

Sie küssten sich vorsichtig auf die Lippen, vielleicht über eine halbe Minute, wieder und wieder, und für Emma war es die sanfteste Empfindung, die sie bisher erleben durfte. Nach dem Kusse öffnete Rachel wieder ihre Augen:

»Wow! Sei froh, dass du kein Kerl bist! Dich würde ich anbaggern!« und wischte mit diesem Satz die zärtliche Melancholie des Momentes fort.

Als Emma Jahre zuvor ihre erste Geburt miterlebt hatte, vom Schokoladenkuchenduft in der Küche geweckt worden war und sie dem Gespräch mit ihrer Großmutter entgegenfieberte, hatte sie eine erste Ahnung vom Geborenwerden, doch noch keine vom Sterben. Und sie hatte schon gar keine Ahnung davon, wie nah beides beieinander liegen konnte, dass mitunter nur ein einziger nicht getaner Atemzug darüber zu entscheiden vermochte. Emma erfuhr von Agatha an diesem Abend das Wichtigste über Mann, Frau, Sex und Fortpflanzung und vergaß darüber ihre eigenen Fragen. Alles was sie erfuhr war so spannend, anziehend und abstoßend zugleich. Bei allem, was sie bei der Geburt gesehen und an Schmerzensäußerungen gehört hatte, verstand sie nicht, dass sich eine Frau bereitwillig dazu entschloss, schwanger zu werden und ein Kind auf die Welt bringen zu wollen. Dennoch zog das Erleben dieses Wunders Emma von da an magisch an und sie begleitete Agatha zu Hausbesuchen, bei denen sie die Mütter vor und nach Geburten untersuchte und beriet. Mit der Zeit ergab es sich immer häufiger, dass Emma als Helferin der alten Agatha akzeptiert wurde und auch bei der Geburt anwesend sein durfte. Sie erlebte diesen Moment des auf die Welt Kommens stets mit großer Ehrfurcht.

Emma war sechzehn Jahre alt, als sie mit ihrer Großmutter an einem Winterabend zu Marlen aufbrach, einer einundzwanzigjährigen Schwangeren, die Agatha zufällig kennengelernt hatte. Marlen arbeitete, wie man sie hier salopp nannte, in der Straße der verlorenen Seelen. Eine der vier Straßen der Stadt, die dem Rotlichtviertel angehörten. Die anderen drei Straßen hatten keinen besonderen Namen. Die Straße der verlorenen Seelen hieß so, weil hier Sex noch billiger und bedingungsloser war, da sie ausschließlich des Finanzierens einer Sucht diente, vornehmlich der von Heroin. Agatha wählte regelmäßig diese Straße auf ihrem Heimweg, um ihrem innerlich auferlegten Teil an Sozialarbeit nachzukommen, von dem sie keinen Menschen freisprach. Sie war der Ansicht, dass jeder einen kleinen Beitrag für das Gute auf dieser Welt leisten konnte, ob er nun vermögend war oder nicht. Ob für Pflanzen, Tiere oder Menschen, machte für sie keinen Unterschied, da alles gemeinsam auf einem Planeten lebte. Egal wem, wo und wie man half, es war gut und darauf kam es an, schließlich hing ja doch alles irgendwie zusammen und so hatte alles einen Nutzen. Sie hielt es wie George Marshall, der sagte: »Kleine Taten, die man ausführt, sind besser als große, die man plant.« Agatha war gern in der Straße der verlorenen Seelen, denn eine verlorene Seele hatte sie dort noch nie kennengelernt. Mal lud sie ein Mädchen spontan auf Kaffee und Kuchen ins benachbarte Café ein. Mal verschenkte sie eine Tüte Hundefutter an eine Frau, die sie schon länger kannte und die sich, nachdem sie das Leben gelehrt hat, dass die meisten Enttäuschungen und Verletzungen von anderen Menschen ausgingen, Essen und Bett mit ihrem Vertrauten und Beschützer, Louis, ihrem Hund, teilte. Traf Agatha eine der Frauen im Lebensmittelgeschäft, spendierte sie den Einkauf und half damit bodenständig. Im Winter verteilte sie Handschuhe, Schals und Mützen, die sie übers Jahr gestrickt hatte.

Marlen hatte sie vor wenigen Wochen im Vorrübergehen auf der Straße kennengelernt, als deren Bauch bereits die fortgeschrittene Schwangerschaft verriet. Agatha war bei dem Anblick erschüttert, konnte jedoch das Ausmaß ihrer Betroffenheit professionell verbergen, denn ein Zuviel an Emotion konnte beim Aufbau einer Verbundenheit hinderlich sein. Diese Frauen hier waren hart im Nehmen und wichen bei Emotionalität oft erstmal zurück. Hilfe annehmen zu können bedurfte, ebenso wie Hilfe zu geben, einer inneren Haltung des Bereitseins. Agatha hatte dafür ein feines Gespür und lud Marlen, nachdem sie sie gegrüßt hatte und ein spontanes Lächeln beim Anblick ihres Bauches geschenkt bekam, zu einem Tee ein. Sie erfuhr rasch das Ausmaß der Tragödie dieses Lebens: Als Kind von einem »Freund der Familie« sexuell missbraucht, hatte Marlen sich dann den Eltern anvertraut und war mit Unverständnis abgewiesen worden, weggelaufen und hatte den falschen Menschen vertraut. Mit dem Beschreiten des Weges zum Heroin war sie auch der Prostitution in die Arme gelaufen und von einem Typen, der einen extra Schein springen ließ, um es nicht mit Gummi machen zu müssen, war sie nun schwanger. Zu Agathas Entsetzen berichtete Marlen, dass die Schwangerschaft bisher ein finanzieller Segen gewesen sei, da sie derzeit die Einzige wäre, die diesen speziellen Fetisch, eine schwangere Nutte zu ficken, bedienen könne. Ihr Bauch wirke wie ein Werbeschild. Wie weit genau die Schwangerschaft fortgeschritten war, wusste Marlen nicht. Vorsorgeuntersuchungen habe sie nicht wahrgenommen, weil sie nicht mit den ganzen glücklichen werdenden Müttern in einem Wartezimmer hatte sitzen wollen. Sie wollte das Kind zur Welt bringen und es dann in der Babyklappe abgeben, denn ihr Leben sei kein Leben für ein Kind. Agatha gab preis, dass sie Hebamme war und ihr bei der Geburt beistehen und helfen würde, wenn Marlen das erlaube. Seither trafen sie sich einmal in der Woche auf einen Tee.

Marlen war trotz ihrer sehr harschen Art zu reden überaus dankbar und ließ das in den stillen Momenten durch den sanften Ausdruck ihrer Augen erkennen. Agatha hatte beschlossen diesen Kontakt vor Emma geheim zu halten, denn sie wusste nicht, wie das Erleben dieser tragischen Umstände auf einen Teenie wirken würde. Doch als sie nach dem ersten Kennenlernen nach Hause kam, sah ihr Emma schon an der Nasenspitze an, dass irgendetwas nicht stimmte und die Großmutter sehr beschäftigte. Es bedurfte viel Drängeln und Nachhaken bis Agatha einsah, dass Emma sich von diesem Schicksal nicht würde fernhalten lassen.

Als Agatha Emma mit zu einem Treffen mit Marlen nahm, kommentierte Marlen nur trocken: »Is schon okay, Frau Agatha. Lass sie ruhig einen Blick auf den Abschaum der Gesellschaft werfen. Vielleicht bewirke ich ja als abschreckendes Beispiel was Gutes in meinem Leben.«

Im Verlauf der folgenden Wochen fanden Emma und Marlen jedoch einen eigenen Draht zueinander und Emma wurde zu einer jugendlichen Verbündeten, mit der es sich freischnäuzig über die aktuellen gesellschaftlichen Begebenheiten reden ließ. Agatha vereinbarte mit Marlen, dass sie sich mindestens alle fünf Tage trafen. Zu einem Arztbesuch war Marlen nicht zu bewegen. Sie sagte, dass sie nicht wissen wolle, ob sie sich schon irgendeine Infektion eingefangen hatte und dass sie keine Vorträge hören wolle, was für ein verantwortungsloser Mensch sie sei. So trafen sie sich immer zu einer bestimmten Zeit an einem bestimmten Ort – mehr Kontakt gab es nicht.

Als an jenem Winterabend das Telefon läutete und sich Marlen meldete, wurde Agathas Gesicht bleich und versetzte sie sofort in Alarmbereitschaft. Für Wehen war es ihrer Ansicht nach noch etwa vier Wochen zu früh, was jedoch nicht ihre schlimmste Befürchtung zu sein schien. Marlens Stimme klang schwach und zittrig und ohne zu zögern gab sie nun ihre Adresse preis. Es war früher Abend, unangenehm nasskalt, als sich Agatha und Emma auf den Weg machten. Sie waren beide mit einem großen Rucksack bepackt, denn sie gingen davon aus, nichts für eine Geburt Brauchbares vorzufinden. So hatten sie alles dabei: Schüssel, Handtücher, Windeln, ein Strampler, eine Thermoskanne mit heißem Wasser und das übliche Handwerkszeug, dass Agatha als Hebamme mit sich führte. Auf den Straßen war kaum jemand zu sehen. Die Luft war schneidend kalt und durch die Nässe fühlte es sich so an, als sei sie zum Einatmen zu zäh. Die immer wieder peitschenden Böen machten das Vorankommen schwer. Es herrschte eine ungewöhnlich bedrückende Stimmung. Agatha nannte sie später »verheißungsvoll«, denn auch sie nahm diese beklemmende Schwere bereits unterwegs wahr. Aufgrund dieses unguten Gefühls, das sie beschlich, nutzte sie die Zeit des Hinweges, um Emma anzudeuten, dass es sich bei Marlens Hilferuf um eine schwerwiegende Komplikation handeln könnte und nicht um den Beginn eines normalen Geburtsverlaufes. Im Stillen hatte Agatha Marlen sogar zugetraut, sich dazu entschlossen haben zu können, das Kind ohne fremde Hilfe zu entbinden. Eine Geburt war ein intimes Erlebnis, das die Frau an die Grenzen ihrer Leidensfähigkeit führen konnte und sie gleichzeitig, trotz der enormen Stärke, die sie aufzubringen imstande war, verwundbarer denn je zeigte. Marlen würde lieber allein, ohne Zeugen, leiden wollen, da war sich Agatha sicher. Als sie vorhin Marlens Stimme am Telefon vernommen hatte, stellten sich zwei Gefühle in ihr ein. Einerseits der Stolz eine Vertraute zu sein, gegenüber derer Marlen bereit war sich zu öffnen und gleichzeitig große Sorge wegen des möglichen Grundes dieses Hilferufes.

Emma hatte schon schwierige Geburten miterlebt, die lange dauerten, zum Stillstand kamen oder Kinder, die aus der Steißlage entbunden werden mussten. Ein Kind hatte seine

Nabelschnur um den Hals gewunden und kam mit dunkelblauem Gesicht zu Welt. Emma war das Entsetzen ins Gesicht geschrieben gewesen und als ob sie einem Wunder beiwohnte, hatte sie beobachtet, wie Agatha die Schnur entwand und das Kind zweimal beatmete, rechtzeitig, um das Leben mit nachträglich kräftigem Geschrei beginnen zu können. Wie von Zauberhand hatte es keine halbe Minute gedauert, bis der Gesichtsfarbe des Kindes nichts mehr von seinem gefährdeten Start ins Leben anzusehen war. Das Schreien hatte so wundervoll lebendig geklungen, dass Emma damals die Tränen kamen. Agatha hatte nach diesem Ereignis gespürt, dass das Erlebte bei Emma einen unbegrenzten Optimismus ausgelöst hatte, statt ein Bewusstsein für die ständige Anwesenheit des Todes zu säen. Sie hatte Emma damals gesagt:

»Der Tod ist im Leben immer eine Option. Das Leben ist in seinem Fortgang nie selbstverständlich.«

Das waren Worte, deren Bedeutung Emma zu diesem Zeitpunkt nicht begriff, die ihr jedoch während ihres ersten Urlaubes wie aus dem Nichts in den Sinn kommen sollten und sich seither oft als zutreffend rausgestellt hatten. Der Tod war immer eine Option, ob man das wahrhaben wollte oder nicht. Aus heiterem Himmel, unangekündigt, konnte er Realität werden. Gerade Menschen aus Industriestaaten neigten zu einer surrealen Einstellung zum Thema Sicherheit und schienen ihre körperliche Unversehrtheit für ein Grundrecht, oder schlimmer noch, eine Art naturgesetzliches Recht zu halten. Man konnte mittlerweile für so vieles eine Versicherung abschließen und es fand sich für nahezu alle Begebenheiten ein Verantwortlicher, der vermutlich auch für das Verhindern irgendwelcher Ereignisse zuständig und damit verantwortlich war. Rutschte man bei Glatteis auf einem Gehweg aus, waren Eigentümer oder Mieter des dazugehörigen Hauses verantwortlich, denn sie hätten das besagte Straßenstück vom Eis befreien zu müssen. Verletzte man sich an einer Glasscherbe, die im Hotelpool lag, dann war der Hotelmanager dran, der die Verantwortung auf irgendeinen Service-Mitarbeiter abschob. In der heutigen Welt konnte man sich immer bei irgendwem beschweren und seine Rechte geltend machen. Und so benahmen sich dann manche Menschen grundsätzlich so, als hätten sie keinerlei Eigenverantwortlichkeit oder seien selbst nicht gleichermaßen verpflichtet zum Schutz der eigenen Person risikobewusst und zumindest vorausschauend zu agieren. Die Verantwortung für die eigene Sicherheit wurde abgegeben.

So musste auch eine Urlauberin gedacht haben, die, wie Emma, einen Wandertripp in den Alpen machte. Sie waren auf den Wegen eines ehemaligen Gletschers unterwegs, als die Urlauberin sich von ihrer Begleiterin fotografieren lassen wollte. Um das perfekte Postkartenmotiv zu erhaschen, entschieden sie sich fernab des offiziellen Weges zu laufen und missachteten die Mahnungen des Bergführers, der auf die Gefahren des Laufens auf dem Geröll hinwies. Es kam wie es kommen musste: die Urlauberin rutschte auf dem Schotter aus, stürzte und brach sich den Knöchel. Statt für ihr Glück dankbar zu sein, dass nicht mehr passiert war, beschuldigte sie den Tourguide, dass es unverantwortlich sei, Touristen auf derart gefährliche Wege zu führen. Schließlich habe sie auch genug Geld bezahlt, um garantiert wieder heil zu Hause anzukommen.

Dass der Tod einfach vor einem stehen konnte, erfuhr Emma in der Klinik später oft genug. Patienten gingen wegen hartnäckigen, aber eigentlich als banal bewerteten Symptomen, wie Heiserkeit, Gewichtsabnahme oder nächtliches Schwitzen, Husten oder Müdigkeit zum Arzt und kamen mit einer erschütternden Diagnose und noch erschütternderer Prognose nach Hause. Und selbst da konnte Emma häufig erleben, dass eine eventuelle Eigenverantwortlichkeit bezüglich der Begünstigung der Entstehung einer Krankheit negiert wurde. Krankheit passierte einem und der Arzt war dafür verantwortlich einen gesund zu machen. Schafft er es nicht, dann hatte in erster Linie er versagt. Dass Stress, Rauchen oder Alkohol, die falsche Ernährung mit Übergewicht und Bewegungsmangel eventuell einen Beitrag zur Krankheit geleistet hatten und vielleicht sogar eine Gewohnheitsänderung den Krankheitsverlauf günstig beeinflussen konnte, sahen wenige. Der Tod war ebenso eine Option im Straßenverkehr – da reichte eine Unachtsamkeit aus. Wenn Emma derartigen Gedankenspielen verfiel, wunderte sie sich zugleich, wie oft im Leben dann doch alles gut ausging. Dass der Tod auch bei Marlens Entbindung eine Option gewesen wäre, lernte Emma an jenem Winterabend.

Als sich Agatha und Emma auf den Weg zu ihr machten, versuchten sie sich vorab vorzustellen, wie Marlen leben würde. Emma sprach ihre Gedanken mit Neugierde aus, Agatha mit Besorgnis. Sie konstruierten gemeinsam ein Bild ärmlichster Lebensumstände, damit sie die Realität, weniger hart treffen möge. In Erwartung katastrophaler Umstände, stellte sich nach dem Betreten und beim Anblick der Wohnung bei beiden rasch ein beschämtes Innehalten ein. Marlen teilte sich mit drei anderen Prostituierten eine Wohnung auf der Rückseite des Güterbahnhofes. Alles wirkte abgewohnt und schäbig und doch war klar erkennbar, dass versucht worden war, eine Art Gemütlichkeit zu erschaffen und das Gefühl eines Zuhauses zu vermitteln. Agatha sah hinter dem mäßigen Ergebnis das große und vor allem stete Bemühen, sich um die Wohnung zu kümmern. Es war halbwegs sauber, roch überraschenderweise nicht nach Zigarettenrauch und in der Küche stand kein dreckiges Geschirr. Die Wohnung war das Billigste vom Billigen und doch entsprach sie nicht dem klischeehaften Bild einer Wohnung, das bei den Worten Heroin und Prostitution ungefragt im Kopf auftauchte. Marlen hatte ihnen mit großer Mühe die Tür geöffnet und konnte sich kaum auf den Beinen halten. Sie bedeutete den beiden ihr in ihr Zimmer zu folgen, wo sie sich vorsichtig auf das Bett setzte. Sie sah ausgezehrt und entkräftet aus. Ihre Augen lagen tief in den Höhlen, ihre Wangenknochen spannten die darüberliegende Haut, die blass und schweißig war. Ihr ganzer Körper zitterte. Sie erzählte, stoßweise nach Atem ringend, von den Geschehnissen der letzten vier Tage. Sie erzählte von einem Freier, der sie so tief penetriert und fest gestoßen hatte, dass sie seither blutete. Sie erzählte von

Fieber, das es ihr einen Tag unmöglich gemacht habe, arbeiten zu gehen und vom Heroinentzug, den sie seit drei Tagen durchlitt. Doch gerufen habe sie Agatha, weil seit dem Morgen eine grünliche, stinkende Flüssigkeit nahezu unentwegt aus ihrer Scheide floss und das Fieber einfach nicht weggehe. Sie fühle sich unendlich erschöpft und habe seit sechs Stunden Bauchweh, das mal mehr, mal weniger stark werde.

Agatha bat Marlen sich hinzulegen, um sie untersuchen zu können. Sie brauchte nur wenig Zeit, um sich in ihrer furchtbaren Verdachtsdiagnose bestätigt zu wissen. Es folgten zwei weitere Minuten innerer Stille, um Worte zu finden, die ehrlich waren und doch nicht mit größter Wucht gegen die Seele schlagen würden. Sie durfte der Kraft der Versuchung nicht widerstehen und Hoffnung säen, wo doch wirklich keine mehr war. Man sagte so gern »alles wird gut«. Doch es gab Situationen, in denen das einfach nicht stimmte. Die Mitteilung in Häppchen ließ das Entsetzliche nicht kleiner werden. Emma würde niemals vergessen, mit welcher Sanftheit Agatha Marlens Hand ergriff, sie mit beiden Händen festhielt, sie anschaute und ihr mit mütterlicher Bestimmtheit, klarer Formulierung und dennoch großem Mitgefühl sagte, dass Marlens Baby nicht mehr am Leben war.

Marlens Blick wurde starr. Mit geweiteten Augen erfasste sie das Unfassbare. Dann suchte ihr Blick Halt bei Emma, die bereits stumm weinte. Agatha erklärte, dass Marlen ins Krankenhaus müsse, sie eine schwere Infektion habe, die auch ihr Leben gefährde. Marlen widersprach nicht. Sie nahm Emmas Hand und ließ sie nicht mehr los. Emma war bei ihr, während des Transportes und im Kreißsaal. Emma wusste, dass das Baby geboren werden musste, doch dachte sie, dass das durch einen Kaiserschnitt geschehen werde. Sie war starr vor Entsetzen als sie hörte, dass Marlen das Kind selbst gebären würde. Ihre Überlebenschancen standen ohnehin schlecht und sie bestand mit der Beharrlichkeit einer deliranten Person auf die Geburt.

Emma verstand nicht, weshalb die Ärzte nicht auf eine Operation beharrten, denn woher würde Marlen derartige

Kräfte mobilisieren können, um eine Geburt zu überleben? Sie verstand es nicht, doch sie fühlte etwas, was sie niemals würde beweisen können. Ärzte und Schwestern verhielten sich distanziert; anders, als man sich die Betreuung einer Frau vorstellte, deren Leib ein totes Kind beherbergte. Emma hatte den Eindruck als würde auf Marlen hinabgesehen werden, als sei sie ein Mensch anderer Klasse. Niemand suchte ein Wort mehr des Gespräches als nötig. Die Art, wie man mit ihr sprach unterstellte ihr einen Mangel an Intelligenz und versagte ihr eine aufklärende Diskussion. Man ließ sie machen. Ohnehin rechnete man ihr kaum Chancen des Überlebens aus. Würde sie bei der Geburt sterben, so würde man sich damit trösten, ihrem Willen entsprochen zu haben. Emma war entsetzt, von all dem entsetzt, doch am meisten gequält von der Vorstellung, dass Marlen die Qualen einer Geburt überstehen und durchleiden musste, ohne an deren Ende mit einem Kind belohnt und getröstet zu werden, sondern, ganz im Gegenteil, um dann ihr totes Kind in Empfang zu nehmen. Emma war immer davon fasziniert gewesen, wenn Mütter ihre Kinder in den Armen hielten und sich fast unmittelbar der erlebte Geburtsschmerz relativierte, ja, sie waren sogar oft ein erneutes Mal im Leben bereit, ein Kind zu gebären – freiwillig! Doch wie erlebte das eine Frau, wenn der beglückende und Rausch auslösende Schrei des Kindes ausblieb? Wie unerträglich musste es sein, wenn am Ende der körperlichen Schmerzen nur ein weiterer, viel größerer Schmerz wartete?

Diese Gedanken machten Emma Angst und als sie begriff, dass Marlen den Halt ihrer Hand weiter erflehte, wurde die Angst zu einer Kraft, die es ihr möglich machte, den schmerzhaften Händedruck während der Wehen auszuhalten. Ihre Hände waren kraftvoll miteinander verbunden. In der Macht einer Wehe gefangen, wurden sie fast eins. Es mit auszuhalten war Emmas Beitrag, den Schmerz zu teilen – den, der schon da war und den, der noch folgen würde. Marlen erduldete die Wehen stoisch und schrie stumm. Nur Agatha war noch im Raum anwesend und saß vor Marlens geöffneten Beinen. Medizinisches Personal war auf Abruf verfügbar, jedoch nicht unglücklich oder gekränkt darüber, nicht gebraucht zu werden. In vielerlei Köpfen der anwesenden Hebammen und Schwestern hatte Geburt und Tod keine parallele Existenzberechtigung; nicht in deren Köpfen und in deren Herzen noch weniger.

Drei Stunden später war der kleine Mensch geboren. Marlen blickte stumm ihren toten Sohn an. Agatha nabelte ihn ab, Emma schaute vor Schmerz gebannt. Vor ihr lag ein Baby. Es war ein Baby, das nicht schrie. Die Augen des Jungen waren geschlossen, die Hautfarbe grau-bläulich; dennoch, ein vollkommener Mensch. Ein Mensch, ohne Lebenshauch und doch in seiner veränderten Art schön. Emma löste sich aus dem Griff von Marlens Hand, stand auf und holte warmes Wasser, einen Waschlappen und ein Handtuch. Sie nahm den Jungen behutsam an sich. Sie spürte seine Wärme, die noch der Wärme von Marlens Leib entstammte, nicht seine eigene war und weichen würde. Sie blieb in Sichtweite zu Marlen und begann ihn zu waschen, zu trocknen, zog ihm den Strampler an, den Agatha und Emma für ihn ausgesucht hatten, wickelte ihn in eine Decke und ging mit ihm zurück zu Marlen. Sie wurde kurz von einer zögerlichen Angst befallen, ob ihr Vorhaben richtig sei. Doch dann sah sie Marlens Blick und spürte, dass für Willkommen und Abschied gleichermaßen Raum und Zeit existieren musste. Sie setzte sich an Marlens Seite, die zunächst stumm und nur mit Blicken ihr Kind streichelte. Eine kleine Bewegung ihrer Hand zeigte dann den Wunsch, ihr Kind zu empfangen und ließ es sich von Emma in den Arm legen. Mit einer Zärtlichkeit, die Emma in der Brust schmerzte und die Kehle zuschnürte, berührte Marlen ihren Sohn. Agatha saß still daneben. Als sie Marlen fragte, wie ihr Kind heißen würde, war spürbar wie Marlen von Stolz und Schmerz überwältigt wurde. Ihrem Kind einen Namen zu geben, schenkte ihm eine Identität und gleichzeitig eine Existenz. Er war nicht mehr nur ein totgeborener Mensch. Er war Anton, der tot geboren worden war.

Mehrere Stunden blieb sie mit Anton im Arm sitzen, küsste und streichelte ihn, erzählte ihm vom Leben seiner Mutter, die so viele Chancen ungenutzt vergehen gelassen und dann tatsächlich geglaubt hatte, keinen Lebenswert mehr zu sehen. Jahre später würde Marlen erzählen, dass das Leben ihres toten Sohnes auf sie übergegangen war und sie nur deshalb eine zweite Lebenschance bekommen hatte. Marlen fand von da an die Kraft, ihr Leben zu verändern. Sie tat es ab dem Moment der Geburt ihres Sohnes. Sie begriff die Kostbarkeit des Lebens, welches zu leben sie eine Chance hatte, nicht jedoch ihr Sohn, ungefragt. Nach einem zweiwöchigen Krankenhausaufenthalt ging sie in eine dreimonatige Entwöhnungstherapie und gehörte hiernach zu den wenigen Prozent Drogenabhängiger, die ihr Leben in neue Bahnen lenkten. Die Erfahrung, Marlens totem Kind einen Namen zu geben, seine Existenz damit zu dokumentieren, ihn zu berühren und damit gleichermaßen ein Begreifen seines Daseins als auch seines Totseins zu schaffen, den Schmerz des Unvermögens nichts tun zu können, um das scheinbar Unerträgliche abwenden zu können und doch gerade durch dieses Mit-Aushalten zu helfen, prägte Emmas weiteres Wertebild maßgeblich. Nach dem Abitur begann Emma das Medizinstudium mit dem Wunsch einer jener Sorte Arzt zu werden, die zu lindern versuchten und sich nicht abwandten, wenn Heilung nicht mehr möglich war, sondern bei dem Menschen blieben, gerade weil eine Krankheit sich von der grausamsten Seite zeigte.

Drei Monate nach der Totgeburt von Anton begleiteten Agatha und Emma eine andere werdende Mutter ins Krankenhaus, die während der Wehen plötzlich starke Luftnot bekommen hatte, die mittels Kaiserschnitt von ihrem Kind entbunden wurde und nach der Operation an der Lungenembolie, die sie erlitten hatte, verstarb. Hierbei zeigte sich die Unwillkürlichkeit und das widersinnige Eintreten des Todes von einer anderen Seite. Denn in diesem Fall hinterließ er einen Mann, der zugleich frischgebackener Vater und Witwer war. Ein Mann, zerrissen zwischen den Gefühlswelten und in dessen Inneren anfangs Anziehung und Ablehnung gegenüber seiner Tochter herrschten, die das Einzige war, was ihm blieb, durch die seine Frau irgendwie weiterleben würde und die zugleich der Grund war, dass seine Frau gestorben war. Es überwog seine Liebe, nachdem er das Sterben als einen Schicksalsschlag begriffen hatte, den man wiederum eigentlich gar nicht begreifen konnte.

Als Emma ein paar Jahre später zum ersten Mal einen sterbenden Patienten im Krankenhaus betreute, war sie schockiert. Für das Sterben schien es in einem Krankenhaus keinen selbstverständlichen Platz zu geben. Statt Fürsorge und Zuwendung erfuhr der Patient Alleinsein. Kein pietäts- oder anstandsvolles Alleinsein, sondern ein abgestempelt isolierendes.

Eine Krankenschwester fragte sie einmal: »Was gehst du denn schon wieder zu dem hin? Zum Sterben braucht der keine Hilfe, und erst recht keinen Arzt!«

Wäre Emma nicht schon fassungslos gewesen, dann hätte sie die Fassung in diesem Moment verloren. Es stimmte, um zu sterben brauchte man nicht zwingend einen Arzt, denn man starb schon irgendwie. Aber würde es schaden, wenn ein Arzt nachsah, wie es dem Sterbenden erging? Es bedurfte dafür keines Arztes, doch sicher eines aufmerksamen Menschen, der regelmäßig anwesend war, um einzuschätzen, ob Unruhe oder Angst, Luftnot oder Schmerz zu erkennen waren, den der Sterbende in Ermangelung ausreichender Kräfte sich zu melden, still durchlitt. Oft versuchten Sterbende sich noch zu äußern und auch wenn man die dann zum Teil undeutliche Sprache nicht mehr verstehen konnte, so hatte die Zuwendung, Berührung oder der Versuch eines miteinander Sprechens, manchmal einfach nur die bloße Anwesenheit, eine beruhigende und wertschätzende Wirkung. Was häufig übersehen wurde, war der Effekt banal erscheinender Maßnahmen, wie zum Beispiel das befeuchten der Lippen und der Zunge, nicht nur mit Wasser, sondern mit einem Getränk, das der Sterbende in guten Zeiten mochte, einem Secco oder einem Saft, wenn durch die Atmung durch den geöffneten Mund dieser ganz trocken geworden war. Emma eckte mit ihrer Einstellung, sich dem Sterbenden zu- und nicht abzuwenden, häufig offenkundig an und erntete nur heimlich Lob und Anerkennung.

»Wenn meine Eltern mal sterben, dann sollst du ihre Ärztin sein«, sagte einmal eine junge Krankenschwester zu ihr, während sie einen Leichnam versorgten und Emma die Leichenschau durchführte.

Sie war von diesem Lob gerührt und doch machte es sie zugleich traurig, denn wie konnte es denn sein, dass Menschen dem Sterben, dem zweitwichtigsten Ereignis im Leben, nach dem Geborenwerden, eine so entwertende Bedeutung beimaßen und nicht ebenso selbstverständlich wie bei einer Geburt mit Fürsorge Anteil nahmen? Wenn ein Mensch zur Welt kam, standen andere Menschen helfend bereit und hießen das Leben willkommen. Doch starb ein Mensch, dann zogen sie sich zurück, als sei sterben ansteckend.

Emma stellte sich vor, wie das für ein Neugeborenes sein musste: frisch in der Welt, vollkommen schutzlos wirken Hunderte Eindrücke auf das kleine Wesen ein – Geräusche, eine neue Umgebungstemperatur, Helligkeit, Gerüche, Bewegungen und Berührungen – und dann, inmitten allem bedrohlich Unbekanntem taucht etwas Vertrautes auf, greifen die Mütterhände nach ihm, legen es an die Brust und ihr Herzschlag, der bekannte Taktgeber der letzten vierzig Wochen, schenkt Ruhe. Plötzlich ist nichts mehr von allem außen rum bedrohlich, es tritt in den Hintergrund, denn es überwiegt der Schutz.

Doch wie ist es beim Sterben? Wer oder was umfängt einen schützend? Wenn sich die Existenz von Körper und Geist trennen, dann ist dies ein ebenso verwundbarer Zustand, wie der kurz nach der Geburt. Ein Übergang ins Unbekannte. Alles was von außen auf den Sterbenden einwirkt kann nicht mehr klar und sinngemäß wahrgenommen und verarbeitet werden, denn Geist und Körper befinden sich schon am Auseinanderdriften. Geräusche, unbedachte Bewegungen oder Berührungen irritieren, erschrecken und machen Angst. In dieser Phase des Lebens keinen Schutz zu gewähren, empfand Emma als menschliches und auch ärztliches Verbrechen. Es kostete keine Mühe, ins Zimmer zu gehen und zu schauen, ob sich der Sterbende in einem ruhigen oder vielleicht aufgebrachten, ja, sogar gequälten, Zustand befand. Es kostete keine Mühe. Es kostete Zeit. Die kostbarste und teuerste Ressource, die in einer so produktiven Gesellschaft zur Mangelware wurde. Zeit war in der abgehetzten Welt eines Klinikums das Nadelöhr der Menschlichkeit. Alles was man als Arzt, im Sinne einer Zeitersparnis, von seiner täglichen und sich ständig ändernden Aufgabenliste streichen konnte, verschaffte ein wenig Spielraum und Luft zum Atmen. Wer ließ sich leichter von dieser Liste streichen als ein Sterbender, der sich »danach« über die mangelnde Betreuung nicht mehr würde beschweren können?! Unterstützend für die Entscheidung des Rückzugs aus der Situation des Sterbens war noch etwas ganz anderes. Es war die eigene Angst vorm Tod. Ganz konkrete Befürchtungen konnten die meisten der Kollegen, die sie darauf ansprach, nicht benennen. Die Distanz zum Tod fühlte sich einfach besser an als seine Nähe zu suchen. Formal wusste man, dass der Tod zum Leben gehörte, aber sehen und empfinden wollten das auch einige ihrer Kollegen nicht.

Emma konnte diese emotionale Seite verstehen, doch sie war der Meinung, dass eine professionelle Fürsorge darunter nicht leiden dürfe. Es war Ausdruck eines selbstverständlichen menschlichen Respekts, für ihre Patienten bis zur Vollendung des Sterbens da zu sein und sie hegte Unverständnis für manche ihrer Kollegen, die, wenn sich das Sterben eines Patienten abzeichnete, die Schwestern nur lasch anwiesen: »Sagen Sie mir Bescheid, wenn er tot ist.«

Das Sterben eines Patienten mitzuerleben hatte auch den simplen Vorteil, dass Emma für die Hinterbliebenen ein wichtiger Ansprechpartner bleiben konnte. Manchmal ergaben sich nach dem Sterben eines Angehörigen für die Dableibenden quälende Fragen, deren Versuch sie zu beantworten leichter fiel, wenn Emma von Erlebtem berichten konnte, statt zum Troste ein Bild erspinnen zu müssen, um einfühlsame Worte zu finden. Da halfen keine Pauschalantworten. Jedes Sterben war so einzigartig, wie die Persönlichkeit des Sterbenden.

Für was Emma keinerlei Verständnis hatte, denn auch das hatte etwas mit einem menschlichen Grundrespekt zu tun, war, wenn die Unfähigkeit ihrer Kollegen, den Tod als natürlichen und auch notwendigen Bestandteil des Lebens zu akzeptieren oder aber die Ansicht, dass ein Arzt seine Zeit nicht mit den unrettbaren Patienten zu verbringen habe, dazu führte, dass sie Emmas Arbeit belächelten oder gar entwerteten. Oft schwang ihr in Gesprächen eine Grundstimmung entgegen, die gut mit den Worten »Ein Arzt, der sonst nix kann, begleitet Sterbende« zusammengefasst werden konnte. Doch wenn Emma neue Patienten aufnahm und die Anamnese oft zeigte, wie jämmerlich medizinisch unterversorgt manche Patienten bezüglich der zu beherrschenden Symptome waren, dann schämte sie sich für ihre Kollegen fremd. Denn in der heutigen Zeit war Leiden jeglicher Art zumindest zu lindern, man musste nur Ahnung haben, wie. Und da schloss sich für sie der Kreis, denn es bedurfte eines Interesses für den Menschen und nicht nur für die Krankheit, die man besiegen wollte. Und das verstand Emma als ihre Profession.

Ihr Fachgebiet war das Lindern von Beschwerden, wenn keine Heilung mehr möglich war, um Lebensqualität zu erhalten, egal, ob für einen letzten guten Moment, Stunden, Tage, Wochen oder doch Monate. Es bedurfte eines steinigen Lernprozesses, bis Emma über all den stumpfsinnigen Kommentaren mancher Kollegen stand. Sie lernte auch, für sich zu sorgen. Auch sie hatte ein Recht auf das Abschiednehmen von einem Patienten, denn in der Behandlungszeit trafen sich nicht nur Arzt und Patient, sondern stets auch Mensch und Mensch. Wenn die Zeit es ermöglichte, die ärztliche Leichenschau damit zu verbinden einer Pflegerin dabei zur Hand zu gehen, den Leichnam zu versorgen, ihn zu betten und zu kleiden, so gab ihr dieses Ritual einer letzten wertschätzenden Zuwendung, ein paar Momente des aktiven Abschiednehmens. Dazu kam, dass Emma damit die Arbeit der eigentlich notwendigen zweiten Pflegerin ersetzte, was wiederum im Team, in Anbetracht der bestehenden Hierarchien, für eine gute, wertschätzende Atmosphäre sorgte. Nicht selten herrschte die Ansicht »Der Arzt will nur den Totenschein stempeln, doch mit dem Leichnam selbst am liebsten nichts zu tun haben«, was bei den Pflegenden nicht selten das Gefühl der Degradierung hinterließ.

Für Emma war die Versorgung eines toten Menschen die letzte Möglichkeit, ihn würdigen zu können. Sie hatte sich einmal eine andere Sichtweise überlegt, deren Denken sie nicht mehr rückgängig machen konnte und ihr nun jedes Mal ein tröstendes Schmunzeln entlockte. Was, wenn der Vorgang, der von der lebendigen Seite des Daseins betrachtet, als Sterben bezeichnet wurde, in der Wirklichkeit des Universums eine Geburt in eine neue Daseinsform bedeutete? Eine Daseinsform, die aus der beschränkten menschlichen Perspektive nur nicht zu erkennen war. Dann wäre das würdige und respektvolle Behandeln eines Toten nicht nur ein Akt des Anstands gegenüber eines erloschenen Lebens, sondern die gleiche fürsorgliche und liebevolle Geste, wie das Wickeln eines Neugeborenen in warme Decken. Es wäre auch eine Art Geburtshilfe – nur am anderen Ende des Lebens.

Im Laufe der Jahre gewann Emma die aufrichtige Überzeugung, dass Sterben nicht zugleich Leiden bedeuten musste. Das Leben zog sich zurück, der Mensch kehrte sich in sich und entfernte sich mit jedem schwächer werdenden Atemzug vom irdischen Dasein. Wenn es ein Sterben durch Alter oder Krankheit und nicht durch einen Unfall war, so wurde der Mensch nicht schmerzvoll aus dem Leben gerissen, sondern er selbst löste sich davon.

Als Emma zum ersten Mal den Moment wahrnahm, wie sich der Geist des Menschen von seinem Körper trennte, wusste sie nicht, was sie sah, sondern nahm nur eine sonderbare Veränderung wahr. Sie hatte neben Rachel gelegen, als sie ihren letzten Atemzug tat und sie angeschaut. Sie hatte ihren Blick nicht von ihr lassen können, vielleicht auch in der Hoffnung, den doch noch folgenden Atemzug nicht zu verpassen. Rachel sah aus, wie Rachel immer ausgesehen hatte. Doch mit den Stunden änderte sich etwas an der Erscheinung ihres Gesichtes. Obwohl sich nichts mehr an der Mimik änderte und Rachel auch nicht bewegt worden war, wirkte ihr Gesichtsausdruck leer, unvollständig, um etwas beraubt. Rachel war genauso tot wie schon Stunden zuvor und doch schien es so, als ob ihr Gesicht erst jetzt nicht mehr Ausdruck von Rachels Wesen war. Am nächsten Vormittag war es Emma so, als ob das Wesen, das Rachel ausgemacht hatte gegangen sei und es stellte sich das beruhigende Gefühl ein, dass sie nach Hause gehen konnte, nicht ihre Freundin zurücklassend, sondern einzig deren körperliche Hülle. Dieses Gefühl tröstete sie während der Beerdigung, denn es lag nicht Rachels Wesen in dem Sarg, auf dem die Blumen und die Erde landeten, sondern sie erwiesen einzig der körperlichen Materie einen würdigen Abschied.

In ihrem weiteren Leben beobachtete Emma diese Veränderung des Gesichtsausdruckes bei jedem Verstorbenen und es war für sie der Beweis, dass der Geist des Menschen Wandlung erfuhr. Unmittelbar nach Eintritt des Todes waren die Gesichtszüge des Toten noch die bekannten, dem Menschen gewohnten, die erst mit den Stunden schwanden. Es war für Emma ein Grund mehr darauf zu achten, dass mit dem Körper eines Verstorbenen sorgsam und anstandsvoll umgegangen wurde. Denn was sie nicht zu beurteilen vermochte, war, ob dieses Geistwesen, das den Körper verlassen hatte, irgendeine Art von Blick auf seinen Körper oder Wahrnehmung der Geschehnisse haben würde. Und sie stellte sich vor, wie schlimm es sein musste, wenn dieser Geist sähe, wenn achtlos mit seinem ehemaligen Körper umgegangen wurde. Emma fragte sich manchmal auf dem Heimweg von der Arbeit, wie viele Seelen am Ende des Tages wohl über einer Stadt aufgestiegen waren – von Mensch, von Tier. Und sie fragte sich, ob der Begriff »begeistert sein« von dem Zustand herrührte, wenn man vielleicht versehentlich mit einer solchen Seele beim Spazierengehen zusammenstieß. Sie mochte derartige Gedankenspiele, denn wer konnte ihr beweisen, dass es nur Spinnerei war?

Emma liebte ihr Leben und nahm es durch die ständige Gegenwart des Sterbens um sich herum nicht als Selbstverständlichkeit an. Es verging kein Tag, ohne einen Gedanken an die Endlichkeit des Lebens und so relativierten sich für sie viele Belanglosigkeiten des Alltags. Sie sammelte glückliche Momente und hatte es sich als Ziel gesetzt, in ihrem Leben mehr gute Spuren als schlechte zu hinterlassen. Sie sah im Kleinen das Wunderbare und wusste, dass menschliche Nähe und Zuwendung oft mehr ausrichten konnten als teure Pillen. Sie erkannte, dass kein Besitz der Welt die innere Leere der Einsamkeit eines Menschen füllen konnte und dass die wahre Sehnsucht des Lebens darin bestand, einen Menschen zu finden, dem man nicht verpflichtet war, sondern dem man sich schenkte. Emma wurde Zeuge von so viel wahrem existentiellem Leid, von Schmerz, körperlicher Entstellung und entsetzlichen Schicksalen, dass sie nicht wagte über Unannehmlichkeiten in ihrem Leben zu klagen. Dennoch verspürte sie in sich eine unsagbare Sehnsucht nach etwas, das sie nicht erzwingen konnte. Sie sehnte sich nach dem einen, der sie und den sie lieben würde. Der sich aufrichtig dafür interessierte, was sie dachte, fühlte oder was sie geträumt hatte, wenn sie nachts aufschreckte und der sie anschießend in den Arm nahm und geborgen hielt.

In ihr lebten zwei Ängste. Die eine Angst, niemals erfahren zu haben, was Liebe zwischen Mann und Frau wirklich bedeutete und wie es sich anfühlte, für jemanden da zu sein, sein Wesen anzuvertrauen und das Leben gemeinsam zu erleben. Und andererseits herrschte die Angst, genau einen solchen Menschen zu finden, ihn zu lieben und dann irgendwann zu sterben. Die Vorstellung ihren Mann mit der Last der Trauer zurücklassen zu müssen oder auch selbst die zu sein, die diese Last zu tragen habe, schnürte ihr den Hals zu. Wie würde sie in Ruhe sterben können, wenn sie doch wusste, welche Trauer das auslöste, mit der es weiterzuleben galt? Wie unerträglich musste das Sterben sein, wenn man zudem noch Kinder hinterließ?

Emma hatte zwar mehrere männliche Bekanntschaften gehabt, die jedoch weder der Bezeichnung Beziehung, geschweige denn der Bedeutung von Liebe würdig gewesen wären. Während ihres Studiums hatte sie bei ihrer Großmutter gelebt und sie gepflegt. Um sowohl dem Studium als auch den Bedürfnissen der immer mehr in ihren Kräften schwindenden Agatha gerecht zu werden, bedurfte es einer ausgefeilten Organisation, die wenig Platz für abendliches oder gar nächtliches Außerhaussein ließ. Es gab nur einen Mann, der einmal bereit war bei Emma – also auch im Haus von Agatha – zu nächtigen, der jedoch um zwei Uhr morgens von Emma vor die Tür gesetzt wurde, weil er lautstark murrte, als ihre gemeinsame Intimität von Hilferufen der Großmutter gestört wurde. Der Herr hatte schneller die Hosen in der Hand und stand vor der Tür, als er beginnen konnte sich zu wundern. Doch Emma war derart empört über dessen genervte Reaktion, dass sie unter der leistungssteigernden Wirkung des Adrenalins das Entgegeneilen zur Großmutter mit dem Rausschmiss verband. Agatha war gestürzt und als Emma begriff, dass sie Agatha nun vom Boden aufhelfen musste, bereute sie den schnellen Abgang des nörgelnden Typens, denn der hätte ihr helfen und danach sogar mit angezogener Hose das Haus verlassen können. So blieb ihr nichts anderes, als den Rettungsdienst zu rufen.

Der Sturz der Großmutter markierte den Wendepunkt der Mobilität und war zugleich der Anfang vom Ende. Agatha hatte sich den Oberschenkelknochen gebrochen und lehnte eine Operation kategorisch ab. Für sie war die Vorstellung einer Narkose und des damit einhergehenden Kontrollverlustes undenkbar und auch als man ihr vorschlug durch eine Rückenmarksbetäubung die Operation bei erhaltenem Bewusstsein durchführen zu können, zeigte sich die Grenze ihres Vertrauens als unüberwindbar. Sie hatte eine Angst, die weder durch vernünftige noch durch emotional-empathische Gespräche zu durchbrechen war. Der Bruch wurde ohne Operation behandelt, was durch die Gipsruhigstellung zur Tortur wurde. Eine Frau, die ihr Leben lang auf Achse war,

war dadurch derart behindert, dass nicht nur der Körper abbaute, sondern vor allem die Seele litt. Agatha war geduldig, doch Emma spürte ihren Kampf. Nicht nur, weil sie ausharren musste bis die Zeit der Immobilität vorbei war, sondern weil sie die Ahnung erdrückte, dass das Leben danach nicht mehr das Leben sein würde, das sie vorher geführt hatte.

Auch wenn das Bein wieder heilte und ein Laufen möglich wurde, so wurde Agatha durch den Sturz von einem viel heimtückischeren Leiden befallen: Angst. Die Angst erneut zu stürzen, sich erneut zu verletzten, eine Operation vielleicht gegen ihre eigentliche Überzeugung annehmen zu müssen, Pflege zu benötigen, die Emmas Maß des Leisten-Könnens womöglich überstieg, in ein Heim umzuziehen, einen Großteil ihrer Autonomie aufzugeben, ihre Intimsphäre – in jeglicher Hinsicht. Die Angst wurde übermächtig, vor allem wenn der Abend kam, sodass sie die Nacht über keine Ruhe fand und mehr wachte als schlief. Sie wusste, dass sie jede Nacht mehrfach zur Toilette gehen musste und ihre größte Angst war es im Schlafestaumel zu stürzen, so, wie es schon einmal mit verheerenden Folgen geschehen war. Die Angst wuchs derart, dass sie sich weigerte ins Bett zu gehen, so nickte sie allenfalls in ihrem Fernsehsessel ein. Das Bett mied sie, denn dort drohte der Schlaf sie zu überwältigen und hilflos zu machen. So schlief sie bald überwiegend tagsüber, auch im Sessel, denn im Bett wohnte nicht nur die Angst, sondern auch die Einsamkeit. Dort lauerten die Erinnerungen an ihr Leben; nicht nur die schönen, sondern auch die schmerzhaften.

War das Bett früher ein Ort gewesen, der sie behütete, so war es nun der Ort, an dem sie schutzlos war gegenüber der Sehnsucht, die nach ihr griff. Es war eine unstillbare, hoffnungslose Sehnsucht, die Fragen stellte, die sie nicht hören wollte und die ihr die ungenutzten Chancen des Lebens aufzählten. Chancen, die sie nicht genutzt hatte, weil die Unversehrtheit ihrer Familie für sie immer an erster Stelle stand. Chancen, die sie vorbeiziehen ließ, weil sie glaubte, das eine andere Zeit kommen würde, in der Veränderung weniger traumatisch geschehen konnte. Heute wusste sie, es kamen viele Zeiten, doch keine, in der es gepasst hätte, die Familie zu verlassen. So etwas passte nie.

Vor fünfunddreißig Jahren, nach dem frühen Tod ihres Mannes, hatte sie Edgar kennengelernt. Er war die Liebe ihres Lebens. Er war zehn Jahre älter als sie und er hatte eine Familie, die sein Leben war, vor die er sich schützend stellte und hart arbeitete, um ihren Wohlstand zu sichern. Seine drei Kinder liebten und achteten ihn und diese Liebe half ihm, sich daran zu erinnern, dass auch ihn und seine Frau früher Liebe verbunden hatte oder zumindest ein schönes Gefühl, das sie hoffnungsschwangere Zukunftspläne schmieden ließ. Er hätte nicht mal sagen können, ob es vielleicht doch nur die Pläne seiner Frau Martha gewesen waren, in die er irgendwie mit reingeraten war. Seine Kinder waren der Grund, weshalb es für ihn nie eine Option gewesen war, sich für die Frau zu entscheiden, die er liebte – Agatha. Falls in seiner Ehe Liebe gewesen war, dann war sie mit der Zeit abhandengekommen. Es musste schon vor langer Zeit passiert sein, denn ein derartig intensives Gefühl gegenüber seiner Frau empfunden zu haben, wie er es für Agatha verspürte, daran konnte er sich nicht erinnern. Er erinnerte sich an das schöne Gefühl von Martha gewollt zu werden. Sie hatte ihn umgarnt, wie eine Spinne ihre Beute. Er war eine gute Partie, die Sicherheit versprach, das wusste er und so genoss er es, begehrt zu werden. Als er ins Netz gegangen war, ein Haus gekauft hatte, er einen Ring und sie sein erstes Kind trug, wurde aus dem Gefühl der Liebe erst eine Gewohnheit und dann eine Selbstverständlichkeit. Mit der Selbstverständlichkeit des Vorhandenen gingen Dankbarkeit, Zuwendung und Wertschätzung verloren. Irgendwann fühlte es sich für Edgar so an, als ob sich seine Rolle auf die Sicherung des Wohlstandes begrenzte, um den Alltag mit Bequemlichkeiten zu pflastern. Ob er selbst ein Teil des Alltages war, spielte scheinbar keine Rolle. Wenn er außer Haus war, um beispielsweise geschäftliche Termine wahrzunehmen und er nach drei oder vier Tagen wieder nach Hause kam, wurde sein Fehlen bemängelt, jedoch seine Anwesenheit nicht gelobt. War er wieder zuhause, wurde er scheinbar unsichtbar. Er kam sich wie ein Bild vor, das schon jahrelang die Wand zierte, doch nur wahrgenommen wurde, wenn es schief hing. Je größer die Kinder wurden, desto eigenständiger lebten sie ihr Leben und ließen seine Ehe erscheinen, wie einen leeren Kokon, der nutzlos zurückblieb.

Als er Agatha kennenlernte, zufällig, an einem Bahnhof, auf einen verspäteten Zug wartend, der ihn zu einem Geschäftstermin und sie zu einem Klassentreffen ihrer ehemaligen Hebammenschule bringen sollte, da ahnte er nicht, dass der anfängliche Funken Sympathie die Kraft haben würde, ein so großes Gefühl entflammen zu können, das mit der verheerenden Wirkung eines Flächenbrandes gleich, in ihm Veränderung schuf. In seinem konservativ geprägten Lebensbild hatte er sich eine gesellschaftskonforme Rolle zugewiesen. Er lebte in einer Wirklichkeit, die er bisher nicht hinterfragt hatte. Doch plötzlich stellte er Fragen. Das allein, machte ihn stutzig. Bisher waren alle Antworten klar gewesen, auch ohne Fragen. Und nun? Er schämte sich dafür, als erwachsener Mann über die grundlegenden Klarheiten der Gesellschaft nachzudenken. Es war ihm, als erhebe er sich mit seinem Denken über die Konformitäten und übe zugleich Hochverrat. Wie konnte er den Wert von Treue in einer Ehe anzweifeln, oder gar die Daseinsberechtigung seiner Ehe in Frage stellen, geschweige denn in Erwägung ziehen, ein Recht auf die Suche nach dem eigenen Glück zu haben? Den Blicken, die er mit Agatha am Bahngleis zunächst flüchtig teilte, folgte ein verlegenes Lächeln. Der Zug kam, beide suchten ihren reservierten Platz, in verschiedenen Abteilen. Ein weiteres Lächeln folgte, als sie sich nach dem Aussteigen erneut begegneten. Diesmal vor der Bahnhofshalle, wo er nach einem Taxi winkte und sie auf den Bus wartete. Am Abend liefen sie sich ein drittes Mal vor dem Hotel über den Weg, was Agatha schon gar nicht mehr nur mit einem Lächeln, sondern mit einem leichten Erröten beantworten konnte, wofür sie sich schämte.

Als sie am nächsten Morgen beim Frühstück saß, entdeckte er sie beim Betreten des Raumes und beschloss, ohne zu denken und frei von offensichtlichen Absichten, zu ihr zu gehen und um den freien Platz an ihrem Tisch zu bitten. Sie errötete, als hätte er um ihre Hand angehalten und zu beider stillen Erschrecken frühstückten sie mit einer ruhigen Vertrautheit, als kannten sie sich schon Jahre. Keine Zier, kein Zwang des Benehmen-Müssens, keine Etikette, keine verkrampften Gespräche. Es fühlte sich besorgniserregend geborgen an, was er auf seine Weltgewandtheit zurückführte und sie einfach nur zur Kenntnis nahm und genoss. Es folgten zwei gemeinsame Abende. Dann folgten zwei Abende mit zugehöriger Nacht, die er so nie beabsichtigt hatte, sondern die ihm passierten. Es war keine törichte Vernarrtheit. Es war kein Reiz des schnellen Begehrens. Sie war die, die in seinem Leben gefehlt hatte. Die, die einfach da sein musste, damit er sich vollständig fühlte. Mit ihr hörte die Sehnsucht auf, die er vermutlich seit Jahren in sich trug, aber beflissentlich überhörte, denn diese Stimme schrie still. Es war die Sehnsucht nach allem Ungelebten, Nichtgetanen und machte ihm sein durch kastrierte Wünsche geprägtes Leben sichtbar.

»Strebe nach dem, was du hast«, schien sein bisheriges Motto gewesen zu sein. Das ersparte ihm sicher Enttäuschungen, jedoch auch das Gefühl einer echten Lebendigkeit. In Agathas Gegenwart fand er Ruhe. Mit ihr begriff er, dass sexuelle Leidenschaft Tore zur eigenen Seele öffnen konnten. Er verstand, dass körperliche Vereinigung ein nach Hause kommen sein konnte. Wenn sie wieder zu ihm ins Bett kam, nachdem sie zur Toilette gegangen, eine neue Kerze entzündet oder das Fenster geöffnet oder geschlossen hatte, schmiegten sie sich in einer Sehnsucht aneinander und spürten sich, als sei es das erste und letzte Mal zugleich, dass sie eine derartige Gelegenheit haben würden. Von der Berührung Haut an Haut ging ein Zauber aus, der mit Worten nicht zu beschreiben war. Diese Empfindung lehrte ihm die Bedeutung des Wortes Demut. Jedes Mal, wenn sie wieder miteinander schliefen und er in sie eindrang, wurde er schwach durch die überwältigende Empfindung der Weichheit und Wärme ihres Schoßes, sodass er glaubte, erst durch den kräftigen Schluss ihrer sich um ihn schließenden Schenkel wieder Halt auf dieser Erde zu finden. Er hatte drei Kinder gezeugt; nie hatte er sich derart aufgenommen und willkommen gefühlt.

Sie empfanden und atmeten jeden Moment, kosteten einander Zentimeter für Zentimeter, sie dehnten die Momente zu kleinen Ewigkeiten, um sie mit Leben aufzufüllen. Sie verabschiedeten sich voneinander mit dem Wissen, es gäbe ein nächstes Mal. Und dennoch, kaum hatten sie sich auf dem Bahnhof den Rücken zugewandt, brach über beiden die Welt der Ängste ein. Es war eine unaussprechlich bedrohliche Vorstellung, es könnte kein nächstes Mal geben.

Beide waren tapfer. Beide sahen sich wieder. Und wieder. Der Zauber, der sich einander spürenden Haut, blieb erhalten. Ihr Schoß wurde seine Zuflucht. Sie betraten gemeinsam das Zimmer eines Hotels, schlossen die Tür und waren in ihrer Welt, die sie nur zu den Mahlzeiten verließen. Sie lagen, saßen, tanzten Arm in Arm, sie redeten und schwiegen. In manchen Momenten fragte sie ihn, was er fühlte. Und er, überwältigt von ihrem Interesse für das Unsichtbare, lernte dafür Worte zu finden. Erst war es ungeheuerlich befremdlich, dann in gleichem Maße befreiend. Sie lernten, dass das Leben eine Aneinanderreihung von Momenten war und dass man ein glücklicher Mensch war, wenn man es vermochte, die schönen Momente im Herzen zu bewahren. Nicht selten weinten sie vor Glück. Nicht selten beweinten sie auch ihr Glück. Sie lernten, dass ihr gemeinsames Leben aus Abschied und Wiedersehen bestand und sie hofften, dass sich dieses Rad niemals zu drehen aufhören würde. Die Hotels dieser Welt waren ihr Zuhause. Der Ort war egal. Sobald sie einander hatten, verschwand die eine Wirklichkeit und wurde durch ihre Welt ausgetauscht.

Zwanzig Jahre. Zwanzig wunderbare Jahre, die sie sich liebten und die Umstände ertrugen. Die Alternativen waren nicht denkbar. Edgar konnte seine Familie nicht verlassen, solange die Kinder daheim waren und danach auch nicht, denn er empfand es als Verrat, seine Frau, nach Verrichtung des gemeinsamen Lebenswerks zu verlassen. Mit welchem Recht durfte er sie in einem Alter verlassen, in dem Gebrechlichkeit beginnen konnte und es wichtiger denn je sein würde, für einander da zu sein? Auf die Liebe zu Agatha zu verzichten war gleichermaßen undenkbar, denn das war das Lebenselixier, das ihn nährte. Diese Liebe machte ihn zu dem Menschen und dem Mann, zu dem er in diesem Leben hatte werden sollen. Und gleichermaßen stürzte ihn diese Erkenntnis in die nächste Krise, denn mit welchem Recht durfte er Agatha zu einer lebenslang wartenden Frau machen? Mit welchem Recht durfte er seinem Glück folgen oder es sich verwehren? Er wusste am Ende solcher Gedanken nicht mehr, was auf der Welt überhaupt unbezweifelbares Recht war, was Bestand hatte, wusste nicht mehr, ob es falsch oder richtig überhaupt gab. Und er hörte bald auf, sich seiner heimlichen Tränen zu schämen. Er konnte mit Agatha weinen, auch in den Momenten größten Glücks, denn gerade die waren es, die den größten Schmerz der Entbehrung wecken konnten. Sie brauchten einander nicht nach dem Grund des Weinens zu fragen. Sie wussten es und weinten stumm. Spürte sie seine Tränen auf ihrer Wange, so hob sie den Kopf und küsste ihn. Dann vereinigten sie sich und fanden aneinander, miteinander Trost. »Wenn etwas nicht glücklich enden kann, dann darf es nicht enden«; diese Erkenntnis war einfach. Zugleich trug Agatha durch ihre Tätigkeit als Hebamme jedoch die Erfahrung in sich, dass jedem Anfang zugleich das Ende innewohnte, zumindest aus irdischer Sicht. Doch ihre Liebe deklarierte sie als überirdisch und damit unendlich. Jede andere Behauptung war indiskutabel.

Sie sahen sich über zwei Jahrzehnte etwa einmal im Monat, in harten Zeiten konnten auch mal acht Wochen vergehen. Wenn sie sich nicht sehen konnten, schrieben sie sich. Beide hatten ein Postfach, um ihr Geheimnis nicht teilen zu müssen. Seit fünfzehn Jahren schrieben sie sich einen Brief pro Woche, mindestens. Das war ihr vereinbartes Lebenszeichen. Seit eineinhalb Jahren lebte ihre Liebe nur noch von den Briefen. Beide waren zu gebrechlich geworden, um zu reisen. Er konnte gegenüber seiner Frau keine glaubhaften Vorwände mehr erfinden, die rechtfertigten, dass er allein reiste und dann noch über Nacht wegblieb. Sie konnten nie wissen, ob ein Treffen nicht das Letzte sein würde. Das war der Grund, weshalb sie rasch gelernt hatten sich zu lieben, als gäbe es kein Morgen. Als sie jung waren, da war es die Angst, sich nicht mehr sehen zu können, weil ihre Liebe enttarnt werden könnte. Dann kamen Ängste vor Krankheit und Unfällen dazu. Doch plötzlich war das Alter selbst zum Risikofaktor geworden. Etwas, das sie nicht bedacht hatten, als sie in jungen Jahren beschlossen für die Entfaltung ihrer Liebe alle Zeit der Welt zu haben.

Dann kam plötzlich das letzte Treffen, ohne dass sie geahnt hätten, dass es das letzte sein würde. Das letzte Treffen, von dem sie wussten, dass es irgendwann kommen würde, aber sie sich durch Hoffnung versuchten vom Leib zu halten. Die Hoffnung der Liebenden auf ein nächstes Mal war unsterblich. Als Edgar nach einer Lungenentzündung nicht mehr zu Kräften kam und ein Wiedersehen unmöglich machte, musste Agatha begreifen, dass sich von nun an nur noch ihre Seelen lieben durften und nicht mehr ihre Körper. Das Schlimmste daran war, sich nicht mehr in den Arm nehmen zu können. Das Einander-Halten zu verlieren.

Zwei Wochen vor Agathas Sturz starb Edgar. Sie hatte es gespürt. Sie war nachts aus einem Traum von ihm erwacht und ihr Brustkorb war von einem Schmerz erfasst, als wolle er sich zusammenziehen und bersten zugleich. Ihr Herz brach. In der folgenden Woche blieb Agathas Postfach leer. Er hatte ihr zuletzt vor einer Woche geschrieben. In der Not, mit zittrigen Händen keinen Brief mehr zustande zu bringen, hatte er sich mit dem Lippenstift seiner Frau und einem schelmischen Grinsen die Lippen rot bemalt und das Briefpapier geküsst. Darunter standen die Worte: »Für immer dein.« Agatha waren die Tränen gekommen, als sie diesen Brief in den Händen hielt. Sie hatte die Augen geschlossen und den Abdruck seiner Lippen wieder und wieder geküsst und fast war es ihr so, als könne sie ihn spüren und schmecken, bevor sie die Sehnsucht mit jugendlicher Wucht traf. Als in der zweiten Woche ein Brief von Edgars Anwalt kam und die Gewissheit seines Versterbens brachte, starb in Agatha der Teil des Herzens, der ihn über all die Jahre geliebt hatte. Sie schämte sich für die lange im Stillen gehegte Hoffnung, seine Frau würde vor ihm sterben. Doch das war jahrelang ihr einziger Wunsch, damit sie, ohne Angst haben zu müssen entdeckt zu werden, noch einmal zu ihm reisen könnte. Sie wollte zu ihm fahren, an der Haustür klingeln und von ihm eingelassen werden. So, als sei es das Normalste der Welt, zu ihm nach Hause zu kommen. Eine Normalität, nach der sie sich immer gesehnt hatte. Sie wollte Alltag, ein Sich-Selbstverständliches-Sehen. Sie hatte in ihren kühnsten Träumen erhofft, ihn beim Sterben im Arm halten zu dürfen, weil sie wusste, dass er sich dort geborgen fühlte. Mit seinem Sterben waren nun alle Träume dahin. Sie stürzte, als sie längst bereit war zu sterben und ihm zu folgen. Deshalb wollte sie keine Operation. Sie hatte keine Ziele mehr. Sie wollte auch Emma von ihrer Fürsorge und ständigen Hilfsbereitschaft befreien. Sie empfand sich selbst als Last.

Agatha starb ein halbes Jahr nach Edgar. Eines nachts machte sie sich heimlich auf dem Weg zu ihm. Emma fand sie am Morgen in ihrem Sessel sitzend, das Kissen umarmend und den Kopf darauf gesunken. Emma erkannte schon aus der Entfernung, dass Agatha tot war und erschreckte darüber, dass sie nicht erschreckte. Sie kniete vor ihr nieder und umschloss die Hände der Großmutter. Von unten betrachtet konnte sie den friedlichen Gesichtsausdruck von Agatha erkennen. Ihre Augen und die Stelle des Kissens an der die Augen es berührten, waren feucht. Sie musste kurz vor ihrem Sterben noch geweint haben. Doch Emma sah, dass Agatha einen Frieden in sich trug. Einen Gesichtsausdruck, den, so erinnerte sich Emma, sie zuletzt in ihrer Kindheit wahrgenommen hatte. So hatte Agatha oft gestrahlt, als sie von den familienfreien Wochenenden wiederkam. Sie hatte erklärt, dass sie diesen Tapetenwechsel an einem Ort, wo ihr keine ihrer Schwangeren über den Weg laufen konnten, brauchte, um neue Kraft zu sammeln und außerdem durch ihr Heimkommen immer wieder einen Grund habe, Emma kleine Geschenke mitzubringen.

Als Emma im Verlauf der nächsten, sehr stillen und einsamen Monate nach dem Versterben von Agatha das Haus und den Nachlass aufzuräumen und zu sortieren begann, fand sie die Wahrheit und den Grund für die Wochenendreisen sowie Agathas innerer und äußerer strahlenden Schönheit heraus. Sie ging achtsam mit Agathas Eigentum um. Sie fühlte sich wie ein Eindringling und doch wusste sie, dass es ihre Aufgabe war, denn außer ihr gab es niemanden. Als sie in der hintersten Ecke des alten Kleiderschrankes einen Karton fand, der mit einem roten Seidenband, wie ein Geschenk verschlossen war, da hielt Emma den Atem an, denn sie ahnte, dass der Inhalt dieses Kartons eine Tür zu Agathas Seele war. Nachdem sie nach kurzem Innehalten den Karton geöffnet hatte, blickte sie auf eine Fülle von Briefen. Sie waren chronologisch geordnet und entstammten alle der gleichen Hand. Mit Tinte geschrieben zeigten sie Zeichen von Tränen oder das Papier war derart abgetragen, dass es schier Hunderte Male an eine sehnsuchtsvolle Brust gedrückt worden sein musste. Emma begriff, dass ihre Großmutter die Liebe ihres Lebens gefunden und gleichzeitig ständig entbehrt hatte. In Emmas Brust breitet sich eine Enge aus. Vor ihr zeichnete sich ein neues Bild ihrer Großmutter. Die Briefe waren Zeichen von Tapferkeit und Verzweiflung zugleich. Diese Menschen hatten miteinander das größte Glück der Welt kennengelernt und gleichzeitig begreifen müssen, dass nichts von alledem je sicher sein würde. Emma fragte sich, was wohl aus Edgar geworden war und ahnte, dass es mit dem plötzlich so offensichtlich gebrochenen Lebenswillen ihrer Großmutter, einen Zusammenhang geben könnte. Dass sie damit recht hatte, würde Emma nie erfahren, denn den Brief des Anwalts, der vom Tod Edgars berichtete, hatte Agatha verbrannt. Er gehörte nicht zu den anderen Briefen in die Kiste, denn dort war nur Platz für die Liebe, die mit solchen Unpässlichkeiten, wie dem Sterben, nichts zu tun hatte. Emma stellte sich vor, dass an einem anderen Ort jemand Edgars Nachlass räumte und Agathas Liebesbriefe ebenso in der Hand halten könnte, wie sie. Sie empfand plötzlich, dass sie mit dem Lesen dieser

Briefe ein Geheimnis entehren würde, dass lange und sorgfältig bewahrt worden war. Daher endete sie nach wenigen Briefen und beschloss diesen Schatz dem Feuer zu übergeben. Auch nach weiteren, in dem Karton befindlichen Fotos, hielt sie keine Ausschau, denn waren diese ebenso wie aus einer fremden Welt. Ein Foto von sich selbst hatte sie entdeckt. Sie musste etwa fünf Jahre alt gewesen sein, stand da, in einem Kleid. Doch da sich mit dem flüchtig betrachteten Bild keine Erinnerung verknüpfte, wollte sie auch in diesen Schätzen Agathas nicht wühlen. Mit der Asche besuchte sie Agathas Grab, grub ein kleines Erdloch in der Mitte ihrer Grabstätte, leerte sie hinein und pflanzte darüber einen Rosenstock. Mit dieser Tat fand Emma Ruhe und dennoch weinte sie dabei über den Schmerz, den das Tragen eines so großen Geheimnisses bei der Großmutter verursacht haben musste. Dieser Mann war das Schönste, was Agatha im Leben widerfahren war und sie hatte es mit niemandem teilen können. Emma hätte behauptet ihre Großmutter gut zu kennen und es tat weh zu verstehen, dass einem auch der liebste Mensch in Teilen verborgen bleiben konnte.

Emma beschloss aus dem Haus der Großmutter auszuziehen und die Stadt zu verlassen. Sie verkaufte es und konnte dadurch den Rest ihres Studiums und eine Zeit darüber hinaus finanziell absichern. Nach Abschluss ihres Examens arbeitete sie acht Jahre in verschiedenen Städten, in der Hoffnung einen Ort zu finden, der ihr das Gefühl von Zuhause vermittelte. Letztlich kehrte sie nach dem achtjährigen Ausflug zurück in ihre Heimatstadt. Einen wirklichen Grund hätte sie dafür nicht nennen können. Doch das zufällige Entdecken eines ansprechenden Stellenangebotes und einer kleinen verwinkelten, irgendwie urig wirkenden Wohnung in einem Fachwerkhaus mitten in der Altstadt, schienen wie für sie gemacht.

Bis dahin hatte kein Mann einen Weg in ihr Leben gefunden. Sie gehörte nicht zu der Kategorie Frau deren Anblick einen Mann vom ersten Moment an in den Bann zog und den Kopf verdrehte. Sie war eine Frau, deren Schönheit sich

Stück für Stück verriet und, war sie einmal entdeckt, ihren Zauber tat. So wie Emma bei vielen Männern wegen ihres Auftretens die erste Hürde nicht nahm, so scheiterten viele Männer an ihrem Anspruch, er solle einfach »normal« sein. Wollte Emma bei einem sich unangenehm entwickelnden Date sichergehen, dass das Interesse des Mannes ohne Umschweife ein jähes Ende nahm, so antwortete sie auf die Frage, was sie arbeite, wahrheitsgemäß, aber eher gradlinig. Auch hier galt die Regel, dass die anfängliche Neugierde schnell dem Wunsch wich, den größtmöglichen Abstand zum Tod zu gewinnen. Dass sie die Nähe zu Sterbenden nicht scheute und Tod für sie ein Thema war, über das man normal reden konnte, machte sie in den Augen der meisten Männer interessant aber doch irgendwie sonderbar.

Vielleicht war es aber auch die Mischung aus allem, aus Erscheinungsbild, Kleiderwahl und Umgangsform, weswegen sie aus der Spur des Gewöhnlichen zu fallen schien. Ihr Kleidungsstil war eine Kreuzung aus konservativ und wild-alternativ. Ihr Auftreten war konkret und verbindlich und das verlangte sie auch von ihren Mitmenschen: Verlässlichkeit, zu sagen, was man meinte, Konflikte, wenn sie unvermeidbar waren, nicht zu scheuen und aufrichtig authentisch zu sein, auch wenn es unpässlich oder ungemütlich war. Sie war keine Person, die, wenn sie ins Straucheln geriet, nicht dazu stehen würde. Sie versteckte sich nicht, wenn es schwierig wurde. Für Emma existierte kein »vielleicht«, wenn es um Zuständigkeiten ging. Sie erlebte zu oft, dass sich Menschen gegenseitig in der Sicherheit einer Pseudozuständigkeit füreinander wähnten und dann, wenn es im Leben darauf ankam nicht allein zu sein, zeigte sich die eigentlich bestehende Unverbindlichkeit der Beziehung. Emma zog eine Abfuhr einem unverbindlichen Vielleicht vor. Und wenn man sie nach ihrer Meinung zu etwas fragte, so besaß sie zwar großes kommunikatives Geschick, bewahrte sich jedoch davor den Inhalt netten Worten zu opfern. Ihrer Ansicht nach änderte eine schöne Verpackung nichts an einem schlechten Geschenk. Daher wählte sie ihre Worte mit Bedacht, vermied aber ablenkende Schnörkel, die den Blick von der wesentlichen Botschaft ablenken könnten.

So hatte sie beispielsweise einmal einen Mann kennengelernt, der sich als Fischhändler entpuppte. Emma nahm seinen Beruf hin, nicht jedoch seine Sicht auf die Welt an. Unglücklicherweise wurde sie beim ersten Treffen zum Essen eingeladen und mit einer, in ihren Augen kulinarischen Abartigkeit, konfrontiert: Shrimps, für zwei Personen. In Anbetracht des sinnlosen Massenmordes auf einer Silberplatte, konnte sie ihre Abscheu nicht verbergen und hätte es auch als ungute Basis eines Kennenlernens empfunden, wenn sie es ihm zu liebe getan hätte. Er hatte ihr mit immer größer werdenden Augen zugehört, als sie ihre Gedanken formulierte. Dass, wenn man zum Beispiel eine Kuh schlachte, einem Lebewesen das Leben genommen wurde, sich jedoch, aufgrund der großen Fleischmenge, viele Menschen ernähren konnten. Dass sie dieser Rechnung wenigstens noch einen Hauch von Sinn abringen konnte, dass jedoch spätestens beim Verzehr von Shrimps, Schnecken, Muscheln und Froschschenkeln der Höhepunkt von unsinnigem Töten erreicht wäre. Vor ihr auf dem Teller lagen dreißig kleine Lebewesen. Dreißig Leben, von denen noch nicht mal ein Mensch ernsthaft satt werden würde. Es passte nicht in ihre Vorstellung von Wertschätzung, wenn derart leichtfertig Leben genommen wurde. Eine Kuh, ein Shrimp. Beide hatten je ein Leben. Und in Emmas Werteverständnis reihte sich der Mensch da gleichwertig mit ein – mit einem Leben versehen, wie Kuh oder Shrimp, doch leider mit einem Selbstverständnis ausgestattet, dass es ihm erlaubte sich über alle anderen Leben zu erheben und diese zu degradieren. Der Mensch missverstand und missbrauchte seine Position, die er sich auf dieser Welt geschaffen hatte. Ein Wesen an der Spitze, sich alles Untertan machend. Ergab sich nicht aus dem Innehaben einer machtvollen Position die Pflicht, sorgsam mit der Macht umzugehen, Taten und Entscheidungen, die das Leben anderer Lebewesen beeinflussten, kritisch zu reflektieren und sie achtsam abzuwägen? Emma stellte sich vor, was ein Wesen, das größer wäre als der Mensch, vielleicht größer als alles Vorstellbare, vom

Universum hinab auf die Erde blickend sehen würde. Ein Gewimmel von Menschen, einem Ameisenhaufen gleich oder einfach nichts anderes als für die Menschen eine Schüssel mit Shrimps? Und was, wenn der, die oder das Größere einen Teil der Menschen mit einer beiläufigen Entscheidung vernichteten würde? Dieses philosophierende Shrimpsgespräch hatte das Date beendet, noch bevor sich Emma hätte überlegen können, ob sie einen Nachtisch wollte. Den bestellte sie sich dann, als sie allein war und aß ihn breit grinsend.

Es ergab sich mit den Jahren, dass Emma das Leben lebte, ohne von dem verzweifelten Eifer besessen zu sein, zwingend einen Partner finden zu müssen. Sie tröstete sich mit dem Gedanken, dass sie etwas, dass sie nicht besaß, auch niemals entbehren werden müsse. Bei vielen Begleitungen Sterbender hatte sie den Eindruck, dass die Qualen der Hinterbliebenen schlimmer und schwerer zu ertragen waren als das Erleben der Person, die starb. Das Sterben selbst schien ein Vorgang zu sein, bei dem die Natur zu einem Großteil dafür sorgen konnte, den Menschen in einem Zustand des beschützten Abgeschirmtseins zu hüllen, dass das Bewusstsein in eine andere Sphäre hob und körperliche Empfindungen etwas in den Hintergrund der Wahrnehmung abdrängen konnte. Ein Arzt konnte hilfreich sein, wenn Symptome dieses Abgleiten in die beschützte Sphäre behinderten, weil sie mit ihrem quälenden Charakter immer wieder die Aufmerksamkeit des Geistes auf sich zogen und so das Sterben störten. Wenn jedoch ein gewisses Maß an Leichtigkeit erlangt wurde, dann reichten die körpereigenen Stoffe, die den Schutz gewährten. Dann trat Entspannung ein – der Moment des Todes war ein sanftes Loslassen, kein Kampf.

Da die Menschen oft schon Distanz einnahmen, wenn Emma vom Inhalt ihres Berufes erzählte, war sie bisher nie in die Situation gekommen, dass sie über ihr Erleben von Sterben und Tod sprechen sollte. Sie hätte es auch nie von sich aus gewagt, denn das war ein Thema, mit dem man andere Menschen verunsichern konnte und das Gefühl auftrat, in eine Intimsphäre des Gesprächspartners eingedrungen zu sein. Noch nie war ihr ein Mensch so nahegekommen, dass sich das Thema ergeben hätte. Als Jacques sie irgendwann gefragt hatte, was sie denn arbeitete, da versuchte sie mit einem »Ich bin Ärztin«, die Antwort so oberflächlich wie möglich zu halten, um das junge Pflänzchen ihrer Freundschaft nicht gleich zu entwurzeln. Sie hätte es wissen müssen, dass er sich mit dieser Antwort nicht zufriedengeben würde, sondern es eher als Einladung zum Nachfragen verstand. Als das Stichwort Sterbebegleitung fiel, einfach, weil ein weiteres Ausweichen ihm gegenüber unfair und auch irgendwie albern gewesen wäre, da hielt er kurz inne. Ihre Blicke trafen sich in dieser abrupt entstandenen Stille und Emma hatte das unheimliche und zugleich unheimlich schöne Gefühl, dass er gerade Heimat bei ihr fand. Irgendein Band wurde in diesen Sekunden geknüpft. Ein weiteres zu all den unsichtbaren Bändern, die zwischen ihnen schon bestanden, die jedoch von beiden aus der Angst, dass Bänder binden könnten, nicht gesehen wurden. Statt Distanz schuf das Thema Tod Nähe. Bis zu dem Moment als Jacques auf der Dachterrasse seine Frage stellte, hatte er aktiv nicht noch einmal nach ihrer Arbeit gefragt, doch jedes Mal sehr wach und einfühlsam zugehört, wenn sie von ihrem Arbeitstag berichtete, ihr ein Schicksal nahe gegangen und ihre Seele stark bewegt war. Ob sie derart unbeschwert mit Jacques gesprochen hätte, wenn sie seine Lebensgeschichte zu diesen Zeitpunkten schon gekannt hätte, konnte sie im Nachhinein nicht sagen. Doch nun, da sie sie kannte, würde sie ihm eine Antwort niemals verwehren können. Wie war es zu sterben? Sie kannte keine Wahrheit, konnte nur berichten, was sie erlebt hatte.

Emma hatte schon viele Krankheiten und deren oft gnadenlose Verläufe begleitet. Mit dem Miterleben dieser Lebensgeschichten hatte sie ihren Bezug zu einem vielleicht existierenden Gott verloren. Mit dem möglichen Sinn irdischer Prüfungen, auferlegten Leids, Gerechtigkeit im Jenseits und Behauptungen wie »Du bekommst nur die Last, die Du auch tragen kannst«, hatte sie rasch gebrochen. Es konnte keinen Sinn haben körperliche Entstellung, soziale Isolation und Schmerzen ertragen zu müssen, wenn beispielsweise ein Tumor Teile des Gesichts zerstörte und Höhlen im Fleisch schuf, in denen das Gewebe verweste. Und falls es einen Gott gab, so schlussfolgerte Emma, liebte er seine Kreaturen nicht. Nicht die Menschen, die sich wegen des Glaubens an ihn seit Tausenden Jahren gegenseitig zu missionieren versuchten und, wenn dies nicht gelang, töteten. Nicht die Tiere, da er es zuließ, dass die Menschen sie knechteten und quälten. Nicht die Natur, die der Quell allen Lebens war und vom Menschen ebenso ausgebeutet und vergiftet wurde.

Sie erlebte oft genug, wie viel ein Mensch zu tragen im Stande war, wie viel Schmerz und Behinderung. Und mit demütiger Bewunderung staunte sie oft, in welch unbeschreiblich erschütternden Situationen dem Leben dennoch eine Qualität abgerungen werden konnte. Sie lernte, dass Lächeln, Lachen, Witz und Humor ebenfalls Platz an dem Bett eines todkranken Menschen hatten. Und so oft ein Witz oder ein Lachen vorsichtig den Raum betrat, so oft platzte es auch einfach ungestüm herein, stand, ohne angeklopft zu haben da und schuf nicht selten erst Unsicherheit, ob sein Erscheinen angemessen und es erlaubt war, der Komik einer Situation nachgeben zu dürfen. Doch es war bisher, wenn erst einmal eine derartige Situation entstanden war, immer richtig gewesen. Nicht selten vermochte ein Lachen die Traurigkeit und Schwere in einem Krankenzimmer erleichtern.

»Na endlich lacht hier mal wieder jemand«, hatte einmal ein Patient zu Emma gesagt, nachdem diese beim Eintreten des Zimmers über ihre eigenen Füße gestolpert war, der Länge nach und zu Füßen des Patienten zum Liegen kam und mit dem Lachen gar nicht mehr aufhören konnte. »Ich dachte schon, ich müsste nun bis zum Ende meiner Tage ernst dreinschauen, um den Besuchern nicht ihre düstere Stimmung zu vermiesen«, ergänzte er.

Ein andermal glaubte Emma durch eine spontane Äußerung einen missverständlichen Fallstrick geschaffen zu haben, doch auch diese Situation endete in herzhaftem Gelächter. Sie hatte einen Patienten gefragt:

»Welche Leute kommen denn heute noch zu Ihnen zu Besuch?«

Die Antwort lautete: »Ach, ein paar V(v)erschiedene!«

Und Emma antwortete spontan: »Na hoffentlich nicht!«

Sie hielt sofort inne, hielt das unüberlegte Wortspiel für unangemessen und schämte sich. Der Patient bemerkte Emmas hochroten Kopf, dachte daraufhin erst über das Gesagte nach und fing an zu lachen:

»Nee, Sie haben recht. Wäre echt blöd, wenn hier die Zombies rumlaufen würden.«

Durch derartige Situationen, von denen es viele geben konnte, wenn man es denn zuließ, lernte Emma, dass das Leben wirklich erst mit dem Tod endete und nicht schon während der Krankheit oder des Sterbens. Einen Patienten, der sich nicht auf Besuch freute, hatte Emma vorsichtig nach dem Grund gefragt.

Aus dem Patienten platze es heraus: »Weil denen, sobald die hier das Zimmer betreten, das Lachen aus dem Gesicht fällt und die mich behandeln als wäre ich schon tot oder als müssten sie mich durch ihre Trauergesichter auf das Sterben einstimmen. Als gehöre ich jetzt schon nicht mehr zu den Lebenden. Aber, hey! Ich will das Leben in Überdosis, so lange es geht! Die Stille kommt doch früh genug!«

Emma bot dem Patienten an zu helfen. Es war unglaublich, dass ein Gespräch in Anwesenheit aller Beteiligten Erleichterung schuf, obwohl sich niemand im Vorhinein überhaupt hätte ausmalen können, dass man ein derartiges Thema verbalisieren konnte, ohne noch mehr Wunden zu schaffen. Es vermochte die Last und die selbstauferlegten Zwänge rund um die Vorstellungen, welches Benehmen in Gegenwart und im Umgang mit einem totkranken Menschen angemessen sei, zu entwurzeln.

»Behandelt mich einfach normal« war ein Satz, der häufig fiel. Doch dieses »normal« musste, in Angesicht der einschneidenden Lebensveränderungen, mühsam neu gelernt werden. Gleichzeitig stellte sich die Frage, wann das Sterben eigentlich begann. Mit jedem Jahr mehr an Erfahrung, spürte

Emma, dass sterben nicht einfach sterben war. Wenn Sterben Abschied bedeutete, Loslassen für immer, dann gab es viele Arten des Sterbens, lang bevor der letzte Atemzug auch das körperliche Sterben beendete. Kam mit der Krankheit die Unfähigkeit zu arbeiten, begann ein soziales Sterben. Der Abschied aus der Arbeitswelt, der Produktivität, die damit verbundenen Gehaltseinbußen, die fehlenden sozialen Kontakte – all das schuf Einsamkeit, ganz unabhängig davon, wie stark Familie oder Freunde unterstützend hinter dem Kranken standen. Hatte der Kranke auch allzu oft auf Kollegen geschimpft und sich über jeden Tag gefreut, an dem er nicht zur Arbeit musste, so war es eine ganz andere Sache, wenn er nun nicht mehr zur gehen Arbeit konnte und plötzlich spürte, dass auch die nervigsten Kollegen fehlten. Es brach dann genau der Teil des Selbstwertgefühles weg, der von einer gewissen Wertschätzung und Anerkennung am Arbeitsplatz lebte. Die Erkenntnis, nicht mehr zum arbeitenden Teil der Gesellschaft zu gehören, obwohl noch nicht das Alter für eine Rente erreicht war, hinterließ Wunden. Zu erleben, wie sich der Bekanntenkreis verkleinerte, weil Besucher zu Beginn der Krankenzeit häufig auftauchten und dann immer weniger wurden. Zu begreifen, dass im Verlauf der Krankheit nur noch eine Handvoll Menschen übrigblieb, die freiwillig zu Besuch kamen, des Menschen wegen und nicht aus auferlegtem Zwang oder Pflichtgefühl oder als Aktionismus gegen das lauernde schlechte Gewissen. Zu sehen, wie sich der Lebensradius verkleinerte, weil die Mobilität immer begrenzter wurde – all das war Sterben. Das eigene Einkommen wegbrechen zu sehen. Das Geld, welches vorhanden war, für Pflege- und Hilfsmittel, statt für den kleinen Alltagsluxus auszugeben. Wer sich bis dahin selbst versorgte, kam oftmals in die Not sich die Nachbarschaftshilfe mit kleinen Scheinen des Dankes erkaufen zu müssen bis schließlich doch das Annehmen der Hilfe eines Pflegedienstes unabwendbar wurde. Diese Art der Abhängigkeit wurde oft als Einschränkung der Autonomie empfunden – ein weiteres Sterben. Als traurige Krönung dieses Gefühls wurde von vielen Menschen der

Umzug in ein Pflegeheim erlebt. Erst das Empfinden, dass mit dem Umzug in eine Pflegeinstitution das Leben auch wieder annehmlicher und einfacher werden konnte, weil Hilfe schneller verfügbar und die Räumlichkeiten selbst hindernisärmer waren, vermochte dann ein wenig zu trösten. Das Ausscheiden aus dem Beruf, soziale Abschiede und Rückzüge, Verlust der finanziellen Potenz, Erleben der nachlassenden körperlichen Leistungsfähigkeit, das Ertragen der eigenen Hinfälligkeit und das Akzeptieren, dass Schmerzen unter Umständen nur in ihrer Intensität eingedämmt, jedoch nicht gänzlich verhindert werden konnten, die stete Präsenz der Krankheit, die Enttäuschung über diese schicksalhafte Ungerechtigkeit, den inneren Kampf, die Krankheit akzeptieren zu müssen aber nicht zu wollen, Hilfe annehmen zu müssen und auch dies nicht zu wollen, zu akzeptieren, dass der Intimbereich – egal in welcher Hinsicht – nicht mehr die gleiche Intimsphäre hatte, wie im gesunden Leben – all das war Abschied und lag auf dem Weg eines Sterbenden. Bis zu dem Zeitpunkt, ab dem das eigentliche körperliche Sterben für andere Menschen sichtbar wurde, hatte der Sterbende schon viele Abschiede erleben und verkraften müssen.

Emma hatte erlebt, dass für nahezu alle Menschen, die sie begleitet hatte, der Weg zum Sterben, mit all seinen Verlusten, das Schwerste war. Die letzte Wegstrecke des Sterbens, die, die auch für andere Menschen dann als Sterben offensichtlich war, war dann der leichtere Teil des Weges, denn die großen Entbehrungen hatte dieser Mensch schon überstanden und nun vertraute er sich gewissermaßen dem Tode an. Es war, als ob es für jeden Menschen in seiner schweren Krankheit einen individuellen Zeitpunkt gab, an dem er still für sich zu entscheiden hatte, ob er am Leben festhielt oder er den Weg mit dem Tod gehen würde. Ein Leben lang war man darauf geeicht, das Leben zu erhalten und an ihm festzuhalten. Doch dann war es an der Zeit, dem großen Unbekannten zu vertrauen, und dass, obwohl doch die Mutter immer gesagt hatte, dass man mit Fremden nicht mitgehen durfte. Wenn ein Mensch dieses Vertrauen nicht aufbringen konnte, die sich mit großen Schritten nähernde Endlichkeit des Lebens verdrängte, obwohl der Körper in diesem Moment zum Leben schon zu schwach, krank oder müde war, vermochte die Seele für eine gewisse Zeit noch befehlen, dass das Leben weiterzugehen hatte. Weiter, bis die letzten, erschöpften körperlichen Reserven ein Leben unmöglich machten. Das war dann ein sichtbar kämpfendes Bestreben, ein Versuch, sich dem Tod zu entwinden, was jedoch nicht mehr gelingen konnte. Fand die Seele keine Ruhe und kein Vertrauen, wurden auch körperliche Symptome stärker, die es, um jeden Preis zu lindern galt, damit der Sterbende nicht zusätzlich darunter litt. Juckreiz, Luftnot, Übelkeit, Schmerz – all das galt es zu beherrschen, bis der Mensch das Vertrauen und die Ruhe fand, sich dem Tode anzuvertrauen. Genau dieser Umstand machte es einem Arzt so schwer möglich, die genaue Dauer des Sterbens vorauszusagen. Welche Zeichen des Sterbens und der Erschöpfung der Körper zeigte, vermochte Hinweise geben. Aber den Loslösungsprozess der Seele abzuschätzen, das war das Unsichtbare. Man konnte nicht wissen, welchen Kampf der Mensch noch kämpfte und wie weit die Bereitschaft vom Leben loszulassen gediehen war oder ob der Sterbende still in sich noch auf einen Besucher wartete, den er nochmal vor Ort empfinden musste, an den es nicht nur reichte zu denken, um ihn um sich zu wissen. Die notwendige Dauer des inneren Abschiedes war nur zu erahnen und schwerer abzuschätzen als die Nähe, die der Körper schon zum Tode hatte. Unübersehbar, von außen erkennbar, war jedoch, wenn der Zustand des Vertrauens erreicht wurde. Die körperlich erkennbare Anspannung wich dem Loslassen und einer Ruhe. Die Seele war dann erkennbar bereit zur Reise und wohnte dem sterbenden Körper nur noch in Stille bei. Es dauerte dann meist nur noch wenige Stunden, vielleicht auch mal ein oder zwei Tage, bis es sich von Körperzelle zu Körperzelle herumgesprochen hatte, dass die Arbeit eingestellt werden konnte. Dies geschah in Ruhe, ohne, dass sich der Sterbende noch viel bewegte, Arme und Beine lagen dann schlaff. Das Leben zog sich erkennbar zurück. Manchmal war noch phasenweise eine lebhafte Mimik zu beobachten, die die Fülle der Bilder und Eindrücke, die die Seele dann überfluteten, erahnen ließen. Ob es Bilder des vergehenden Lebens oder des Kommenden waren, würde Emma erst bei ihrem eigenen Sterben erfahren, doch ihre Fantasie war diesbezüglich beflügelt. Da sich das Leben meist mit einem zarten Lächeln, einem Stirnrunzeln oder einem irgendwie verschmitzten Gesichtsausdruck dem Ende zuneigte, bevor der Atem sich merklich verlangsamte, die Zeit zwischen zwei Atemzügen länger wurde und das Leben zum Stillstand kam, gewann Emma Zuversicht, dass es schöne Bilder waren. Besaßen die Angehörigen oft zu Beginn dieser Phase immer die Hoffnung, dass am Ende der Atempause ein neuer Atemzug käme, so wandelte sich dieses Hoffen im Verlauf. Denn das innere Flehen um den nächsten Atemzug wurde, in dem Wissen, dass das Sterben an sich unabwendbar war, unerträglicher als das Erleben, dass kein neuer Atemzug mehr folgen würde, sondern das Sterben mit dem Tod endete.

Emma fand Angehörige vor, die sich wegen dieses Wunsches, es möge endlich zu Ende sein, schämten. Sie waren in dem Gefühl gespalten, einerseits zu lieben und den Menschen niemals loslassen zu wollen und andererseits zu begreifen, dass das Gehenlassen-Müssen unumkehrbar war und auch zu wollen, dass es endete. Emma erklärte, dass es genau das Gefühl war, auf das es ankam, um der Seele des Sterbenden die Flügel der Freiheit zu schenken. Manchmal war das Sterben sichtbar schwer, denn der Sterbende gab sich nicht die Erlaubnis zu gehen. Die Seele zwang den Körper weiterzuleben, bis er sich irgendwann in seiner allerletzten Kraft erschöpfte. In solchen Momenten wandte sich Emma an die Angehörigen, denn oft war dies ein Zeichen einer sehr engen Verbundenheit oder auch Verantwortlichkeit, die der Sterbende für seine nächsten Lieben empfand und auch dafür, dass diese einen Beitrag leisten konnten, um den letzten Schritt des Sterbens zu erleichtern. Wenn sie still in sich gingen, die Situation reflektierten und trotz all der Traurigkeit spüren konnten, dass sie das Sterben begreifen und akzeptieren würden, dann sollten sie sich an den Sterbenden wenden und ihm sagen, dass er das Leben loslassen dürfe, dass er fehlen würde im Leben der Dableibenden und immer eine Lücke spürbar sein würde. Dass die Liebe jedoch das Sterben überwinden und er immer ein Teil des Lebens bleiben würde. Dass er sich keine Sorgen machen müsse, es irgendwie, wenn auch ganz anders als gewollt, weitergehen würde. Sehr oft war dann zu beobachten, dass wenig später die ruhige Phase des Sterbens begann. Es war ein gelebter Beweis, dass hören, empfinden von Berührung und die emotionale Wahrnehmung bis zum Tode funktionierten. Oft fehlte es nur bereits an Körperkraft und Koordinationsvermögen, um auf das Gesagte zu antworten. Und doch, obwohl man es kaum für möglich hielt, war oft nochmal eine kleine Regung, ein Lächeln oder eine andere Geste zur Antwort zu beobachten, was für die Angehörigen ein endlos kostbares Geschenk war, welches schmerzte und tröstete zugleich. Häufig, wenn die Beziehung zwischen dem Sterbenden und dem Angehörigen sehr eng war, gewann man den Eindruck, dass der Sterbende niemandem zumuten wollte, den Moment des Todes ertragen zu müssen. Dann war es tatsächlich so, dass der Tod in einer unbeobachteten Minute kam, und sei es, nur weil der treue Angehörige kurz das Zimmer verlassen hatte, um zur Toilette zu gehen, sich die Beine zu vertreten, einen Kaffee zu trinken oder sich doch nach einem langen Tag dazu durchgerungen hatte nach Hause zu gehen, um dort ein wenig zu ruhen.

Der Moment des allerletzten Atemzuges war für Emma jedes Mal berührend und tatsächlich ebenso besonders und einzigartig wie der erste Atemzug im Leben eines Menschen. Diesen Moment miterleben zu dürfen, einem Menschen in diesem Moment Schutz vor äußeren Einflüssen gewähren zu können, war ein Geschenk. Behütet in eine Welt geboren und empfangen zu werden war ebenso wichtig wie sie beschützt verlassen zu können. Und auch wenn Sterben ohne diesen Schutz geschehen würde, so war es doch ein Zeichen der Würdigung dieses scheidenden Menschenlebens, ihm einen Schutzraum zu schaffen. Die Anwesenheit einer Hebamme bei einer Geburt wurde nie in Frage gestellt. Emma verstand nicht, weshalb der Beistand am Ausgang des Lebens nicht als ebenso notwendig und selbstverständlich angesehen wurde. Behütet zu sterben war in der Gesellschaft kein Selbstverständnis. War der letzte Atemzug geschehen, so blieb Emma stets noch ein Weilchen. Neben ihrer Pflicht der Totenschau brauchte sie auch für sich den Moment des Innehaltens und auch die guttuende Wahrnehmung des nun friedvollen ruhigen Anblickes. Sie ließ ihre gemeinsame Zeit, die Krankengeschichte des Patienten und seine Persönlichkeit noch einmal Revue passieren – sie nahm Abschied. In Gedanken wünschte sie eine gute Reise, wohin sie auch immer führen möge. Sie versprach, als Ansprechpartner für die Angehörigen noch zur Verfügung zu stehen. Sie war eine Art Bindeglied zwischen Leben und Tod.

Manchmal kamen Angehörige zum Teil noch Monate nach dem Versterben eines Menschen mit sie quälenden Fragen auf Emma zu. Gerade, wenn sie nicht dem Moment des Sterbens beiwohnen konnten, brauchten sie Gewissheit, ob die letzte Strecke des Lebens ein Kampf oder ein Loslösen war, ob Entscheidungen, die sie getroffen hatten, richtig gewesen waren oder ob wirklich alles Sinnvolle getan worden war. Emma berichtete dann vom Sterben, den letzten Stunden oder, wenn sie dabei gewesen war, von den letzten Minuten. Die Menschen brauchten ein Bild und eine Wahrheit, die dann zum Trost werden konnte. Emma log nicht, wenn ein Sterben schwer begann und erst auf den letzten Atemzügen leicht wurde, aber eben das war das, was sie bisher bei allen Begleitungen erlebte: Der Weg des Sterbens konnte zum Teil unermessliches Leid mit sich bringen, da bedurfte es ärztlicher Hilfe. Doch der Moment des Todes war federleicht.

Daher kannte sie die Antwort auf Jacques Frage: der Hinterbliebene zu sein war schlimmer. Auch, wenn es grundsätzlich traurig war, dass der Gestorbene sein Leben nicht weiterleben können würde, so war es für ihn im Moment des Gehens in Ordnung. Der Dagebliebene würde sich jedoch unweigerlich mit der Trauer und dem Alleinsein auseinandersetzen müssen, mit Fragen und Ängsten und seinem

Leben eine vollkommen neue Struktur verleihen. Er musste die Leere annehmen. Das Sterben eines anderen Menschen zu überleben, veränderte das eigene Leben. Nichts war mehr wie es war. Das Leben ging einerseits gnadenlos weiter, andererseits musste es vollkommen neu gelernt werden. Es galt weiter zu tanzen, in vollkommen fremdem Takt. Dazubleiben, dem geliebten Menschen nicht zu folgen, war ein Kraftakt und keine banale Selbstverständlichkeit. Viele Trauernde nahmen keine Hilfe an, weil sie glaubten, sowas von Natur aus allein bewältigen zu müssen. Aus Emmas Sicht war das Weiterleben mit einer Trauer eine Art hart erarbeitete Wiedergeburt, der man mit Respekt begegnen sollte.

So lag sie bei Jacques und Tränen des Stolzes füllten ihre Augen, denn erst jetzt hatte sie begriffen, was dieser (am liebsten hätte sie gedacht »ihr«) Mann an Stärke und Lebenswillen besaß.

Kapitel 5 – 7. Juli 2018

Emma saß an ihrem Küchentisch und schnitt Äpfel für eine Tarte. Sie würde insgesamt drei Kuchen backen, doch der Schönste war für Jacques gedacht. Es war ein angenehm kühler Nachmittag und es regnete seit einer Woche, was vielen Menschen die Sommerlaune verhagelte, doch Emma eine Freude war. Sie liebte Regen und mochte ihn gerade im Sommer, wenn er die Bäume danach frisch geduscht aussehen ließ und von der staubigen Schwere der heißen Tage befreite. Sie hatte das Küchenfenster weit geöffnet, zum einen, um die wunderbar duftende Luft hineinzulassen, zum anderen, weil Trüffel bald heimkommen würde. Wie schön es war, wenn sein Kopf ganz plötzlich im Fenster auftauchte und er ganz selbstverständlich hindurchtrat, weil er wusste, dass das sein Zuhause war. Sie war dann außerstande ihre Arbeit auch nur eine Minute weiter fortzuführen, denn beide forderten sie ihr Begrüßungsritual ein. Wer von beiden schneller war, bestimmte die Art der Schmuserei. Beobachtete Emma Trüffel schon beim Hineinkommen, so stand sie auf, kam ihm zur Arbeitsplatte, auf der er beim Hineinhopsen landen würde, entgegen, stellte sich vor ihn und nahm sein Köpfchen zwischen beide Hände, küsste ihm die Stirn und hieß ihn willkommen. Bekam Emma den Moment nicht mit, wenn er nach Hause gekommen war, so sprang er auf ihren Schoß, stellte sich auf die Hinterbeine, mit den Vorderpfoten an Bauch und Brust empor, bis zu den Schultern streckend, um dann sein Köpfchen unter ihrem Kinn zu reiben. Sie konnte dann nicht anders, als ihn zu halten wie ein Kind, dass sich anschmiegte, ihn sanft an sich zu drücken und mit kleinen Bewegungen ihres Kopfes, seine stupsenden Liebkosungen unter ihrem Kinn zu erwidern. Ihre Begrüßung war ein jedes Mal so intensiv und voller Freude, als hätten sie sich lange nicht gesehen und sich nun unerwartet wiedergefunden. Heute hatte sie, da der Regen die Luft doch ordentlich erfrischt hatte, eine Strickjacke an, die ihr viel zu groß war, sie jedoch wegen Trüffel gern trug. Wenn sie irgendetwas im Sitzen arbeitete, schrieb oder las und diese Strickjacke anhatte, dann war es Trüffel an kühleren Tagen zur Angewohnheit geworden auf den Schoß zu springen, mit in die Jacke zu schlüpfen und den Raum zwischen ihrem Rücken und der Strickjacke, wenn Emma auf dem Stuhl etwas nach vorne rutschte, als Zelt umzufunktionieren. Dort schlief er dann meist ein, wobei Emma es genoss seine Bewegungen zu spüren, bis er die geeignete Schlafposition gefunden hatte. Das Abstoßen mit den Pfoten an ihren Rücken, wenn er sich in Seitenlage positionierte oder aber das Zucken seiner Pfötchen, wenn er träumte, seine Wärme zu spüren oder sein Schnarchen zu hören, all das schenkte Emma das Gefühl des gegenseitigen Geborgenseins.

Ein Leben ohne Trüffel wollte sie sich nicht mehr vorstellen. Er war vom ersten Tage an ein wahrer Lebensgefährte gewesen. Ihre Alltagsgewohnheiten hatten sich bald nach seiner Ankunft miteinander verwoben und umeinander arrangiert. Sie hatten gemeinsame Routinen und Rituale entwickelt, die Zeichen ihrer Verbundenheit und Zuneigung waren. Emma konnte nach Trüffel die Uhr stellen. Sie hatten sich angewöhnt, wenn sie arbeiten musste, eine halbe Stunde vor ihrem eigentlichen morgendlichen Aufstehen wach zu werden, um gemeinsam zu kuscheln. Dafür kroch Trüffel unter der Bettdecke ihre Beine entlang, vom Fußende zu ihr nach oben und schmiegte sein Köpfchen unter ihr Kinn. Derart geweckt zu werden konnte den Tag einfach nicht schlecht gelaunt beginnen lassen. Sie begann ihn auf sein Stupsen hin zu streicheln und er drehte sich unter den Bewegungen ihrer Hände auf den Rücken, sodass sie ihn vom Kinn bis zum Bauch kraulen durfte. Wenn die Bewegungen von Emmas Hand zum Erliegen kamen, weil der Schlummer wieder nach ihr gegriffen hatte, erinnerte Trüffel sie mit einer sanften Bewegung daran, dass er auch noch da war, bis er schließlich ebenfalls der Schwere seiner Augenlider nachgab. Am Wochenende, wenn sie beide nach ihrem Morgenritual nochmal einschlafen konnten, blieb er meist einfach in ihrem Arm liegen. Wenn sie dann wieder aufwachten und Trüffel sie mit seinem muffeligen, schlafgezeichneten Atem beschnupperte, so mochte sie auch dies, wie man es nur bei einem seelenvertrauten Wesen mögen konnte. Manchmal, wenn sie vor ihm aufwachte, beobachtete sie ihn im Schlaf und konnte sich darüber amüsieren, wie er im Traum schmatzte, nach etwas schnappte oder mit vom Schlaf schweren, zuckenden Pfoten durch den Traum rannte. Es erfüllte sie mit Glück und Stolz, dass Trüffel sich an ihrer Seite derart geborgen fühlte und achtlos in die Traumwelten gleiten ließ. Aus schlechten Träumen vermochten sie sich gegenseitig zu wecken. Ein paarmal war es vorgekommen, dass er im Schlaf winselte, woraufhin sie näher zu ihm rückte und er durch diese Nähe, manchmal auch erst durch ihre streichelnden Hände, wieder Ruhe fand. Andererseits hatte er sie auch schon mehrmals aus einem Albtraum geweckt, was in letzter Zeit häufiger vorgekommen war.

Begonnen hatte die belastende Träumerei bereits etwa vier Wochen vor dem Abend, an dem Jacques und sie sich auf der Dachterrasse in einem intimen Gespräch über Leben und Tod verloren hatten. Der Traum war in seiner Ausschmückung immer verschieden, doch der wesentliche Inhalt blieb gleich. Jedes Mal rankte sich der Inhalt des Traumes darum, Jacques zu verlieren. Zunächst war Emma höchstens irritiert gewesen, dass sie derart von ihm träumte. Als sich nach ihrem gemeinsamen Abend die Träume häuften, hatte sie in den ersten Nächten noch schmunzelnd darüber hinwegsehen können. Sie hatte sich zu dieser Zeit fast täglich von einem ihrer Patienten verabschieden müssen. Sechs Menschen, die sie jeweils über ein Jahr begleitet hatte, deren Lebensgeschichten sie kannte und den Weg der vielen kleinen und größeren Tode mitgegangen war und zu deren Familie und Angehörigen sie eine Beziehung aufgebaut hatte. Für Emma waren die Träume in dieser Zeit einfach nur eine logische Form der Verarbeitung. Und wen hätte sie beim Thema »Abschied von einem geliebten Menschen« anderes auswählen können als Jacques? Er war schließlich der eine Mensch in ihrem Leben, der ihr am nächsten stand. In der fünften Nacht ihrer Traumserie war Emma schweißgebadet aufgewacht. Es war eine Nacht zum Samstag an einem freien Wochenende. Sie erwachte nassgeschwitzt, das Herz bis zum Halse schlagend und weinend. Nicht so, wie sie ihr Weinen bisher gekannt hatte – still – nein, sie weinte und schluchzte so sehr, dass es sie schüttelte. Was sie unmittelbar zuvor geträumt hatte, daran konnte sie sich nicht erinnern, doch das Gefühl, das der Traum hinterlassen hatte, zerriss sie schier. Sie saß im Bett und war erfüllt von der Erkenntnis, dass jeder Mensch im Grunde seines Daseins allein war. Und diese Erkenntnis warf sie aus der Bahn. Die Erkenntnis, dass sich theoretisch jeder Mensch von einem abwenden konnte und man dann allein war, wirklich allein, überforderte sie. Sie wollte nicht auf die Gunst, Gnade und Zuwendung oder auf ein Gefühl namens Liebe angewiesen sein, damit sich ein anderer Mensch mit ihr abgab. Gedanken kollidierten in ihrem überhitzten Kopf, sie atmete so schnell, dass ihr schwindelig wurde. Niemand war im Grunde für irgendwen verantwortlich. Niemand war emotional zu irgendwas verpflichtet. Jeder Mensch konnte sich beliebig abwenden. Hatte nicht auch ihre Mutter bewiesen, dass selbst das gleiche Blut in den Adern keinerlei zwingende Verbindlichkeit herzustellen vermochte?

Obwohl Emma das zuvor alles hätte derart rational benennen und herleiten können, erschrak sie nun, denn es waren keine Gedanken über die Einsamkeit, sondern das Gefühl der Einsamkeit, das sie beherrschte. Das Gefühl des Alleinseins traf sie wie ein Schlag. Theoretisch wissen und praktisch begreifen waren schon immer zwei verschiedene Paar Schuhe gewesen, das wusste sie – nun spürte sie es auch. Als in diesem Moment, da sie so verwundbar war, Trüffel durchs Dachfenster heimkehrte und sich ihr schnurstracks schmusend annahm, da wühlte sie dies noch mehr auf, denn sie begriff, dass auch er allein gewesen war und damit noch weniger Sicherheit auf dieser Welt gehabt hatte als sie. Hätte sie sich ihm nicht angenommen, was wäre aus ihm geworden? Mit viel Glück wäre er jetzt bei einem anderen Menschen. Und ohne Glück? Plötzlich begriff Emma was Agatha gemeint hatte, als sie sagte, dass jeder Mensch im Grunde nur einen wahren Freund brauchte. Und dieser eine vermochte das Wort Einsamkeit, dass Menschen auch in die Fänge des Suizidwunsches treiben konnte, vernichten.

»Einen brauchst du«, hatte Agatha gesagt und Emma hatte Trüffel auf die Stirn geküsst, mit all der Liebe, die sie zu diesem kleinen Lebewesen empfand.

Entgegen Trüffels sonstiger Gewohnheit ging er in dieser Nacht nach seiner Heimkehr nicht zuerst in die Küche, um zu fressen, sondern legte sich gleich zu ihr. Emma kraulte ihn und er schaute aufmerksam in ihr Gesicht, wenn sie wieder zu weinen begann. Ein Lachen konnte sie allerdings nicht unterdrücken, als Trüffel an einer Träne auf ihrer Wange roch, auch wenn es unmittelbar in noch mehr weinen mündete. Sie fand nur einen unruhigen Schlaf. Sie war immer noch aufgewühlt durch den Traum, an den sie sich nicht erinnern konnte, der ihr jedoch eine Menge aufrührender Gefühle beschert hatte. Neben der Erkenntnis der Einsamkeit fühlte sie, dass sie alterte, dass Zeit in dieser Einsamkeit verrann und in ihr die Gewissheit wachsen ließ, dass sie niemals Kinder haben würde.

Als sie am Samstagmittag erwacht war und eigentlich mit der Absicht ins Bad ging, aufzustehen, dann jedoch, nachdem sie die halbe Nacht auf der Seite gelegen hatte, Falten im Spiegelbild ihres Dekolletés entdeckte, wie man es von alten Frauen kannte, wenn der BH den Busen positionierte, die zusammengeschobene und lasche Haut dazwischen jedoch das Alter und die Auswirkungen der Schwerkraft auf Bindegewebe verriet, beschloss sie einfach wieder ins Bett zu gehen und heulte. Sie stopfte sich eine Nackenrolle längs zwischen die Brüste, in der Hoffnung, dass die Haut weniger knitterte. Sie wollte mit dem Altern nichts zu tun haben und ärgerte sich über diesen albernen Wunsch. Sie wusste nicht, woher ihr Problem auf einmal gekommen war. Sie verbrachte das ganze Wochenende im Schlafanzug und verließ, zur Freude von Trüffel, die Wohnung nicht.

Als sie dann in der Nacht zum Montag erneut durch einen Verlusttraum aufwachte, nicht nur das Gefühl, das der

Traum hinterließ, blieb, sondern auch der Inhalt des Traumes vollständig präsent war, da war der Wink mit dem Zaunpfahl geschehen und sie erkannte die Herkunft all ihrer irren und wirren Emotionen. Sie empfand Liebe für diesen Mann. Liebe und kein närrisches Verliebtsein, denn wäre diese Phase kopflosen Schwärmens plötzlich über sie hergefallen, hätte sogar sie das bemerkt. Nein, die Liebe hatte sich angeschlichen und ungefragt aus einer angenehmen, freundschaftlichen Verbundenheit und natürlich empfundenen gegenseitigen Anziehung, das Gefühl von bedingungsloser Zusammengehörigkeit werden lassen. Die Liebe zu Jacques war auf die gleiche Art und Weise in ihr Leben getreten, wie Trüffel es damals vorgezogen hatte zu tun: nicht anklopfen und fragen, nein, einfach erscheinen und sein. Die Bewusstwerdung, dass das Gefühl der Liebe zu Jacques dahintersteckte, schuf keine Erleichterung, im Gegenteil. Sie hatte Angst, dass sie sich nun anders verhalten würde, dass dieses Anders all das geliebte Normale mit ihm zerstören könnte. Oder war ihr Umgang gar nicht normal gewesen? Emma war derart verstört ihren Gedanken ausgeliefert, dass sie Montagmorgen kurzerhand etwas tat, was sie zuvor niemals in Betracht gezogen hätte zu tun: sie meldete sich krank. Sie fühlte sich nicht krank, jedoch eindeutig arbeitsunfähig. Wenn sie erstmal in der Klinik sichtbar wäre, dann würde der Alltag ihr auch hundert Prozent Arbeitsleistung abverlangen. Zwar sähe man ihr an, dass sie nicht fit sei, doch nach kurzem mitfühlendem Blick der Kollegen wäre der Tag schonungslos. Diese Erfahrung hatte sie schon gemacht, als sie aus lauter Pflichtgefühl mit einer fieberhaften Bronchitis arbeiten gegangen war und daraus ausnahmsweise was gelernt hatte. Heute spürte sie, dass sie sich erstmal um sich kümmern musste, sonst hätte keiner was von ihrer Anwesenheit und sie am allerwenigsten.

Es gingen ihr so endlos viele Gedanken durch den Kopf, als habe sie es ihr gesamtes bisheriges Leben versäumt über irgendwas nachzudenken. Seit sie Ärztin auf einer Palliativstation war, und das war sie nun seit drei Jahren, lebte sie jeden Tag in Gegenwart des menschlichen Sterbens, der langsamen als auch der raschen Vergänglichkeit. Sie hatte Ärzte und Schwestern kommen und gehen sehen, die dieses ständige Umgeben sein von Abschied nicht ertragen konnten, doch Emma fühlte sich einfach am richtigen Ort. Sie hatte nie diese Art Panik bekommen, im Angesicht der Unberechenbarkeit des Lebens, ihr Leben voller Pläne zu stopfen, um nichts zu versäumen. Die Vorstellung, dass der Wind des Lebens unvermittelt drehen und das Leben auch beenden konnte, ohne, dass man bestimmte Ereignisse erlebt, Erfahrungen gesammelt, Orte gesehen und Dinge erledigt haben würde, hatte bisher nicht an ihr gerührt. Das Leben durfte aus ihrer Sicht einfach passieren, wie es passierte. Sicher, Emma fand zwar die Vorstellung sehr schade, dass ihr Leben vor Erreichen eines erfüllten betagten Lebensabends enden könnte, doch das würde ja nur geschehen, weil Weiterleben aus irgendeinem Grund nicht möglich wäre, und dann wäre es auch gut so. So hatte sie bisher empfunden. Doch nun, in ihrer Krise der Einsamkeit und zugleich Bewusstwerdung ihrer Liebe zu Jacques, jetzt, da für sie das Gefühl eines vollkommenen Glücks vom Dasein eines anderen Menschen maßgeblich beeinflusst zu sein schien, bemächtigte sie eine Unruhe, die sie umtrieb. Sie erinnerte sich an das Interview mit irgendeinem namhaften Beziehungstherapeuten, das sie mal gesehen hatte. Dort fiel der Satz:

»Wenn Sie sich trennen wollen, dann tun Sie es! Sie sind nicht für Ihren Partner verantwortlich!«

Damals hatte Emma dieser Aussage spontan beigepflichtet, denn schließlich war jeder sein eigener Herr und jeder Partner einer Beziehung hatte mit Wohl und Weh dazu beigetragen, dass die Beziehung so war wie sie war. Doch nun stellte Emma die Rigorosität dieser Aussage in Frage. War es nicht auch so, dass man sich in der Sicherheit des anderen wähnte und das eigene Achtgeben auf sich vernachlässigte? War es nicht immer ein gegenseitiges Abgeben und Annehmen von Aufgaben und Verantwortung? Ein Wechselspiel aus Dominanz und Kompromiss? Eine Beziehung wurde immer durch alle Beteiligten geformt, doch auch die Beteiligten erfuhren

Veränderung durch die Dynamik der Beziehung. Nichts von allem Erlebte ging spurlos an einem vorbei – das gemeinsame Leben, die Beziehung, formte auch die Menschen.

Keiner ging als der Mensch aus einer Beziehung hinaus, als der er sie begonnen hatte. Man trug für alles Geschehene nie die alleinige Verantwortung, doch lossagen von einem Beteiligtsein, konnte man sich auch nicht, denn man war Teil dessen. Emma dachte über sich und Trüffel nach, der gerade um die Reste ihres Milchschaumes buhlte, nachdem die Hauptportion ihrem Milchkaffee zu Gute gekommen war. Hätte sie sich Trüffel nicht angenommen, dann hätten sich ihre Herzen nie derart nähern können. Klar, auch ohne einander zu kennen wäre das Leben weitergegangen. Emma hätte das Gefühl der Verantwortlichkeit nicht und wäre freier in der Gestaltung ihres Tagesablaufes. Aber was war das für ein frei sein? Sie müsste sich nicht kümmern und nicht sorgen, könnte wegfahren oder nach Hause kommen, wie es ihr gerade einfiel. Doch auf der anderen Seite hätte sie wunderbar vertraute und zärtliche Momente nicht erlebt. Trüffel hätte vielleicht kein Zuhause, keine Sicherheit, keine regelmäßigen Mahlzeiten, wenn er die Verletzung damals überhaupt überlebt hätte. Emma würde es fehlen, dass ihr jemand Zuneigung schenkte, Streicheleien einforderte, sie brauchte, wartete, dass sie nach Hause kam und sich dann freute. Die Vorstellung, Trüffel nicht mehr um sich zu haben, schmerzte sie. Doch panisch ergriffen wurde sie erst von dem Gedanken, dass sie ihn verlassen müsste. Sie stellte sich vor, dass ihr etwas zustieß, er in vollkommener Unwissenheit vorm geschlossenen Dachfenster wartete und ihm niemand öffnete. Da wäre er, ohne dafür eine Erklärung zu haben, allein gelassen, enttäuscht von einem Menschen, der ihm zuvor bedingungslos Schutz gewährt hatte. Damit würde er plötzlich wieder in eine Welt gestoßen, die für Tiere wenig Schutz bot. Die Vorstellung, wie er dasäße und warten würde, sie nicht käme und er irgendwann aufgeben und fortgehen oder sich aufgeben würde, so wie Tiere oder Menschen manchmal rasch sterben nachdem ihr Partner gestorben war, machte sie mürbe. Jetzt, da sie sich ihrer Gefühle für Jacques bewusst geworden war, verstand sie das Gefühl der Panik, das die Träume in ihr auszulösen vermochten. Es gab eben doch eine Verantwortlichkeit für den Partner, vielleicht nicht rational, da er formal eigenständig lebensfähig war, doch in jedem Fall emotional, einfach dadurch begründet, weil man sich einander vertraut gemacht hatte. Der nächste Anflug der Panik kam, als sie sich fragte, wie vertraut sie sich bereits mit Jacques fühlte. Die Antwort ihrerseits war klar, die gab ihr der Schwarm Schmetterlinge, der scheinbar gerade beschlossen hatte, in ihrem Bauch synchron mit den Flügeln zu schlagen. Doch welch Katastrophe wäre es, wenn Jacques sie auch lieben würde, vielleicht nicht jetzt, aber irgendwann? Was, wenn er irgendwann erleben müsste, dass sie starb? Wieder ein Abschied im Leben, den sie nicht wollte, dass er ihn aushalten musste. Vielleicht würde er sich aus Angst davor nicht in sie verlieben. Hoffentlich. Hoffentlich nicht.

Am Montag hatte sie das Haus nicht verlassen. Am Dienstag brach sie den motivierten Versuch eines Spazierganges im Treppenhaus ab, nachdem sie bis zum Briefkasten gegangen war, um wenigstens etwas getan zu haben. Sie beschloss sich für den außerordentlichen Tatendrang mit einem Glas Wein zu belohnen. Sie hatte vor einem Jahr eine Flasche Rotwein geschenkt bekommen, den sie kannte und mochte. Sie bewahrte ihn für einen besonderen Anlass auf und beschloss, dass der Anlass jetzt besonders war. Beim zweiten Glas dachte sie sich, ob es sich vielleicht leichter leben würde, wenn sie das Schicksal mit einzuplanen begann, sozusagen einkalkulieren würde, dass ein furchtbares, unvorhersehbares Ereignis, die eigenen Pläne des Lebens durchkreuzen und ihm jäh ein Ende setzen könnte. Vielleicht konnte jeder Vorsorge für den hoffentlich unwahrscheinlichen Fall der Fälle treffen, wenn man Menschen hinterlassen müsste, ohne vorher die Möglichkeit gehabt zu haben, Abschied zu nehmen. Vielleicht sollte sie einen Brief, gewissermaßen einen Abschiedsbrief schreiben, jetzt, in einer Zeit, da ihre Welt gerade unversehrt schien. Doch wie würde sich das anfühlen?

Würde sie jetzt einen Brief für die Zeit nach dem eigenen Tode schreiben können? Sie wusste doch gar nicht, was bis zu dem Moment, da dieser Brief gelesen werden würde, alles geschehen wäre. Sie würde jetzt keinen Bezug auf das bis dahin gelebte Leben nehmen können, doch was blieben dann für Worte? Das Einzige was sie wusste war, an wen der Brief adressiert wäre und was sie jetzt für diesen Menschen empfand.

Über diese Gedanken leerte sich die Weinflasche, Trüffel kehrte Heim und roch nach Schinken, was verriet, dass er bei Jacques gewesen sein musste. Er rollte sich, nach einer kurzen, halbherzigen Fellpflege, die wirkte, als müsse zumindest der Wille des Putzens erkennbar gewesen sein, neben ihr ein und ließ sich in den Schlaf kraulen. Die Vorstellung, dass Trüffel kurz zuvor auch von Jacques Händen berührt worden war und sie nun die gleichen Stellen streichelte, schenkte ihr Ruhe, sodass sie einen leichten Schlaf fand. Der nächste Tag kam und allmählich fühlte Emma, dass sich, ohne dass sie wissentlich etwas dafür getan hatte, ihre Stimmung aufhellte.

Am Donnerstagmorgen beschloss sie ihr Einsiedlerdasein zu beenden und ging wieder zur Arbeit. Doch so sehr sie es sich auch wünschte, fühlte sich ihr Leben nicht mehr so an, wie vor ihrem Sturz in dieses emotionale Tief. Sie hatte dadurch am eigenen Leib erfahren, dass Gedanken die Welt verändern konnten, auch wenn es im stillen Kämmerlein ganz klein und harmlos begonnen hatte. Jetzt, da die Gedanken erstmal verändert waren, änderte sich die Sichtweise, dann würde die Veränderung der Taten folgen, über kurz oder lang. Durch die Entdeckung des Gefühls der Liebe gegenüber Jacques war für Emma plötzlich eine Lücke in ihrem Leben sichtbar und empfindbar geworden, deren Dasein sie nun quälte. Sie war einsam. Auch wenn die Einsamkeit sicher schon vorher dagewesen war, so war sie nun, da es ihr so unendlich gut tat mit Jacques zusammen zu sein, als Kontrast spürbar. War sie mit ihm zusammen, hatte sie das Gefühl in ihrem Dasein vollständig zu sein. War sie allein, dann fehlte etwas. Ihr Leben plötzlich derart wahrzunehmen und zu bewerten, hatte sie nicht gewollt. Sie war doch bisher eigentlich zufrieden und erfüllt gewesen, dachte sie. Genau das war die Situation, vor der sie immer Angst gehabt hatte. Sie wollte nie das Gefühl haben jemanden brauchen zu müssen, denn das Brauchen hatte für sie irgendwie einen negativen Klang. Einerseits wollte sie nicht, dass ihr Wohlbefinden davon abhing, ob Jacques da war, oder nicht. Sie wollte das Glücklichsein nur aus sich heraus gewinnen können. Andererseits wollte sie ihn nicht brauchen. Es sollte keine Abhängigkeit entstehen. Und doch war das Gefühl so, wie es war: sie empfand ihr Leben reicher, wenn sie mit ihm zusammen war. Emma, der sonst das Annehmen und Hinnehmen unabänderlicher Situationen nicht sonderlich schwerfiel, hatte mit der Akzeptanz ihrer Verliebtheit ihre Not. Doch auch sie konnte sich dem Lernprozess, den schon viele Menschen hatten durchleben müssen, nicht entziehen. Sie lernte, dass der Verstand zwar stets die Hoheit über die Gefühle erlangen konnte, wenn es um das Treffen von Entscheidungen ging, doch dass die Stimme der Gefühle durch einen lauten Verstand nicht zum Verstummen gebracht werden konnte, auch wenn sie vielleicht eingeschüchtert und nur noch leise vernehmbar war. Emma fragte sich immer wieder, wie es soweit hatte kommen können. Sie hatte ihr Leben doch offenen Auges gelebt. Wie hatte sie denn nicht bemerken können, dass sich die Liebe heimlich in ihr Leben geschlichen hatte?

Drei Wochen waren seit dem Treffen mit Jacques vergangen. Dass er zwischenzeitlich aufgrund von geschäftlichen Verpflichtungen nur unstet in der Stadt gewesen war, kam Emma gelegen, denn das verschaffte ihr Zeit zum klareren Fühlen und Denken. Das Letzte, was sie nun wollte, war es, einen Mann zu lieben, ihn vielleicht anzuschmachten, heimlich Nähe zu suchen, aufdringlich zu sein, während er nichts dergleichen empfand. Nach und nach kam für Emma etwas Verständnis und Ordnung in ihre Gefühlswelt. Die Nacht in Jacques Armen, ihre Gespräche, hatten sie einander erleben lassen. Fühlten sie sich zuvor zwar durch ihre freundschaftliche Nähe vertraut, die sie nie bestritten hätten, war da immer noch die Distanz zweier Menschen gewesen, die nur während der Arbeit Zeit miteinander verbrachten, obwohl sie das beide nicht als Arbeit empfunden hatten. Als Emma am Abend nach von Kleists Erscheinen Jacques Lebensweg unter Tränen erfahren und dies bereits ein weiteres emotionales Band geknüpft hatte, so empfand sie es als ein Zeichen großen Vertrauens, dass Jacques sie in jener Nacht auf der Dachterrasse in das Geheimnis der zwei erscheinenden Kindergesichter einweihen wollte, die zwischen den Blütenköpfen seines Dachbeetes in Erscheinung traten, als sie durch Kerzen und Mond beschienen waren. Emma daran Anteil haben zu lassen war ein Risiko für ihn gewesen und zugleich ein Blick in sein Innerstes. Ein Risiko, enttäuscht zu werden, wenn Emma die Gesichter vielleicht nicht wahrgenommen hätte. Emma wiederum hatte, und das hatte sie ihm an diesem Abend nicht sagen können, noch eine dritte Silhouette in Erscheinung treten sehen. Sie war zeitlich verzögert aufgetaucht, als der Mond höherstand. Die Gesichter der Kinder waren nur noch schemenhaft wahrzunehmen, als sie ihr eigenes Gesicht erkannte. Es war nur ein kurzer Moment gewesen, dem sie zunächst keine weitere Beachtung schenken wollte. Doch als das Bild immer deutlicher wurde, es verschwand, um etwa eine halbe Stunde später nochmal zu erscheinen, da war Ein-Nicht-Beachten nicht mehr möglich und sie schaute ihr Lichtbild an, ohne Angst, vielmehr mit einem Gefühl der Ehrfurcht und einem sanften Schauer, der ihr über den Rücken lief. Der Moment hatte sich angeboten, ein wenig näher zu Jacques zu rücken, den sie mit ihrer Suche nach Nähe vom Blick in die Blumen und den Nachthimmel, gehörig ablenkte. Aus irgendeinem Grund hatte sie kein Risiko eingehen wollen, dass er ebenfalls ihr Antlitz als Lichtgestalt wahrnehmen würde. Ihr wäre nicht wohl dabei gewesen, denn dort war die Besuchsstätte von Emil und Lilly, wohingegen sie lebendig in seinen Armen lag. Ihr Bild dort zu entdecken hätte ihn nur verwirrt und irgendwas – was, hätte sie nicht sagen können – zerstört.

Jacques hatte ihre Nähe erwidert, sie in die Arme geschlossen und so lagen sie mit Decken umhüllt beieinander, als sie übers Sterben redeten und Emma damit auch ihren Lebensweg beschrieb. Sie waren in dieser Nacht Arm in Arm eingeschlafen und am nächsten Morgen in der gleichen, sich einander haltenden, Position aufgewacht. Nur die Entdeckung von Trüffel am Fußende ihres Nachtlagers und die Scheu einen vorschnellen Fehler zu begehen, hatte verhindert, dass dieser Tag mit einem Kuss begonnen hätte. Das am Vorabend erst verquatschte, dann verschlafene Dessert war in Kombination mit einem Milchkaffee zu ihrem Frühstück geworden. Dann hatten sich ihre Wege rasch getrennt, denn Jacques erwartete einen Lieferanten und musste noch allerhand Vorbereitungen treffen, um am nächsten Tag gemeinsam mit diesem in die Schweiz zu fahren, wo er auf einer Käsemesse mit weiteren Lieferanten verabredet war und geplant hatte, sich den ein oder anderen Hof anzuschauen. Emma wiederum hatte Mathilda versprochen in der Backstube ein wenig zur Hand zu gehen. Das Gefühl dieses Moments, in dem sich die Möglichkeit eines Kusses geboten hatte und sich die Frage nach dem Wunsch dieser Gelegenheit nachzugeben, zum ersten Mal stellte, blieb für Emma noch den ganzen Tag lebendig und schenkte ihr ein Lächeln, das einfach nicht aufhören wollte. Mathilda umtänzelte sie in der Backstube und wollte mehr über dieses Grinsen erfahren. So sang Mathilda zufällig Liebeslieder und versuchte durch scheinbar beiläufige Fragen Emma ihr Geheimnis zu entlocken, blieb jedoch erfolglos, denn selbst wenn Emma gewollt hätte, sie hatte es zu diesem Zeitpunkt selbst noch nicht begriffen, was gerade mit ihr geschah. Sie ertappte sich jedoch öfters dabei, wie sie den von Jacques geschenkten Engelsflügel zwischen ihren Fingern streichelte und sich überlegte, wie sie ihn verwahren oder tragen würde. Vielleicht würde sie ihn auf ein Lederband fädeln, das Band an einer Gürtelschlaufe der Hose befestigen und ihn dann in eine Hosentasche stecken. Dann könnte sie ihn nicht versehentlich verlieren und hätte die Möglichkeit einfach durch einen unscheinbaren Griff in die Hosentasche, Jacques ganz nahe zu sein.

An jenem Samstagabend hatte sie an ihrem Briefkasten drei zusammengebundene Lavendelzweige gefunden, die ihr Strahlen nur noch vergrößerte. Eine hauchdünne blaue Vase, die sie als Andenken an ihre Großmutter behalten hatte, fand damit ihre Bestimmung. Es sah so passend aus, als habe diese Vase nur auf diesen bretonischen Lavendel gewartet. Die getrockneten Blumen war vorerst das letzte Zeichen von Jacques Anwesenheit in der Stadt gewesen, dann folgte eine arbeitsreiche Woche mit vielen Abschieden und hiernach Emmas Bekanntschaft mit der Erkenntnis der herrschenden Einsamkeit und das Gewahrwerden der empfundenen Liebe.

Als Emma am Abend ihres ersten tapfer durchkämpften Arbeitstages nach Hause gekommen war, entdeckte sie drei weitere Lavendelzweige in ihrem Briefkasten als Zeichen, dass Jacques wieder in der Stadt war. Die Entdeckung ließ Emmas Herz fast aus der Brust springen, aus Freude und Angst zugleich. Um die Stiele des Lavendels war ein Band gewunden, dass in den Briefkasten hineinreichte und an dem etwas befestigt war. Als sie den Briefkasten aufgeschlossen hatte und einen Brief mit Jacques Handschrift fand, begann sie zu zittern. Sie rannte die Treppe hinauf, schloss die Wohnungstür auf und ebenso schnell wieder hinter sich. Emma legte den Brief auf den Küchentisch und beschloss erst zu duschen, wissend, dass sie unter Umständen nach dem Lesen zu nicht mehr viel in der Lage sein könnte. Noch während sie sich abtrocknete, ging sie in die Küche, um sich zu vergewissern, dass der Brief wirklich existierte. Es gab ihn. Da lag er. Sie lächelte, wenn auch etwas ängstlich. Sie hatte es plötzlich eilig, denn zu viele Gedanken gingen ihr durch den Kopf, zu viele Möglichkeiten dessen, was dort geschrieben stehen könnte, eröffneten sich. Ihre Fantasie erwies sich diesbezüglich als verheerend grenzenlos. Was, wenn Jacques zwar ein Gefühl des Verliebtseins empfand, jedoch herausgefunden hatte, dass er die damit einhergehende Nähe nicht würde ertragen können? Seitdem sie sich kannten, hatte es viele Situationen gegeben, in denen sie sich aus Versehen, im Zuge ihrer gemeinsamen Arbeit, in dem zum Teil engen Lokal, berührt hatten und Jacques sehr darauf bedacht war, ihr nicht achtlos oder missverständlich anzüglich zu nahe zu kommen. Passierte eine Berührung, so hatte er immer sofort zu einer Entschuldigung angesetzt. Es hatte sich nie die Frage nach mehr gestellt, denn sie hatten sich einfach gern, hatten früh ihren besonderen Draht zueinander gespürt, der ein gegenseitiges Verstehen mit wenigen Worten möglich machte, der es sich ungezwungen anfühlen ließ, wenn sie miteinander im Lokal arbeiteten, ohne ständig das Gefühl zu haben, man müsse ein Gespräch am Laufen halten. So hätte es ewig weitergehen können, wenn sich nicht plötzlich das Gefühl der Liebe verständlich gemacht hätte. Die eineinhalb Jahre des stillen und selbstverständlichen Miteinanders hatten, ohne, dass es ihnen bewusst geworden war, die Grundlage dafür geschaffen, dass sie in dem anderen einen Menschen fanden, dem sie einen intimen Einblick in ihr Sein erlaubten, sich ihm anvertrauten und ohne Schutz ihre verletzliche Seite zu zeigen wagten. Erst dadurch wurde einem jeden sichtbar, was er vor den unsensiblen Blicken anderer Menschen tagtäglich verbarg, um keine Verletzung zu erfahren. Wie vielen Menschen es wohl derart ging? Menschen, die still, distanziert, ja, vielleicht kühl in Erscheinung traten, was vielleicht nur Ausdruck einer verletzten Seele war. Wie oft hatte sie selbst schon falsch über einen Menschen geurteilt, weil sie ihn auf das reduzierte, was für sie erkennbar war?

Nach dem Duschen hatte sie ihre Schlafanzughose angezogen, bei der sie bei Bedarf die Füße mit in den viel zu langen Hosenbeinen verschwinden lassen konnte, ein Unterhemd, das angenehm eng an der Haut anlag und sie hatte beschlossen, die Haare nicht zu föhnen. Dann saß sie vor dem Brief, sah ihn an, nahm ihn in die Hände, roch an ihm, atmete tief durch und lächelte, als sie die geschwungenen Buchstaben auf dem Briefumschlag las »Madame Emma«. Es war das gleiche Entzücken wie damals, als sie die Gute-Besserungs-Karte für Frau Maus bekommen hatte, die sich mittlerweile mit zwei Gesellinnen, die Emma von einer Kollegin aus einem Tierversuchslabor der Klinik gebracht bekommen hatte, ein großes Mäusegehege teilte, das im größten Raum ihrer Wohnung, der Küche, von einem Schreiner passgenau in ihre Dachschräge eingefügt worden war. Trüffel hatte sie erklärt, dass das nun seine gleichberechtigten Mitbewohner seien. Sie konnte es immer noch nicht glauben, wie sich Trüffel ihnen gegenüber verhielt. Mal ging er zum Käfig, schaute ihnen bei allem zu, was eine Maus so zu tun hatte und ging nach ein paar Minuten weiter. Kletterte eine Maus an der Käfigtür, die aus einem Drahtgitter bestand, empor, so stand er davor, roch an dem ihm zugewandten Mäusebauch, machte aber nie Anstalten eines Fang- oder Fressbegehrens. Vielleicht waren Katz und Maus in diesem Fall durch die Gemeinsamkeit des Gerettetseins freundschaftlich verbunden.

In dem Moment, als Emma den Brief öffnete, war Trüffel nicht daheim und die Mäuse eifrig damit beschäftigt, ein Bündel getrockneten Getreides, dass Emma kürzlich in einer Zoofachhandlung als Spielattraktion gekauft hatte, empor zu klettern und zu beknabbern. Emma öffnete den Brief:

»Meine liebste Emma!«

Emmas Herz schlug schneller, die Hände begannen zu zittern und auch wenn es keinen greifbaren Grund dafür gab, brannten ihr schon jetzt die Augen von aufsteigenden Tränen. Diese Art der Anrede war so viel mehr, als sie sich zu wünschen getraut hatte. Sie atmete, sich sammelnd, langsam, durch die Lippen gebremst, aus.

»Meine liebste Emma!

Du ahnst nicht, wie oft ich die Worte meines Briefanfanges korrigiert, aufgeschrieben habe und wieder verwarf. Wenn sich diese Unsicherheit, den richtigen Ton zu treffen, durch den ganzen Brief zieht, dann wird er in diesem Leben nicht mehr fertig werden. So hoffe ich, dass meine Worte nun, nach diesen Anfangsschwierigkeiten, einfach fließen. Es ist schon überraschend, über was man plötzlich alles nachdenkt, wenn man will, dass etwas gelingt und nicht missverstanden wird, man es nicht vermasseln will. So lese ich, nach jedem weiteren geschriebenen Satz, die ersten Worte meines Briefes und hoffe, dass sie dich nicht verschreckt haben und du den Brief immer noch in deinen Händen hältst. Jede andere Anrede, vielleicht ein ›Hallo Emma‹, wäre nicht dem gerecht geworden auszudrücken, was ich empfinde.

Vor zwei Jahren hätte ich mir nicht vorstellen können, dass dieser Tag kommen würde, an dem ich diesen Brief schreibe. Ich meine, überhaupt einer Frau jemals wieder einen derartigen Brief schreiben zu wollen, war undenkbar. Früher habe ich gern Briefe geschrieben. Früher, bevor Emil gestorben ist. Alle halben Jahre seines viel zu kurzen Lebens habe ich einen Brief geschrieben. Ich schrieb ihm, was wir in den letzten sechs Monaten gemeinsam erlebt, was er gelernt oder von der Welt entdeckt hatte. Ich schrieb ihm, damit er später ein Sammelsurium an Geschichten haben würde, das ihm zeigte, was für ein besonderes Geschenk es für mich ist, sein Vater zu sein und mit ihm die Welt nochmal neu entdecken zu dürfen. Ich schrieb auch Katharina alle paar Monate, einfach nur so, um ihr – herausgelöst aus dem Alltag, indem alles nur im Fluss war und vieles unterging – zu sagen, was sie für eine wundervolle Frau und Mutter war. Doch als ich erst den Karton mit Briefen an Emil nach seinem Tod in meinen Händen hielt und deren Existenz keinen Sinn mehr ergab und dann versehentlich Katharina, in einer ihrer wütenden Nächte, dabei beobachtete, wie sie meine Briefe an sie verbrannte, da versiegte der Wunsch zu schreiben, schöne Momente, Gedanken und Erlebnisse auf Papier zu verewigen, denn wurde mit dieser Spur des Schönen gleichzeitig etwas geschaffen, was einer schmerzhaften Loslösung und Erinnerung bedurfte, wenn der Sinn des Aufschreibens nicht mehr existierte. Dann waren all die schönen Worte nur noch Zeugnisse guter Zeiten, die die Kraft hatten, einem immer wieder und wieder das Herz zu zerreißen, und vielleicht ist es diese Erinnerung, die meine Hände gerade zittern lässt. Vielleicht ist der Grund für die zitternden Hände auch der Umstand, dass ich nun doch wieder vor einem Blatt Papier sitze und den Wunsch habe zu schreiben, dir zu schreiben. Sicher, ich könnte dir das auch alles einfach sagen (Keine Angst! Es kommt nichts Schlimmes, nichts Dramatisches!), doch ich hatte schon immer die Empfindung, dass manche Worte geschrieben besser mitzuteilen sind. Wenn man etwas sagt, dann existieren die Worte nur einen kurzen Moment, vom Mund des einen bis zum Ohr des anderen, dann sind sie weg. Man hatte nur die eine Chance des Sprechens und nur die eine Chance des Zuhörens und Verstehens. Ein kurzer Moment, der über Verstehen oder Missverstehen richten konnte. Ein Moment, in dem so viel stimmen musste, damit das Gesagte unmissverständlich in den Ohren des anderen ankommen konnte. Von der Wahl der Situation, der Worte, Tonlage, Lautstärke, Mimik bis hin zur emotionalen Verfassung des Zuhörenden. Wenn man sich das mal vor Augen führt, wie viel in diesem Moment des Miteinander-Sprechens stimmig sein muss, damit man sich nicht missversteht, dann grenzt es eigentlich an ein Wunder, dass Kommunikation doch so oft gelingt. Ich weiß um die zerstörende Kraft von Missverständnissen. Wenn man schreibt, dann birgt das den Vorteil, dass der Schreiber in Ruhe seine Worte zu Papier bringen kann und auch der Leser die Möglichkeit hat, sie mehr als nur einmal zu lesen. Vielleicht rollst du jetzt mit den Augen und denkst dir ›Was für ein Spinner!‹, aber Emma, ich habe einfach nur Angst es zu vermasseln! Ein Missverständnis ist das Allerletzte, was ich will. Okay, ich räume auch die Möglichkeit ein, dass ich Angst vor der Suche nach dem richtigen Moment habe oder davor, wenn ich den gefunden hätte, vor Nervosität keinen Satz hervorbringen würde. Oh man, bin ich aus der Übung! Ich habe mich vor lauter Erklärungen selbst unterbrochen. Ich fange nochmal an:

Liebste Emma! Es ist unglaublich, wie zwei Abende oder Nächte das Leben durcheinanderbringen können. Vor zwei Jahren bist du in meinem Leben aufgetaucht. Du warst einfach da. Wir verstanden einander und begannen, ohne, dass ich mich erinnern könnte, dass wir das aktiv beschlossen hätten, einen Teil unserer Zeit, deiner Freizeit, miteinander im

Lokal zu verbringen. Wir begannen umeinander zu kreisen, ganz natürlich und unkompliziert. Mit enger werdenden Kreisen berührten sich unsere Seelen immer öfter, ohne es benennen zu können und zu müssen, was uns verband. Es entstand eine Freundschaft ohne schwierige Regeln. Miteinander zu sein, umeinander zu sein gab uns beiden irgendetwas Besonderes. Ich weiß nicht, ob du es hättest benennen können, was es genau war. Ich habe oft darüber nachgedacht und den Versuch gewagt, unser Geheimnis zu lüften, doch je häufiger ich es tat, umso weniger schien es mir zu gelingen. Es war von Anfang an eine Vertrautheit, wenn wir zusammen waren. Sobald du das Lokal betreten hattest, kehrte bei mir eine innere Ruhe ein. Der Kopf hörte dann auf in der Vergangenheit zu kreisen und ich entdeckte eine Freude daran, im Hier und Jetzt zu sein. Als du mich fragtest, ob es für mich auch wirklich okay sei, wenn du als Ausgleich regelmäßig im Bistro helfen würdest, musste ich mich bremsen, dir vor Glück nicht um den Hals zu fallen. Als dann mehrere Male unsere gemeinsam arbeitenden Abende ausfallen mussten, weil du in der Klinik unvorhergesehen Dienste übernehmen musstest, da fehltest du mir so sehr, dass ich mich wegen dieses Gefühls ermahnte. Ich schalt mich, doch es änderte nichts daran, dass du mir fehltest. Alles fehlte: dein Lachen, dein trockener Humor, deine Leichtigkeit, dein Zuhören-Können, dein Verstehen ohne Worte und es fehlte mir, dich ansehen zu können.

Emma, du bist eine wunderschöne Frau und ich befürchte, dass dir das bisher viel zu selten gesagt wurde. Weißt du eigentlich, wie schön du bist? Von Kleist, der Widerling, hat dir einmal so lüstern auf den Po geschaut, dass ich ihn (so sehr ich seinen Blick verstand) am liebsten sofort geschnappt hätte und in meinen Fäusten die Bereitschaft und Erinnerung erwachte, wie es sich anfühlte in seinem Gesicht zu landen. Damit hätte ich viel kaputt gemacht, denn es war jener Moment, da du gerade die Szene der misslungenen Begrüßung so schön deeskalierend in den Griff bekommen hattest, dass mich der Anstand innehalten ließ. Wohlgemerkt der Anstand dir gegenüber, nicht ihm! Aber verdient hätte er es, dieser … Oh, ich merke, der Brief verliert seinen lieblichen Ton …

Als ich spürte, dass du regelmäßig zu mir ins Lokal kommen würdest, da löste sich in mir die Sorge, die ich ein jedes Mal zuvor verspürte, nämlich die, wann du wiederkommen – ob du jemals wiederkommen würdest. Klar, eine Restunsicherheit blieb, allein durch deinen Beruf, aber es fühlte sich dennoch besser, sicherer, an. Es schuf ein gemeinsames Stück Alltag und tat unendlich gut und mir wurde klar: Du gehörst zu meinem Leben. Dann kam die Nacht, die sich an den Abend mit von Kleist anschloss und sie machte unübersehbar, welch starkes Fundament unser Miteinander hatte. Emma, du hast mich aufgefangen und gehalten, als der Boden unter mir wankte und mich mein früheres Leben einholte. Wie hätte ich vor dir noch schweigen können? Schweigen wäre einem Belügen gleichgekommen. Als ich während des Erzählens glaubte, den Schmerz nicht länger ertragen zu können, da war es mir endlich vergönnt zu weinen. Dieses Weinen war so viele Jahre hinter der Fassade, vor den Augen der Welt, ja, sogar vor mir selbst, versteckt gewesen, weil ich Angst hatte, dass ich nicht mehr funktionieren würde, wenn ich mir diese Schwäche auch nur einmal erlaubte. Diese Nacht neben dir zu liegen – die Erinnerung daran ist etwas verklärt, wie durch einen Schleier – fühlte sich behütet an. Es fühlte sich an, als sei es das Gewöhnlichste und Natürlichste überhaupt, dass wir zusammenliegen und ich bei dir Geborgenheit finde, obwohl es zugleich das Unglaublichste war.

Am nächsten Tag war ich ein neuer Mensch, oder besser, ich war wieder der Alte. Es war seit gefühlt unendlich langer Zeit das erste Mal, dass ich mich spürte. Ich lag im Bett und spürte meinen Körper. Sonst erwachte ich immer und konnte wählen: gebe ich den Gedanken und dem damit verbundenen Schmerz nach und zergehe in diesen Emotionen oder verscheuche ich sie und schalte in einen Funktionsmodus, in dem ich nach außen professionell und distanziert wirke, weil das Gefühl der inneren Leere mich in meiner Art kastrierte. Die Leere, die entsteht, wenn man die Hitze der Gefühle mit Verdrängung meint löschen zu müssen, erschafft einen Menschen, der eigentlich nur noch ein Schatten seiner selbst ist. Dass mir Situationen im Lokal ein herzhaftes Lachen entlockten und mir Gespräche mit Gästen locker von der Zunge gingen, wurde erst durch deine Anwesenheit wieder möglich. Allein das Arbeiten mit dir machte es mir möglich, Momente voller Leichtigkeit zu empfinden. Ich fühlte mich bei dir von Anfang an sicher. So, als ob ich bei dir einfach ohne Gefahr sein konnte, wie ich in diesem Moment gerade war. Ich konnte mit dir alles teilen, Schweigen, Lachen, du hast sogar mein Fluchen ausgehalten. Und manchmal hast du mich (und du kannst froh sein, dass mir das nie in der Situation, sondern immer erst nachts im Bett bewusst geworden ist!) mit deinem trockenen Humor parodiert und dann lag ich nachts im Bett und musste über deine Pfiffigkeit laut lachen.

Dann fuhr ich in die Bretagne, die sich endlich wieder wie meine Bretagne anfühlte. Ich konnte den Zauber meiner Heimat wieder empfinden, deren Schönheit wieder sehen. Und so oft wünschte ich mir, du wärest an meiner Seite. Ich hätte dir so viel zeigen und mit dir erleben wollen. Als ich an der Felsenküste stand und das Meer roch, dass zu meinen Füßen tobte, die schreienden Möwen im stärker werdenden Wind, die mit ihrem waghalsig wirkenden Flug aussahen, als würden sie von der Gischt erfasst und vom Meer verschluckt werden – Emma, ich hätte dich gern an meiner Seite gehabt und dich festgehalten. Vielleicht klingt das jetzt schmachtend, doch ich hatte in diesem Moment ein so großes Bedürfnis, mit dir dort zu stehen und dir Halt zu geben, dich spüren zu lassen, dass du dich an mir festhalten kannst, in diesem Wind, in dem ganzen Leben, dass du nicht alleine bist und ich – wenn du es willst – unser Leben lang an deiner Seite bleibe, was auch immer das Leben noch bringen mag. Diese Empfindung nur als einen emotionalen Ausbruch im Rahmen einer durch das Meer ausgelösten Sentimentalität zu werten, war ausgeschlossen. Doch wie tief das Gefühl unserer Zusammengehörigkeit in mir schon verwurzelt war, wurde mir erst im Laufe unserer zweiten Nacht klar.

Der Abend mit dir war Seelenmedizin und wäre Trüffel, den ich übrigens bis dahin liebevoll Serrano genannt habe, nicht durchs Bühnenbild getappt, dann hätte es nichts Schöneres gegeben als dich an jenem Morgen zu küssen. So, jetzt ist es raus. Und Emma, es klingt bescheuert, aber ich habe nicht gemerkt, wie es geschah. Es nahm einfach nicht den mir bekannten Weg, der doch sonst mit kopfloser Verliebtheit beginnt. Doch sie war da. Die Liebe stand uneingeladen im Raum, ohne dass ich sie durch die Tür hätte kommen sehen. Es ist vielleicht ein bisschen wie ungeplant schwanger zu werden. Und was mich betrifft, um bei diesem bildlichen Vergleich zu bleiben, war ich sogar der Meinung, gut verhütet zu haben. Ich wollte mir die Liebe vom Hals halten, denn die Kehrseite der Liebe ist immer die Gefahr des Verletzens, Verletzt-Werdens, Loslassens und des Schmerzes. Nicht nur, dass ich Angst habe, all das wieder zu erfahren, nein. Ich wollte durch die Vermeidung von Liebe und Bindung auch meiner Geliebten mögliches Leid ersparen. Doch das habe ich jetzt gelernt: die Liebe findet einen Weg und lässt sich durch den Verstand nicht verbieten.

Vielleicht habe ich mit diesem Brief alles verloren, weil dich das Gelesene erschreckt. Ich weiß, dass diese Zeilen unser Miteinander verändern. Oh Emma, wenn ich mir gerade bewusst mache, dass diese ehrlichen Worte auch alles zwischen uns zerstören könnten, befällt mich Panik und ich zweifle daran, ob ich dir diesen Brief einwerfen soll. Aber ich muss es einfach tun, denn auch ohne schriftliches Geständnis wäre unser Morgen anders als unser Gestern. Das Gefühl ist nun einmal da, unumkehrbar, was mich zugleich stolz und glücklich macht. Ich weiß nicht, ob ich, dir gegenüberstehend, diese Worte gefunden hätte oder mich doch der Mut verlassen oder vielleicht die Anziehung deiner Lippen mich vorschnell zu einem Kuss verführt hätte.

Liebste Emma, fast drei Wochen haben wir uns jetzt nicht gesehen. Seit drei Tagen bin ich nun wieder in der Stadt und irgendwie hatte ich damit gerechnet, dass du spontan im Lokal vorbeikommen würdest, wenn du entdecktest, dass ich wieder zurück bin. Klar, ich kenne deine manchmal unberechenbar auftauchenden Dienste und selbstverständlich kannst du auch einfach nicht bei mir vorbeikommen. Ich meine, du musst nichts, es war nur die Macht der Gewohnheit, die mich hoffen ließ, du kämest. Aber nun reihte sich irgendwie auch das Gefühl der Sorge ein. Du sollst wissen, dass ich für dich da bin, wenn du etwas brauchst, dich vielleicht irgendwas belastet oder du Sorgen hast. Und da sein, damit meine ich nicht nur, dass du immer zu mir kommen, sondern du mich ebenso anrufen oder mir schreiben kannst. Ich füge diesen Zeilen die Anschrift meiner Eltern und, für den Fall, dass alle Stricke reißen und du mich nicht auf dem Mobiltelefon erreichen kannst, ihre Telefonnummer bei, denn ich reise übermorgen noch vor Anbruch des Abends ab. Meine Mutter fragte mich, nein, eigentlich war es eine versteckte Bitte, ob ich meinen Geburtstag zu Hause verbringen könnte. Da mein Vater immer um diese Jahreszeit Holz für den Winter bekommt (Restpostenverkauf vom Vorjahr), bietet es sich an, ihm bei dieser für ihn immer beschwerlicher werdenden Aufgabe des Einlagerns, zur Hand zu gehen.

Emma, ich weiß, dass der Wunsch, den ich jetzt äußere, groß ist und dass er, gerade nach diesen Zeilen, vielleicht zu groß sein könnte. Doch ich wage es dennoch: Wenn du es willst und es dir so kurzfristig möglich wäre, ein verlängertes freies Wochenende zu bekommen, würde ich mich unermesslich freuen – also, es würde mir sehr viel bedeuten – wenn ich dich zu meinem Geburtstag, am 14. Juli einladen dürfte. Also, ich meine, zu mir nach Hause, in die Bretagne. Mir wird gerade klar, wie schräg dieser Brief und das alles auf dich wirken könnte. Aber was kann ich ändern? So schräg steht es um mich. Vielleicht ist es auch ein Zeichen von Egoismus, dass ich diese Gedanken nun loswerden musste oder von Schwäche, dass ich es nicht ertragen hätte, sie vor dir zu verbergen. Ich weiß es nicht. Was ist richtig, was falsch? Ich habe beschlossen, mutig zu sein und, ohne den Weg zu kennen, in die Kurve zu fahren, um zu sehen, was sich hinter der Kurve verbirgt. Bitte gib mir ein Zeichen, wenn du die Einladung annehmen willst und kannst.

In Liebe, Jacques.«

Emma legte den Brief mit immer noch zitternden Fingern vor sich auf den Tisch. Sie hatte den Brief langsam, gebremst von einer gewissen Furcht, gelesen. So, als hätte hinter jedem gelesenen Satz ein plötzlicher Sinneswandel von Jacques lauern können, der das Glücksgefühl, dass sich in ihr ausbreiten wollte, zu zerstören vermochte. Ihr Verstand konnte zur Vorsicht mahnen, wie er wollte, das Gefühl der Freude und Liebe wuchs und überschlug sich mit jedem weiteren Satz, den sie gelesen hatte und brachte das Herz zum wilden Schlagen, flachte und beschleunigte die Atmung, bis ihr heiße Tränen die Wangen hinunterrannen. Emma hatte nicht weinen wollen und hätte auch nicht benennen können, weshalb sie es tat. Es passierte von ganz allein, sodass sie nach dem Lesen das Gesicht in den Händen barg und Tränen weinte, in denen sich Glück und vergehende Traurigkeit zu einem Schluchzen aufbäumten. Sie beweinte das unfassbare Glück, dass in Jacques auf genauso geheimnisvolle Art eine Liebe gewachsen war, unbeobachtet, im Schatten ihres Alltages. Gleichzeitig stiegen in ihr Gefühle auf, so, wie Luftblasen in Wasser emporzusteigen vermochten, die ihr einen ehrlichen Spiegel der Vergangenheit vorhielten und ihr zeigten, wie oft sie an dem Gefühl der Einsamkeit schon gedroht hatte zu ersticken. Wie oft sie dieses Gefühl mit mehr Arbeit betäubt hatte oder sie nachts ins Bett gegangen war, mit dem Gefühl der Leere und zugleich Angst, niemals einen Menschen an ihrer Seite zu haben, der sich ihr derart verbunden fühlte, um den Weg mit ihr zu gehen – auch in schlechten Zeiten.

In der Klink sah sie fast täglich Menschen sterben und auch wenn sie aufgrund alles Erlebten sicher war, dass der Mensch allein durch die von der Natur eingerichteten Mechanismen, durch Ausschüttung verschiedener abschirmender Botenstoffe und körpereigener schmerzdämpfender Substanzen, während des Sterbens einen Schutz erfuhr, so ging es ihr immer besonders nahe, wenn jemand starb, der niemanden mehr, oder noch schlimmer, der noch nie jemanden an seiner Seite gehabt hatte. So schlimm und schmerzhaft es auch sein mochte, sich am Ende eines Lebens von einem anderen Menschen oder auch geliebten Tier verabschieden zu müssen, weil sich die Wege durch den Tod nun scheinbar unwiederbringlich trennten, so trug man alles Erlebte und die miteinander verbrachte Zeit als das größte Geschenk, unzerstörbar, in sich. Wenn Emma einen Menschen begleitete, der allein war, der vielleicht in seinem Alleinleben zu einem eigentümlichen Kauz geworden war und durch seine vielleicht anfangs kühl wirkende, ungeübte Art des Umgangs, nicht gerade zum Kennenlernen einlud, so ermahnte sie sich zur Geduld. Sie konnte sich gut vorstellen, selbst einmal derart allein den Weg des Sterbens gehen zu müssen und ahnte, dass es nicht einfach zu ertragen sein würde, in seiner Lebensbilanz zu erkennen, dass man allein war und dass zugleich unverhofft, am Ende des Weges, jemand auftauchte, der die letzten einsamen Schritte durchkreuzte. Für manche Menschen war diese Erfahrung, nochmal Zuwendung zu erfahren, ein Geschenk. Für manche, mit stillem Einverständnis oder wortlosem Dank, manchmal jedoch auch mit der Erkenntnis verbunden, dieses Geschenk nicht annehmen zu können.

Die Worte aus Jacques Brief erschütterten Emma auf ganz wundervolle Weise und während der Boden unter ihr zu wanken begann, siegte in ihr die federleichte Gewissheit, dass sie im Fall des Falles in seinen Armen sicher aufgefangen werden würde. Als Emma sich nach dem ersten Begreifen seiner Zeilen wieder gefangen hatte, las sie seinen Brief noch einmal und mit jeder Zeile eroberte ein Lächeln ihr Gesicht, dass nicht mehr wich. Sie war verwirrt, tagträumend und beflügelt und gewann zunehmend den Eindruck, dass sie nun doch noch die Phase der naseweisen, kopfverlorenen Verliebtheit durchleben würde. Doch wie wunderbar war dieses Gefühl, wenn man bereits wusste, dass der andere die gleichen Gefühle hegte, die darauf warteten, aus ihrem Käfig gelassen zu werden, damit sie sich frei entfalten konnten. Es gab doch nichts, das unerträglicher war, als verliebt vor sich hin zu schmachten und nicht zu wissen, ob der Begehrte das Gefühl jemals erwidern würde. So liebte es sich doch derart gleich viel freier. Nachdem Emma zigmal mit dem Brief in der Hand durch die Wohnung gewandelt war und sie es als ihre Pflicht betrachtete, Trüffel nach seiner Heimkehr den Brief vorzulesen, legte sie sich ins Bett, um blöd in den Nachthimmel grinsend zu überlegen, wie sie Jacques antworten würde. Das freie verlängerte Wochenende würde sie irgendwie hinbekommen, zur Not mittels irgendeines Tausches. Statt nun Ruhe zu finden, befiel sie eine neue Unruhe. Sie stellte sich vor, was Jacques wohl gerade machte, welche Ungewissheit ihn womöglich gerade plagte, weil er nicht wusste, wie Emma reagieren würde. Sie schimpfte, dass sie nicht früher auf die Idee gekommen war, dass Jacques vielleicht seit Einwerfen seines Briefes an nichts anderes mehr dachte und vor Nervosität fast verrückt würde. Dass sie den Brief gefunden und dann auch gelesen hatte, darauf konnte er schließen, wenn er nachschaute, ob die Lavendelzweige am Briefkasten fehlten. Und von da an, bangte er vielleicht. Emma machte sich Licht und beschloss, ihm sofort zu antworten. Die Worte schrieben sich wie von allein aufs Papier. Sie wollte sich bewusst knapphalten und doch erschrak sie über die Klarheit der Worte, die sie als Extrakt ihres sich ansonsten wirr anfühlenden Kopfes, zu Papier brachte. Sie schrieb auf einen zart lilafarbenen Briefbogen:

»Mein liebster Jacques,

Ich habe noch keine Ahnung wie, doch wir werden uns sehen. Sag mir wann und wo. Ich bin dir dankbar für deinen Mut, denn dadurch musste ich ihn nicht aufbringen. Du kamst mir zuvor. Danke. Wir sehen uns ganz bald bei dir zu Hause.

In Liebe, Emma.«

In Pyjama und Hausschuhen ging sie in raschen Schritten den kurzen Weg zu Jacques Haus ums Eck. Es war vier Uhr früh und sie hoffte, dass sie niemand sehen würde. Nachdem sie ihre Nachricht in seinen Briefkasten geworfen hatte, kehrte eine Ruhe in ihr ein, die sie heimhuschen und ins Bett kriechen ließ, woraufhin sie einen traumlosen Schlaf fand. Sie war, durch ihren unnachsichtigen Wecker um halb sieben am nächsten Morgen geweckt worden und hatte sich erstmal sortieren müssen, wer und wo sie war. Sie brauchte einen Moment und entdeckte zu ihrer Erleichterung Jacques Brief auf dem Nachttisch, der Beweis, dass sie keinem Traum erlegen war. Als sie ans Fußende ihres Bettes geblickt hatte und dort Trüffel entdeckte, der eingerollt schlief und an dessen Halsband eine Lavendelblüte befestigt war, strahlte Emma, denn das hieß, dass Jacques Trüffel nachts nochmal begegnet war, nachdem sie ihre Nachricht eingeworfen hatte. Sie beschloss, diesen inneren Schwung zu nutzen, um aufzustehen und zur Arbeit zu gehen, obwohl es ihr gleichsam widerstrebte irgendeiner Tätigkeit außer dem Nachhängen ihrer Gedanken nachzugehen. Sie stand auf und war stolz auf sich, dass sie sich zumindest die Wahl ließ.

Es war bisher immer selbstverständlich gewesen, der Pflicht nachzukommen, doch das Tief, dass sie letzte Woche hinter sich gebracht hatte, hatte sie gelehrt, dass das eigene Funktionieren nicht selbstverständlich war und man auch nicht immer alles leisten können musste. Sie liebte ihren Beruf und fand ihr Tagewerk erfüllend. Doch egal wie voraussehbar ein Sterben bei schwerer Krankheit auch war, das Loslassen und die absehbare Endlichkeit hatten immer auch eine Schwere. Im Moment wollte sie das Leben rosarot und ungetrübt, verstand, weshalb Menschen die Existenz von Abschied, Trauer und Tränen negieren wollten, indem sie nicht hinschauten. Sie hatte schon oft darüber nachgedacht, ob sie die Menschen um ihre Lebensleichtigkeit beneidete, die den Tod und die Möglichkeit des eigenen Sterbens aus ihrem normalen Alltag ausblenden konnten. Sie war zu dem Ergebnis gelangt, dass sie durch die ständige Gegenwart ihrer eigenen möglichen Endlichkeit, ihr Leben bewusster und wertschätzender lebte. Sie hatte die Erfahrung gemacht, dass sie, wenn sie davon ausging, dass nichts selbstverständlich war, viele Freuden im Kleinen entdecken konnte, die sie sonst womöglich im Einerlei des steten Alltages übersehen hätte. Auch änderte diese Sichtweise etwas daran, über was es sich aus ihrer Sicht aufzuregen lohnte und über was nicht. Vieles war eines Ärgerns nicht wert, sondern nur mit einem negativen Gefühl verbrachte Zeit, ohne dass es den Grund der Aufregung zu ändern vermochte. Emma empfand ihr Leben in Anbetracht der ständigen Option eines möglichen Sterbens als reich. Dennoch, im Moment wollte sie Leben in Überdosis. Sie wollte ihre Zeit mit Jacques verbringen, jede Sekunde, und vom Rest der Welt nichts wissen. Sie wollte mit ihm gemeinsam sehen, hören und erleben. Sie wollte mit ihm entdecken und ihn entdecken. Sie spürte ein Glück in sich, dass sie sich zu empfinden nie vorzustellen gewagt hätte. Der bloße Gedanke, dass Krankheit und Tod in dieser Welt existierten und keiner Regel folgten, wen sie besuchten, störte in ihrer aktuellen Vorstellung von Glück. Sie wollte vom Schicksal eine Zusicherung haben, dass sie dieses Glück behalten dürfte. Sie wollte eine Garantie – auch wenn es nur eine kleine gewesen wäre, für ein Weilchen – auf ein ungestörtes Glück. Wie es sich wohl anfühlen würde, wenn sie sich das nächste Mal sahen? Jetzt, da sie einander liebten.

Der Arbeitstag verflog in diesem Wechselbad aus unermesslichem Glück und Angst. Als Emma am Abend nach Hause kam, schaute ihr ein Lavendelzweig aus dem Briefkastenschlitz entgegen. Mit ehrfürchtiger Ungeduld zitterte sie den Schlüssel ins Briefkastenschloss und fand den erhofften Brief. Sie hielt diesen Schatz geborgen an die Brust gedrückt und eilte die Treppe nach oben. Sie vergaß jegliches gewohnheitsmäßige Durchatmen nach dem Treppensteigen, schloss die Wohnungstür auf, während sie schon die Schuhe von den Füßen streifte, ließ die Tasche im Flur von der Schulter gleiten, und ging, mit stetem Blick auf den Brief gerichtet, als könne er sich in einem unachtsamen Moment in Luft auflösen, in die Küche. Sie setzte sich, befand ein tiefes Durchatmen dann doch für notwendig und öffnete den Briefumschlag. Als sie seine Handschrift und die Fülle seiner Worte erblickte, überkam sie ein wohliges, vertrautes Gefühl. Sie schloss kurz die Augen, um die Ruhe zu genießen, die nach ihr griff und vermochte in diesem Moment die Größe des in ihr wohnenden Glücks kaum zu fassen. Sie öffnete die Augen wieder, lächelte und begann zu lesen:

»Liebste Emma,

ich kann mein Glück kaum fassen und laufe mit einem albernen Dauergrinsen durch die Gegend. Als ich deine Nachricht in meinem Briefkasten entdeckte, blieb mir das Herz erst stehen, um dann, dank der einsetzenden Nervosität, in die Hose zu rutschen. Seitdem ich meinen Brief bei dir eingeworfen hatte, war keine Minute vergangen, in der ich mich nicht nervös fragte, wie du reagieren würdest. Und glaube mir, ich hatte mächtig Schiss davor, durch deine Antwort zu erfahren, dass ich unsere Freundschaft durch meine Liebesbekenntnisse zerstört haben könnte. Deine Worte zu lesen, ich gestehe es, ließen mich vor Glück weinen. Ich kann es noch nicht glauben. Weder, dass du das gleiche Gefühl in dir vor mir verborgen hieltest, noch, dass mein Wunsch Wirklichkeit werden wird und wir uns in der Bretagne wiedersehen.

Ich bin verrückt vor Freude und verliere mich in Tagträumen. Ich möchte dir so viel zeigen. Alles, was für mich eine Bedeutung hat. Alles Schöne, was ich mein Leben lang entdecken durfte, soll auch dir gehören. Ich bin mir sicher, du wirst dich in die Bretagne verlieben. Sie ist sanftmütig, wild und ungestüm; ihr werdet euch verstehen.

Es ist eigenartig, dass wir uns schreiben, uns, wie du sagst, einander seelennackt zeigen und uns noch nicht sehen konnten. Ich wusste nicht, wann du heute aus der Klinik kommen würdest, daher zur Sicherheit dieser Brief. Sei dir gewiss, ich würde dich viel lieber sofort in meine Arme schließen.

Emma, ich habe eine Bitte, die du bitte nur erfüllst, wenn es dir arbeitsmäßig keinen Zeitdruck bereitet. Falls du morgen, am Samstag frei hast, könntest du mir eine Apfeltarte backen? Du machst einfach die beste der Welt und stellst damit jede Französin in den Schatten. Ich würde sie gern meiner Mutter mitbringen, sie auf den Tisch stellen und ihr dann von dir erzählen. Oh mein Gott! Du lernst meine Eltern kennen, ich werde verrückt. Oh! Willst du das überhaupt? Oder geht dir das zu schnell? Sicher, wir nehmen uns ein Hotelzimmer, schlafen nicht im Haus meiner Eltern. Nein, besser, du bekommst ein eigenes Zimmer. Oh Emma, was bin ich für ein Trampeltier!? Ich befürchte, ich mache alles falsch. Ich, ähmmm, wenn du mir eine Tarte backen könntest, würde mich das sehr glücklich machen. Aber bitte nur, wenn es dir nebenher möglich ist, nicht um jeden Preis. Dann sind es noch sechs Tage, die ich in nervöser Spannung, in so viel Vorfreude verbringe. Sechsmal schlafen, dann kommt der Tag, an dem wir uns sehen. Ich wünsche dir eine gute Nacht, du fleißige Frau.

Dein Jacques.«

Emma lächelte. Natürlich würde sie ihm die Tarte backen. Nein, sie würde drei Kuchen backen, die schönste würde für ihn sein. Die anderen zwei, wahrscheinlich objektiv nicht minder perfekten, jedoch ihrem Auge vielleicht in der goldenen Bräune der Apfel-Mandel-Decke nicht ganz so schmeichelnden, würde sie Mathilda für den Bäckereiverkauf schenken. Auch Mathilda war bereits auf den Geschmack von Emmas Tartes gekommen, nachdem sie einmal dem Backgeruch im Treppenhaus nach oben gefolgt war. Es hatte damals geklopft und ihrer Nase folgend, stand Mathilda kurz darauf in Emmas Küche und bestaunte den Kuchen. Wissend, dass eine der zwei Tartes im Verkauf und die andere in Mathildas Privatbesitz landen würde, musste Emma grinsen. Sie plante die Zutaten am Samstagmorgen auf dem Markt zu kaufen. Sie hatte das Wochenende frei und war froh, nun eine Aufgabe zu haben. Neben der Vorfreude auf das Backen, wohnte in ihr das Gefühl der Zufriedenheit, den Arbeitstag gut verbracht zu haben. Sie hatte mit ihrem Chef wegen des verlängerten Wochenendes sprechen müssen und war auf Gegenwehr eingestellt gewesen. Er war ein schroffer Typ, doch hatte zugleich ein gutes Gespür für die Wichtigkeit der Angelegenheiten. Irgendetwas an Emmas Auftreten musste ihm vermittelt haben, dass es von großer Bedeutung war ihrer Bitte nachzukommen, sodass er einfach nur väterlich lächelnd nickte und ihr auf die Schulter klopfte.

Als Emma nun an diesem verregneten Samstag in ihrer Küche saß, eine große Tüte marktfrischer Äpfel vor sich hatte, die darauf warteten, der Belag ihrer Tartes zu werden und Trüffel sie nach einer ausgiebigen Begrüßung wieder ihrem Werk nachkommen ließ, ließ sie die letzten drei Wochen Revue passieren und empfand Demut. Die Apfelschneiderei wurde zur Meditation und führte zu fast exakten Apfelwürfeln von fünf Millimetern Kantenlänge. Emma verlor sich in diesem Liebeswerk und fand durch den Gleichmut ihrer Arbeit eine Ordnung ihrer Gedanken mit Beschwichtigung der immer wieder anflutenden Nervosität vor dem Kommenden. In einem Moment des Zu–Sich-Kommens staunte Emma über die Masse Frucht, die sich doch in einem Apfel versteckte, wenn man ihn so als Häufchen geschnitten vor sich sah. Frau Maus und ihre zwei Gefährtinnen standen mittlerweile mit den Nasen hoch in die Luft gereckt auf einer ihrer Kletterstege und schnupperten in Emmas Richtung. Emma bewahrte ein kleines Häufchen Apfelstückchen vor dem Sprung ins Zitronenwasser und stiftete sie den drei Damen. Kaum öffnete Emma den Käfig der Wohngemeinschaft, kamen die drei angelaufen, denn sie wussten genau, dass es hier um das Ergattern von Köstlichkeiten ging. Emma legte ihre Hand, samt Apfelstückchen auf der Handfläche, in die Einstreu des Käfigs. Dieses Gefühl, wenn die Vorderpfoten einer Maus ihre Finger berührten, sie das kleine Körpergewicht spürte und deren Wärme, dann empfand sie Glück. Wenn dann eine der Damen aus Gründen der Bequemlichkeit gleich ganz auf der Hand zum Sitzen kam, ihr Gewicht auf die Hinterbeine verlagerte, einen Apfelwürfel zwischen die Vorderpfoten nahm und herzhaft hineinbiss, dann empfand sie Demut vor der Größe des Vertrauens dieses kleinen Geschöpfes. Sie war wieder über den möglichen Wechsel der Dimensionen beeindruckt. Ein ganzer Apfel, der mit vielleicht acht großen Bissen von einem Menschen gegessen werden konnte, zerfiel durch das Messer in so viele kleine Würfel und eine Maus brauchte allein fünf oder sechs Bisse, um einen dieser Würfel zu verzehren. Trüffel beobachtete das Geschehen langgestreckt auf dem Küchenschrank liegend mit müdem, pazifistischem Blick.

Emma musste an ihre Reise denken. Auch wenn sie nur drei Tage weg sein würde, so brauchte sie doch einen Plan, um ihre Tiere gut versorgt zu wissen. Sie wurde deswegen schon von einem gehörig schlechten Gewissen geplagt, denn sie stellte sich ständig vor, dass insbesondere Trüffel denken könnte, dass sie ihn verlassen habe und die Vorstellung, ihm könne das Herz brechen, war für sie unerträglich. Deshalb begann sie in diesem Moment, Trüffel und den Mäusedamen von ihrer Reise zu erzählen und würde das bis zu ihrer Abreise noch mehrere Male tun. Sie sollten sich nicht sorgen. Als sie selbst durch ihre Worte Beruhigung gefunden hatte, schrak sie plötzlich auf. Siedend heiß fiel ihr ein, dass sie heute Abend Jacques sehen würde. Wie sonst, sollte er in den Besitz der Tarte kommen? Schon stieg ihr die Röte ins Gesicht und die Hände zitterten. Gut, dass ihr das jetzt erst einfiel. Nie hätte sie sonst in derartiger Ruhe exakte Apfelwürfelchen fabrizieren können. Es war eine Unruhe, die Ausdruck von Vorfreude, Angst, Unsicherheit, Nervosität und Verliebtsein war. Sie fühlte sich hilflos. Den Teig zu kneten, die Backformen zu fetten und sie zu befüllen, der sanfte Kontakt ihrer Finger mit der Masse und die ruhigen, gleichmäßigen Bewegungen brachten sie wieder in ein erträgliches Hier und Jetzt. Die Unruhe schlich sich erst wieder an sie heran, als ihre Wohnung vom Duft der Tartes erfüllt wurde. Als Emma sie aus dem Ofen nahm, war die Schönste der drei schnell gekürt, sie war goldbraun und das zarte Zimtgestöber, das sich in der Apfelmasse versteckte, duftete verführerisch. Da in ihrer Küche zu wenig Platz war, um alle drei Tartes auskühlen lassen zu können und sie die Mäusedamen nicht noch mehr in schnuppernde Ekstase versetzen wollte, beschloss sie Mathilda zu bitten, die zwei für sie bestimmten Kuchen schon jetzt entgegen zu nehmen. Emma ging die Treppe hinab.

Als sie die Haustür öffnete, stieß sie mit Mathilda zusammen und brach in Gelächter aus. Mathilda erinnerte Emma an einer ihrer Mäusedamen, denn auch sie reckte sofort schnuppernd die Nase in Richtung Treppenhaus. Sie hatten noch keine Gelegenheit, sich zu begrüßen, da lobte Mathilda den Duft schon in den höchsten Tönen. Und ohne dass es auffordernder Worte bedurfte, folgte sie Emma nach oben. Wenige Minuten später trugen sie gemeinsam die Tartes in die Backstube. Mathilda bedankte sich umarmend und drückte Emma einen leeren Kuchenkarton in die Hand und zwinkerte ihr zu:

»Er ist wunderschön«, grinste sie von einem Ohr zum anderen und freute sich über ihre Zweideutigkeit, die Emma in diesem Moment nicht verstand.

Mathilda wäre nicht Mathilda gewesen, wenn sie sich beim Abschied hätte zurückhalten können. Sie umarmte Emma und flüsterte ihr dabei ins Ohr: »Ach Liebes! Du Glückspilz! Ich freue mich so sehr für dich!«

Aber auch an diesen Worten fand Emma nichts Auffälliges und bedankte sich lächelnd, wenn sie auch nicht so recht wusste, für was. Emma ging in ihre Wohnung zurück und beschloss die Spuren des Backens zu beseitigen, bevor Jacques kam. Wann dies sein würde, wusste sie nicht. Sie war zerrissen. Denn einerseits wollte sie, dass die Zeit schnell verging, andererseits bescherte ihr die bloße Vorstellung, er würde an der Tür klingeln, einen Anflug großer Hitze. Auch wenn sie am liebsten schon alles fertig gemacht hätte, so verpackte sie die Tarte noch nicht und ließ sie zum Auskühlen auf dem Küchentisch stehen. Sie war stolz. Ihr Kuchen, der da so ahnungslos stand, würde in die Bretagne reisen und ein Mitbringsel für seine Eltern sein. Der Kuchen wäre das Erste, was sie von Emma erfahren würden. Diese Gedanken ermunterten die Schmetterlinge in ihrem Bauch zu einem übermütigen, scheinbar regellosen Flug und vermochten in ihr allerlei Gefühlslagen, von Freude bis Verzweiflung, anzustiften. Und da war sie wieder, die Panik. Wann würde Jacques heute zu ihr kommen? Wie würde das erste Treffen nach ihren Gefühlsbekenntnissen verlaufen? Wären beide befangen? War die Wohnung aufgeräumt genug? Sollte sie noch duschen? Und was, um Himmelswillen, sollte sie anziehen? Die Gedanken kamen gerade richtig in Fahrt, als es klopfte. Emma fuhr zusammen. Der Blick ging zur Uhr, als würde das in irgendeiner Weise etwas aussagen oder weiterhelfen. Es war acht Uhr abends. Wie konnte die Zeit so schnell verronnen sein? Der zweite Blick galt dem Alltagschaos ihrer Wohnung, der dritte Blick ihrem Spiegelbild. Als sie sich anschaute, winkte sie, mit den Augen rollend, ab. Sie trug ein dunkelblaues überknielanges, tailliertes Kleid mit bunten Blumen und darüber ihre rosa-weiß-karierte Küchenschürze, die sie zum Backen angezogen hatte. Backen hatte für sie einen nostalgischen Anstrich und da gehörte die Schürze einfach dazu. Emma stand hinter der Tür, die Hand schon auf der Klinke, als es wieder klopfte. Sie schloss die Augen, atmete einmal tief durch und öffnete. Sie hatte sich keinen Plan zurechtgelegt, was sie sagen würde, wenn sie Jacques wiedersah. Sie hatte sich nicht ausgemalt, wie dieser Moment werden würde, denn soweit hatte sie sich gar nicht zu denken getraut. Hätte sie den Mut gehabt, sich diesen Moment vorzustellen, so hätte sie doch falsch gelegen und nicht mit dem gerechnet, was letztlich geschah.

Sie öffnete die Tür und erblickte Jacques, der ihren Blick erwiderte und scheinbar das Gleiche durchlebte. Sie betrachteten sich, als sähen sie einander zum ersten Mal. Sie tauschten still, in ihren Bewegungen innehaltend, Blicke, die in einem verlegenen Lächeln mündeten. Es war einer jener Momente, die eine unumkehrbare Veränderung zu besiegeln vermochten. Sie sahen einander mit den Augen von Liebenden, konnten sich bei der Entdeckung der Schönheit des anderen kaum sattsehen und wurden mit einem verblüfften innerlichen Kopfschütteln nicht darüber fertig, wie sie diese Schönheit bisher hatten übersehen können. Emma streckte ihm ihre Hand entgegen und lud ihn mit dieser Geste ein einzutreten.

Als sich ihre Hände berührten, geschah Magie. Den anderen plötzlich spüren zu dürfen, die Wärme der Haut, den samtenen und doch festen Griff. Wie viele Male hatten sie zusammengearbeitet und waren sich körperlich nah gewesen, ohne sich zu berühren? Wie konnte es sein, dass sie erst jetzt diesem Zauber erlagen? Welch Versäumnis von Glücksmomenten, welch unbeschreibliche Verschwendung! Jacques trat ein, ohne ihre Hand loszulassen – im Gegenteil. Gefangen von der Empfindung ihrer warmen Haut und ihres Anblickes, schloss er sie in die Arme. Emma ließ es ohne den Hauch eines Zögerns zu, denn sich in die Arme dieses Mannes zu begeben, fühlte sich richtig an. An seiner Schulter zu lehnen, die Haut seines Halses zu riechen, seine Umarmung zu spüren, gehalten zu werden, fühlte sich wie heimkommen an. Heimkommen auf eine Weise, von deren Existenz sie nichts geahnt hatte.

Sie hielten sich minutenlang, bis Emma ihrem Gefühl folgte, dem spontanen Verlangen nachgab und sanft begann seinen Hals zu küssen. Ihre Lippen berührten seine Haut und schienen damit ihre Bestimmung gefunden zu haben. Sie spürte, wie Jacques ein Schauer überlief und sah, dass sich die feinen Härchen in seinem Nacken aufrichteten. Sie fühlte wie dabei sein Kopf auf ihre Schulter sank. Sein Atem, der immer wieder stockte, hinterließ eine Wärme an ihrem Hals, die ihre Haut aufzusaugen schien und eine fast unheimliche Anziehung auf sie ausübte. Sie spürte, wie seine Umarmung fester wurde und er sie, mit so viel Gefühl und doch mit bestimmter Sicherheit, hielt.

Es dauerte eine kurze Zeit, die für Liebende nicht messbar, zwischen Augenblick und Unendlichkeit lag, bis er es wagte, sein Gesicht ihrem Hals weiter zu nähern und ihre Küsse zart zu erwidern. In seiner Welt gab es keine Worte, die die Kraft gehabt hätten zu beschreiben, wie sich das anfühlte. Seine Lippen bebten vor Empfindsamkeit und Rührung und er schämte sich dafür, wie plump seine Vorstellungen und Fantasien bei der Ausschmückung einer solchen ersten Berührung gewesen waren. Das, was er gerade erlebte, war eine nie zuvor gekannte Dimension von Wahrnehmung. Er spürte, wie Emma im ersten Moment zurückweichen wollte, um sich unmittelbar im nächsten Moment näher an ihn zu schmiegen. Sie hielten sich immer noch bei der Hand, als sich ihre Gesichter einander zuwandten, um die ungestüme Sehnsucht ihrer Lippen aneinander zu stillen. Ein langsames Annähern, dass zugleich Ausdruck von letzter Ängstlichkeit und gezügelter Gier war. Ihr erster Kuss geschah mit demütiger Vorsicht. Ein kurzer Blick in die Augen des anderen, sich vergewissernd, dass es geschehen durfte. Einander die Tränen entdeckend, die beim nächsten Augenschließen ihr sicheres Versteck verlassen und die Wange hinabrollen würden. Jacques hielt Emma fest in seinen Armen und liebkoste, vorsichtig stupsend, ihre Lippen, einem Anklopfen, einem Necken, einem Kosten gleich, eine Einladung, sich in diesem Kuss zu verlieren. Es war so viel mehr als ein erster Kuss, im Sinne der bloßen Berührung Mund auf Mund. Sie gaben sich einander preis, mit all ihren Ängsten und ihrem Verlangen und der Gier, von deren Größe sie bis zu diesem Moment nichts gewusst hatten.

Als sie dann voneinander ließen, sich anschauten und keine Worte fanden, küssten sie sich wieder. Es war die unmissverständliche Sprache, die keiner Worte bedurfte. Sie sahen einander mit anderen Augen und entdeckten mit jedem Blick eine neue Schönheit. Nicht die Schönheit des Makellosen, die man wahrzunehmen vermochte, wenn man einen Menschen zum ersten Mal erblickte, diese Art von Schönheit, die das Auge erkennt, ohne einen Menschen zu kennen. Nein, sie erkannten die Schönheit, die im Nicht-Perfekt-Sein verborgen lag. Die, die das Herz zu entdecken vermochte. Die Schönheit, die die Einzigartigkeit des Menschen ausdrückte. So war Emma verzückt von Jacques zarten Fältchen, die sich um seine Augen bildeten, wenn er lachte und einem kleinen Leberfleck, den sie hinter seinem Ohr entdeckte. Und wieder fragte sie sich, wieso sie das alles erst jetzt wahrnahm, während Jacques Glück darüber empfand, dass manche Dinge einfach geschahen, gegen die er sich sehenden Auges und wachen Verstandes mit Händen und Füßen gewehrt hätte. Es war tröstlich zu erkennen, dass es nicht nur die schlimmen

Ereignisse waren, die über das Leben ungefragt hereinbrachen, sondern ebenso die guten.

Emma führte Jacques an der Hand in die Küche, wo dieser sogleich die Augen schloss, um sich dem Duft der Tarte hinzugeben, den er bisher ganz überrochen hatte.

»Mhmmm, Emma! Damit knackst du jede Schwiegermutter Frankreichs«, säuselte er, ging hinüber zur Tarte und es sah aus, als wollte er die Nase darin versenken, so tief beugte er sich zu ihr hinab.

Trüffel beobachtete die Szenerie und entschied sich dafür, sich mit einem Sprung vom Küchentisch zur Arbeitsplatte, etwas Aufmerksamkeit zu sichern und Jacques zu begrüßen. Er rieb sein Köpfchen an Jacques Arm, der ihn sofort zu kraulen begann. Mit der Hingabe zweier Vertrauter schmiegte Trüffel seinen Kopf in seine Hand und Emma wurde wieder klar, dass die zwei sich schon länger kannten

»Guten Abend, Serrano! Ich hoffe, du hast Emma heute Morgen nicht vorgegaukelt hungrig zu sein, du Feinschmecker!«

Jacques Blick fiel auf die maßgefertigte Mäusebehausung. »Emma, das ist ja unglaublich! Die leben hier ja im Schlaraffenland!« Er betrachtete den Mäusekäfig samt Labyrinth aus den leeren Papphülsen von Klopapier- und Küchentuchrollen, als er in der Mitte dieses Wirrwarrs einen Eierbecher entdeckte, mit einem halben hartgekochten Ei. Am Becherrand stand, wie ein Kerl am Tresen, eine Maus und vergrub das Schnäuzchen im Eigelb. »Du bist einzigartig, Emma! Und bloß keine Widerworte, bitte«, sagte Jacques und drehte sich lächelnd um, ging einen Schritt auf sie zu und küsste sie.

Unfähig Worte dafür zu finden, was sie empfanden, taumelnd vor Glück, ruhten sie in einer sicheren Umarmung aneinander aus. Sie genossen den Moment, ohne eine Ahnung zu haben, wie es weitergehen würde. In dieser Stille, in der sie nur ihren Atmen und das Rascheln der Mäusedamen hörten, begann ein leichter Regen auf das Dach zu klopfen, der rasch zu einem Prasseln anschwoll. Emma hob den Kopf von Jacques Schulter, um in sein Ohr zu flüstern:

»Tja, schätze, du musst leider noch ein bisschen bleiben. Denn mit der Tarte im Pappkarton, kannst du jetzt nicht in den Regen. Und eine schützende Plastiktüte kann ich dir nicht anbieten. Leider. Tut mir wirklich leid«, beteuerte Emma schief grinsend.

Jacques küsste Emmas Stirn: »Ja, jammerschade. Alle Hoffnungen, hier schnell wieder verschwinden zu können sind dahin. Da denkt man, man holt schnell auf einen Sprung seinen bestellten Kuchen ab und dann schmeißt sich einem die Bäckerin an den Hals und kaum entdecke ich einen Moment der möglichen Flucht, regnet es auch noch. Wirklich furchtbar.«

Emma spielte mit: »Ohje, du Armer! Dass es so schlimm für dich ist, habe ich nicht geahnt. Komm! Ich mach uns was Leckeres und dann gehen wir raus.« Emma gab ihm einen kurzen Kuss und ging zum Kühlschrank.

»Wir gehen raus? Es regnet doch«, entgegnete Jacques.

»Eben! Es regnet! Bei Regen ist es besonders schön. Geh schon vor, ich komme sofort!«

Emma deutete den Weg in Richtung Hühnerleiter, die auf den Spitzboden führte, dessen Umbau zum Wintergarten sie sich damals vom Vermieter erbettelt hatte. Emma war voller Vorfreude, dass Jacques gleich ihren Lieblingsort entdecken würde. Zugleich beschlich sie eine sanfte Nervosität, weil sie noch nie zuvor mit einem anderen Menschen dort gewesen war. Es war für sie, als betrete Jacques ihren intimsten Raum, so eine Art Seelenzimmer. Dort fiel der Tag von ihr ab. Dort war die Welt ausgesperrt. Dort träumte und dachte, weinte und plante sie. Dort musste sie gar nichts und durfte alles. Jacques stieg die Leiter empor und begriff beim Anblick des kleinen Raumes sofort, dass das Emmas eigentliches Zuhause war. Im Schutz des spitzen Giebels und der Holzvertäfelung war ein Nest aus einer großen Schaumstoffmatte, mehreren Decken und Kissen errichtet worden, vor der sich die verglaste Frontseite des Giebels erhob. Der prasselnde Regen verklärte den Blick auf die anderen Dächer.

Jacques öffnete eines der zwei Fenster, die, wie er jetzt sah, nicht mit dem Giebel bündig, sondern zurückgesetzt waren, sodass trotz des Geöffnetseins ein Regenschutz bestand, wenn der Regen nicht gerade aus dieser Richtung kam. Der Dachstuhl war offen und Emma hatte die Balken mit Pflanzen beranken lassen. Mittlerweile ging der Regen so stark hernieder, dass Jacques keine Geräusche mehr aus der Küche vernahm. Er nahm Platz und blickte in den Regen. Auf dem Deckenlager sitzend hatte es einen urwaldartigen Eindruck, denn die Grenze der grünen Pflanzen und des tropfenden Regens verschwammen. Seine Anspannung, die Nervosität, die ihn schon den ganzen Tag bewohnte, fielen allmählich ab, so, als wasche der Regen sie von ihm. Er spürte sich intensiv und lebendig. Er fühlte sich zur richtigen Zeit am richtigen Ort, mit dem richtigen Menschen. Er konnte nicht sagen, wieso er das gerade so spürte, doch da war Dankbarkeit dafür, dass er jetzt, in diesem Moment frei war von Sorgen, Grübeleien oder irgendwelchen körperlichen Gebrechen. Und auch wenn er dabei über sich selbst schmunzeln musste und sehr froh war, dass kein anderer seine Gedanken hören konnte, schloss er die Augen und sagte »Danke!« Er wusste nicht, an wen dieses Danke adressiert war, aber er fühlte, dass es auch nicht falsch sein würde, kurz inne zu halten und zu registrieren, dass jetzt gerade, in dieser Sekunde, alles in seinem Leben gut war. Jacques musste sich dazu bekennen sonst ein stiller Meckerer zu sein, der sich innerlich über viele Kleinigkeiten im Alltag allzu schnell aufregen konnte. Vielleicht wurde er sich auch deshalb seines jetzigen Befindens so auffallend bewusst, weil es in ihm still war, ohne »Ja, aber«. Es war ein wunderbarer Zustand, der ihn gefangen nahm. Gedanken kamen, schenkten ihm eine Erinnerung oder Empfindung und gingen wieder. Die guten Gedanken konnte er ohne Bedauern weiterziehen lassen, weil er die Zuversicht hatte, neue, schöne Empfindungen würden folgen. Und die schlechten Gedanken musste er nicht anflehen zu gehen. Sie gingen von allein, denn sie vermochten es nicht mehr, durch ihren bedrohlichen Charakter den Geist zu verwirren, um ihn dann im Klammergriff der Sorge und des Entsetzens festzuhalten. Entweder sie entstammten der gelebten Vergangenheit oder waren Ängste der Zukunft. Beides empfand Jacques zum ersten Mal nicht als bedrohlich, denn beide Zeitformen waren in diesem Moment nicht existent. Auch die Erkenntnis darüber, wie viel Zeit des Hier und Jetzt er in seinem Leben bisher nicht gelebt hatte, weil er sich mit der Realität der Vergangenheit und einer Träumerei, wie alles hätte werden können, wenn alles anders gekommen und dieses oder jenes nicht passiert wäre, abgegeben hatte, erlebte er ohne Verbitterung. Sein Blick war in den Regen gerichtet und als plötzlich Emma in seinem Blickfeld erschien, da freute er sich, dass gerade sein schönster Gedanke so lebendig in Erscheinung trat. Sie wirkte so echt. Er betrachtete sie, als sei sie eine wahrhaftige Erscheinung und erst ihr herzhaftes Lachen rüttelte ihn aus dem Fluss seiner Gedanken und machte ihm klar, dass sie kein Gedanke war, sondern ziemlich real vor ihm stand. Sie kniete sich neben die Bettstatt und stellte ein Tablett auf dem Boden ab.

»Ich sehe, der Ort zieht dich mit seiner Wirkung schon in seinen Bann«, lächelte Emma den immer noch etwas verdattert um sich blickenden Jacques an.

»Hier, das rundet die Situation ab«, sagte sie und reichte ihm ein großes bauchiges Cocktailglas. »Eisschokolade«, beantwortete sie seinen fragenden Blick.

Er schaute Emma an, als spinne sie. »Was hast du?«, schmunzelte Emma und erklärte gleich: »Es ist eine Eisschokolade, ganz ohne Lug und Trug! Nicht, wie in so manchem Café, wo man eine Eisschokolade bestellt, jedoch einen dünnen kalten Kakao mit einer Kugel Vanille- oder Schokoeis, Sahnehäubchen und Schokostreusel serviert bekommt. Ein halbherziger Verschnitt, eben. Meine Eisschokolade ist so ehrlich, dass sie sich nicht blassbraun unter der Sahne verstecken muss, deswegen habe ich die Sahne auch weggelassen«, sagte Emma stolz.

Jacques blickte auf sein Getränk, das so verlockend köstlich aussah, dass es ihm doch lieber gewesen wäre, es hätte sich unter Sahne versteckt, nur, damit er nicht gleich nimmersatt und übermütig darüber herfallen wollte. Emma hatte eiskalte Milch genommen und das Glas halb befüllt, dann zwei Kugeln Schokoladeneis reingetan, um darüber geschmolzene, noch warme Zartbitterschokolade zu gießen, womit sie nicht gespart hatte. Jede einzelne Komponente war schon köstlich, doch wenn man die Geduld aufbrachte zu warten, bis sich alles miteinander verband und dadurch eine neue Konsistenz sowie Geschmack entstanden waren, dann war es ein Erlebnis.

»Wow! Was für ein großartiges Willkommensgetränk nach meinem kleinen Gedankenabschweifen an diesem magischen Ort«, lächelte Jacques und trank.

»Deswegen liebe ich diesen Ort«, begann Emma zu sprechen. »Das Prasseln des Regens auf dem Dach ist über uns, sein Rauschen vor uns. Hält man sich die Ohren zu, dann hängt der Regen wie eine geräuschlose Gardine zwischen uns und der Stadt. Die eigenen Gedanken beginnen sich dann wie die Regentropfen einfach aneinander zu reihen und schweben davon, als machten sie sich gemeinsam mit der vom Himmel fallenden Ahnensuppe auf die Reise.«

»Ahnensuppe?«, unterbrach sie Jacques stirnrunzelnd.

Emma lächelte verlegen: »Naja, schau dir all die Wassertropfen an. Sie fallen vom Himmel und tropfen auf die Erde, werden von einer Pflanze aufgesaugt, versickern in den tiefen Schichten der Erde oder werden von einem Menschen oder Tier getrunken. Sie landen auf Pflastersteinen, Tropfen vereinen sich zu einer Pfütze; sie bilden vielleicht ein Rinnsal, weil die Fläche abschüssig ist, landen in der Kanalisation oder fließen nach der Landung von einem Bach in einen Fluss, der die Tropfen zum Meer trägt. Vielleicht fällt auch einer auf deine Stirn und ich küsse ihn weg«, lächelte sie und sprach weiter:

»Vielleicht ist einer der Tropfen, genau der eine Tropfen, der gefehlt hat, um den Samen einer Pflanze zum Keimen zu bringen. Wasser durchströmt einfach alles – alles Lebendige und alles Tote. Stirbt ein Lebewesen, so vergeht seine Hülle. Das Wasser entweicht und der Körper verwest und geht zur Erde über. Alles geht zu dem zurück, aus dem es entstand. Denn nichts kann weg und nichts kommt hinzu. Ob als Wassertropfen, als Dunst, als Nebel, als Schneeflocke oder Morgentau, es ist immer Wasser. So ist alles nur Wandel und Wasser ein Besucher, der von Element zu Element reist. So geht Wasser durch alle Zeiten und verbindet uns mit dem, was war und dem, was werden wird. Wenn wir also im Regen sind, so umgibt uns das abertausendmal Dagewesene und zugleich das, was noch entstehen wird. Und wir sind der gegenwärtige Teil dessen, denn auch wir sind Wasser.«

Jacques sah Emma still an und fand den Gedanken wundervoll, dass vielleicht ein Tropfen bretonischen, verdunsteten Meeres eine Reise angetreten hatte und nun hier auf ihn herabregnen könnte. Vielleicht war es sogar ein Tropfen, den Lilly früher im Spiel des gegenseitigen Nass-Spritzens am Strand mit ihren Händen berührt hatte oder vielleicht waren es Spritzer einer Pfütze, die durch Emils hereinplatschende Gummistiefel emporgestoben waren. Emma ahnte Jacques Gedanken und legte ihre Hand auf seine. Er saß lächelnd im Schneidersitz und blickte in den Regen, die Eisschokolade im Schutze seiner gekreuzten Beine verborgen, als müsse er sie vor möglichen Dieben bewahren.

Emma sprach leise: »Jacques, nichts geht verloren. Sie sind alle um uns. Immer.«

Jacques schaute sie mit einem Blick an, der einerseits hoffte, dass sie recht hatte und andererseits, spätestens nach der Entdeckung der Kindergesichter im Lichtspiel der Blumen, wusste, dass es nicht anders sein konnte. Ja, sie waren immer um ihn, doch nicht immer spürte er es, was vermutlich auch gut so war, denn mit dem Spüren ihrer Gegenwärtigkeit war auch der Verlust ihrer wirklichen, menschlichen Erscheinung zugleich spürbar. Ja, sie waren um ihn. Manchmal überlief ihn ein Schauer, scheinbar grundlos, und dann entdeckte er irgendetwas in seiner Umgebung, was Lilly oder Emil ihm auch gezeigt hätten, wofür er innehalten sollte, um es zu entdecken.

Emma sagte leise: »Hast du dich noch nie gefragt, wie es ein kleiner unscheinbarer Samen schaffen kann zu keimen? Wie es sein kann, dass aus diesem kleinen trockenen Ding ein

Baum wächst? Die Erde, in der er wohnt, kann nicht des Rätsels Lösung sein, denn ohne Wasser passiert nichts mit ihm. Andererseits vermögen Pflanzen in den unwirtlichsten Nischen, ohne gute Erde zu wachsen, wenn sie nur befeuchtet werden. Die Energie des Lebens entstammt dem Wasser. Wasser ist die Konstante, während sich Materie wandelt. Und wenn Energie nicht neu entsteht und nicht verschwinden kann, dann ist das Wasser das Element, dass seit jeher über alle Zeiten hinweg das Leben weiterreicht. Und wenn es regnet, könnten die Regentropfen diesen ewigen Weg durch unsere Geschichte erzählen und die energetischen Generationen treffen sich bei einem Regenguss, es entsteht Ahnensuppe.«

Emma grinste, mit rot geredeten Wangen, verlegen. Sie hatte nie zuvor einen anderen Menschen mit diesem Teil ihrer Theorie des Daseins belästigt und nun war es ausgerechnet vor dem Mann aus ihr herausgeplatzt, den sie behalten und nicht verscheuchen wollte. Sie errötete: »Entschuldige, Jacques! Ich mache mir hier sonst allein meine Gedanken und jetzt, wenn ich sie so höre, dann scheinen sie plötzlich so naiv. Es ist so viel einfacher, etwas zu denken, als es in klare Worte zu fassen. Ich …«

Jacques küsste sie, sodass sie ihren Satz vergaß. »Emma, es ist egal, ob ein Wissenschaftler deine Theorie zerpflücken würde. Es ist eine für Laien nachvollziehbare, bildhafte, lebensnahe und tröstliche Sicht. Sie schafft eine Brücke zwischen allem Vergangenen und allem Zukünftigen. Sie sagt, dass alles im Fluss ist und nichts verloren geht. Wenn man nicht an einen Ort, wie das Paradies, den Himmel oder die Hölle glaubt, sich nicht vorstellen kann, dass es ein Leben nach dem Tod gibt, in dem körperlichen Bewusstsein, wie wir es jetzt als Mensch kennen, aber man gedanklich auch nicht vor dem großen schwarzen Nichts der eigenen Existenz stehen will, dann ist die Vorstellung, dass nur unsere Körperhülle vergeht, die Energie unseres Lebens jedoch nur Umwandlung erfährt, wunderbar.«

»Ich glaube«, begann Emma zu ergänzen, »dass das Wasser nur die Energiequelle für die lebendige Materie ist. Das Wasser existiert, damit ein Lebewesen lebt. Doch die Urenergie der Lebewesen, die die Individualität schenkt und existiert, damit du unverkennbar du bist, also, die Seele, die existiert unabhängig von einer lebensfähigen Hülle, unabhängig von Wasser. Für mich ist die Seele eine Art geballte, komprimierte Energie, dessen Erscheinungsbild und Dasein sich durch die Erfahrungen aus den verschiedenen gelebten Leben bereichert und verändert, so, wie es der Buddhismus lehrt. Vielleicht ist das die Erklärung dafür, weshalb uns manche Orte vertraut vorkommen, obwohl wir niemals zuvor dort gewesen sind und uns kein Bezug bewusst ist. Und vielleicht ist es eine energetische Verwandtschaft oder aber Ergebnis eines energetischen Gedächtnisses an frühere Zeiten, Leben und Begegnungen, wenn manche Menschen die Liebe ihres Lebens finden. Vielleicht ergänzt oder vereint sich dann durch diese Liebe etwas, was sich bereits früher schon kannte oder mal zusammengehörte. Sich seelenverwandt fühlen oder zu merken, dass die Chemie stimmt, woher sonst können solche Beschreibungen stammen? Wir Menschen sind ein Leben lang auf der Suche nach Glück und suchen es in Wohlstand, Besitz und allerlei zweitvertreibenden Aktivitäten. Doch vielleicht macht uns das alles nicht wirklich und nachhaltig glücklich, weil die Suche eigentlich einem anderen Ziel dient. Vielleicht suchen wir eigentlich nach der uns perfekt ergänzenden Energie. Und wenn man einen Menschen gefunden hat, der dieses Gegenstück bildet, dann kommen uns Worte wie Zeitvertreib nicht mehr in den Sinn. Die Zeit dann am liebsten festzuhalten, um den Zustand dieser Vollkommenheit ewig zu genießen, ist dann der Wunsch.«

Jacques näherte sich Emma und küsste sie: »Ich habe dich gefunden. Von mir aus kann die Zeit jetzt sofort stehen bleiben!«

Sie lagen halb, halb saßen sie inmitten der Decken, während der Regen leiser wurde und hielten sich im Arm, dem Rinnen, Säuseln und Plätschern der Tropfen lauschend. Sie fühlten sich miteinander vertraut, als wäre die Liebe und Zusammengehörigkeit immer schon dagewesen und von ihnen im Alltagsgedränge nur übersehen worden. Es war bereits dunkel geworden und Emma wusste, dass Jacques noch Schlaf brauchen würde, wenn er heute Nacht in die Bretagne aufbrechen wollte, um zumindest einen Teil tagesgetriebenen Straßenverkehrs zu umgehen. Vernünftigerweise plante er immer drei Tage der Reise, wenn er mit dem Auto fuhr und nicht flog und hatte mittlerweile auch Vorfreude auf die Zwischenstopps und Übernachtungen unterwegs, denn durch das stete Näherkommen an sein Zuhause hatten auch die Etappenziele einen Zauber bekommen.

»Wann fährst du los?«, fragte Emma.

Jacques umschloss sie fester und antwortete: »Ich bereue meine Planung so sehr, denn ich würde jetzt nichts lieber tun als hier bei dir liegen zu bleiben. Aber, heute Nacht gegen drei, dachte ich. Ich werde dann auch bald gehen, um noch eine Mütze Schlaf zu bekommen. Ich hatte zwar eben schon mal kurz mit dem Gedanken gespielt, in deinen Armen einzuschlafen und von hier aus zu fahren, aber das ginge wohl nicht gut. Ich würde doch immer wieder die Augen öffnen und dich anschauen, damit ich sicher sein könnte, nicht nur zu träumen und dann würde ich dich küssen wollen. Und wenn ich bedenke, dass ich noch packen muss, dann sollte ich schon längst gegangen sein.«

Jacques streichelte Emma über die Wange und küsste sie. Dieser Moment der körperlichen Nähe, der intimen Berührung eines Kusses, gepaart mit dem Wissen um den bevorstehenden Abschied weckte in Emma und Jacques Sehnsucht und entzündete zum ersten Mal das Flämmchen der körperlichen Begierde. Hatten konkrete Gedanken gemeinsamer Intimität bisher keine Daseinsberechtigung, wurde beiden in diesem Moment bewusst, dass Abschied auch körperliche Entfernung bedeutete und die Unmöglichkeit beinhaltete sich küssen, anfassen und festhalten zu können. Es wog eine Welle verzweifelter Gier an, die im nächsten Kuss ihren Ausdruck fand. Dieser Kuss klärte unmissverständlich, dass die vorsichtige Leidenschaft bald von ihren unsichtbaren Fesseln befreit werden würde. Mit Ende dieses Kusses löste sich

Jacques langsam von ihr und griff hinter sich, wo er einen Briefumschlag versteckt hatte. Er reichte ihn Emma:

»Hier, meine süchtig machende Küsserin. Ich habe da noch etwas vorbereitet, was du liest, wenn du gleich allein bist.«

Emma nahm den Umschlag und küsste Jacques wieder. Es fiel ihr schwer, ihn gehen zu lassen. Hätte ihr jemand zuvor von dieser Situation erzählt, hätte sie ihr Verhalten albern gefunden. Aber jetzt, so fand sie, hatte das mit Albernheit nichts zu tun. Sie war verliebt, über beide Ohren.

»Wir sehen uns in sechs Tagen. Dann haben wir uns. Ich kann es kaum glauben. Und die Vorstellung macht mich nervös und glücklich zugleich. Schlaf gut, mein Engel«, sagte Jacques, gab ihr noch einen Kuss und stand auf, um zu gehen.

Bis er tatsächlich unten an der Tür war hatten sie sich weitere zehnmal geküsst und hielten, nachdem die Wohnungstür zwischen ihnen ins Schloss gefallen war, jeder auf seiner Seite kurz inne, um das Glück zu begreifen. Der Geruch der Tarte, der Jacques dabei aus dem Karton entgegenduftete, verkündete ihm im doppelten Sinne, sich seiner Heimat zu nähern.

Emma ging zurück zu ihrem Deckenlager, entzündete zwei Kerzen und stellte fest, dass sich Trüffel bereits ganz in ihrer Nähe eingerollt hatte. Sie öffnete den Umschlag, den Jacques eben noch in seinen Händen gehalten hatte und ihr Herz schien wilde Extraschläge zu machen, so fest klopfte es in ihrer Brust, als sie seine Handschrift erblickte. Als sie das Papier entfaltete, rutschte ein weiterer, schlankerer Briefumschlag hervor, den Emma, so ahnte sie, wohl erst nach dem Lesen öffnen sollte. Sie las Jacques Brief zweimal und saß dann doch mit leicht geöffnetem Mund und ungläubigem, gerührtem Blick da. Nach dem Lesen war ihr klar, was sich in dem kleineren Umschlag befand. Es waren ihre Flugtickets. Darum hatte sie sich morgen kümmern wollen, doch Jacques war ihr zuvorgekommen. Er hatte alles organisiert und auch gewusst, welche Sorgen sie bei den Gedanken an ihre Reise beherrschten.

Er schrieb: »Bitte sei mir nicht böse, dass ich Mathilda ins Vertrauen gezogen habe. Sie kennt Serrano und hat ihn gern. Immerhin ist er das einzige Lebewesen auf der Welt, dass sie dazu bringen konnte so was Exotisches wie Milchschaum herzustellen. Das grenzt an ein Wunder und ist ein wirkliches Liebesbekenntnis. Ich erzählte ihr, dass wir verreisen wollen und ich war überrascht, dass sie so gar nicht überrascht war. Im Gegenteil. Sie lächelte und hatte einen Gesichtsausdruck, als sei sie endlich durch die Wirklichkeit in ihrer Theorie bestätigt worden. Sie sagte nur: ›Ja, Monsieur Lavendel‹ und grinste. Ich stutzte und es dauerte ein paar Sekunden bis mir klar wurde, dass sie es wusste. Und ich traue ihr sogar zu, dass sie es eher wusste, als wir. Ich schätze, sie wird dir morgen zufällig begegnen, um sich genaue Instruktionen zu holen, wie sie deine Fellkinder am besten versorgt. Ich habe sie gebeten nicht schon heute was zu sagen, falls ihr euch begegnen solltet, was ihr bestimmt nicht leichtgefallen ist. Ich habe auch versucht, ihr zu verklickern, dass sie drei Mäuse füttern muss. Aber aus ihrer Mimik konnte ich nicht schließen, ob sie mich nun für irre hielt oder sie sich einfach über nichts wundert. Sie sagte nur: ›Für Emma würde ich auch die Spinnen an der Wand füttern.‹«

Emma grinste, denn ihr kam Mathildas Verhalten bei der Übergabe der Tartes in den Sinn. Jetzt, da sie wusste, dass Mathilda zu diesem Zeitpunkt schon voll im Bilde war, erschien ihr Wortwechsel in einem amüsant anderen Licht. Emma gönnte Mathilda diesen Moment der wissenden Überlegenheit, denn sie hatte bei ihr von Anfang an das Gefühl, im Notfall eine Art mütterliche Obhut erfahren zu können. Ihre größte Sorge, dass Trüffel und die Mäusedamen nicht gut versorgt seien, wurde nun etwas weniger, auch wenn sie ein grundlegendes schlechtes Gewissen gegenüber Trüffel nie ganz losbekommen würde. Sie wandte sich dem schlummernden Felligen neben ihr zu, beugte sich über ihn, küsste seinen Kopf und erzählte ihm die Neuigkeiten. Er reckte ihr kurz das Köpfchen entgegen, streckte die Glieder und kehrte dann in seine Schlafposition zurück. Jacques hatte alles organisiert. Sie würde ein Zimmer in einem kleinen Hotel in der Stadt haben. Er empfand das als gesunden Abstand zu seinen Eltern, die, so befürchtete er, bei gegenseitigem Mögen, Emma gar nicht erst wieder gehen lassen wollen würden. Emma sollte sich ihnen gegenüber jedoch nicht verpflichtet fühlen. So würden sie ein paar Kilometer vom Dorf der Eltern entfernt wohnen und könnten sie besuchen, ohne ihnen zufällig vor die Füße zu laufen.

Als Emma die Flugtickets in der Hand hielt klopfte ihr Herz plötzlich ungestüm. Denn auf einmal wurde es real: da standen Datum, Flugnummer und Fluggesellschaft. Sie hatte offiziell einen Platz in einem Flieger und der flog in die Bretagne und da wartete Jacques. Auf sie. Unglaublich. Dass sie auch bereits das Rückflugticket in den Händen hielt, ignorierte sie erstmal getrost. Mehr als das verlängerte Wochenende war seitens ihres Chefs spontan nicht rauszuholen gewesen und da Jacques noch Käsebesorgungen im Landesinneren plante, reisten sie auch wieder getrennt zurück und würden sich vier Tage später in Deutschland wiedersehen. Emma verlor sich an den Gedanken, wie sich das Leben nach dieser ersten gemeinsamen Zeit als Paar anfühlen würde. Wenn sie sich ganz selbstverständlich jeden Tag und jede Nacht sehen könnten. Welch unwirkliche, fantastische Vorstellung das war, die die Vorfreude auf die Bretagne nochmals steigerte. Noch sechsmal schlafen, dann würde sie von ihrem Mann am Flughafen erwartet werden. Dann könnten sie ununterbrochen Zeit miteinander verbringen, nur den Regeln unterworfen, die sie sich selbst auferlegten. Konkretere Vorstellungen konnte sie sich gar nicht machen, denn es fehlte ihr an inneren Bildern. Sie kannte weder die Bretagne noch Jacques Eltern und auch Jacques kannte sie als ihren Mann noch nicht. Jacques Körper, den sie ebenso kennenlernen wollte – vielleicht mehr noch als sie alles andere in der Bretagne kennenlernen wollte – würde sie erkunden dürfen. Sie wollte ihn ansehen dürfen, nicht nur im Vorübergehen flüchtig einen Blick erhaschend. Sie wollte ihn in Gänze und nackt sehen. Sie wollte ihren Blick auf ihm ruhen lassen, ohne Eile, seinen Anblick genießen und spürte Verlangen. Die Vorstellung, dass er vielleicht die gleichen Wünsche hegte, ließ sie erröten und den

Schweiß fein perlend auf die Stirn treten.

Es schlichen sich Gedanken ein, ihr Körper könnte für Jacques nicht schön genug sein. Sie war erst zweiunddreißig Jahre alt, doch dass die Zeit bereits jetzt für Veränderung gesorgt hatte, war nicht zu leugnen und rief ihr den überflüssigen Anblick ihres Dekolletés im Spiegel wieder ins Bewusstsein, der ihre bis dahin bestehende Souveränität im Umgang mit dem Altern abrupt beendet hatte. Klar, in dreißig Jahren würde sie dann feststellen, dass sie heute auf hohem Niveau jammerte, aber wenn sie in den Spiegel schaute, dann fiel es ihr schwer, in Anbetracht dieser körperlichen Veränderungen erhaben zu lächeln. Den kleinen Fältchen um ihre Augen, die vor allem beim Lachen auftraten, konnte sie noch etwas charmant Reifes abgewinnen und auch bei der Entdeckung der ersten grauen Haare, war keine Panik ausgebrochen. Doch dass diese Haare störrischer von der Struktur und damit auch ihrem Benehmen waren und alles dafür taten, um aus der braunen Masse ihrer Kollegen herauszustechen, um sich dann, sozusagen über Nacht, als Rudeltiere zu entpuppen, missfiel ihr. Dass das Herauszupfen der weißen Haare keine dauerhafte Strategie war, wurde ihr schnell klar, sofern sie nicht plante, über kurz oder lang auch noch kahle Stellen kaschieren zu wollen. Diese Gedanken umzingelten ihr Bewusstsein. Wäre sie ihr Leben lang allein geblieben, dann hätte sie diese Veränderungen geschluckt, hingenommen und bei Trüffel bejammert. Doch nun gehörte ihr Körper nicht mehr ihr allein. Sie wollte sich Jacques schenken. Doch wer wollte schon ein Geschenk mit Macken? Und da halfen auch keine schönen Kleider. Im Gegenteil, es würde den Kontrast nur noch schlimmer machen. Die Gedanken über ihre vermeintlichen Makel nahmen in Windeseile Dimensionen an, die die Überzeugung schufen, dass Jacques sie unmöglich schön finden könnte. Sie wollte für ihn mindestens drei Kilogramm abnehmen und etwas straffer, an manchen Stellen weniger kurvig werden. Aber wie sollte das in der kurzen Zeit gelingen? Oder war es okay, wie es war? In Anbetracht der mangelnden Zeit würde ihr nichts anderes übrigbleiben als auf die Wirkung der rosaroten Brille der Verliebtheit zu bauen. Aber ehrlich, weshalb sollte ausgerechnet der schönste Mann der Welt an ihr Gefallen finden? Für den Fall, dass sich Jacques nicht doch noch eines Besseren besann und es tatsächlich soweit käme, dass sie sich voreinander auszögen, tauchten nun neue Probleme auf. Emma musste sich mit Themen auseinandersetzen, die sie zwar vorher auch schon interessiert hatten, jedoch Nebensächlichkeiten waren. Welche Unterwäsche würde sie mitnehmen? Hatte sie überhaupt welche, bei der BH und Slip zusammenpassten? Was würde sie nachts tragen? Sie konnte doch unmöglich ihr altes Schlabber-T-Shirt in XXL anziehen? Und das waren erst die kleinen Fragen. Die Achseln rasierte sie eh immer, doch wenn sie sich jetzt ein paar sexuelle Fantasien erlauben würde, dann nur mit der Konsequenz, dass auch ihre Scham rasiert sein musste. Das Gefühl, wenn sie frisch rasiert war, war toll – dass der Stoppeln ab dem übernächsten Tag war genau das Gegenteil. Sie war hin- und hergerissen, was letztlich aufreizender wäre: gepflegt gestutzt behaart oder rasiert mit nur kurzzeitig makellosem Ergebnis? Emma betrachtete sich im Spiegel. Als ihr dabei ein ergrautes Schamhaar auffiel, war die Entscheidung binnen eines Augenblickes gefallen: Sie würde sich rasieren. Aber wann wäre der geeignete Zeitpunkt für die Rasur? Und, durfte sie sich überhaupt erlauben soweit zu denken, dass sie davon ausgehen konnte, mit Jacques im Bett zu landen? Als in ihr wieder die Gier aufstieg, die sie schon bei dem Abschiedskuss verspürt hatte, wusste sie, dass es nicht die unrealistischste Annahme war und grübelte über die Lösung all ihrer nun schwerwiegenden Luxusprobleme.

Kapitel 6 – Bretagne

Die folgenden sechs Tage vergingen wie im Flug. Nachdem Emma die Woche damit verbracht hatte, ihren kleinen Reisekoffer ein- und wieder auszuräumen und dabei an einer Auseinandersetzung mit der Realität ihres Kleiderschrankes nicht vorbeigekommen war, hatte sich die Diskussion schnell erübrigt, welche Kleider aufgrund modischer Aspekte in den Koffer wandern dürften. Sie beschloss nur Sachen einzupacken, in denen sie sich wohl und nicht verkleidet fühlte und schaffte eine Ausstattung für drei Tage zusammenzusuchen, sodass der Koffer am Donnerstagabend reisewillig bereitstand. Nach einer schlaflosen Nacht stand Emma um sechs Uhr auf und beschloss zu Mathilda in die Backstube zu gehen, um ihr nochmals zu danken. Dort schien es so, als wäre sie schon erwartet worden, denn sie kam, ohne Verwunderung, Emma um diese Uhrzeit hier anzutreffen, auf sie zu und umarmte sie energisch. Mathilda lief vor Freude sichtbar über und versicherte Emma, das Milchschaummäulchen gut zu versorgen und dass es auch den Mäusen an nichts fehlen werde. Sie deutete mit einem Blick über ihre Schulter auf die Zettel, die Emma ihr bereits gegeben hatte und die das Wichtigste, was es bei der Versorgung der Fellkinder zu beachten galt, zusammenfassten. Emma wurde nochmals herzlich umarmt und mit einem Deut auf die Uhr wieder aus der Bäckerei herauskomplimentiert. Auf dem Weg zurück in die Wohnung fühlte sich Emma grün um die Nasenspitze und unwohl. Sie hatte Trüffel jeden Tag erzählt, dass sie vereisen und Mathilda auf ihn Acht geben würde, doch der Abschied ging ihr nahe. Sie sagte sich selbst immer wieder, sie müsse sich zusammenreißen, es sei kindisch wegen drei Tagen einen derartigen Zirkus zu machen, doch die Unbeschwertheit wollte sich nicht einstellen. Schon vor dem Klingeln des Weckers war sie an diesem Tag wach gewesen und hatte ausgiebig mit Trüffel gekuschelt. Er war so anschmiegsam, dass sie am liebsten mit ihm gemeinsam nochmal eingeschlafen wäre. Beim Frühstück hatte er vor ihrem Teller auf dem Tisch gesessen, sie nicht aus dem Blick gelassen, was dazu geführt hatte, dass Emma alle paar Bissen ihr Essen unterbrach, um ihn zu liebkosen. Der Abschied kam nur durch Disziplin zustande; sie musste sich losreißen. Sie konnte einfach kein Ende finden, seinen Kopf in den Händen zu halten, ihn zu küssen, seinen Atem zu riechen und ihre Nase in das Fell seines Köpfchens zu vergraben. Sie sagte ihm, dass sie ihn liebe und dass er das nicht vergessen solle, solange sie weg war. Damit er einen Schutzengel bei sich trug, der nach Emma roch, knüpfte sie den Engelsflügel-Anhänger an Trüffels Halsband. Als sie die Wohnungstür hinter sich zuzog, hatte sie Tränen in den Augen.

Die Fahrt mit der Straßenbahn zum Flughafen, das Einchecken und den Flug erlebte Emma, als stehe sie neben sich und fühlte sich dabei unecht an, so, als würde sie träumen. Die Vorstellung, jeden Moment erwachen zu können und in einer Realität zu landen, in der es schöne Gewohnheit war, das alltägliche Leben umgeben von Jacques und Trüffel zu verbringen, bereitete ihr im Moment ein glücklicheres Gefühl, als die doch noch mit Ungewissheit gespickte Reisevorfreude, der sie sich jetzt hingeben musste. Zeit mit Jacques verbringen zu dürfen, ließ ihr verliebtes Herz einen Freudenhüpfer machen. Sie schalt sich wegen ihrer Ängstlichkeit und dem Beharren auf Gewohntes und beschloss, sich nun ganzen Herzens auf drei Tage Abenteuer einzulassen. Es würde ein mutiger Auftakt für das folgende Leben zu zweit sein. Der Landeanflug verscheuchte die letzten zweifelnden Gedanken und schenkte ihr das Gefühl zur richtigen Zeit am richtigen Ort zu sein und vor allem, das Richtige zu tun.

Als sich das Flugzeug in einer Kurve neigte, erblickte sie die Westküste der Bretagne, mit Felsen, die einerseits wie riesige Kieselsteine verstreut lagen, als seien sie vom Himmel gefallen, um sanft vom Wasser umspült zu werden und andernorts, frei von jedem Gefühl der Verspieltheit, Wände bildeten, die senkrecht aus dem Meer ragten und sich den an ihnen brechenden Wellen mit aller Kraft entgegenstemmten. Die Kraft und Milde des Meeres, seine Fähigkeit den Fels zu zerstören, sich selbst an ihm zu brechen oder ihn nur sanft zu umspülen, die stete Vereinigung von Meer und Land wurden mit jeder Welle Wirklichkeit und belebten eine feine Nervosität auf das, was in den nächsten Tagen kommen mochte. Emma konnte sich nicht sattsehen an dieser Landschaft, die in steter Bewegung war und deren Anblick in keiner Sekunde dem der nächsten glich. War bisher kaum auszumachen, wo Meer endete und Land begann, so schenkte der Sinkflug den Elementen der Erde wieder ihre Identität und Grenzen. Festland und Meer trennten sich und was eben noch als stille blaue Masse erschien, bekam ein ungestümes Gesicht mit wilder Gischt. Emma entdeckte einen Fisch und registrierte erst nach ein paar Sekunden, denen großes Staunen folgte, wie groß dieser sein musste, wenn sie ihn aus dieser Höhe hatte erkennen können. Emma bestaunte ehrfürchtig die Schönheit der Erde, um die sie wusste, die sie im Alltag jedoch oft übersah. Sie wurde demütig des Glückes, diesen Anblick so bewusst erleben zu können. Es war der Moment, in dem sie es schaffte, das schlechte Gewissen Trüffel gegenüber loszulassen. Wenn sie sich durch Schuldgefühle die nächsten Tage verderben würde, dann würde sich für ihn auch nichts ändern. Er war durch Mathilda gut versorgt und würde sie bald wiederhaben.

Als Emma am Gepäckband stand wurde ihr klar, dass das Finden ihres Koffers die letzte noch zu bewältigende Aufgabe war, die sie von Jacques trennte, denn sie hatten vereinbart, dass er sie am Ausgang des Terminals abholen würde. Emma war sich noch nicht sicher, ob sie ihren Koffer sofort haben wollte oder ob sie ein paar Runden des Gepäckförderbandes brauchen würde, um sich zu sammeln und bereit zu fühlen, ihren Mann zu treffen. Noch bevor sie die Antwort kannte, hatte sie auch schon ihren Koffer in der Hand, drehte sich um und ging in Richtung Ausgang. Sie ging, frei von jeder Unsicherheit, mit festem Schritt und aufrechter Haltung und strahlte einen Stolz und eine Vorfreude aus, dass sie mit ihrer Aura Blicke auf sich zog.

Ihr suchender Blick amüsierte Jacques, der sie längst entdeckt hatte und sich einen Spaß daraus machte, sich vor ihr zu verbergen, um sie noch ein paar Sekunden länger betrachten zu dürfen. Sie sah umwerfend schön aus. Sie trug schwarze, halbhohe Pumps, eine schwarze Stoffhose, deren Beine einen leichten Schlag hatten und ein hellblaues strahlendes Oberteil, dessen V-Ausschnitt unter dem schwarzen Blazer sichtbar war. Er kam zu dem Schluss, dass sie die schönste Frau war, die er sich jemals hätte erträumen können und er war stolz, dass ihr suchender Blick ihm galt. Ihm, dem einfachen Käsebistromann. Er beschloss das Katz und Mausspiel zu beenden und trat hinter dem Pfeiler, der ihn verbarg, hervor. Bei der nächsten Kopfdrehung würde sie ihn entdecken. Sein Herz schlug höher. Als sie ihn erblickte stand die Zeit still. Sie hielt in ihrer Bewegung inne, denn all ihre Lebensenergie entlud sich in ihrem Strahlen. Mit einer derartig überwältigenden Freude hatte Jacques nicht gerechnet. Die Wiedersehensfreude paarte sich mit der ungestillten Sehnsucht, die seit ihrem letzten Treffen ungestüm gediehen und zu einem fast schon körperlich schmerzenden Gefühl des Vermissens geworden war. Jacques fand als Erster die Fähigkeit zur Bewegung wieder und ging auf Emma zu, die langsam ihren Koffer abstellte und Jacques dabei nicht aus den Augen ließ. Ohne nochmal in der Bewegung inne zu halten schloss er Emma in seine Arme und hielt sie fest. Er konnte spüren, dass sie am ganzen Körper zitterte und umschloss sie daraufhin etwas fester, bis sich die körperliche Spannung löste. Statt Worte, tauschten sie einen Blick, ein Lächeln, gefolgt von einem sanften, vorsichtigen und zugleich gierigen, stillen, besitzergreifenden Kuss. Dieser Kuss, an diesem Ort, nicht im Versteckten, sondern sichtbar für die ganze Welt, war es, der besiegelte, dass sie nicht träumten.

Als sie sich voneinander lösten, begrüßte Jacques Emma: »Hallo, meine schöne Frau. Willkommen in der Bretagne« und küsste sie wieder.

Emmas Lippen bewegten sich stumm vor Rührung, vermochten aber noch nichts zu sagen. Sie gingen Hand in Hand zu Jacques Auto und mit jedem Schritt löste sie sich mehr und mehr aus ihrer Wiedersehensstarre und fand sogar ihre Stimme wieder. Sie begann vom Anblick der Granitküste zu schwärmen, vom ungestümen Meer, der Gischt und von ihrem entdeckten Fisch.

Jacques betrachtete sie während ihrer Schwärmerei ab und zu von der Seite und genoss es, sie so selbstverständlich bei sich haben zu können, hier, in der Bretagne. Mit ihren Worten erblühte sie. Ihr ganzes Wesen begann zu strahlen und ihm fiel auf ein Neues auf, wie außergewöhnlich intensiv Emma fähig war zu genießen. Wenn sie schon beim Anblick der Granitküste von oben so aus dem Häuschen war, freute Jacques sich auf ihr Staunen, wenn sie erstmals mit ihm am Fuße einer solchen Steilwand stehen und emporschauen würde. Es war bereits Nachmittag und Jacques wollte Emma mit einer Rundfahrt einen ersten Eindruck seiner Heimat geben. Emma wusste vor Reden, Staunen und Schauen gar nicht mehr wohin. Ihre Blicke verloren sich in der Heide, den Felsen und der schier endlosen Weite des Meeres. Jacques wusste nicht, weshalb ihm der Gedanke gerade jetzt kam. Doch ihm wurde bewusst, dass Emma die sinnlichste Frau war, die er je getroffen hatte. Ihm lief ein wohliger Schauer über den Rücken und er ergriff ihre Hand. Sie fuhren entlang sattgrüner Wiesen, kleiner Flussarme, durch Fischerdörfer mit Häusern aus Sandstein, die so massiv wirkten, dass sie einem bretonischen Sturm ohne Schwierigkeiten trotzen konnten, sich an die hügeligen Anhöhen schmiegten und erhaschten immer wieder einen Blick auf den Küstenstreifen, dessen Gischtsaum weiß leuchtete. Jacques schlug vor, das Gepäck in die Pension zu bringen, um dann zu Abend essen zu gehen. Der kleine Spaziergang durch die Stadt hin zu seinem Lieblingslokal, würde ihr gefallen und Emma nochmal eine andere Dimension des Ankommens bieten. Mit den eigenen Füßen auf neuem Boden zu stehen, bedeutete etwas ganz anderes, als während einer Rundfahrt durchs Fenster zu schauen.

Während Jacques das Auto in einer kleinen Straße parkte, betrachtete Emma weiterhin gebannt die Umgebung. Diese Stadt hatte einen Zauber, den sie kaum zu beschreiben vermochte. Sie hatte den Charme einer altehrwürdigen Fischer- und Hafenstadt, die gleichzeitig den Spagat hinüber zur Moderne geschafft hatte, ohne an ihrer Geschichte Verrat zu üben, indem sie sich dem Baustil der Neuzeit gekonnt verschloss. Diese Stadt war verträumt und verspielt, doch ebenso am Puls der Zeit und lebendig. Das Geklimper von Schlüsseln riss Emma aus ihren Gedanken. Sie schaute zu Jacques, der ihr einen kleinen Schlüsselbund entgegenstreckte und auf ein Haus auf der gegenüberliegenden Straßenseite zeigte, ihr die Zimmernummer verriet und sich nochmal kurz verabschiedete, um noch schnell Getränke für den Abend zu kaufen, denn das hatte er ganz vergessen zu bedenken. Emma stieg aus dem Wagen und fühlte sich beim Betreten der Pension ganz ehrwürdig. Das Zimmer strahlte eine Gemütlichkeit aus, die einlud aufs Essen zu verzichten und sich gleich mit Jacques zurückzuziehen. Zugleich war es ein wunderbarer Gedanke gemeinsam noch etwas in der Öffentlichkeit zu sein, zum ersten Mal als Paar sichtbar, um dann zu wissen, man werde sich nicht wieder voneinander trennen müssen, sondern gemeinsam in dieses gemütliche Zimmer zurückkehren. Emma spielte noch mit dem Gedanken, sich frisch zu machen, doch allein die Vorstellung, jetzt unter die Dusche zu hetzen, um noch rechtzeitig vor Jacques Wiederkehr fertig angezogen dazustehen, nahm ihr die Illusion von Entspannung und Erfrischung. Nach zwei Minuten des Haderns war sie froh, sich dagegen entschieden zu haben, denn sie hörte Schritte auf der Holztreppe näherkommen. Die Zimmertür war angelehnt, sodass Jacques zwar anklopfte, jedoch zeitgleich mit dem Klopfen das Zimmer betrat.

»Mhmm, hier ist es aber gemütlich. Das perfekte Nest«, lächelte Jacques, kaum dass er im Zimmer war.

»Das sehe ich genauso«, erwiderte Emma, »Und ich freue mich nachher auf unsere Heimkehr!«

Sie nahm Jacques an die Hand und hielt fragend inne, als ihr Blick auf die zwei Beutel voller Getränkeflaschen fiel. »Kommt noch jemand?«

Jacques kratzte sich etwas ertappt und verlegen hinterm Ohr: »Naja, ich konnte mich so schwer entscheiden und stell dir vor, wenn wir morgen gar keine Lust hätten vor die Tür zu gehen und dann gezwungen wären aufzustehen, nur weil wir was zu trinken bräuchten, dann wäre das doch blöd.«

»Monsieur Jacques«, rügte Emma, »Ich werde morgen Ihren Eltern vorgestellt werden. Ein Ereignis, das wir sicher nicht verschlafen wollen!«

Sie richtete sich stolz noch etwas gerader auf, schien dadurch etliche Zentimeter zu wachsen und hakte sich glücklich bei Jacques ein. Sie verließen die Pension, traten auf die Straße, erkennbar als Paar. Emma ging aufrecht und mit einer Würde, die sie nie zuvor in dieser Intensität gespürt hatte. Das, was für andere Paare vielleicht selbstverständlich war, nämlich Seite an Seite sichtbar zu sein, war für sie ein unermesslich großes Geschenk. Sie musste an Agatha denken, die unsichtbar mit der Liebe ihres Lebens hatte leben müssen, die niemals das Gefühl hatte erleben dürfen, wie es ist, wenn sich ein Mann zu seiner Frau bekannt hatte. Und sie blickte auf ihr eigenes Leben zurück und bemerkte, dass sie dieses Gefühl der Zugehörigkeit ebenso zum ersten Mal erfuhr. Die Sonne sank und tauchte die Stadt in ein unwirkliches Licht. Die Fassaden der Sandsteinhäuser, die die Straßen zu beiden Seiten säumten, bekamen einen roten Schimmer, die Pflastersteine der Straße glänzten und schienen von einem goldenen Licht gespeist zu werden. Im Schatten hatte die Luft schon eine gewisse Kühle, die Emmas Haut straffte. Zu spüren, wie ihre Brustwarzen auf diese Frische reagierten und gleichzeitig die Wärme zu spüren, die von Jacques Körper ausging, dem sie sich, bei ihm eingehakt, noch etwas näherte und die Vorstellung des gemütlichen Zimmers, das später auf sie warten würde, wenn die Nacht die meeresfrische Luft aufbot – all das erregte sie und ließ sie gleichzeitig die Vorfreude genießen. Sie gingen die golden schimmernde

Straße entlang und gelangten an deren Ende auf einen Platz, der durch ein Flüsschen geteilt wurde. Zwei kleine Boote lagen tief in dem Kanal, deren Mauer sicher sieben Meter in die Höhe ragte, was die Boote noch kleiner wirken ließ. Emma kam das übertrieben vor, so wenig Wasser mit so viel Mauer einzufassen, kam jedoch nicht dazu etwas zu sagen, da bereits die nächsten Entdeckungen ihre Aufmerksamkeit forderten. Zu beiden Uferseiten fanden sich einzelne feststehende Marktbuden, die, wie sie von Jacques erfuhr, jeden Donnerstag zu einem bunten Markt aus professionellen und improvisierten Ständen, Deckenlagern und Pferdefuhrwerken, aber auch modernen Marktwägen ergänzt wurden. Emmas Blick schweifte über den Platz, der mit Fachwerkhäusern gesäumt war, unter denen sich unscheinbar eine kleine Kirche einreihte und an dessen natürlichem Ausgang eine kleine Brücke zu sein schien, die über den Flussarm führte und welche Emma nach wenigen Momenten aus Jacques Erzählungen wiedererkannte.

Jacques spürte die Regung des Erkennens in Emma und sagte: »Ja, ganz recht. Unter dieser Brücke, dort rechts, dort, zwischen Fluss und Brückenfuß, begegneten Lilly und ich dem Clochard. Dort schenkte er uns die Engelsflügelchen.«

In diesem Moment musste Emma an Trüffel denken, dem sie für die Zeit ihrer Reise den Flügel als Beschützer an sein Halsband gebunden hatte. Sie stellte sich kurz vor, wie sie wieder nach Hause kommen, seinen Kopf mit beiden Händen umschließen und ihn küssen würde. Sie spürte, wie warm sich sein Fell im Nacken anfühlen würde, wenn sie ihn kraulte und den Anhänger wieder von seinem Halsband abnahm. Sie war noch nicht lange weg und freute sich dennoch schon jetzt auf das Wiedersehen. Wie unglaublich relativ doch die Sache mit der Zeit war. Drei Tage, die bezogen auf Trüffel nicht schnell genug vergehen konnten. Drei Tage, die sie mit Jacques gleichzeitig zu einer Unendlichkeit ausdehnen wollte.

Sie schlenderten entlang des Flusses quer über den Platz, wandten sich auf Höhe des Brückenfußes nach rechts, um auf die Brücke zu gelangen und den Fluss zu überqueren. Auf dem Scheitelpunkt der Brücke blieb Emma stehen. Das Wasser wirkte wie eine dunkle Masse, deren Oberfläche jedoch von einem gleißenden Goldschimmer überzogen war. Die Abendsonne schien ihre Strahlen direkt auf dem Wasser niederzulegen, bevor sie vorhatte im Meer zu versinken. Es war, als verlösche der Tag, weil das Licht davonschwamm. Zu beiden Seiten des Flusses erstreckte sich der Markt. Doch erst jetzt sah Emma, dass dieser Platz in einem Tal lag, denn die weitere Stadt erklomm eine teils sanft hügelig, doch auch schroff felsig wirkende Anhöhe. Es war ein stolzer und mächtiger Anblick. Der Stein der Häuser unterstrich und brach zugleich den Charakter der felsigen Landschaft. Eine Landschaft, die eine vom bretonischen Wind geschliffene Weichheit und majestätische Unantastbarkeit verkörperte. Am anderen Ufer angekommen folgten sie kleinen, engen, von Fachwerkhäusern gesäumten Gassen bergan. Emma war, als hätten sie ein anderes Jahrhundert betreten. Die Häuser waren kleiner, niedriger und gedrungener, zum Teil mit Efeu umrankt und würden zu späterer Stunde durch das Licht der fast als antik zu bezeichnenden Straßenlaternen, das Antlitz eines verwunschenen Ortes erhalten. Am Ende der dritten Gasse, die jeweils von der vorherigen im rechten Winkel abzugehen schienen, gelangten sie zu einem Lokal, an dessen Hauswand eine große Laterne prangte. Über der mit Reben verzierten schweren Eichentür, hing ein schmiedeeisernes Schild »À la lumière«.

»Da sind wir, Emma! Ein alter Freund von mir kocht hier mit seinem Vater. Besser kann man nirgends essen und es ist eine Art Küche, die dir gefallen wird, denn hier wird alles verwendet. Sie haben es sich zur Aufgabe gemacht die Gaben der Natur wertzuschätzen, indem sie so wenig wie möglich wegwerfen. Und mit dieser Idee entstanden auch etwas sonderbar erscheinende Gerichte. Das was an Küchenresten unvermeidbar anfällt wird im eigenen Garten kompostiert. Ursprünglich war es ein Scherz, als einem Gast auf die Bitte hin, die Reste einzupacken, eine Tüte dieser durch eigene Kompostierung gewonnenen Erde hingestellt wurde. Doch mittlerweile mögen die Touristen dieses besondere Mitbringsel und können eine Tüte voll gegen eine Spende erstehen. Und vom jährlichen Erlös wiederum kauft der Großvater Gemüse, um im Oktober einen riesigen Kessel Eintopf zu kochen. Damit werden die Helfer verköstigt, die an einer Müllsammelaktion am Strand teilnehmen, wenn die Herbststürme begonnen habe und wir uns vor Treibgut kaum retten können. So schließt sich der Kreis dieses Lokals.«

Jacques öffnete die schwere Eichentür. Sie kamen in eine Art Vorraum, bevor sie über drei steinerne Stufen, hinab in den eigentlichen Gastraum, der ein Gewölbekeller war, gelangten. Drei Tische waren im Zentrum des Gastraumes verteilt, vier weitere in den Gewölbenischen verborgen. Ein Mann, kaum noch einen Meter fünfundsechzig groß, kam in gebückter Haltung, mit weißem Haar und gegerbtem Gesicht, mit Falten die schon starr in Form zu bleiben schienen, egal welche Mimik er versuchen würde, rasch, in huschend schnellem Schritt, in ihre Richtung gehumpelt und begann mit einer lebendigen Freude zu sprechen:

»Jacques, alter Junge! Dass ich dich hier nochmal sehe und dann in Begleitung einer so schönen jungen Dame. Das hätte ich nicht gedacht! Kommt! Setzt euch und lasst euch bekochen! Es ist mir eine Freude!«

Er umarmte Jacques großväterlich, wandte sich dann rasch Emma zu, küsste ihre Hand, sendete danach ein verschmitztes Grinsen an Jacques und wuselte wieder davon.

»Das war übrigens Édouard. Er ist neunundachtzig und die gute Seele dieses Hauses«, erklärte Jacques.

Emma grinste, denn sie hörten Édouard im Hintergrund rufen: »Jim! Ab in die Küche! Jacques ist da, mit einer Frau! Ich habe vergessen, zu fragen wie sie heißt, aber das klärst du! Ich denke, dass wird ein Probeessen für eine Hochzeit. Also streng dich gefälligst an!«

Emma und Jacques lachten und wurden wenige Augenblicke später mit großer Herzlichkeit von Édouards Sohn, Jim, begrüßt. Jim war eine schroffe Erscheinung mit gleichzeitig sanftmütigen Zügen, wie ein lächelnder, unbehauener Fels. Er war zwei Köpfe größer als Jacques, etwa doppelt so breit – nicht dick, nicht künstlich trainiert, sondern ein kräftiger, massiger, muskulöser Mann mit ebenfalls windgegerbter Haut und beeindruckend großen Händen. Wirkte der Gewölbekeller in seiner gedrungenen Bauweise heimelig und gemütlich, so erschien Jim überdimensioniert. So, als ob in einem Puppenhaus eine Puppe wohnte, die nicht dem angedachten Maßstab entsprach und daher wie ein Riese wirkte. Er begrüßte Jacques mit einer Herzlichkeit und brüderlichen Wärme, dass Emma Gänsehaut bekam. Ihr gegenüber war Jim höflich zurückhaltend mit auffallend wissendem Blick. Sie nahmen an einem Tisch in einer der Gewölbenischen Platz. Auf der Mitte des Tisches entzündete Jim eine Öllampe, die den Stein der Wände um sie herum in ein warmes orangefarbenes Licht tauchte. Außer ihrem Tisch waren drei weitere Tische besetzt, was dem Lokal ein angenehmes Gemurmel verlieh – laut redete hier niemand. Jeder wollte seinen Raum für sich und gestand den anderen Gästen ebenfalls diese Privatsphäre zu. Jim brachte zwei Speisekarten, doch als Emma ihre gerade aufschlagen wollte, legte Jacques seine Hand auf die Karte und bat für sie wählen zu dürfen. Emma hatte nichts einzuwenden, genoss es, ihm gegenüber zu sitzen, während sich unterm Tisch ihre Beine berührten und aneinanderschmiegten.

Jim brachte eine Karaffe mit Wasser, Limettenscheiben, Orangenstücken und Minzblättern, zwei Gläser mit einem Aperitif und deckte Weißweingläser ein. Jacques nahm das langstielige Aperitifglas zwischen Daumen, Zeige- und Mittelfinger, drehte den Stiel vorsichtig zwischen den Fingern und schwenkte das Glas. Der Likör benetzte die Innenseite des Glases und hinterließ beim Hinunterlaufen Bögen, die an Kirchenfenster erinnerten. Jacques lächelte.

»Was trinken wir?«, fragte Emma und betrachtete ihr Glas.

»Es ist ein Mirabellenlikör, für den Jim und ich jedes Jahr gemeinsam die Mirabellen ernten. Unsere beiden Familien sind durch eine Tradition miteinander verbunden, die bereits dreihundert Jahre besteht. Beide Familien besaßen ganze Landstriche und merkten schnell, dass man diese effektiver und kraftsparender bewirtschaften konnte, wenn man dies durch beide Familien gemeinsam tat und nicht jeder sein eigenes Süppchen kochte, in der Hoffnung den Ertrag der anderen Familie etwas übertrumpfen zu können. Aus dieser Erkenntnis wuchsen die Familien zusammen und sie beschlossen auf einem gemeinsamen Stück Land bei der Geburt eines jeden Kindes einen Mirabellenbaum und bei jedem Todesfall einen Walnussbaum zu pflanzen. So wurde damals das erste zarte Pflänzchen an einem Ort in die Erde gebracht, den heute eher das Wort Plantage treffender beschreibt. Ein Mirabellen- und ein Walnusshain, die weiter gepflegt und geerntet werden, wobei die Ernte ein riesiges Familienfest ist. So trinkt man in unserer Familie immer zur Begrüßung einen Mirabellenlikör und zum Abschied einen Walnusslikör. Das ist unsere Tradition.« Jacques hob das Glas: »Auf unser wundervolles Leben!«

Sie ließen zart die Gläser aneinander klingen und genossen diesen von sonnenverwöhnten Aromen satten Likör. Emma schmeckte tatsächlich die Mirabelle und nicht nur eine plumpe aromatisierte Süße. Die sanfte Schärfe des Alkohols untermalte diese Süße durch einen zarten Kontrast, störte sie aber nicht. Jacques schien mit Jim bereits besprochen zu haben, was er zu essen wünschte, denn er brachte bereits ein Körbchen mit Baguette und einen Teller mit verschiedenem Besteck.

»Aha, ein abgekartetes Spiel, wie mir scheint«, neckte Emma.

Jacques lächelte und legte seine Hand auf ihre, die auf dem Tisch ruhte. »Ja, vielleicht ein bisschen. Ich war mir sicher, dass du einen Teil der Speisen nicht in Erwägung gezogen hättest zu bestellen, wenn du selbst ausgesucht hättest. Aber ich bin mir sicher, dass es für dich ein gutes Erlebnis wird.«

Emma war gespannt und entspannt zugleich, denn sie wusste, dass niemand auf dieser Welt ihren Geschmack so gut einzuschätzen wusste, wie Jacques es vermochte. Überhaupt, wenn sie so darüber nachdachte, war Jacques der einzige Mensch in ihrem Leben, der Nähe zu ihr hatte. Diese Einsicht bereitete ihr ein wohlig warmes und geborgenes Gefühl.

Jim kam mit zwei Tellern, auf denen sich je vier kleine Spieße sowie ein Schälchen mit einem Dip befanden. Emma betrachtete sich die Spieße und stellte erleichtert fest, dass sie fleischlos waren. Kein Spieß glich dem anderen, bestanden jedoch immer aus einem Stück Gemüse, das links und rechts von einem angeschmolzenen Stück Käse eingefasst wurde. Der Käse wiederum wurde von einem als Girlande aufgefädelten Kartoffelschalenstück gehalten, das scheinbar gegrillt worden war. Der Abschluss hinter jeder Girlande wurde von einer kleinen Silberzwiebel gebildet, die wiederum die Kartoffelschale am Abrutschen hinderte. Jeder Spieß hatte einen anderen Käse und ein anderes Gemüse. Jacques erklärte, dass man den Spieß mit dem Dip bestrich, ihn als Ganzes in den Mund steckte und das Holzstäbchen herauszog, sodass alle Komponenten gleichzeitig im Mund landeten. Das Geschmackserlebnis, das Jim beabsichtigte, würde dann beim Kauen entstehen. So war es. Der Dip bot vielerlei Geschmacksnuancen. Er bestand aus Preiselbeeren, Rotwein und Dattelmus und mit jedem Spieß trat eine andere Zutat betonend in den Vordergrund. Der fast chipsartige Biss der Kartoffelschalen, der angeschmolzene Käse, die versteckten Aromen, der zuvor eingelegten Gemüsestücke und die Grillnote, die über allem lag, waren köstlich. Emma schloss beim Kauen die Augen und Jacques schaute seiner Genießerin zu und hätte sie nur zu gern geküsst. Stattdessen beruhigte er nicht nur seine Sinne durch einen Schluck Zitrus-Minz-Wasser, sondern neutralisierte die Geschmacksempfindung in Vorfreude auf den nächsten Spieß. Als Hauptgericht brachte Jim beiden eine kleine Terrine.

Jacques guckte Emma unsicher an und sagte: »Okay, Risiko. Du hättest es dir sicher nicht bestellt. Aber bitte, einmal kosten, okay?«

Emma war davon gerührt, dass Jacques sichtbar nervös wurde. Sie hob den Deckel der Terrine in der Hoffnung, Jacques Unsicherheit würde sich im Nu zerschlagen. Doch dann erblickte sie das Desaster. Ja, er hatte recht gehabt. Das hätte sie sich nie bestellt. Fischsuppe. Mit der Erkenntnis, um was es sich handelte, musste Emma dem Drang widerstehen, den Deckel der Terrine nicht sofort wieder zu schließen, sondern zumindest einen anstandsvollen Blick hinein zu werfen: Fischsuppe, sehr sämig, kross gebratene Fischfiletstücke waren erkennbar, geröstete Weißbrotwürfel und Petersilie. Jim brachte Weißwein und Emma, die sich nicht beherrschen musste, nicht vor Begeisterung zu platzen, nahm tapfer den Löffel in die Hand. Jacques und Jim konnten sich ein Grinsen nicht verkneifen, da Emma ihren skeptischen Blick nicht zu verbergen vermochte. Emma tauchte den Löffel zur Hälfte in die Suppe und achtete darauf, dass alle Komponenten auf ihrem Löffel vertreten waren, damit sie nicht ein zweites Mal kosten müsse und das Thema Fischsuppe mit diesem freundlichen Versuch würde beenden können. Sie schloss die Augen, als sie den Löffel in den Mund führte und hatte sich noch nicht entschieden, ob sie beim Essen durch die Nase atmen sollte oder nicht, um das Schmecken zu reduzieren, als sie plötzlich ein so lieblich, sanfter, cremiger, weißweinangehauchter und so gar nicht fischiger Geschmack überraschte, der am Ende eine zarte Zitronennote hinterließ. Emma schlug die Augen auf und schaute in die überaus belustigten Gesichter von Jacques und Jim.

»Wow«, sagte Emma, »Das ist ja mal so ganz anders als meine …«

»Vorurteile«, ergänzte Jacques grinsend.

»Erwartungen«, berichtigte Emma. Die Suppe war ein Hochgenuss. Dazu ein bisschen Baguette und der Chardonnay. Stimmiger hätte das Essen nicht sein können.

Als Emma mit ihrem Baguette auch das letzte bisschen Suppe aus ihrer Schüssel gewischt hatte, lehnte sie sich lächelnd zurück. »Mhmm, satt und glücklich! Danke, Jacques!«

»Das freut mich. Hast du noch Platz für einen Nachtisch?«

Die Blicke, die die beiden daraufhin tauschten, machte beide verlegen, denn sie verrieten ihre Gedankengleichheit.

Es auszusprechen hätte noch keiner von beiden gewagt, dazu war die Pflanze der Liebe noch zu zart, auch wenn ihre Freundschaft zuvor schon die solide Stärke eines Baumes gehabt hatte. Ihre Blicke verrieten Begierde, doch so sehr sie einander bereits intuitiv kannten, so unbekannt würde dieses gemeinsame körperliche Neuland sein. Hätten sie jeweils schon eine Ahnung von dem körperlichen Verlangen, den Sehnsüchten und den Fantasien des anderen gehabt, dann hätten sie sich in diesem Moment einfach berührt, hätten auf den Nachtisch verzichtet und hätten gewusst, dass sie lieber einander vernaschten. Doch so schauten sie sich nur verlegen an, Emma errötete und Jacques winkte Jim herbei, der mit großen Augen Emmas geputzt erscheinende Terrine bewunderte.

»Bringst du uns noch ein Dessert?«, fragte Jacques.

»Klaro«, antwortete Jim. »Aber dir bringe ich nur was Kleines. Schließlich hast du noch die ganze Nacht was Süßes vor dir!« Jim drehte grinsend ab und hinterließ die beiden mit vorfreudig verlegener Unsicherheit.

Emma durchbrach die Stille: »Recht hat er!«, sagte sie schließlich und erhob ihr Glas.

Jacques tat es ihr gleich: »Recht hat er!«

Als ihre Gläser aneinander klangen, war es, als ob dieser volle und doch helle Klang ihrer Unsicherheit einen Sprung verpasste, denn plötzlich spürten beide, dass sie sich auf das verlassen konnten, was sie empfanden und das sie keine Scheu haben mussten, dem Wunsch nach körperlicher Nähe, der gegenseitig bestand, nachzugeben. Jim tauchte wieder auf und stellte vor beiden einen Teller mit einer kleinen Tarte ab, die wirkte wie ein kleines, filigranes Kunstwerk. Erst auf den zweiten Blick erkannte Emma, dass es sich bei den gelben Obstspalten nicht um Äpfel handelte, sondern um kleine Zitronenfilets. So richtig Lust auf Saures verspürte Emma nicht, doch nachdem schon die Fischsuppe eine so große Überraschung war, konnte sie die Tarte nicht ungekostet lassen.

»Oh, Emma! Ich kann deine Gedanken lesen!«, sagte Jacques freudig und konnte sich ein Kichern nicht verkneifen.

Emma grinste schief. Derweil kam Jim und brachte Weingläser mit einer prickelnden gelblichen Flüssigkeit, in der Eiswürfel, ein kleiner Zweig Zitronenmelisse, Zitronenstücke und zwei Basilikumblätter schwammen. Die Basilikumblätter waren eingeschnitten, die der Zitronenmelisse intakt.

Emma roch am Glas: »Mhmm, frisch! Was ist das?«, fragte sie.

»Das«, Jacques trank einen Schluck, »ist Lola! Lola war Jims Frau. Sie hatte einen anderen und räumte Jim in einer Nacht- und Nebelaktion die Bude aus, als sie ging. Als Jim nachts mit mir nach Hause kam – ich übernachtete damals im Gästezimmer, da wir an diesem Wochenende von morgens bis abends seinem Vater bei der Quittenernte halfen – fanden wir nur noch wenige, für einen Haushalt brauchbare, Sachen. Lola war bei ihrem Auszug gründlich gewesen, denn sie missgönnte Jim alles. Selbst die Vorratskammer hatte sie geplündert. Zurückgelassen hatte sie einen Topf Basilikum, einen Topf Zitronenmelisse, ein paar Zitronen, eine Flasche Limoncello eine Flasche Tonic, einen kläglichen Rest Vodka, der noch nicht mal für einen verzweifelten Schluck gereicht hätte und eine Flasche Wasser, ein Glas passierte Tomaten, eine Packung Nudeln und ein paar Gewürze. Jim und ich gingen damals mit offenstehenden Mündern, sprachlos durch das leere Haus. Als wir wieder in der Küche ankamen, kochten wir Spaghetti mit Tomatensoße und mixten uns aus den verbliebenen Zutaten einen Drink und tauften das Gesöff Lola. Naja, und als es uns schmeckte und sicherlich auch etwas wirkte, da war es das Beste, was aus der Beziehung hervorgegangen war.«

Emma kostete. Ein süßer, frisch-zitroniger aber auch herb-würziger Geschmack umschmeichelte ihren Gaumen. »Sehr süffig und doch erfrischend«, sagte sie.

Die Zitronenfleischstückchen luden ein, dass man sie zerbiss, was der Süße des Limoncellos eine angenehme Säure entgegensetzte. Von diesem positiven, säuerlichen Erlebnis angespornt, stach sie mit der Gabel in ihr Küchlein. Sie spürte an der Art, wie die Gabel den Teig durchbrach, wie kross der Mürbeteig war. Gefüllt war die Tarte mit einer Creme, deren Aussehen bereits ihre sahnige Weichheit verriet. Die Decke der Tarte wurde von hauchdünnen Zitronenfilets gebildet. Emma kostete und war angetan von diesem ausgewogenen Geschmack. Der Teig war außen kross und innen noch leicht feucht, die Creme mit Vanille, die Zitronenfilets zuvor eingelegt in einem Weißwein, der die Säure der Zitrone milderte.

Emma war begeistert: »Sehr lecker! Und Lola importieren wir!«

Jacques lächelte: »Sehr gern!«

Das Essen fand seinen Abschluss mit dem Genuss des traditionsreichen Walnusslikörs, der dem Mirabellenlikör in Intensität und Weichheit in nichts nachstand. Als Jacques sich nicht nur ihr, sondern auch Jim gegenüber durchgesetzt hatte zu zahlen, bedankte sich Emma verlegen, obwohl sie wusste, dass es in Ordnung war und dass sie dieses Geschenk annehmen durfte. Dennoch fühlte sich dieses Eingeladen-Werden ungewohnt an und insgeheim würde Emma nach Gelegenheiten suchen, bei denen sie sich revanchieren könnte. Als sie sich von Jim verabschiedete, hatte sie das Gefühl, ihn schon länger als zweieinhalb Stunden zu kennen. Sie umarmten einander innig, als gehöre sie schon längst zur Familie.

Emma und Jacques machten sich Hand in Hand auf den Weg. Die Abenddämmerung hatte sich über die Stadt gelegt. Der Himmel hatte die goldenen Züge verloren und war tiefblau. Die Luft hatte aufgefrischt und roch nach Meer. Als sie die Clochardbrücke überquerten, staunte Emma, denn die Laternen des Ufers beleuchteten nun ein tiefes Gewässer und nicht mehr die niedliche Wassermenge, die von zu hohen Mauern gesäumt war und so lächerlich wirkte. Jacques sah Emmas Verwirrtheit und kommentierte: »Vorhin Ebbe, jetzt Flut! Comprendre?«

»Habe ich schonmal gehört. Aber hier Fluss und nicht Meer!«, konterte Emma.

»Der Weg zum Meer ist so kurz, dass der Fluss mit den Gezeiten lebt«, erklärte Jacques und ergänzte:

»Bei Niedrigwasser fragen sich die Touristen immer, weshalb wir eine so kleine Pfütze mit hohen Mauern umgeben und mit einer großen Brücke überbaut haben. Doch ein paar Stunden später sind sie schlauer und am nächsten Tag stehen sie mit ihren Kameras da und machen beeindruckende Vorher-Nachher-Fotos.«

Sie schlenderten weiter. Die Gassen waren leer und eingetaucht in das warme Licht der Laternen. Jacques blieb mit Emma unter einer stattlichen Linde stehen, hielt sie an der Hand und legte ihr die andere Hand sanft in den Nacken. Er küsste sie, ohne ein Wort. Sie erwiderte den Kuss, der seit Stunden überfällig war. Sie schauten sich an, verharrten in Ruhe und küssten sich wieder. So vergingen Minuten, die Endlichkeit und Unendlichkeit miteinander vereinten. Sie hielten die Augen geschlossen und sperrten die Welt aus. Ihre Existenz bestand aus dem, was sich ihre Lippen gegenseitig ohne Worte mitzuteilen hatten. Unter den Küssen waren freundschaftlich verspielte, neckische, sanfte und gierige, sich hingebende, verlangende, vorsichtige und kühne Küsse, doch hauptsächlich waren es jene, die einander zu erkennen gaben, dass es keiner Vorsicht mehr bedurfte, keiner Scheu. Es waren Küsse, die sie einander Mann und Frau werden ließen, was sie erkannten, als sie die Augen wieder öffneten. Sie waren die gleichen wie zuvor und waren es zugleich auch nicht. Beide spürten, dass sie durch die Geständnisse ihrer Küsse auf neue Weise verbunden worden waren und eine bis dahin unbekannte, gemeinsame Welt betreten hatten. Begleitet vom Schrei einer aufgeschreckten Möwe, hatten sich ihre Lippen voneinander gelöst, ihre Hände blieben ineinander geborgen. Ihre Blicke waren trunken vor Verliebtheit. Sie hatten nun voneinander gekostet und waren jetzt hungriger denn je. Hand in Hand gingen sie den Weg zur Pension, in glückssatter Stille. Je näher sie ihrer Bleibe kamen, umso unwichtiger wurden all die Fragen, die Emma zuvor beschäftigt hatten. Natürlich würde Jacques heute Nacht bei ihr bleiben, dazu bedurfte es keines Zögerns, keiner Einladung und keiner Absprache. Es wäre egal gewesen, ob sie rasiert war oder nicht. Dennoch war sie froh, es zu sein. Es war egal, welche Unterwäsche sie trug. Nur duschen, duschen wollte sie unbedingt, denn die Reise klebte ihr noch am Leib. Die Vorstellung mit Jacques heute Abend nackt zu sein war von einer Unbefangenheit und Natürlichkeit beseelt, dass es sie schauderte, so schön schauderte.

Als die Pension in Sicht kam empfand Emma Glück. Es fühlte sich so wunderbar normal an, mit Jacques nach Hause zu kommen. Nach Hause kommen war mit ihm auf dieser Welt überall möglich. Zuhause war kein Ort, sondern ein Zustand. Der Umstand, dass der Besitzer der Pension sie auf der Straße antraf und noch darum bat, Jacques möge ihm beim Hereintragen zweier Weinfässer helfen, kam Emma sehr entgegen. Sie kündigte an, dass sie sich dann schnell frisch machen werde und huschte die Treppe hinauf ins Zimmer. Als die Zimmertür ins Schloss gefallen war, hielt sie kurz inne. Sie wollte wieder angezogen sein bevor Jacques zurück war. Nach einem schnellen Durchatmen schlüpfte sie so schnell sie konnte aus ihren Kleidern und warf sie über den Stuhl, der vor dem kleinen Schreibtisch am Fenster stand. Im Handumdrehen stand sie unter der Dusche. Sie beeilte sich, war kaum richtig nass, als sie schon das Duschbad auf ihrem Körper verteilte, hielt dann jedoch im Genuss des heißen Wassers, das ihren Körper hinunterrann inne und verlangsamte ihre Bewegungen. Sie war überrascht, wie intensiv sich die Berührungen durch ihre Hände anfühlten. Eigenartig. Tausende Male hatte sie in ihrem Leben schon geduscht und doch schien es ihr, dass sie sich dabei noch nie gespürt hatte. Wie viele Jahre war es her, dass andere Hände sie angefasst hatten? Und heute, eigentlich schon gleich jetzt, wäre diese Zeit des Wartens zu Ende und sie würde berührt werden und gleichsam berühren dürfen. Jacques berühren zu dürfen, bewusst, gewollt und nicht nur zufällig, war eine derart intime Vorstellung, dass sie darüber hinaus keinen weiteren Gedanken wagte. Als Emma das Wasser ausstellte, sich das Handtuch griff und aus der Dusche stieg, hörte sie mit großem Entsetzen die Zimmertür ins Schloss fallen. Vor Schreck biss sie ins Handtuch, um nicht zu schreien und blickte sich suchend um. Ihre Kleider waren im Schlafzimmer. Sie schalt sich selbst und stand, nachdem sie sich abgetrocknet hatte, ins Handtuch gewickelt hinter der Badtür, wissend, dass Jacques sich auf der anderen Seite dieser Tür befand. Nur, im Gegensatz zu ihr, war er angezogen. Die, die sich bis eben noch den Gedanken der gegenseitigen Berührung hingegeben hatte, wurde in Anbetracht ihrer Nacktheit nun rot vor Scham. Über sich selbst ärgernd und dennoch grinsend, wusste Emma, dass sie hier nicht ewig stehen bleiben konnte. In diesem Moment hörte sie Jacques Stimme:

»Emma? Alles okay bei dir?«

Als ob es sich erst mit dem Erklingen seiner Stimme bewahrheitet hatte, dass Jacques wirklich existierte, biss Emma nochmal in den Zipfel ihres Handtuches, das sie vor ihrem Körper zusammenhielt und schüttelte als Antwort auf seine Frage den Kopf und sagte verlegen:

»Ähmm, eigentlich nicht so richtig« und fügte dem noch einen unsicheren Lacher hinzu.

»Oh, kann ich dir irgendwie helfen?«, fragte Jacques.

Kaum dass seine Worte hörbar wurden, platzte aus Emma ein »Um Gotteswillen« heraus, sodass Jacques in schallendes Gelächter verfiel.

»Oh, bist du so entsetzt, dass ich da bin?«, kicherte er.

Emma öffnete einen Spalt breit die Badtür und streckte den mittlerweile hochroten Kopf heraus. Jacques, der hinter der Tür gestanden hatte, schaute um die Ecke. Als Emma daraufhin erschrak, ihr Blick hatte ihn zuerst im Raum gesucht und sein Erscheinen nicht hinter der Tür erwartet, lachte Jacques noch heftiger:

»Hi, ich bin Jacques«, begrüßte er Emma und streckte ihr die Hand entgegen. »Wir waren verabredet«, grinste er.

»Und ich bin nackt«, sagte Emma entsetzt.

»Ja, ist so üblich, wenn man duschen geht. Hast du richtig gemacht«, sagte Jacques amüsiert.

»Ja,«, rollte Emma mit den Augen. »Ich weiß, wie das geht. Aber ich bin immer noch nackt«, stellte sie, mit einem Hauch der Verzweiflung in der Stimme, fest. »Nur, weil ich dusselige Nuss meine Klamotten da draußen vergessen habe«, fügte sie hinzu und deutete mit einem hilflosen Blick in Richtung Stuhl.

»Madame Lillit, das war Berechnung«, stichelte Jacques und ging, noch bevor Emma auch nur ein Wort ihrer entsetzten Antwort hervorbringen konnte, auf sie zu und küsste sie. Er nutzte ihr verdutzt sein, öffnete die Badtür und nahm sie in den Arm, drückte sie an sich und spürte ihre Anspannung. Er hielt sie fest, hielt gleichzeitig inne und flüsterte:

»Emma, du bist wunderschön! Und, es ist sicher nicht meine Art, aber es gibt, in Anbetracht der Tatsache, dass ich dich doch wieder ausziehen würde, eine einfache Lösung für die jetzige Situation.«

Emma stand vor ihm, die Augen geschlossen und ihr Handtuch festhaltend. »Und die wäre?«, fragte sie mit hochgezogenen Augenbrauen und spürte, wie Jacques sich von ihr löste.

Sie wagte nicht, die Augen zu öffnen, aber hörte seine Kleider rascheln, als er sich auszog. Emma versuchte die geschlossenen Augen noch mehr zu schließen, war erstarrt in Erstaunen, Schüchternheit und Begierde. Als das Rascheln aufhörte und die Bewegungen von Jacques innehielten, spürte sie, dass er ihr gegenüberstand. Sie wagte nicht, die Augen zu öffnen. Als er ihre verkrampften Hände berührte, die das Handtuch noch immer festhielten, als sei es ihr einziger Halt in der Welt, erbebte sie. Die Wärme seiner Hände auf ihren zu spüren, schenkte Geborgenheit. Allmählich löste sie den Griff und in dem Moment, in dem ihr Körper wieder beschloss zu atmen, begab sie sich vertrauend in Jacques Obhut. Sie senkte langsam die Arme, geführt von der Bewegung, die seine Hände vorgaben. Sie spürte, wie ihre Brustwarzen durch die Berührung des herabgleitenden Stoffes und der plötzlichen Nacktheit hart wurden. Sie ließ das Handtuch los, wissend, dass sie nun nichts mehr verhüllte. Jacques, der nicht wollte, dass Emma sich betrachtet fühlte, auch wenn er sie jetzt in ihrer vollkommenen Nacktheit so gern angesehen hätte, trat einen Schritt näher zu ihr. Sie spürten bereits die

Nähe des anderen, die Wärme und eine leichte Spannung, die sich zwischen ihren Körpern auftat, noch bevor sich ihre Haut berührte. Dann war es, als berührten sich zunächst feinste Härchen, was die empfindbare Spannung zwischen ihnen steigerte.

Jacques kam näher und vollendete die Berührung. Es folgte die Empfindung von Wärme und der Weichheit Haut auf Haut; erst Bauch an Bauch, Brust an Brust, bald schmiegten sich auch ihre Schenkel an- und umeinander. Der Zauber dieser Empfindung grenzte ans Unerträgliche. Sie spürten einander, wie sie einen Menschen noch nie zuvor zu spüren vermocht hatten. Es war ihnen, als wäre ihre Haut zum ersten Mal in ihrem Leben empfindsam. Die Hände weiter an das Handtuch zu klammern, war nicht mehr möglich. Der Wunsch, Jacques zu berühren übergroß. Sie streichelten einander die Arme hinauf und den Rücken hinab. Die Hände beider begannen mit größter Vorsicht, den anderen zu ertasten. Sie berührten sich kaum und doch war dieses Kaum schon genug, um vor empfindsamem Schaudern das Atmen zwischenzeitlich fast zu vergessen. So standen sie im Bann ihrer beider Nacktheit mit geschlossenen Augen aneinandergeschmiegt und merkten nicht in welch orange-weichem Licht die Straßenlaternen ihre Silhouetten zeichneten.

Emma empfand die starken, leicht rauen Hände von Jacques als sichersten Halt dieser Welt. Sie verlor ihre Scheu. Ja, die Scheu ging ihr versehentlich verloren, als sie sich vor ihm umdrehte. Die Bewegung ergab sich. Sie ergab sich aus dem Wunsch, sich mit Jacques zu umgeben, sich mit ihm zu umhüllen. Sie schmiegte ihren Rücken an seinen Bauch, ihren Po an seine Lenden und es raubte ihr die Sinne, als Jacques Hände das ihnen dargebotene Reich zu erkunden begannen. Kurz huschte die Frage in ihr Bewusstsein, wie sie das hatte zulassen können, sich derart darzubieten, doch sie vergaß diese Frage im Genuss der Empfindungen rasch. Es war, wie es war. So war es gut. Seine Hände umfassten ihre Brüste, dass sich ihre Brustwarzen fast schmerzhaft spannten, sie glitten ihren Bauch hinab zu ihrem Becken, das er mit zarter Kraft packte und an sich zog, während er ihren Nacken küsste. Sie spürte immer wieder, wie sich seine Lippen ihrem Nacken näherten, zum Teil ohne die Haut zu berühren, dann die Stellen unterhalb des Haaransatzes küssend, mit der Zunge liebkoste, woraufhin sein Atem diese feuchten Stellen erfrischte sodass sich eine Gänsehaut Emmas bemächtigte. Ein kurzer Gedankenblitz ließ vor ihrem inneren Auge Rachel in Erscheinung treten, sodass ihr eine Träne kam. Die Empfindungen, alles was geschah, geschah, als sei es außer Zeit und Raum. Es ergab sich, ohne Denken, ohne Planen, ohne das Bewusstmachen eines Wollens. Es geschah, weil es richtig und zur Vollendung des Ausdrucks ihrer gegenseitigen Liebe notwendig war.

Als die Sehnsucht sich zu küssen wuchs, drehte Jacques Emma wieder zu sich. Mit jeder weiteren Minute, die sie sich nun küssten, änderte sich die Art des gegenseitigen Berührens. Sie küssten sich vertrauter, mutiger und inniger. Ihre Lippen formten mit jedem Kuss leise, zarte und vorsichtig gieriger werdende Liebeserklärungen, die sie einander mit mehr Berührung erwiderten. Jacques Lippen kamen auf Abwege. So küsste er sich einen Weg, entlang ihrer Wange, hin zum Ohr, den Hals hinab zur Schulter, um dann über die zarte Klippe des Schlüsselbeins den Weg zu ihren Brüsten zu finden. In Demut hielt er vor diesem formvollendeten, für ihn perfekten Busen inne. Emma spürte das leise Stöhnen, das seinem Atem innewohnte, als heißen Hauch auf ihrer Haut. Jacques berührte ihre Brustwarze mit den Lippen, umspielte sie mit der Zunge, während beide Hände auf ihrem Po ruhten. Ein leises Stöhnen war zu hören, von wem, blieb Geheimnis der Lust. Alles wurde eins. Emma spürte, wie ihr Körper, wie elektrisiert, unter erregter Spannung stand. Sie kannte dieses Ausmaß an Empfindsamkeit nicht und befand sich inmitten eines Abenteuers ungeahnter, nie dagewesener körperlicher Lust. Sie spürte, dass Ekstase und Kollaps nahe beieinander lagen und dass sie es nicht ertragen könnte, wenn Jacques seine küssende Wanderschaft in Richtung ihrer Scham fortsetzen würde, was er jedoch unmissverständlich vorhatte zu tun, wie sie zugleich hoffte und bangte. Sie befand, dass es an der Zeit war, ihn zu entdecken, um ihm seinen Erkundungsvorsprung streitig zu machen. Sie musste ihre Sinne mit Macht sammeln, um sich überhaupt bewegen zu können. Sie atmete seit gefühlt zu langer Zeit wieder zum ersten Mal ein und Sauerstoff flutete ihr Hirn und ermöglichte wieder geordnete Bewegungen. Ihre Hände umfassten Jacques Gesicht sanft und führten ihn wieder hinauf zu ihren Lippen. Sie küsste ihn und ohne seine Erwiderung abzuwarten, führte sie ihn hinüber zum Bett, im Licht der Straßenlaterne, das beide zu orangefarbenen Schatten machte. Jacques folgte ihr und kam, dem Fluss ihrer Bewegungen nachgebend, auf dem Rücken zum Liegen. Emma legte sich seitlich zu ihm, ihr Oberschenkel schmiegte sich vorsichtig, noch etwas scheu, an seinen, kam dann jedoch auf ihm zum Liegen, während sie Jacques zu streicheln begann. Diese Empfindungen der federleichten vorsichtigen Berührungen ihrer Hände und zugleich die erdende Schwere ihres Schenkels auf seinem ruhen zu spüren, war Beginn einer Reise und Heimkommen zugleich.

Jacques lag vor ihr, vollkommen, unbedeckt. Seinen Körper derart unzensiert für sich zu haben, ihn entdecken und erobern zu dürfen, empfand Emma als ein unermesslich großes Geschenk. Es war ein Zeichen von Vertrauen einerseits und Bereitschaft zur Hingabe, andererseits. All das war alles andere als eine Selbstverständlichkeit. Wie sie nun feststellten, waren alle zuvor gedachten, ängstlichen Gedanken umsonst gewesen. Sie hatten beide nicht das Bedürfnis ihren Körper für den anderen in ein vorteilhafteres Licht zu rücken, körperliche Makel oder Unschönheiten, die jeder bei sich selbst hätte benennen können, zu kaschieren. Sie waren nackt, ohne eigene Wertung, einzig die Schönheit des anderen wahrnehmend. Durch die Blicke und Liebkosungen, die sie einander schenkten, machten sie sich gegenseitig ihre Schönheit begreiflich. Emma fühlte sich schön. Makellos. Makellos schön geliebt. Jacques Berührungen huldigten ihrer Haut, als sei sie königlich. Nein, nicht irdisch; als sei sie göttlich. Beide hatten die Augen geschlossen, um sich dem Sehen ihrer Hände hinzugeben. Als jedoch Emmas Finger Jacques Erektion ertasteten, konnte sie nicht widerstehen und schaute an ihm hinab. Die Schönheit und Stattlichkeit, mit der er sich für sie aufgerichtet hatte, lockte Emmas Lippen, sich hinab zu beugen und ihn zu küssen. Erst eine vorsichtige Berührung, dann ein Ertasten mit der Zunge, ein erstes Saugen, das beiderseits Gier weckte. Zu spüren, wie sein Penis an Dicke und Festigkeit in ihrem Mund gewann, empfand Emma als Kompliment. Einerseits erfüllte es sie mit Stolz, dass sie die Ursache dieser prachtvollen Wirkung war und andererseits empfand sie Demut, dass sie einander derart frei von Scham begegneten. Ihn mit ihrer Zunge umspielend, genoss Emma die Entdeckung, dass sie körperlich wie für einander geschaffen zu sein schienen. Sie war noch nie so weit weg davon gewesen, ihre Gedanken zu zensieren, und so stellte sie sich vor, wie wunderbar dieser Penis sie ausfüllen würde. Sie wurde feucht.

Jacques, der sich längst aus seiner Passivität des Genießens gelöst hatte, um zu verhindern, sich in ihrem Mund zu ergießen, drehte sich ihr zugewandt auf die Seite und streichelte ihre Hüfte, ihren Po und tastete sich sanft ihrer Nässe entgegen. Diese an seinen Fingern zu spüren, bescherte ihm eine sich schmerzhaft verstärkende Erektion. Er war in der Not, nicht zu wissen, was er am liebsten wollte. Einerseits hätte er gern ihren Kopf wieder zu seinem Glied geführt, auf dass sie ihn durch ein paar wenige weitere Bewegungen erlöse. Andererseits wollte er kein Ende dieses ekstatischen Zustandes. Er wollte in ihre Nässe abtauchen. Sie kosten, um zu beweisen, was er längst wusste, nämlich, dass sie ihm schmecken würde. Dass er, wenn er einmal gekostet hätte, zu diesem Nektar der Lust immerzu zurückkehren und ihn ihr entlocken wollen würde. Was gab es für ein ehrlicheres Zeichen der Begierde als die Nässe einer Frau?

Emma legte sich, seine Finger spürend, in seinem Arm nieder. Als sein Finger sanft über ihre Klitoris glitt, die Schamlippen teilte und sich dem Quell der Nässe näherte, spürte Jacques, wie sich ihr Körper vor Erregung spannte. Er drang nur mit der Fingerspitze sanft in sie ein. Allein bei dieser zarten Berührung, die Kraft ihrer Kontraktionen zu spüren, ließ ihn wissen, dass die Vereinigung ihrer beider Wunsch war. Sie lagen seitlich, einander zugewandt. Jacques zog Emma in einer Umarmung näher zu sich, wobei Emma intuitiv ihren Oberschenkel auf seinem ablegte. So fand sie Halt an ihm, konnte sich an ihn klammern und gab gleichzeitig durch das Öffnen ihrer Schenkel ihr Einverständnis Jacques aufzunehmen. Sie schauten sich in die Augen und küssten sich, wobei die Lippen zum Teil auch nur bewegungslos aneinander ruhten, während Jacques mit vorsichtigen Bewegungen seines Beckens, seinen Penis tastend in ihre Obhut führte. Emmas Stöhnen verriet ihre Bereitschaft, die sich mit gieriger Ungeduld paarte, sodass sie sich ihm entgegendrängte. Er drang langsam in sie ein. Er vereinigte sich mit seiner Frau. Er durchdrang ihre Enge mit vorsichtigem Zögern, ein zarter Widerstand, der der nächsten Welle der Lust wich, zu mehr Nässe führte und ihn ihre Kontraktionen spüren ließ. Emma klammerte sich an ihn, presste ihr Becken gegen seins, stöhnte und wurde mit jedem vorsichtigen Stoß und Dringen, nasser und weiter. Sein Glied wurde von ihr dennoch wie ein Besitz umschlossen. Ein Gefühl, dass ihn mit Glück erfüllte. Sie erbebten in ihren Empfindungen, erstarrten in den Bewegungen der Hingabe und sie weinten beide vor Rührung dieses Erlebens. Es war nicht einfach Sex, der der Befriedigung diente. Es war Vervollkommnung des eigenen Seins, das sie spüren ließ, dass sie einander gefunden hatten. So, als hätten sie sich vor langer Zeit verloren, schon längst das Suchen und Vermissen des anderen aufgegeben und sich nun endlich wiedergefunden. Ihre Wärme zu spüren, mit der sie sein Glied umschloss und die Weite, mit der sie ihn willkommen hieß, war für ihn überwältigend. Dem Wunsch einer tiefen Vereinigung folgend, neigte sich Emma in Rückenlage und bedeutete Jacques, dieser Bewegung zu folgen. In einer fließenden Bewegung blieb die Vereinigung bestehen. Mit weit geöffneten Beinen lag sie unter ihm und die neu gewonnene Tiefe dieser Position erlaubte es ihm, ihren Muttermund mit sanftem Druck zu liebkosen. Sie stöhnte und umklammerte sein Becken mit ihren Schenkeln, ihre Finger vergruben sich in der Haut seines Rückens. Wie Jacques spüren konnte, näherte sie sich unweigerlich ihrem Orgasmus. Sie erlebte ihn mit heftigen Kontraktionen und stummen Tränen eines unfassbaren, vollkommenen Glückes, als sie spürte, wie Jacques wenige Stöße später seinen Samen in sie ergoss.

In der Ferne war eine Kirchenglocke zu hören, die Mitternacht schlug. Es waren die ersten Sekunden des 14. Juli 2018, in denen Jacques sich als glücklichster Mann dieses Universums fühlte, und das, obwohl er just in diesen Sekunden ein Jahr älter geworden war. Er hielt das wunderbarste Geschenk, das er sich zu seinem vierundvierzigsten Geburtstag hätte wünschen können, in den Armen. Nachdem Emma Jacques ihre Geburtstagsglückwünsche küssend geflüstert hatte, schliefen sie still aneinander, in unerwarteter Erschöpfung, ein. Sie wachten auf und liebten sich wieder. Sie streichelten sich stumm, sie redeten, sie hielten sich und Jacques stellte grinsend und in nüchternem Ton fest, dass diese intensive Begebenheit den geplanten Verlauf der kommenden Tage verändert hätte und das Sightseeing erheblich gekürzt werden müsste. Sie waren sich darüber einig, dass sie das Bett nur für ganz wichtige Ereignisse verlassen wollen würden und, dass das einzig wirklich wichtige, was das Verlassen des Zimmers erzwang, die Bekanntschaft mit Jacques Eltern sein würde. Alles andere war unwichtig und wurde zugunsten der Vereinigung von Körper und Seele gestrichen. Als Jacques und Emma in dieser Nacht oder in den frühen Stunden des Morgens aneinander gekuschelt einschliefen, war auch dies eine für beide neue Erfahrung. Sie schliefen ohne Hab-Acht-Stellung, ohne Gedanken, ohne Angst oder Sorge. Es spielte keine Rolle, ob der Atem am Morgen nach Schlaf riechen würde, ob das Dekolleté faltig wäre. Natürlich wollte ein jeder dem anderen gefallen, dies jedoch nicht um den Preis der Aufgabe von Unbeschwertheit und Unbefangenheit und nicht unter Opferung ihrer Natürlichkeit im Umgang miteinander. Emma fühlte sich derart geborgen und sicher an

Jacques Seite, dass sie trotz der wenigen Stunden des Schlafes, am nächsten Morgen das Gefühl hatte, seit langer Zeit einmal wieder richtig geschlafen zu haben. Sie fühlte sich vollkommen in seiner Gegenwart. Jacques war niemand, der über sie hätte wachen müssen, sondern jemand, der einfach ihr Dasein teilte. Als sie nachts einmal kurz aufgewacht war, galt ihr Gedanke Trüffel, der nun die erste Nacht ohne sie verbracht hatte und hoffentlich spürte, dass sie in Gedanken auch bei ihm war und bald zu ihm zurückkehren würde. Am nächsten Morgen wachten Jacques und Emma nebeneinander auf. Jacques war vor ihr wach geworden und hatte ihr noch eine halbe Stunde beim Schlafen zugesehen. In der Freude nun nicht mehr der Versuchung widerstehen zu müssen, sie zu wecken, küsste Jacques sie, sobald sich ihre Augen geöffnet hatten und ihn erblickten. Noch während sie begonnen hatten den Tag zu planen, liebten sie sich wieder. Dass an ihnen der Geruch ihrer Liebe und der Vereinigung der letzten Nacht hing, war betörend.

Der Versuch, den bekleideten Teil des Tages mit einer Dusche einzuläuten scheiterte an der Tatsache, dass Emma Jacques in die Dusche folgte. Sie entdeckten, dass Duschschaum sicher nicht nur zum bloßen Zwecke der Reinigung erfunden worden war, sondern auch der Sinnlichkeit wegen. Emmas Hände glitten, benetzt vom weichen Schaum, über Jacques Rücken, Brust und muskulären Po, nach vorne, seinen Penis liebkosend, der sich dieser Huldigung unmittelbar steifwerdend hingab. Jacques begann es ihr gleich zu tun und streichelte ihren Körper mit schaumigen Händen. Er drehte sie um, sodass sie ihm den Rücken zuwandte und ließ seine Hände wandern, während sein Glied von hinten, ihre Pobacken berührend, zwischen ihre Schenkel glitt. Nach wenigen Bewegungen beugte sich Emma etwas nach vorne, die Arme nach oben gestreckt gegen die Wand, die heißen Wangen an die kalten Fliesen gelehnt, als Jacques in sie eindrang. Es war für Emma unglaublich mit welcher Perfektion Jacques sie liebte. In allem, was er tat, fand er die richtige Dosis, so, als dosiere er die Empfindungen derart, weil er ihren Orgasmus gleichermaßen als seinen spüren konnte. Er vermochte in ihr zu lesen, jede Regung richtig zu deuten und steigerte ihre Lust dadurch in erschöpfendem Tempo.

Der Tatsache, dass sie sich unmittelbar nach dem Duschen anzogen, statt nochmal miteinander zu ruhen, war es zu verdanken, dass Emma an diesem Tag auch wirklich Jacques Eltern kennenlernte. Deren Hof lag auf dem Land, etwa fünf Kilometer von der Stadt entfernt, und war idyllisch bescheiden. Die Eltern warteten bereits aufgeregt am Hoftor und begrüßten sie herzlich. Jacques Vater zeigte Emma den Hof, als würde sie ab heute dort wohnen und daher genaue Erklärungen brauchen, um sich zurecht zu finden. Er führte Emma auch zu Jacques Muschelsammlung, die sie zum Staunen brachte, welch Schönheiten und Kuriositäten das Meer beherbergte, in Farben und Formen, deren Existenz die Fantasie kaum zu kreieren gewagt hätte. Emma verstand das Glücksgefühl, dass Jacques durchflossen haben musste, als seine Kinderhände derartige Schätze am Strand entdeckt hatten. Jacques Mutter hatte einen Kaffeetisch gedeckt, der so üppig war, dass er zugelassen hätte, noch weitere Gäste zu verköstigen. Ein Mandelkuchen, zu dessen Vervollkommnung eine Eierlikör-Zimt-Sahne gemacht worden war, lockte mit seinem Duft und in der Mitte des Tisches verführte der Anblick eines unfassbar großen Tellers mit verschiedensten Plätzchen. Als Emma dieses Schlaraffenland mit offenem Mund bestaunte, grinste Jacques breit, stellte sich hinter sie, umschmiegte mit der Hand Emmas Po und wollte gerade den Mund öffnen, um Emma etwas ins Ohr zu flüstern, als Mutter Babette ihm zuvorkam:

»Iss nur, Emma! Die Männer lieben uns mit einem Pfund mehr an den richtigen Stellen mit noch mehr Hingabe! Stimmt's Jacques?«

Jacques küsste Emma auf die Wange: »Und wie das stimmt!«

Das Kaffeetrinken war harmonisch und erfüllt von liebevollen Geschichten aus Jacques Kindheit und Jugend. Sie saßen vertraut beieinander, als wären sie seit Jahren bekannt und Emma längst Bestandteil der Familie Jacand. In einem kurzen Gedankenblitz stellte sich Emma genau das vor: als Emma Jacand hier zu sitzen und gemeinsam mit Jacques und ihrem Kind dessen Großeltern zu besuchen. Welch traumhafte Vorstellung, die Emma gleichzeitig einen unerwarteten, schmerzhaften Stich versetzte.

Als es Abend wurde, bestand Babette darauf, dass sie noch zum Essen blieben. Während Vater Clément einen Wein aussuchte und Babette eine Käseplatte richtete, flüsterte Jacques Emma etwas ins Ohr. Begeistert stand sie auf und war schon auf dem Weg zur Tür, als sich Babette überrascht umdrehte:

»Was habt ihr zwei denn vor, was zu einem so begeisterten Aufbruch führt?«

Emma antwortete bevor sie über ihre Wortwahl nachdenken konnte, mit leuchtenden Augen und begeistertem Strahlen, so euphorisch war sie: »Wir bringen die Ziegen ins Bett!«

»Ohje«, sagte Clément. »Aber nicht in meins!«

Emma errötete. Alle lachten und Jacques stellte fest, dass er auch dieses innere Kind, dass manchmal einfach aus Emma herausplatzte, liebte. Ihm kam der Gedanke, wie Emma wohl als kleines Mädchen gewesen sein mochte und zögerlich reihte sich der Gedanke ein, wie es wohl wäre, mit Emma ein Kind zu haben. Dieser Gedanke streichelte ihm erst die Seele, dann versetzte es ihm einen Stich, der sicherlich von der Verbindung zu Emil herrührte, so erklärte er es sich. Sie holten die Ziegen von der Wiese und brachten sie in den Stall, gaben ihnen nochmal frisches Wasser und hießen die Gelegenheit willkommen, sich endlich wieder küssen zu können. Eine kleine Ziege umkreiste währenddessen immer wieder Emmas Beine und meckerte.

»Da ist wohl jemand eifersüchtig«, stellte Jacques fest.

Sie setzten sich beide ins Stroh und tatsächlich genoss das Zicklein eine Viertelstunde ausgiebige Streicheleinheiten von beiden, woraufhin sie ins Haus zurückkehrten und sich die Ziege wieder der Herde zuwandte. Das Abendessen war deliziös und einfach zugleich. Käse, Baguette, Wein und als Dessert einen Bratapfel. Jacques, der befürchtet hatte, für ein künstliches Ende des gemeinsamen Abends sorgen zu müssen und seinen Eltern damit undankbar zu erscheinen, schaute nicht schlecht, als Babette das für ihn übernahm:

»So, ihr Lieben! Genug für heute. Ihr braucht jetzt wieder Zeit zu zweit!«

Ein paar Umarmungen und Abschiedsküsse später, waren Jacques und Emma auf dem Weg zur Pension, rundum glücklich. Babette hatte darauf verzichtet danach zu fragen, ob sie am nächsten Tag nochmal vorbeikommen würden. Sie hatte sofort gespürt, dass dies eine sehr wertvolle Zeit für das frische Paar war und sie auf eine Bitte hin sicher nochmal zu Besuch gekommen wären, um sie nicht zu enttäuschen, doch das wollte Babette nicht. Wieder in der Pension angekommen, empfanden Jacques und Emma das Gefühl von Heimat, sobald die Tür ins Schloss gefallen war. Sie standen da, umarmten und hielten sich. Auch wenn Begierde allgegenwärtig war, so waren diese innehaltenden Momente, in denen sie aneinander zur Ruhe kamen, ebenso kostbare Geschenke. Es waren Momente, in denen man sich gegenseitig am liebsten alles versprechen würde und doch besser schwieg, weil alles gesagt und letztlich ohne Worte spürbar war. Es waren solche Momente, in denen man vor lauter Glück, Worte wie »Ich liebe dich« am liebsten steigern würde. Doch ein »Ich liebe dich so sehr« war nicht mehr als ein »Ich liebe dich«. Liebe war Liebe, wenn Liebe, Liebe war – nicht steigerbar.

Formal blieben ihnen noch sechsunddreißig Stunden, bis Jacques mit dem Auto aufbrechen, um eine neue Käserei zu besuchen und Emma ein paar Stunden später ihren Rückflug antreten, würde. Die Zeit, die Liebende verbrachten, nahm jedoch anders Maß. So, als habe die Uhr ein Einsehen, ließ sie die Zeiger auch immer wieder mal für einige Minuten ruhen. Es fühlte sich an, als sei die gleiche Menge Zeit mit deutlich mehr Leben gefüllt, als es sonst üblich war. Sie liebten sich, lagen nackt beieinander, liebten sich wieder, in Positionen, die sich zufällig ergaben. Jacques fand Emma aus jeder Perspektive schön und begehrenswert. Selbst in Positionen, die Emma, verstandsmäßig als äußerst unvorteilhafte Zurschaustellung ihres Körpers beurteilt hätte, konnte Jacques in ekstatischem Entzücken vor Verlangen fast vergehen. Sich natürlich angenommen fühlend und trotz fehlender Perfektion derart gewollt zu werden, befreite Emma von Scham. Sie kniete nackt vor ihm, ließ sich derart streicheln und küssen und als ihre Nässe ihr Verlangen spiegelte, drang Jacques mit vorsichtigen Bewegungen, begehrende Tiefe findend, in sie ein. Gänsehautschauer vereinten ihre Empfindungen. Sie eroberten sich wieder und wieder mit unermüdlicher Gier, fern von körperlichen Grenzen, die heute scheinbar nicht existierten, so, als hätten sie diese Kräfte all die Jahre füreinander aufgespart. Jacques schenkte ihr bis zum nächsten Morgen zweimal seinen Samen, den zu entlocken sie genoss und ihr, entgegen aller bisherigen Erfahrungen, schmeckte. Seinen Erguss in ihrem Mund zu spüren, war für sie gleichsam eine orgastische Empfindung. Sie genoss Jacques Sprachlosigkeit über ihre Hingabe, denn er spürte, dass sie es nicht ihm zu liebe tat, sondern weil sie Lust dabei empfand. Sobald er demütig darüber in Gedanken versank, spürte er, dass es ihm genauso ging. Wenn er zwischen ihren geöffneten Beinen lag, seine Zunge und Finger sie erkundeten, dann geschah das aus beiderseitigem Verlangen; ihr Orgasmus war zugleich seiner. Die Tropfen ihrer Lust wollte er mit seiner Zunge am liebsten bis zur Quelle verfolgen, so sehr lockten sie ihn. Sie rochen sich gern, empfanden den Schweiß, der sich zwischen ihren Körpern bildete als Zeugnis ihrer Hingabe und Jacques pustete die Schweißperlchen auf ihrem Bauch oder zwischen ihren Brüsten sanft an und genoss den Gänsehautschauer, der sie ergriff und dazu führte, dass ihre Brustwarzen hart wurden. Sie redeten, liebten sich und schliefen. Ihr Leben war vollkommen und Jacques Geburtstag endete so, wie er begonnen hatte.

Am nächsten Tag fuhren sie, da Jacques es nicht ertragen hätte, es ihr während ihrer gemeinsamen Zeit in der Bretagne nicht gezeigt zu haben, zu den Granitfelsen. Der Wind blies schroff, sodass Emma erschreckte, doch Jacques meinte, dass das nur eine harmlose Kostprobe bretonischen Wetters sei. Emma hatte bis dahin keine Vorstellung von Wellen, Wind und Felsen gehabt. Was sie sah, ließ sie gleichzeitig in Aufruhr und zur Ruhe kommen. Ein derartiges Aufeinandertreffen von Naturgewalten zu erleben, ließ sie sich plötzlich klein fühlen. Es raubte ihr den Atem. Sie standen an einem Geländer am Rande der Felsenklippe. Es bedurfte gar nicht dem Blick in die Tiefe, um den Abgrund zu begreifen. Die Klippen verliefen in einem Bogen, sodass der Blick in diese Kurve den gleichen Anblick bot. Sie schaute auf eine rosa schimmernde Felsenwand, die circa zwanzig Meter senkrecht abfiel und wer weiß wie weit in die Tiefe des Meeres reichte. Die Wellen schlugen gegen die Felsen und stoben tosend an ihm empor. Das Meer schäumte und bildete wilde Strudel, wenn vorandrängendes Wasser auf zurückweichendes traf. Es war ein fast ohrenbetäubender Tumult, der gleichzeitig Stille war. Manchmal zischte es, wenn Wasser den Felsspalten wieder entwich. Der Wind vervollständigte das kraftvolle Bild. Jacques erklärte, dass jetzt Flut sei und bei Ebbe die Felsen um weitere Meter in die Tiefe zu sehen seien. Etwas, dass Emma beim Anblick der jetzt schon berauschenden Tiefe zwar glaubte, sich aber nicht vorstellen konnte. Folgte ihr Blick den Felsen in fernere Küstenabschnitte, nahmen die Steine bizarre Formen an, als hätten Riesen mit steinernen Bauklötzen gespielt und vergeblich versucht Türme zu bauen, hätten danach nicht aufgeräumt, sondern einfach an anderer Stelle einen neuen Versuch gewagt. Jacques umarmte Emma von hinten. Es tat gut, sie im Wind festhalten zu können und zugleich zu spüren, wie sie gemeinsam dieser Kraft ausgesetzt waren und ihr standhielten. Emma wollte ihm sagen, wie eindrucksvoll sie diesen Ort fand, doch sie verstummte im Genuss des Momentes. Jacques spürte, was sie empfand. Als die Nachmittagssonne die Felsen anstrahlte, tauchte sie den harten Stein in ein so sanftes Licht, dass man meinen konnte, er begänne erst zu glühen, dann zu schmelzen. Das sonst so weich anmutende Wasser wirkte nun in Kontrast zum schmelzenden Gestein wie eine zerstörende Kraft. Emma wurde schwindelig durch das Zerren des Windes an ihr, den wilden Bewegungen des Wassers und den plötzlich verletzlich wirkenden Steinmassen. Sie drehte sich zu Jacques und flüchtete sich mit geschlossenen Augen in den Schutz eines Kusses. Sie blieben noch eine ganze Weile stehen, küssten sich. Ihre Haut schmeckte leicht salzig.

Jacques hielt Emma im Arm und erzählte ihr, wie oft er an diesem Ort gewesen war, um Frieden zu finden, wenn er in den sternenüberfluteten Himmel geschaut oder der Vollmond die Klippen in einen eigenartig gräulich Rosaton getaucht hatte. Wenn er traurig gewesen war, dann hatte er durch das gewahr Werden seiner eigenen Kleinheit als Mensch in der Weltordnung wieder Ordnung gefunden und sah oft ein, dass nicht nur er, sondern viele Lebewesen Traurigkeit, Schmerz, Leid und Verlust erleben und überleben mussten. Wenn ihn Wut beherrscht hatte, die wiederum oft aus einem Gefühl der Trauer entwachsen war, vermochte er hier laut zu schreien, wenn der Wind toste und das Meer tobte. Dann wurde er eins mit diesen großen Mächten und stellte sich vor, dass Wind und Wasser gerade nur existierten, um für ihn zu stürmen und zu toben, für ihn mit ihrer eigenen Stimme zu schreien. Emma verstand ihn ohne weitere Worte, denn als Rachel gestorben war, da gewitterte es am Abend und jeder Donnerschlag war ihr Schrei aus dem Mund des Himmels.

Als es leicht zu regnen begann, fuhren sie zurück in die Pension. Sie redeten kaum. Beide waren noch ganz bei sich und ihren Erinnerungen und doch vereint in einer sehr ähnlichen Erfahrung, sodass das Schweigen nicht störte. Jacques ließ Emma bei der Pension aussteigen und besorgte in einem Gasthaus um die Ecke ein kleines Abendbrot. Sie einigten sich auf Käse, Baguette und Wein, um möglichst unkompliziert essen zu können. Als Jacques das Zimmer betrat, fand er Emma nackt im Bett vor.

Er lächelte, stellte seine Mitbringsel ab und fragte: »Woher wusstest du, dass ich mir das gewünscht habe?«

Er zog sich aus, während Emma lächelnd die Bettdecke hob, um ihn einzuladen, zu ihr zu kommen. Ihr Anblick war atemberaubend, denn die Weichheit ihrer Haut, gepaart mit den Rundungen ihres harmonischen Körpers verhießen ein leidenschaftliches Versprechen. Jacques legte sich zu ihr, nahm sie in den Arm und beiden raubte diese erste, wieder schier einzigartige Empfindung der Berührung Haut auf Haut, den Atem. Sie liebten sich still und hielten sich. Als sie aneinander die erste Sehnsucht gestillt hatten, beschlossen sie im Bett zu picknicken. Emma holte ein Handtuch als Tischdecke, woraufhin Jacques dieses mit den mitgebrachten Speisen deckte. Dann saßen sie sich nackt gegenüber, redeten über Gott und die Welt, um sich danach, neben ihrem noch gedeckten Tisch, zu lieben. Sie verbrachten auch diese Nacht in einer Welt zwischen Leidenschaft, Hingabe und Schlaf. Sie gehörten einander und hatten beide das Gefühl, dass ein Mehr an Mann-und-Frau-Sein nicht möglich war.

Am nächsten Morgen frühstückten sie im Café »Florette«, eine Straße weiter, wunderbare Croissants und Milchkaffee. Der Abschied, der dann folgte, war ohne Trauer, denn sie wussten, dass das gemeinsame Leben erst jetzt richtig beginnen würde. Jacques machte sich auf den Weg und würde in vier Tagen wieder in Deutschland sein. Emmas Flug würde um 16 Uhr gehen. Es war für sie also genügend Zeit, um sich mit dem Taxi nochmal zu den Granitfelsen fahren zu lassen, ein oder zwei Stunden zu verweilen, um von dort aus zum Flughafen gefahren zu werden. Diesen Luxus wollte sich Emma gönnen, zumal es sie von der Wartezeit ablenken würde. Emma mochte keine Flüge. Sie hasste das unnötige Risiko. Auch wenn sie das Fliegen faszinierte, so gehörten Menschen nicht in die Luft. Sie hatten Füße und keine Flügel.

Kapitel 7 – 16. Juli 2018 und die Zeit danach

Emma saß im Taxi auf der Fahrt zu den Granitfelsen, befand sich jedoch in Gedanken immer noch in Jacques Gegenwart und konnte ihr Glück kaum fassen, dass ihr neues altes Leben derart traumhaft begonnen hatte. Der Taxifahrer, der es scheinbar als seine Pflicht ansah, die Fahrgäste zu unterhalten, störte Emma in ihren Erinnerungen und Zukunftsträumen, indem er ständig auf das heutige Wetter verwies. Er sprach von einem Sturm, den Emma nur höflich belächelte, denn in ihren Augen war heute der gleiche Wind wie gestern, und auch wenn Jacques nicht dabei war, an dem sie sich in einer innigen Umarmung so gern festhalten würde, so wäre sie fähig, in dem bisschen Wind auch allein zurecht zu kommen. Der Taxifahrer war so freundlich, die Notwendigkeit zu betonen, sich gut am Geländer, das die Klippe absicherte, festzuhalten, falls stärkere Böen kämen. Emma dankte für die Ratschläge, empfand sie jedoch als übertriebene Wichtigtuerei gegenüber einer Touristin.

Als sie gezahlt und das Taxi verlassen hatte, gestand sie sich jedoch ein, dass der Wind heftiger war, als sie angenommen hatte. Doch es war immer noch nur ein Wind, kein Sturm. Sie musste mit langsamen Schritten gehen, um sicheren Gleichgewichts zu der Stelle am Geländer zu gelangen, an der sie gestern mit Jacques gestanden hatte. Das Meer war laut und schäumte. Die Wellen schlugen ungestüm gegen die Felsen. Emma begriff auf den ersten Blick, was Jacques mit dem Unterschied von Ebbe und Flut gemeint hatte, denn das Wasser lag um so viele Meter tiefer und der Fels wirkte wie ein in der Tiefe nicht enden wollender, bedrohlicher Gigant. Der Anblick war so mächtig, dass sie ihn kaum begreifen und nicht aufhören konnte zu schauen. Der Wind war böig. Die Sonne verschwand immer wieder hinter den grauen Wolken, sodass die Farbe des Felsens zwischen strahlendem Rosé und verwittertem Altrosa wechselte. Die Farbe des Meeres verschwamm zwischen tiefblau und schwarz, gekrönt von grünlicher Gischt.

In Emma kam plötzlich der Wunsch auf, sich vor dieser wilden und doch romantischen Kulisse mit dem Smartphone selbst zu fotografieren. Eigentlich hielt sie nichts davon, alles zu knipsen, um es festzuhalten oder den Moment derart zu bewahren zu versuchen. Sie hatte innerlich immer mit dem Kopf geschüttelt, wenn sie Touristen beobachtete, die eine ganze Reise praktisch nur durch die Linse einer Kamera erlebten. Sie fand, dass man immer näher dran war, wenn sich nichts zwischen das Auge und das Erlebte zwang. Die Kamera schuf in ihrem Empfinden eher eine Distanz, statt eine Erinnerung. Sie bildete etwas ab, zu dem der Fotograf, sofern er das Maß der Bildermenge schon verloren hatte, gar keine Beziehung hatte. Diesmal jedoch konnte Emma diese Menschen verstehen. Sie würde zwar Jacques in Deutschland wiedersehen und ein Foto mit ihr allein würde noch lange nichts von dem gestrigen Zauber dieses Ortes erzählen, doch würde es dokumentieren, dass sie nicht alles nur geträumt hatte, dass sie wirklich dagewesen war. Sie würde dieses Foto später betrachten und dann käme dieses wunderschöne Gefühl wieder hoch, wie es war, das gemeinsame erste Mal als Mann und Frau an diesem Ort. Und laut Jacques war dieser Ort unter den Einheimischen ein besonderer, die »Baie de Barbara«.

Jacques hatte ihr die Geschichte erzählt: Barbara war die junge Witwe eines Seemanns, keine dreißig Jahre alt. Das heißt, sie wurde nach einem Jahr zur Witwe erklärt, nachdem ihr Mann nach einer Seereise nicht heimgekehrt war. Reste seines Fischerbootes wurden an Felsen zerschellt gefunden. Doch Barbara sah darin nicht zwingend eine Erklärung, dass ihr Mann den Sturm, der das Boot in Seenot gebracht hatte, nicht überlebt haben konnte. So soll sie – der Erzählung zufolge – täglich, sieben Jahre lang, von morgens bis abends an den Klippen dieser Bucht gesessen und Ausschau gehalten haben. Als gerade das achte Jahr beginnen wollte, fand man sie, auf der Klippe sitzend, wie jeden Tag, doch tot. Sie war zu ihrem Mann gegangen, sagte man sich oder sei an gebrochenem Herzen gestorben. Andere erzählten, sie habe ihn auf einem Schiff vorbeifahren sehen und das habe ihr den Atem geraubt.

Emma kramte das Smartphone aus ihrem Rucksack und suchte nach einer geeigneten Stelle, um sich zu fotografieren. Es sollte sowohl die gegenüberliegende Felswand, als auch das sich an ihr aufschäumende Meer zu erkennen sein. Sie lehnte sich gegen das Geländer, hielt das Smartphone vor sich empor und machte mehrere Bilder. Keines gefiel ihr, denn als Hintergrund war immer nur der Fels zu sehen, nie das an ihm brandende Wasser. Emma schaute sich um und kam zu dem Schluss, dass sie an das Ende des Geländers gehen müsste, um noch einen halben Schritt näher an der Klippenkante zum Stehen zu kommen. Erst dann würde sie steil genug abwärts fotografieren können, um das Meer mit abzubilden. Sich mit einer Hand am Geländer festhalten könnend, mit der anderen Hand fotografierend, befand sie ihre Idee als gut und sah vor ihrem inneren Auge schon die schönsten Erinnerungsfotos entstehen. Nachdem sie zum Ende des Geländers gegangen war, ihre Füße langsam und konzentriert an dem Rand der Felskante positioniert und die Sicherheit ihres Standes getestet hatte, spürte sie einen kurzen Zweifel, der sie ärgerlich störte und mit dem dankbaren Gefühl des Halts, den das Geländer bot, beruhigt werden konnte. Dennoch war sie war froh, diese mulmige Position gleich wieder aufgeben zu können. Sie hielt das Smartphone in die Höhe und beschloss gleich mehrere Fotos zu machen. Irgendeins davon würde bestimmt schön aussehen. Als sie den Arm vor sich erhob, knipste sie sofort drauflos, lächelte, streckte die Zunge frech heraus, schaute entspannt und laut lachend, sich über ihren seltenen Mut freuend. Der Wind kam wieder böig. Darauf war sie gefasst, sie hielt sich gut fest. Nur ein paar Bilder noch. Der Wind peitschte ihr eine Haarsträhne ins Gesicht, als sie gerade den Auslöser der Kamera mehrfach hintereinander betätigte. Sie freute sich über diese zufällige Pose, denn die wehende Strähne unterstrich die Wildheit der Kulisse, doch Emma rechnete, als ihr der Wind noch mehr Haare ins Gesicht wehte, nicht mit ihrer reflexartigen Reaktion, sich die nun störenden Haare aus dem Gesicht wischen zu wollen. Sie ließ die Hand vom Geländer los und führte die Finger zum Gesicht. Es war nur ein kurzer Moment des Übermutes, der Unachtsamkeit, ein kurzer Glaube an die Selbstverständlichkeit von Sicherheit. Die nächste Böe kam, noch bevor die Hand die Haarsträhnen hatte berühren können. Der Weg der Hand zurück zum Geländer misslang. Emma verlor das Gleichgewicht, das sie schon lang zuvor nicht mehr sicher gehabt hatte.

Sie fiel. Sie begriff. Es geschah ihr und es geschah ihr zugleich auch nicht, denn sie spürte, wie sie fiel und konnte sich zugleich von außen betrachtend fallen sehen. Wie war das möglich? Das war alles echt und unecht zugleich – geeignet für den Inhalt eines Albtraumes. Das Entsetzen packte sie; gleichzeitig griff Stille nach ihr. Sie schrie und war doch stumm. Das Fallen ins Leere. Sie wartete auf den Moment, in dem sie erschreckt aufwachen würde, so, wie es ihr beim Abdriften während des Einschlafens schon so oft passiert war. Das Aufschrecken fehlte, das Fallen blieb. Wenige Sekunden, die sich zur Unendlichkeit ausdehnten. Dann schlug ihr etwas dumpf und hart in den Nacken. Kein Schmerz, nur Schwarz um sie herum. Sie fühlte sich leicht und schwer zugleich. Sie atmete noch einmal tief, ohne Luft zu bekommen, dann entfernte sich die Not wieder, die für einen Moment lang versuchte zu entstehen. In ihr war es still. Sie sah sich im Meer schweben. Sie tanzte mit den Wellen. Ihre Augen waren geöffnet aber sahen nichts. Sie begriff nicht, weshalb sie nichts sah, zugleich jedoch sich sah. Sie sah ihren Körper im Wasser treiben, mal gekrümmt, mal gerade. Sie sah sich an und fand sich schön. Sie schaute sich zu. Nach einer Zeit des Zuschauens, befiel sie Unruhe. Die Perspektive war eine interessante Erfahrung gewesen, doch sie wollte lieber in ihren Körper zurück und aus dem Meer auftauchen. Sie fand, dass sie nun schon lange unter Wasser war und wieder Luft holen sollte. Sie wusste, dass sie unter Wasser nicht atmen konnte, das wusste jeder. Doch den Drang atmen zu müssen verspürte sie nicht. Was sie wiederum beruhigte, denn war das ein unbestreitbarer Beweis dafür, dass es sich doch um einen Traum handeln musste, denn nur dort war Derartiges möglich. Sie sah, wie sie von den Wellen bewegt und hinaus ins Meer getragen wurde. Sie glitt dahin, ganz leicht. Der furchtbare Anblick, dass ihr Körper an den Felsen zerschellt wäre, blieb ihr erspart, denn die Wellen trugen sie in die Tiefen des Meeres. Dennoch steigerte sich Emmas Unruhe erneut und bekam nun panische Züge, denn beim besten Willen war diese Tauchzeit mit dem Leben nun nicht mehr vereinbar; Traum hin, Traum her. Sie begann zu schreien als sie sah, dass ihr Körper unweigerlich sank. Oder beobachtete sie eine Frau, die ihr nur ähnlich sah? Aber das war absurd, denn selbst dann hätte sie schon mehrere Minuten nicht geatmet. Ihr reichte es! Sie bestand jetzt darauf, aufzuwachen! Stattdessen schaute sie dem im Wasser treibenden Körper hinterher. Sie konnte nicht weggucken. Alles war so unglaublich, unwirklich und unmöglich. Sie konnte sich doch nicht, ohne zu atmen, im Wasser treiben sehen und zugleich spüren, dass sie existierte und dass das, was sie erlebte, auch tatsächlich da war. Sie sah etwas, was nicht so sein konnte, wie es jetzt vorgab zu sein, denn sowas gab es einfach nicht. Faszination. Panik. Was war geschehen? Sie versuchte sich zu erinnern, was ihr allmählich Schritt für Schritt gelang. Das Foto, das sie von sich machen wollte. Die Haarsträhne. Dann hatte sie losgelassen. Dann war ein Nichts. Kein Schmerz, nur ein Schreck. Die Bilder verknüpften sich zu einem schrecklichen Begreifen. Dann verstand sie, was es bedeuten musste, wenn man seinen Körper in den Tiefen eines Ozeans treiben sah. Sie war gestorben.

Diese Erkenntnis war erst rational und nüchtern, dann raubte sie ihr den Verstand. Sie schrie. Sie schrie vor Schmerz. Sie schrie um ihr Leben bis es um sie herum dunkel wurde. Dann, im schreienden Dunkel, tauchten plötzlich Bilder auf: Jacques nackt, sie in den Armen haltend, er mit ihr in der Küche seines Lokals, wie er sie von hinten betrachtete, als sie Trauben polierte und dann Trüffel im Bett, an ihre Beine geschmiegt, schlafend. Alles, was sie sah, konnte sie aus verschiedenen Perspektiven betrachten. Einmal so, wie sie es erlebt hatte und einmal, als schaue sie als unbeteiligte Person zu. Sie sah, wie Jacques ihr in die Augen sah. In der Rührung dieses Anblickes wurde sie von Wut erfasst. Es konnte doch nicht sein, dass das alles jetzt verloren war, wegen eines kleinen Moments. Wie konnte sie so dumm sein? Bisher hatte sie im Leben so viel Acht auf sich und andere Menschen gegeben. Und nun? War sie wegen eines Fotos leichtsinnig geworden? Sie war unmöglich geistesgegenwärtig gewesen! Ha, wie makaber! Jetzt war sie geistesgegenwärtiger, als es gesund sein konnte. War sie ein Geist? Wieso sprach sie mit sich, wenn sie tot war? Oder war sie gar nicht tot? Würde sie überleben? Aber wie sollte das gehen? Wieder tauchten Bilder in ihr auf – in Zeitraffer – ohne Rücksicht darauf, ob sie mit diesem Tempo mitkam: Jacques, der sie in den Po kniff. Der Taxifahrer, der wegen Emmas Beharrlichkeit aussteigen zu wollen, langsam den Kopf schüttelte. Babette, die strahlte, weil Emma vom Mandelkuchen und der Eierlikör-Zimt-Sahne schwärmte. Die kleine Ziege, die ihr Köpfchen an ihrem Bein gerieben hatte. Der Sturz von der Klippe, der Blick dabei Richtung Himmel und das Gefühl des Fallens, das sich in ihrem Körper ausbreitete und an sich ein schönes Gefühl der Leichtigkeit gewesen war, wenn nicht der Schreck mit anwesend gewesen wäre und das Gefühl der Schwerelosigkeit versaut hätte. Dann sah sie sich aus der Perspektive eines unbeteiligten Beobachters und durchlebte nochmal das Gefühl des Erschreckens. Sie konnte sehen, wie sie mit dem Nacken auf dem Wasser aufgeschlagen war. Schmerz spürte sie dabei nicht. Während sie das sah, kniff sie die Augen zu. Oder dachte sie nur es zu tun? Sie sah es nämlich dennoch, konnte sich dem Anblick nicht entziehen. Einen Moment später verstand sie es. Dem Sehen einer Erinnerung konnte sie sich nicht durch Schließen der Augen entziehen. Augen, die sie zudem im körperlichen

Sinne gar nicht mehr hatte. Also schon, aber nicht mehr lebendig und willentlich zu kontrollieren.

Es war ein eigenartiger Zustand. Wenn sie sich auf das Gefühl konzentrierte, dann konnte sie die Kälte des Wassers spüren, der ihren toten Körper umgab. Und zugleich spürte sie eine neutrale Wärme um sich, wenn sie ihre Gedanken von ihrem Leichnam ablenkte. Auch konnte sie spüren, wie ihr Herz in ihrem Körper nicht mehr schlug. Sie erinnerte sich, wie sie manchmal nachts im Bett gelegen hatte, keine Ruhe vom Tag fand und dann ihr Herz schlagen spürte. Was würde sie jetzt dafür geben, dieses nachts so lästig gewesene Gefühl zu haben, ihren Herzschlag, ja, und die Bettdecke, die ihre Haut umhüllte, wollte sie auch. Sie wollte schlafen. Sie hatte es geliebt, sich in ihrem Bett einzukuscheln. Ein Ort der Geborgenheit. Wenn dann noch Trüffel zu ihr schlüpfte ... Oh nein! Trüffel! Der Gedanke an ihren Kater riss sie aus dem kurzen Fluss des zärtlichen Erinnerns. Sie schrie. Ein Schreien, das zum Weinen und dann wieder zu einem Toben wurde. Sie war außer sich. Wie hatte sie ihn allein auf dieser Welt lassen können? Er würde es nicht verstehen. Wie auch? Er würde auf sie warten. Warten, dass sie heimkam, so, wie sie es versprochen hatte. Was war sie nur für ein dummer und schlechter Mensch gewesen? Und das alles wegen eines Fotos! Was würde aus ihm werden? Wer würde sich ihm annehmen?

Jacques kam ihr in den Sinn. Zum ersten Mal nicht nur flüchtig, sondern er tauchte wie ein Standbild vor ihr auf. Jacques! Um Himmelswillen! Jacques! Wie hatte sie ihm das antun können? Sein Leben war gezeichnet von Verlust und unvorhersehbaren, unumkehrbaren Abschieden. Jetzt, da er sich nach all den Jahren wieder einem anderen Menschen geöffnet und Vertrauen gefasst hatte, wieder bereit war zur Bindung durch Liebe, da verkehrte sie – SIE! – wieder seinen Himmel zur Hölle. Sie schrie. Sie schrie, wie es ihre Stimme zu Lebzeiten nie vermocht hätte.

Der Schmerz durchdrang sie, riss an ihr, zerriss sie. Getrieben von der Kraft der Verzweiflung, ausgerechnet den zwei

Lebewesen auf dieser Erde, die sie liebte und denen sie nie irgendeinen Schmerz hätte antun wollen, derartiges Leid zugefügt zu haben, eilte sie ihrem immer weiter in der Tiefe des Meeres versinkenden Körper hinterher. Sie musste sich retten! Sie musste ihren Körper packen, empor zur Wasseroberfläche ziehen und dann auf Hilfe hoffen. Das Wasser war so kalt, vielleicht war ihr Herz ja doch noch wiederzubeleben. Das hatte sie sich doch in den Seminaren der Notfallmedizin anhören müssen: Niemand ist tot, bis er nicht warm und tot ist! Sie betrachtete ihren Körper vor sich. Sie berührte ihn, versuchte ihn zu fassen, an ihm zu zerren, doch wieder musste sie verstehen, dass dem Wesen, das sie jetzt war, kein gehorchender Körper gehörte. So groß eben die Hoffnung gewesen war, ihr Leben zu retten, so unverkennbar klar spürte sie die Aussichtslosigkeit auf Rettung und Verzweiflung begann sie zu beherrschen. Es war für sie unerträglich, nichts tun zu können. So begab sie sich neben ihren toten Körper, der immer weiter sank. Sie würde bei ihm bleiben, schließlich gehörten sie zusammen. Irgendwann würde er auf dem Meeresboden zum Liegen kommen und dann würde sie mit ihm Ruhe finden – für immer.

Viel schlimmer als das Bewusstsein über das Ende ihres eigenen Lebens war die Erkenntnis, dass sie Jacques und Trüffel für immer verlassen hatte. Dass sie sinnlos Leid verursacht hatte. Dieselbe, die auf alle achten wollte und von Liebe sprach, hatte wegen eines Fotos nicht nur ihr Leben riskiert, sondern gleich die mehrerer Lebewesen. Was, wenn Trüffel vor Sehnsucht starb oder Jacques sich das Leben nahm? Sie wollte es sich nicht vorstellen, wie grausam der Moment für beide war, in dem sie verstanden, dass sie weg war. Die Vorstellung war schon nicht zu ertragen. Wie unerträglich musste es dann sein, diese Nachricht aushalten und damit weiterleben zu müssen? Und Schuld war sie! Sie ganz allein! Sie schrie. Sie schrie mit dem Wunsch, ihre Seele möge von diesem alles durchdringenden Schrei auseinanderspringen, damit auch das Denken und Empfinden ende. Sie schrie, weil sie nichts anderes tun konnte, um ihrem Schmerz Ausdruck zu geben. Sie wand sich innerlich in dieser quälenden Empfindung. Mal hieß sie den Schmerz als Strafe für ihre dumme Tat willkommen und empfand es angemessen, sie in dieser Pein zu martern, mal zerriss sie die Fassungslosigkeit darüber, all das ertragen zu müssen. Sie war doch genug bestraft, indem sie tot war. Warum musste man sich mit dem Leid, das man verursacht hatte auch noch auseinandersetzen? Man konnte doch eh nichts mehr ändern! »Ruhe in Frieden« war eine Lüge!

Als ihr Körper auf den Meeresgrund gesunken war, wurde sie still. Sie sah den unnatürlichen Winkel ihres Kopfes, im Verhältnis zum Rumpf und begriff, dass das Wiederbeleben ihres Herzens nichts mehr gerettet hätte. In ihr wurde es still. Sie blieb neben ihrem Körper und wartete. Auf was, wusste sie nicht. Sie war bereit zu sterben. Doch in dem Dunkel des Meeres, geschah nichts. Scheinbar dauerte Sterben länger, als sie bisher angenommen hatte. Oder war das Sterben schon fertig und das war jetzt das Totsein? Oh je, ewiges Rumhocken am Meeresgrund, war eine trübe Aussicht. Gut, sie mochte Fische. Vielleicht käme ja ab und zu mal einer vorbei. Doch was spielte das schon für eine Rolle? Sie konnte nicht ins Meer fallen und sterben und dann erwarten, dass jemand oder etwas dafür gesorgt hatte, dass die Reise für sie amüsant weitergehen würde. Sie würde hier sitzen und ab und zu auf ihren Körper schauen, verstehend und zugleich ungläubig, dass so etwas hatte geschehen können. Und wenn ihr Leichnam weitertreiben würde, dann würde sie ihm folgen. Irgendwann wäre ihr Körper verwest, und dann? Was würde sie dann machen? Er war schon jetzt kein schöner Anblick mehr. Schlimmer als die aufgequollene Haut fand sie das im Wasser schwebende Haar. Es wirkte so lebendig, wie beim Haarewaschen in der Badewanne, wenn sie als Kind untergetaucht war, das Gesicht noch zur Hälfte über Wasser und dann die weichen Haare im warmen Wasser schwebend betastet hatte. Das hatte für sie immer so etwas Feenhaftes. Welch lebendige Erinnerung beim Anblick einer Leiche. Sie schaute ihren Körper an und schaute wieder weg.

Immer wieder befielen sie Erinnerungen und Gedanken, die sie mit viel Kraftaufwand zu verscheuchen versuchte. Wenn es nicht gelang und sie sich Erinnerungen aus ihrem Leben stellen musste, dann schrie sie. Sie schrie, doch es änderte nichts am Schmerz. Als sie noch lebendig gewesen war, hatte sie sich viele Gedanken über das Sterben und den Tod gemacht. Sie war schon immer davon überzeugt gewesen, dass der Moment des Sterbens, der Übergang vom Leben zum Tod nicht grausam erlebt werden würde, sondern als sanftes Losgelöst-Werden. Das dem so war, fand sie durch ihr eigenes Sterben bestätigt. Doch das Totsein selbst, hatte sie sich wirklich anders vorgestellt. Sie hatte sich mit sich selbst nicht einigen können, ob Totsein das Auflösen der eigenen Existenz wäre – also sterben, dunkel, weg, zack, fertig – oder nach dem Sterben gleich etwas anderes begänne. Aber die Version, dass man neben seiner Leiche saß, ständig mit Erinnerungen konfrontiert wurde, schöne und schlechte Dinge derart nochmal erleben und sich quälenden Gedanken ergeben musste – nein, so hatte sie sich das überhaupt nicht vorgestellt. Auch wenn sie nicht mit dem Großen und Ganzen hadern wollte, schließlich war sie an ihrem Sterben selbst schuld, so schwang im traurigen Nichtstun das Gefühl der Enttäuschung mit. Vielleicht war diese Version des Totseins eine Art Strafe, weil ein natürlicher Tod zu diesem Zeitpunkt für sie nicht vorgesehen gewesen wäre. Wie konnte sie dann erwarten, nur weil es ihr eingefallen war ins Meer zu stürzen, dass irgendwer irgendwas für ihren Tod vorbereitet hatte? Wut über sich selbst und wütende Trauer, dass sie verantwortlich für all den Schmerz war, den Jacques und Trüffel jetzt durchleben mussten, jagten ihre Gedanken. Dann gesellte sich noch eine Wut darüber hinzu, dass sie sich selbstmitleidigen Gedanken hingab. Dafür hatte sie von Vernunftwegen her kein Verständnis. Sie verharrte weiter im Meeresdunkel. In ihr tauchten Bilder aus ihrem gelebten Leben auf. Manche, an denen sie sich erfreute, andere, die schmerzten. Emma versuchte gute und schlechte Erinnerungen einfach emotional unkommentiert vorbeiziehen zu lassen. Denn Freude hatte sie ihrer Ansicht nach nicht verdient, nachdem, was sie für Leid verursacht hatte. Doch Traurigkeit empfand sie auch ohne sich auf die schlechten Erinnerungen einzulassen und wollte sie nicht noch verstärkt empfinden. Als Zeichen der Rücksichtnahme auf die Tatsache, dass sie es schon ertragen musste tot zu sein, hätte sie es als angemessen empfunden ihr weitere unangenehme Gefühle zu ersparen, doch das schien niemanden zu interessieren. Vielleicht war das auch ein Teil der Strafe. Sie hockte am Meeresboden, sah vor sich Erinnerungsbilder und wartete, mehr oder weniger emotional berührt darauf, dass die Bilder wieder verschwanden. Sie gewöhnte sich an das ständige Umgeben sein durch die Bilder. Manchmal redete sie sich auch eine Ignoranz ein, die sie jedoch nicht empfand.

Es war Zeit vergangen. Wie viel, hätte sie nicht sagen können, denn Zeit war ein Maß für etwas, das sie nicht mehr brauchte, als sie durch ein vor ihr auftauchendes Bild aufschreckte. Es war das Foto von sich selbst, dass sie beim Aufräumen von Agathas Nachlass gefunden hatte. Das Bild, dass sie etwa im Alter von fünf Jahren zeigte. Emma erinnerte sich an ihre Verwunderung, als sie es damals gefunden hatte, denn sie konnte sich weder an die Situation, in der das Bild gemacht worden war, noch an das Kleid erinnern, das sie trug, obwohl sie ansonsten auffallend viele detaillierte Kindheitserinnerungen bewahrte. Sie hatte das Bild ganz vergessen. Eigentlich hatte sie es sich nochmal genauer anschauen wollen, um der Erinnerung wieder auf die Sprünge zu helfen, doch sie hatte das Foto an sich genommen, es in ihre Fotokiste gelegt und bis jetzt nicht mehr daran gedacht. Gut, Zeit der Auseinandersetzung hatte sie jetzt, wenn auch ungewollt. Sie schaute sich das Bild genauer an und stellte fest, dass es nicht so schnell verschwand, wie die anderen zuvor. Sie fragte sich, ob das mit ihrer Aufmerksamkeit zusammenhing und sie dadurch das Bild festzuhalten vermochte. Sie sah ein Mädchen, das beim flüchtigen Hinsehen, aussah wie sie. Doch dann nahm sie Details war, von denen ihr Blick magisch angezogen wurde. Eine Narbe am linken Knie, die so wulstig war, dass sie unmöglich von einem banalen Sturz stammen konnte, sondern zu einem Ereignis gehören musste, an das man sich später auf jeden Fall würde erinnern können. Dann entdeckte sie drei kleine Leberflecke an der linken Halsseite, die ihr die Gewissheit schenkten, dass dieses Mädchen nicht sie selbst war.

Diese Erkenntnis schien die Tür zu weiteren Bildern geöffnet zu haben, die zwar eindeutig aus dem Schatz ihres Lebens stammten, von denen sie jedoch nichts wusste. Sie gehörten der Zeit ihrer Kindheit an, die nicht aktiv erinnert werden konnte, weil sie zu weit zurücklag, jedoch als Erlebtes im Unterbewusstsein hinterlegt war. Sie sah sich als Säugling, gehalten in den Armen ihrer Mutter, zugleich gehalten in den Armen des Vaters. Emma wunderte sich über dieses zeitgleiche Betrachten können, in den Armen beider zu liegen. Einige Bilder später begriff sie es: sie sah sich in einem Kinderbett liegen und neben ihr lag ein Kind, das ihr derart glich. Sie hatte eine Zwillingsschwester gehabt. Im Moment dieses Begreifens spürte sie die flüchtige Berührung der Kinderhand ihrer Schwester Karla. Als habe diese Empfindung eine tief verborgene Erinnerungskette in Gang gesetzt, tauchten weitere Bilder und Empfindungen auf: Karlas Stimme, wenn sie als Baby schrie, wie das Schreien innehielt, wenn Emma sie berührte, den Geruch ihres Atems. Der Anblick ihrer großen Augen, die sie, wenn sie zufrieden war oder etwas genoss, zukniff, um dann aus dem linken Auge zuerst wieder hervor zu linsen, so, als peile sie erstmal die Lage, bevor sie beschließen würde, ihre innere zufriedene Welt wieder zu verlassen. In die Reihe glücklich berührender Bilder fanden plötzlich Bilder Einlass, die völlig fremd wirkten.

Es waren Bilder, die unmöglich aus ihrer eigenen Erfahrung und Erinnerung stammen konnten. Sie waren aus einer Perspektive, die über allem zu stehen und auf die Menschen und alle Geschehnisse herabzublicken schien. So, als betrachte man alles Geschehene in Kenntnis aller Akteure. Sie sah ihre Mutter, die schon in der Schwangerschaft völlig überfordert zu sein schien. Emma spürte kurz das Empfinden ihrer Mutter, als sie erfuhr, dass sie mit Zwillingen schwanger war. Von Anfang an war da keine Freude. Sie sah ihren Vater, der sich stolz freute und vor Glück weinte. Sie sah Bilder, die zeigten, wie Emmas Mutter die Kinder beim Baden oder Wickeln kniff, sie sah blaue Flecken an den kleinen Körpern. Sie sah, wie ein Klapps zu einem Schlag wurde und wie sie trank. Sie sah, wie die Mutter ein Kind abzulehnen begann und sich um dieses konsequent nicht mehr kümmerte. Sie sah Agatha zum Jugendamt gehen. Sie sah die Verzweiflung in den Augen ihrer Großmutter, Verräter und Retter zugleich zu sein, denn das Jugendamt ließ sich nicht darauf ein, dass eines der Mädchen bei der Großmutter aufwachsen könne, sondern bestand auf die Unterbringung in einer Pflegefamilie. Sie sah die ruppige Art der Mutter im Kontrast zu den zärtlichen Berührungen durch die Hände des Vaters. Emma spürte, wie sehr er hilflos litt. Er arbeitete von früh bis spät körperlich schwer auf dem Bau und war sich bewusst, dass er die Familie ernährende Säule war. Der Vater weinte sich oft in den Schlaf und tröstete sich mit dem Gedanken, dass zumindest ein Kind die Chance haben würde, in finanzieller Sicherheit und von zwei Eltern geliebt aufzuwachsen. Er hatte sogar versucht seine Frau zu überreden beide Kinder wegzugeben, damit beide zusammen in einer Familie aufwachsen könnten und einander hätten. Doch Auguste sah sich um ihren Besitz betrogen und verweigerte dies.

Das nächste Bild, das Emma sah, ließ Tränen, die sie nicht mehr weinen konnte, über Wangen rollen, die dies nicht mehr spüren konnten. Karla wurde von einem jungen Paar in langen teuren Mänteln abgeholt. Sie sah, wie Agatha ihnen beim Abschied einen Zettel in die Hand drückte und unter Tränen bat, alle paar Jahre ein Foto von ihrer Enkelin geschickt zu bekommen. Sie sah sich selbst im Arm der weinenden Agatha, die hinter der nun verschlossenen Haustür zurückblieb. Und plötzlich sah sie wieder das Foto des kleinen Mädchens, das sie im Nachlass gefunden hatte. Das also, war Karla. Vor Emma tauchten weitere Fotos auf, die an Agatha geschickt worden waren: Karla zur Schuleinführung mit einer Zuckertüte, die so groß war, dass sie sie kaum tragen konnte. Karla auf einer Schaukel mit frecher Zahnlücke und wehendem Glockenrock. Weihnachten, als Karla sich liebend an einen Teddybären schmiegte und glückselig die Augen zusammenkniff. Sie sah ein Bild, von Karlas sechzehnten Geburtstag mit wilder Fönfrisur, die sicher eine halbe Dose Haarspray bedurft hatte und eins von ihrem Achtzehnten, in knallenger Jeans und bauchfreiem Top. Sie sah sie, vielleicht Anfang zwanzig in Jeans, Karohemd, hochgekrempelten Ärmeln und Lederschürze einen Stein behauen. Dann ein stolzes Foto in Umarmung mit ihren Adoptiveltern, als sie ihr Gesellenzeugnis als Steinmetzin erhalten hatte.

Emma erfuhr eine neue Perspektive der Betrachtung. Die Bilder verschwammen zu einem Gefühl, das sie Karlas Einsamkeit spüren ließ. Sie empfand, wie sich Karla von ihren Eltern geliebt und doch auch überbehütet fühlte, so, als solle sie die Welt da draußen nicht in Gänze kennenlernen, da sie mehr Schlechtes als Gutes bereithalten würde. Emma konnte spüren, mit welcher Leidenschaft Karla ihre Steine bearbeitete und dass sie dafür lebte. Sie fühlte, dass Karla einer, für die Augen der meisten Menschen, toten Masse, Leben einhauchen konnte. Sie betrachtete ihre Steine auf eine Art, als müsse sie nur darauf warten, dass der Stein ihr seinen Charakter verriet und sein Wesen preisgab, um damit eindeutig vorzugeben, was sie aus ihm und mit ihm erschaffen konnte. Für Karla war klar, auch wenn es rein vom materiellen Aspekt her möglich war, dass aus einem bestimmten Stein längst nicht alles entstehen konnte. So sollte sie beispielsweise einmal das Konterfeit eines Engels auf einen Grabstein meißeln. Sie lehnte den von der Familie ausgesuchten Stein jedoch ab, denn er beherbergte in keiner Faser seines Seins die feinen Züge eines Engels. Die Familie beharrte auf die Auswahl des Steines und beauftragte einen anderen Steinmetz. Dieser fertigte ein Engelsgesicht, jedoch blieb dieses plump und kantig, sodass Künstler und Familie sich zwar zufriedengaben, es aber nicht waren. Karla empfand es als Ehre, ihre handwerklichen Spuren an einem Element zu hinterlassen, dass noch jahrhundertelang von Wind, Wasser und Zeit geformt werden würde. So hatte sie das Gefühl, selbst zu einem Teil der Ewigkeit zu werden, indem sie ihre Spuren hinterließ. Emma sah plötzlich, so, als schweife ihr Blick gerade über alle Friedhöfe dieser Welt, die von Karla geschaffenen Werke und bemerkte, dass sie fast nur Grabsteine für Kindergräber gefertigt hatte. Dann spürte Emma in Karla hinein und erahnte die Herkunft dieser Bindung: Karla und Emma hatten sich, als sie Babys waren, verloren. Ohne es zu ahnen waren die zwei füreinander wichtigsten Menschen voneinander getrennt worden.

Ein neues Bild tauchte auf, gepaart mit einem Gefühl. Karla war achtundzwanzig Jahre alt und in nervöser Vorfreude auf ihre erste Reise, die sie gegen den ängstlichen Willen ihrer Eltern durchgesetzt hatte. Karlas Eltern hatten gegen jede Art einer Reise, die Karla allein unternehmen wollte, besorgte Einwände. Doch mit der Idee einer Trekkingtour in Südafrika übertraf sie die schlimmstmöglich denkbaren Reisefantasien ihrer Eltern. Doch Karla blieb stur. Sie bereitete sich ein Jahr darauf vor und wollte erleben, welche Strecke ihre Füße bereit waren sie zu tragen. Mit dem Versprechen eventuell auftretende körperliche Grenzen zu respektieren, nur kurze Tagesetappen zu wählen und vielen zähen Verhandlungen, brach der Widerstand der Eltern allmählich. Die Planungen der Reise fühlten sich ewig an, doch plötzlich war es soweit. Sie flog nach Kapstadt und plante eine Wanderung nach Port Elizabeth. Siebenhundertsiebzig Kilometer, für die sie vierzig Tage eingeplant hatte, um dann von Port Elizabeth mit einem Kreuzfahrtschiff nach Kapstadt zurück zu gelangen. Emma konnte die Aufregung spüren, die Karla empfand, als sie sich von ihren Eltern verabschiedete, dann den Stolz im Besitz einer Bordkarte zu sein und das Gefühl des Inneren-Gewachsen-Seins, mit dem Karla das Flugzeug betrat und ihren Platz einnahm. Sie kannte diesen Mix der Gefühle von sich selbst: Freude, Respekt und eine kleine Prise Angst, da der Mensch in dieser fliegenden Blechbüchse in den Lüften dieses Universums so fremd und hilflos war, wie ein Fisch in der Wüste.

Emma war davon gerührt zu entdecken, wie sehr sie der Schwester, der sie sich nicht bewusst erinnern konnte, glich. Sie sah von außen durch das Fenster des Flugzeuges in Karlas Gesicht und ihr war, als schaue Karla ihr direkt in die Augen. In Karlas Blick lag ein kurzer Moment des Erstaunens, dann etwas Suchendes, so, als ob sie versuche am Nachthimmel mit dem Blick einen Stern einzufangen, um festzustellen, dass er sich dadurch dem Auge nur entzieht, bis sie schließlich kurz darauf die Augen zusammenkniff und zehn Sekunden später zuerst nur mit dem linken Auge in die Welt schaute, bevor sie beide öffnete. Dann grinste sie und schüttelte lächelnd und verlegen den Kopf. Sie empfand Albernheit und freute sich über diesen kindischen Quatsch.

Emma war starr vor Freude. Welch unglaublicher Moment! War er echt gewesen? In welcher Welt existierte er? Und in welcher Zeit? Hatte es nicht auch zu Emmas Lebzeiten komische Situationen gegeben, in denen sie sich beobachtet gefühlt hatte, oder so, als sei sie irgendwie nicht allein, obwohl sie es ganz offensichtlich war oder Situationen, die man glaubte, exakt schon einmal derart erlebt zu haben? Das waren reale Empfindungen gewesen, wenn auch für sie mit dem Verstand nicht zu erklären.

Sie sah immer noch Karla an und weinte innerlich, als sie entdeckte, dass Karla nochmal flüchtig und mit ungläubigem Kopfschütteln aus dem Fenster schaute und sich damit beruhigte, dass es wohl doch nur ihr eigenes Spiegelbild in der Scheibe des Fliegers gewesen war, dass ihr da entgegen gegrinst hatte. Sie konnte nicht ergründen, was Karla dachte, doch Emma empfand ihr eigenes Glück. Karlas verdutzter Blick klang in ihr noch lange nach. Sie sah das Flugzeug in Kapstadt landen, Karla in einem Hotel einchecken und abends im Hotelrestaurant etwas essen. Dann tauchte vor Emma ein Bild auf, dass sie zunächst als Verirrung der Erinnerung oder eine Art Gedankensprung hielt. Darüber ärgerte sie sich, denn sie wollte bei Karla bleiben und das Erscheinen von von Kleist passte nun wirklich ganz und gar nicht in ihre Gefühlswelt.

Da das Bild jedoch partout nicht verschwinden wollte, schaute sie es sich genauer an. Es zeigte von Kleist in einem Hotel. Im gleichen Hotel, in dem Karla eben zu sehen gewesen war, in Kapstadt. Sie zog erneut eine Art Irrtum in Erwägung. Sicher war in der Diashow ihres Lebens einfach etwas durcheinandergekommen. Doch da irrte sie sich, wie sie wenig später schockiert und kopfschüttelnd feststellen musste, als die vor ihr ablaufende Bilderfolge an Tempo gewann. Emma erkannte, dass die Bilder umso schneller an ihr vorbeizogen, je aufgeregter und unruhiger sie beim Betrachten wurde. Sie versuchte sich daher zu zügeln, um mehr Zeit zu haben zu begreifen, doch es gelang ihr nicht. Von Kleist war unverkennbar geschäftlich unterwegs. Erst jetzt erkannte Emma, dass die paar Jahre, die zwischen Kapstadt und dem Zeitpunkt ihres Kennenlernens im »Fromagique« von Kleist sichtbar hatten altern lassen. Das Leben musste ihm etwas abverlangt haben, denn er wirkte an der Hotelbar, in seinem lässigen Jackett charmant, lebensoffen und authentisch. Emma war klar, dass sich Karla von ihm angezogen fühlen würde und daher wunderte es sie nicht, dass die nächsten Bilder, die folgten, einen angenehmen Abend der beiden zeigten. Sie waren ins Gespräch gekommen, aßen gemeinsam und blieben bis spät in der Nacht an der Bar. Am nächsten Tag zeigte von Kleist Karla Kapstadt. Dann verbrachten sie den Abend und eine leidenschaftliche Nacht miteinander. An Tag drei änderte Karla ihre Wanderpläne, verriet dies aber niemandem daheim. Sie hatten vereinbart, dass Karla sich einmal in der Woche meldete, um ein Lebenszeichen zu senden. Sie lebte eine glückliche wilde Woche an der Seite eines offenbar ebenso verliebten von Kleists. Emma widerstrebte es plötzlich, ihn nur bei seinem Nachnamen zu nennen. Sie sah ihre verliebte Schwester und diesen weichen Mann, der noch nichts mit dem Widerling zu tun zu haben schien, der er zweifelsohne geworden war. Emma bedachte ihn von da an mit seinem Vornamen, Richard, und schämte sich etwas dafür, dass ihr bisher nie in den Sinn gekommen war, dass in ihm auch ein empfindsamer Kern verborgen liegen könnte. Sie hatte nicht einen Gedanken daran verschwendet, wie er zu dem geworden war, den sie kennengelernt hatte, denn bei Karla war er ein anderer Mann – charmant, liebenswert, kindisch und verliebt. Er vergaß an ihrer Seite, dass er seit Jahren eine Ehe lebte, die nicht mehr Inhalt hatte als die abgestreifte Haut einer sich häutenden Schlange. Eine unbewohnte Hülle, die gerade noch erkennen ließ, was sie mal gewesen sein mochte. Richard hatte durch Karla ohne Vorwarnung einen Schubs in die Welt der Verliebten bekommen und beide lebten das Hier und Jetzt, unfähig und auch unwillig an ein Morgen zu denken, denn das würde schließlich auch kommen, wenn man nicht zuvor darüber nachgedacht hatte. Sie waren zusammen und damit war alles gut. Keiner von beiden hatte je zuvor im Leben das Bedürfnis verspürt, vierundzwanzig Stunden mit einem Menschen zusammen zu sein. Zuvor war immer rechtzeitig das Gefühl der Enge aufgetreten, das jeden seinen Freiraum zurückfordern ließ. Diesmal war es anders. Sie waren ganz selbstverständlich beieinander und wollten einander um sich haben – so eng und so viel wie möglich. Emma musste an Jacques denken. Ihnen hatte die gleiche natürliche Zusammengehörigkeit gehört. Emma litt unter dieser Erkenntnis und erfreute sich zugleich an Karlas Anblick und der Erinnerung an ihre eigene Liebe.

Die Bilderfolge vor Emmas Augen wurde etwas langsamer. Sie fand in der Betrachtung von Karlas Glück und ihrer eigenen spürbaren Liebe zu Jacques etwas Ruhe. Es war ein Geschenk zu spüren, dass mit dem Tod die Fähigkeit zu lieben nicht endete. Mit dieser Entdeckung wuchs in ihr die Hoffnung, dass Jacques dies vielleicht auch spüren könnte. Doch gleichzeitig fragte sie sich, was es ihm nützen würde, wenn er es spürte. Würde es nicht noch größeren Schmerz bedeuten? Das wollte sie sicher nicht. Sie hatte genug angerichtet. Nur, ihre Gefühle abzustellen, gelang ihr wiederum auch nicht. Die Liebe zu Jacques und auch Trüffel derart intensiv zu spüren, war das Einzige, was sie noch mit ihrem Leben verband und sie lebendig bleiben ließ.

Emmas Gedanken schweiften wieder zu Karla. Wäre ihr ihre Schwester irgendwann begegnet, weil Richard von Kleist mit ihr in Jacques Lokal essen gegangen wäre? Hitze wallte in Emma auf. Was wäre das für eine surreale Situation geworden, sie dort kennenzulernen? Sie hielt beim Schwelgen in dieser Vorstellung inne. Sie erinnerte sich plötzlich an Richards erschrockenen und fast verängstigten Blick, als er Emma im Bistro das erste Mal erblickte und den er gekonnt mit seiner Coolness überspielte, die er in Kapstadt eindeutig noch nicht zu eigen hatte. Was war geschehen? Er musste in dem Moment geglaubt haben, dass er nicht Emma, sondern Karla begegnete. Doch weshalb war das seinerseits mit Angst oder Erschrecken verbunden? Mit dem Stellen dieser Fragen erfuhr Emma eine neue Dimension ihres Bildersehens. Sie spürte, dass sie die Art der Bilder, die auftauchten, mit ihren Gedanken lenken konnte. Sie konnte darin Blättern und Schmökern wie in einem allwissenden Buch. Sie war verblüfft, denn diese Fähigkeit war neu oder war sie bisher nur derart auf ihren Schmerz fixiert gewesen, dass sie keine Acht darauf gehabt hatte, warum wann welche Bilder auftauchten? Sie stellte stumme Fragen und die Bilder führten sie in Richtung einer Antwort. Die Entdeckung der Macht ihrer Gedanken machte ihr Freude und Angst zugleich, denn es bedeutete vermutlich auch, dass sie, wenn sie sich mit ihren Gedanken Trüffel und Jacques zuwendete, sehen und spüren würde, wie es ihnen erging. Sie sehnte sich nach beiden und wollte an sie denken, doch sie wollte sehen, dass es ihnen gut ging und so war sie für die Antwort, die ihr die Wirklichkeit vielleicht aufzeigen würde, nicht bereit. Sie würde es nicht ertragen können, sie in Trauer und Schmerz versunken zu sehen. Sie lenkte ihre Gedanken wieder zu Karla und die Bilder von Karla in Afrika tauchten vor ihr auf. Karla verlebte fünfundzwanzig traumhaft schöne Tage mit Richard.

Emma sah Richard beflügelt in ihrer Gegenwart und grübelnd, fast verzweifelt, wenn er kurz für sich war. In Richard brach sich die Realität Bahn, dass er sich Fragen würde stellen müssen, die einer Antwort bedürften. Wie würde es mit ihm und Karla weitergehen, wenn sie wieder in Deutschland wären? Richard war unglücklich mit einer Frau verheiratet, die ihm früher das Gefühl gegeben hatte, ihn zu lieben, doch die im Verlauf der Jahre vor ihm kein Geheimnis mehr daraus gemacht hatte, dass für sie die einzigen Vorzüge der Verbindung, der Eintritt in die gehobeneren Kreise der Gesellschaft und des Wohlstandes gewesen waren. Eine Trennung oder gar Scheidung war für Richard undenkbar, denn seine Frau hatte mittlerweile genügend Kontakte in den richtigen Etagen, um sowohl seinem Ruf als auch ihm finanziell zu schaden. Vielleicht würde sich Karla auf eine Fernbeziehung einlassen. Die sechshundert Kilometer, die sie voneinander trennten, fühlten sich sicher an. Ihre beiden Leben hatten auf diese Entfernung sicher keine Schnittmengen, in denen sich Bekanntenkreise verheddern konnten. Da er geschäftlich eh viel unterwegs war, ergäben sich sicher häufig Möglichkeiten, die Reisen mit einem Besuch bei Karla zu verbinden. Er würde mit Karla reden müssen, die Karten auf den Tisch legen, auch auf die Gefahr hin, dass sie nicht zustimmte und die junge Beziehung gleich beenden würde. Er wollte sie nicht belügen, keine fadenscheinigen Vorwände erfinden, um sie hinzuhalten. Er wollte mit dieser wunderbaren Frau eine eigene Welt aufbauen, jedoch keine, die auf falschen Versprechungen beruhte. Am Abend teilte er mit ihr all diese Gedanken, Hoffnungen, Sorgen und Ängste und auch die ganz kühnen Zukunftsvisionen eines Lebens ohne seine Ehefrau fanden ihren Platz, während sie sich in den Armen lagen. Er wusste nicht, wie es geschehen war, doch je mehr sie sich ihrer Fantasie eines gemeinsamen Lebens hingaben, umso mehr Kleider fielen zu Boden. Als Karla schließlich nackt auf seinem Schoß saß und er sie umarmend festhielt, da fühlte es sich an, als ob das Wahrwerden dieser Wünsche nur einen Atemzug entfernt wäre.

Emma wandte ihr Gedanken kurz ab, um sich vor dem Sehen intimerer Szenen zu schützen, denn das gehörte den beiden, nicht ihr. Dann tauchte ein neues Bild auf. Karla und Richard verabschiedeten sich mit einem Kuss, der verriet, dass sie beide an einer gemeinsamen Zukunft festhielten, in welcher Form auch immer. Richard reiste ab und schenkte Karla den Flug von Kapstadt nach Port Elizabeth, damit sie dort noch ein paar Tage verbringen konnte, um dann die Schiffsreise zurück nach Kapstadt anzutreten. In Emma stieg, rational nicht begründbar, ein ängstliches und unheimliches Gefühl auf. Kaum, dass sie es wahrgenommen hatte, beschleunigte die innere Unruhe die Abfolge der Bilder, sodass Emma Mühe hatte, bald starr vor Spannung, dann vor Entsetzen, zu folgen. Den Teufelskreis von Unruhe und resultierender Geschwindigkeit der Bilder vermochte sie nicht zu durchbrechen. Sie sah Karla das Schiff betreten. Sie sah, wie das Schiff in einer Nacht zu nah an der Küste fuhr. Sie sah das riesige Leck, das ein Fels am Boden des Schiffes verursacht hatte und wie es sich unheimlich schnell mit Wasser füllte und in Schieflage geriet. Sie sah Menschen einander in Panik fast zertrampeln, flüchtend ins Meer springen und ertrinken, da sie die Wirkung der Strömung, des eigentlich so harmlos aussehenden Meeres, nicht einschätzen konnten und dieser mögliche Tod unwahrscheinlicher schien als der, wenn man mit einem Schiff sank. Sie sah Karla, wie sie mitten in der Nacht im Schlafanzug ihre Kabine verließ, sich an der Reling festhielt und versuchte auf die Bewegungen des Schiffes zu reagieren und Balance zu halten. Emma war tief berührt zu spüren, dass Karla eine Meisterin des Ruhebewahrens war. Als sich das Schiff weiter neigte und Karla sich zum Halten des Gleichgewichtes kurz über die Reling beugen musste, fiel jedoch ein Gegenstand von einem oberen Deck herab und traf sie am Hinterkopf. Emma erstarrte, als sie sah, dass Karla das Bewusstsein, dann die Balance verlor und ins Meer stürzte. Unwillkürlich schaute sie sich um, ob sie Karla erblicken konnte. Emma zitterte vor Verzweiflung. Das durfte einfach nicht wahr sein.

Das nächste Bild folgte, auch wenn Emma längst nicht bereit war, ihre Suche nach Karla aufzugeben. Sie sah Richard in einem Büro sitzen und auf einen Monitor starren. Emma blickte ihm über die Schulter »Schiff vor Kapstadt gekentert – über achtzig Tote«. Richards stummes Starren wich einem Schrei und mit einer plötzlichen Handbewegung über den Schreibtisch fegend, flog der Monitor gegen die Wand. In Emma war Stille. Sie traute sich nicht weitere Fragen zu formulieren. Sie wollte keine Fragen und keine Antworten mehr. Sie schaute stumm und starr den Bildern zu, die von allein vor ihr auftauchten, unfähig, sich zu regen. Sie sah der Wesenswandlung von Richard zu, der in seiner untröstlichen Traurigkeit, Arroganz und Jähzorn als schützenden Begleiter fand. So vermochte er jegliche neue menschliche Annährung und Bindung von sich fern zu halten. Mit einer Erleichterung, die Emma körperlich zu spüren schien, obwohl sie keinen Körper mehr hatte, sah sie Karla, die nicht gestorben war, sondern fernab des Unglücksortes an Land gespült, fünf Tage später gefunden und in ein Krankenhaus gebracht wurde. Emma sah ein Bild von Richard, der nicht aufhören konnte, mit Hilfe seines in Kapstadt lebenden Chauffeurs nach Karla zu suchen. Dann die Kapitulation vor der Realität, als er die Suche einstellte. Emma sah, wie Richard nach ihrem Kennenlernen im Lokal, seine Gedanken sortierte, recherchierte und die Suche nach Karla wieder aufnahm. Er empfand die Begegnung mit Emma als Wink des Schicksals und musste wissen, wer diese Frau war. Richard konnte nicht akzeptieren, die Wahrheit nicht zu kennen, egal, wie sie aussehen mochte. Emma begriff, dass Richard auf diesem Wege alles über ihr bisheriges Leben und ihre Liebe zu Jacques herausgefunden hatte. Sie spürte, dass er zunächst mit unbändiger Eifersucht zu kämpfen hatte, denn er sah Emma und Jacques, war jedoch immer wieder sinnesgetäuscht, Emma könnte Karla sein. Richard suchte besessen nach Karla, obwohl er spürte, dass, selbst wenn er sie finden würde, ihre Liebe keine Zukunft hätte, denn er war nicht mehr der Mensch, der fähig war federleicht und unzensiert zu lieben. Sein Leben – er – hatte sich zu sehr verändert. Neue perverse Abhängigkeiten im Machtgefüge zu seiner Ehefrau hatten sich ergeben, denn in seinem Schmerz des Verlustes war er einmal gegenüber eines angeblich ihm Vertrauten geständig gewesen und das hatte ihn erpressbar gemacht. Eine so reine und unbeschwerte Seele, wie die von Karla, gehörte nicht in seine verruchte Welt. Karla hätte ein Recht auf eine bedingungslose, und nicht von vorneherein derart beschwerte, Liebe.

Vor Emma überschlugen sich nun die Bilder und damit die Ereignisse, sodass sie unfähig war durch Lenkung ihrer Gedanken zu entscheiden, wie viel und schnell sie diese sehen wollte. Sie sah, wie Richard die Nachricht bekommen hatte, dass Emma ums Leben gekommen war. Nachdem sie von Jacques als vermisst gemeldet worden war, wurden Ermittlungen in Gang gesetzt, die auch zum Taxifahrer führten, der berichtete, Emma zur »Baie de Barbara« gefahren und gewarnt zu haben, bei dem unberechenbar böigen Wind nicht zu nahe an den Rand der Klippen zu gehen. So wurde ein Unfall mit höchstwahrscheinlich tödlichem Ausgang angenommen. Emmas kleiner Koffer wurde nicht gefunden. Im nächsten Bild sah sie Richard vor dem »Fromagique« stehen. Ein Schild »Wegen Trauerfall auf unbestimmte Zeit geschlossen« hing an der Tür. Sie sah Richard mit aufrichtig gesenktem Blick wieder davongehen. Er teilte mit Jacques eine ihm bekannte Trauer und wünschte ihm, obwohl sich die Sympathie bisher für diesen Mann in Grenzen gehalten hatte, dass der Schmerz ihn nicht derart brechen würde, wie er gebrochen worden war.

Im nächsten Bild sah Emma, wie Richard mit offenem Mund eine E-Mail las, die sein Chauffeur ihm geschickt hatte: » I think I found your missing girl«. Emma spürte, wie Richards Herz vor Glück fast zersprang und doch gleichzeitig wusste, dass, sofern es stimmen würde, er die schwierigste Entscheidung seines Lebens zu treffen hatte. Er bekam ein Foto als Beweis. Als er es betrachtete, setzte sein Herz einen Takt aus. Zwei Tage später flog er nach Afrika, ohne zu wissen, was genau er dort suchen, vorfinden, tun oder entscheiden würde. Er fand Karla. Nachdem sie monatelang, verglichen mit europäischem Standard, in einem improvisiert wirkenden, dörfischen Krankenhaus behandelt worden war, hatte sie sich allmählich von den Folgen der Unterkühlung und einer schweren Kopfverletzung erholt. Man hatte sie, ohne große Hoffnung auf Überleben und wenig medizinisch Möglichem, versorgt. Ihr nicht zu helfen war für die Dorfbewohner keine Option gewesen, auch wenn sie anfangs dem Tod näher gewesen zu sein schien als dem Leben. Sie hatten Karla umsorgt, so gut es ihnen möglich war und ließen sie seither bei sich leben. Als Richard bei Karla ankam und sie erblickte, weinte er still hinter seiner Sonnenbrille. Sie war schön, wie eh und je, doch sie, so erzählte es ihm schon die Familie, erinnerte sich an nichts mehr aus ihrem Leben, so, als habe das Meerwasser ihr Gedächtnis ausgewaschen. Sie freute sich über die Bekanntschaft dieses freundlichen Mannes, der plötzlich aufgetaucht war und ihre Sprache sprach.

In Richard wuchs eine Idee, die er eine Woche reifen ließ. Er haderte mit seinen Gedanken und Gefühlen und fragte sich, ob er das Geschick derart lenken durfte, wie es ihm seine Idee vorgab. Mit seinem Tun würde er in das Leben zweier Menschen eingreifen und den Lauf der Dinge verändern. Zum ersten Mal in seinem Leben hatte er ein Bewusstsein für die Gefährlichkeit von Macht. Er wog zum ersten Mal Entscheidungen gegeneinander ab und hatte nicht sein eigenes Wohl als Maß der Dinge im Blick. Er traf seine Entscheidung in reinster Absicht etwas Gutes zu tun. Er wollte sein Netzwerk zum ersten Mal zu Gunsten eines anderen Menschen nutzen. Er hatte genügend Kontakte, rund um die Welt, bis in die höchsten Instanzen der Bürokratien und er wusste, dass jeder Mensch, der Macht besaß, auch etwas zu verbergen hatte und damit erpressbar war, denn Mitwisser gab es immer. Es gab praktisch Nichts, was im vollkommen Verborgenen geschehen konnte. Nachdem sich Richard nach dem ersten Treffen mit Karla vier Tage zum Überdenken und Planen zurückgezogen hatte, besuchte er sie am sechsten Tag erneut. Bei seiner Wiederkehr wurde er freudig begrüßt:

»Oh, der Mann, der meine Sprache spricht! Hallo Richard! Schön, dass Sie zu mir kommen. Hat das einen bestimmten Grund oder wollten Sie nur nochmal ein wenig muttersprachliche Gesellschaft?«

Richard atmete tief durch, um den Mut nicht zu verlieren, den er am Vorabend in der Hotelbar mit Whisky zu konservieren versucht hatte.

Er hob mit sicherer Stimme an: »Ja, das hat es. Ich weiß, dass Sie sich durch Ihren Unfall an nichts aus ihrem früheren Leben erinnern. Doch ich kenne Sie aus der Zeit davor. Ich kann Sie nach Hause bringen.«

Nun war es geschehen. Karla stand Richard mit Tränen in den Augen gegenüber. Sie schwankte kurz, schloss die Augen, atmete einmal tief durch, denn das hatte ihr schon oft geholfen die Beherrschung zu bewahren, schlug die Augen wieder auf, bereit, dem Blick von Richard standzuhalten, bereit für die Antwort auf ihre Frage:

»Sagen Sie mir, Richard, wer bin ich? Hier nennt man mich Mala. Aber Mala bin ich erst, seitdem ich hier bin.«

Richard blickte Karla an. Ihm liefen die Tränen ungeniert die Wangen hinab. Mit der Antwort, die er ihr geben würde, verlor er die Liebe seines Lebens und schenkte ihr zugleich eine wirkliche Zukunft. Er hob zur Antwort an, musste sich räuspern, denn die Stimme war zunächst belegt, dann antwortete er:

»Sie sind Emma Lillit.«

Emma, die die Bilder vor sich dahinschwebend erlebte, traf es wie ein Schlag. Sie verstand erstmal nichts, dann verstand sie alles. Alle Puzzleteilchen huschten schnell auf ihren Platz und vor Emma wurde Richards Werk sichtbar. In ihr taumelten die Emotionen und Gedanken durcheinander: Ablehnung, Einverständnis, Wut, Traurigkeit, die Freude eines Neuanfanges, der gar nicht ihrer war, oder doch? Am Ende verstand sie Richards Entscheidung und würdigte sie mit großem Respekt. Er war bereit gewesen, die Chance seines Glückes aufzugeben und es Jacques zu schenken. Er war bereit, Karla eine Zukunft an der Seite eines Mannes zu ermöglichen, der bis ans Ende seiner Tage mit Leib und Seele ihr Mann sein würde, sie nie wieder verlieren wollte, der sein Glück nicht würde fassen können, dass es das Leben einmal gnädig mit ihm meinte. Jacques würde Karla etwas schenken, was ihr Richard niemals hätte zusichern können – Beständigkeit. Er wusste, dass er die Kraft nicht aufbringen würde, sein Leben derart zu erschüttern, um finanziell von seiner Frau ruiniert einen Neuanfang zu wagen. Karla würde an seiner Seite kein sorgenfreies Leben führen können, wenn seine Ehefrau erstmal die Krallen ausgefahren hätte. Und eine Fernbeziehung in einem Konstrukt aus Lügen, nein, das musste er ihr ersparen. Emma war in sich still. Ihr wurde schwindelig und sie genoss es, dass gerade kein Bild an ihr vorüberzog. Sie sah auf ihren toten Körper mit dem seidig im Wasser schwebenden Haar und spürte, dass Richards Entscheidung richtig war. Dennoch war sie für die Bilder, die sich als nächstes zeigen würden noch nicht bereit. Sie hatte Angst. Sie wollte nicht sehen, wie sich Jacques und Karla kennenlernten oder wiedersahen, wie sie es nennen würden. Nicht, wie ein Mensch, der ihr so ähnlich war, plötzlich ihren Platz einnahm. Sie war doch gerade erst gestorben, oder? Die Vorstellung, dass Emma mit dem Auftauchen der nächsten Bilder sehen müsste, wie eine lebendige Version ihres Körpers durch ihr altes Leben lief, ließ sie den Anblick ihres Leichnams nicht länger ertragen. Sich diesen Bildern nicht zu stellen war keine Option, denn so viel hatte sie bereits verstanden: wo Gedanken waren, entstanden auch Bilder und sich von den Gedanken befreien konnte sie nicht, weil sie es nicht wollte. Vielleicht würden die Bilder jedoch leichter zu ertragen sein, wenn sie nicht gleichzeitig neben ihrer Leiche saß, die, zugegeben, nicht wirklich schöner wurde mit der Zeit. Emma schaute sich ihren Körper und vor allem ihr Gesicht noch einmal an und befand, dass sie diese Person nicht mehr war. Es war ihr toter Körper, zu dem sie keine wirkliche Bindung mehr empfand. Sie gehörten eindeutig nicht mehr zueinander.

So war es in Ordnung, sich einen anderen Ort zu suchen und nicht länger in den Tiefen des Meeres zu bleiben. Sie wusste, dass sie Kraft ihrer Gedanken an alle für sie denkbaren Orte reisen konnte. Ohne zu wissen weshalb, stellte sie sich den kleinen Raum neben dem Ziegenstall vor, in dem sich Jacques Muschel- und Strandgutsammlung befand. Das wäre ein schöner Ort, an dem sie ungestört sein würde und sich vermutlich auch niemand an ihrer Anwesenheit störte. Kaum hatte sie den Gedanken zu Ende gedacht, umrauschte sie das Meerwasser. Als sie die Meeresoberfläche durchtrat sah sie kurz die Klippen der »Baie de Barbara«, die weit entfernt lagen. Noch während sie über die Höhe der Klippen und die Tiefe des Sturzes staunte, sah sie sie: Barbara und ihr Matrosenmann saßen dort vereint. Sie waren nicht als Körper sichtbar, doch ihre Geister waren dort und Emma schoss ein Gedanke durch den nicht mehr vorhandenen Kopf, den sie zu diesem Zeitpunkt noch gar nicht näher begreifen konnte:

»Na, wenn deren Zeit für die Wiedergeburt bereit ist, dann kommen diese Seelen als Zwillinge zur Welt.«

Dann fand sie sich inmitten Hunderter Muscheln wieder. Wie schön es hier war. So friedlich. Eine lauwarme Abendsonne schien durch das Spinnenweben verzierte Fenster und ließ so manches Perlmutt funkeln. In der Ecke stand eine umgedrehte Holzkiste, auf der eine Decke lag. Und auch wenn Emma verstanden hatte, dass sie einen Sitzplatz im eigentlichen Sinne nicht brauchte, war es die Macht der Gewohnheit sich einen gemütlichen Platz zu suchen. Dort setzte sie sich und fand eine Ruhe. Sie schöpfte Kraft, die sie glaubte für die nächsten Bilder zu brauchen. Sie hatte keine Ahnung wie Totsein weitergehen würde, doch ohne wenigstens kurz geschaut zu haben, wie es Jacques und Trüffel nach ihrem Tod ergangen war, würde sie sich auch nicht darum kümmern können. Sie war schuld daran, dass die beiden vermutlich hatten leiden müssen und nur aus Angst, dem eigenen Schmerz beim Anblick ihres Leides nicht ertragen zu können, wegzuschauen, wäre der Gipfel der Feigheit. Sich dem zu stellen, empfand sie als Teil ihrer Strafe einerseits und andererseits als das Mindeste an Opfer, das sie dieser Trauer ihrerseits darbieten konnte. Außerdem musste sie einfach wissen, wie es ihnen nun ging. Solange es Trüffel und Jacques nicht gut gehe, würde sie nicht ruhen. Sicher gab es auch in der Sphäre, in der sie gerade lebte Mittel und Wege, den Lebendigen zu helfen. Immerhin existierte die Energie der Gedanken und Gefühle offensichtlich in beiden Welten. Da war es sicher auch möglich eine Verbindung zu schaffen. Sie lehnte sich zurück und folgte den Bildern, die als Antwort auf ihre vorsichtig gestellten Fragen auftauchten.

Sie sah Jacques mit rotgeweinten Augen auf seiner Dachterrasse stehen. Er rührte sich nicht und schien vor schmerzverkrampfter Brust kaum atmen zu können. Es war eine sternenklare Nacht, in der alles in kühle Stille getaucht, innehielt. Ein plötzlich wieder anflutendes Weinen brachte Jacques Körper zum Beben. Dann sank er weinend auf die Knie. Seine zunächst nur stumm gestellte Frage wurde immer lauter, bis er sie erst flüsterte, dann schrie, damit sie seinen Körper und auch Geist verlassen möge. Die Frage entwich seinem Mund und war in ihrer Bedeutung so groß und übermächtig, dass sie zuvor jeden Platz in ihm eingenommen haben musste, bis sie jede Pore verstopft hatte: »Warum?« Er stellte die eine Frage, ausgerechnet die furchtbarste aller Fragen, die ihm niemand würde beantworten können. Es war die Frage, an der Menschen zerbrechen konnten, wenn es ihnen nicht mit der Zeit gelang aufzuhören, sie zu stellen. Jacques wusste das. Er hatte schon mehrmals im Leben erfahren und ertragen müssen, dass das Schicksal keiner Zustimmung bedurfte, um einzutreten.

Jacques kniete zusammengekauert, blickte die Margeriten an, als würden sie die Antwort kennen, doch ihm nicht preisgeben wollen, weinte und wusste nicht wohin mit all seinem Schmerz. Für Emma war der Anblick kaum zu ertragen. Sooft hatten sich die Bilder vor ihrem inneren Auge beschleunigt, doch jetzt, da sie am liebsten nichts mehr gesehen hätte, blieb das Bild vor ihr einfach stehen. So war es, als säße sie neben ihm und verharrte in der gleichen bewegungslosen, stummen, schmerzenden Stille. Sein Anblick war das Abbild ihrer Schuld. Keine Tat – kein Wort, nichts – konnte irgendetwas ungeschehen machen, entschuldigen oder diesen sinnlos verursachten Schmerz lindern. Sie wünschte sich, er möge spüren, wie sehr sie ihn liebte und wie unendlich leid ihr es tat ihn allein gelassen zu haben. Doch was würde es ihm nützen, es zu spüren? Bedeutete nicht jeder Gedanke und jede gefühlte Verbindung, jede Erinnerung nur noch mehr Schmerz? Plötzlich dachte Emma nicht mehr, sondern folgte ihrem Wunsch, ihm noch einmal nahe zu sein. Sie begab sich in ihrer Vorstellung in das Bild, stellte sich hinter Jacques, bückte sich und schloss die Augen. Sie roch den wunderbaren Duft seines Nackens und küsste ihn. Sie ließ die Augen geschlossen, innerlich weinend und sich gleichzeitig so töricht fühlend, als ob sie verliebt ein Foto küsste. So sah sie nicht, dass Jacques sich plötzlich in den Nacken fasste, überrascht, als habe ihn eine Feder gestreift. Emma öffnete die Augen wieder, als sie, ebenso wie er, von einem kläglichen Miauen erschreckt wurde. Emma barst fast das Herz, als sie sich umschaute und ihn entdeckte: Trüffel! Er saß auf der Brüstung der Dachterrasse, sah dünn aus, das Fell struppig und sein Blick leer. Als Jacques ihn ebenfalls erblickte, sprang er sofort auf:

»Oh, Kleiner! Na, endlich bist du wieder da! Wenn Emma jetzt von ihrem Wölkchen herunterblickt, dann laufen ihr sicher die Tränen vor Freude, dass du nun doch endlich wieder den Weg zu mir gefunden hast!«

Damit hatte Jacques recht. Auch wenn sie weder auf einem Wölkchen saß noch Tränen hatte, um zu weinen, so war sie doch fähig ebendieses Gefühl zu empfinden. Überhaupt hatte Emma das Gefühl, seit ihre Emotionen keinen körperlichen Ausdruck mehr finden konnten, war deren Wahrnehmung als solche viel intensiver als zu ihren Lebzeiten. Was hieß eigentlich Lebzeiten? Sie lebte ja, nur anders. Trüffel neben Jacques zu sehen, ließ sie innerlich weinen, vor Traurigkeit und Glück zugleich. Jacques nahm ihn behutsam auf den Arm und drückte ihn sanft an sich. Trüffel begann sein Köpfchen unter Jacques Kinn zu schmiegen und Emma wusste noch genau, wie sich diese Berührung anfühlte. Sie war glücklich, dass diese Erinnerung sogar den Tod überstanden hatte.

Als Jacques begann, Trüffels Hals zu kraulen, bemerkte er das Halsband. Zwei Kraulbewegungen später ertastete er den hölzernen Anhänger, den Emma vor ihrer Abreise drangebunden hatte und traute seinen Sinnen kaum. Trüffel gab sich den zärtlichen Berührungen willig hin, hob das Köpfchen und gab den Blick auf den Engelsflügel frei. Als Jacques ihn erblickte, füllten sich seine Augen mit Tränen. Er streichelte Trüffel weiter, spürend, wie lange sich dieser nach Zuwendung gesehnt hatte. Er küsste seine Stirn, wissend, dass Emma das jetzt getan hätte.

»Sie hat dich so sehr geliebt, du schöner Kater! Weißt du das?«

Emma schaute gerührt zu und wollte, dass dieser Anblick für sie nicht enden würde. Sie fand, dass Trüffel auf Jacques Frage mit einem etwas vorwurfsvollen Blick antwortete, was Emma zum Grinsen brachte und sie antworten ließ: »Ja! Und sie liebt dich weiter. Über alle Grenzen des Daseins hinweg!«

Dann hörte sie Jacques sagen: »Und sie liebt dich weiter. Ganz gewiss! Wo auch immer sie jetzt ist!«

Emma sah, wie Jacques Trüffel in die Küche trug und erst dem Kater, dann sich, etwas zu essen bereitete. »Komm, wir essen was! Sie hätte nicht gewollt, dass wir uns derart verzehren.«

Emma nickte zustimmend und genoss es, diesen Moment mit ihnen teilen zu dürfen.

»Morgen kommt das Schlimmste, kleiner Freund. Ich muss eure Wohnung leerräumen. Mathilda kann nicht länger auf die Miete verzichten und ich könnte es nicht ertragen, wenn jemand Fremdes ihre Sachen anfasst. Aber nun weiß ich, dass du mich morgen Abend empfangen wirst und wir uns gegenseitig trösten können.« Jacques versuchte ein Lächeln.

Das nächste Bild, das Emma sah, musste vom folgenden Abend stammen. Jacques saß mit Trüffel neben einem Karton mit Habseligkeiten ihres Besitzes, die er scheinbar beschlossen hatte zu behalten. Darunter befand sich ihre selbstgehäkelte Squarrydecke, die sie so geliebt hatte, drei Muscheln, die sie als Kind an der Nordsee gefunden, ein Buch mit Gedichten, die sie geschrieben hatte und ein paar Fotos, darunter auch das von Karla im Sommerkleid. Emma war in Entdeckerstimmung, was sich noch in der Kiste befinden würde, als sie plötzlich sah, wie Jacques Bewegungen innehielten, als er einen Briefumschlag in der Hand hielt, auf dem sein Name stand. Emma lief es kalt den nicht vorhandenen Rücken runter, denn an diesen Brief hatte sie gar nicht mehr gedacht. Sie war regungslos. Jacques hielt den Brief in den Händen, den sie gehofft hatte, er niemals bekommen würde. Ihn zu schreiben war eher so ein Vorsorgeding gewesen, um das Gewissen zu beruhigen, aber sie hatte doch nicht wirklich geglaubt, dass diese Vorsorge mal einen Sinn haben würde. Jacques öffnete den Umschlag. Trüffel räkelte sich auf der Häkeldecke neben ihm und beschnupperte sie. Er hatte damals an ihrer Seite gesessen, als sie diese Zeilen geschrieben hatte, so wie er jetzt bei Jacques wachte, der zu lesen begann:

»Mein liebster Jacques,

Ich schreibe dir diese Zeilen, weil mich der Gedanke nicht mehr loslässt und mich die sentimentale Wirkung eines zweiten Glas Weines dazu bringt, dass ich es mehr richtig als falsch finde, es zu tun. Jetzt sitze ich hier und der Stift rührt sich kaum. So viel habe ich über den Inhalt dieses Briefes nachgedacht und erfahre nun, dass Denken und Tun, in der Intensität der einsetzenden Gefühle zwei verschiedenen Dinge sind. Über den Tod nachdenken ist manchmal schon ängstigend, doch jetzt aus einer Perspektive zu schreiben, in der ich davon ausgehe gestorben zu sein, geht mir sehr nahe. Ist es egoistisch, um sich selbst zu weinen? Ich hoffe so sehr, dass du diese Zeilen niemals lesen musst, dass wir stattdessen miteinander alt geworden sind.

Doch für den Fall, dass etwas Unvorhergesehenes geschieht, ein Sterben, ohne Möglichkeit des Abschiednehmens, käme ich nicht zur Ruhe, wenn es keinen Weg gäbe dir nochmal gesagt zu haben, dass ich dich liebe. Dass ich dich an jedem Tag unseres gemeinsamen Lebens geliebt habe. In normaler Zeit gemessen ist unsere Liebe noch so jung, doch Jacques, in mir fühlt sich die Liebe so solide und fest an, als würde ich sie schon lange in mir tragen und als hätten wir einander nur erkennen müssen. Ich liebe dich mit jeder Faser meines Seins und ich spüre in mir, seit ich mich meiner

Liebe zu dir bekannt habe, eine neue Ruhe. Ich fühle mich vollständig. Es ist als hätten eine stumme Einsamkeit und rastlose Suche aufgehört. Ich hätte zuvor nicht sagen können, dass mir in meinem Leben etwas fehlte. Doch jetzt, da du einen Platz eingenommen hast, von dem ich nicht einmal wusste, dass er existierte, sehe ich, wie groß die Leere gewesen sein muss, die ich nie wahrgenommen habe. Ich dachte immer, zu heiraten wäre ein überflüssiger Brauch der Liebe. Weshalb brauchte man die amtliche Bestätigung für eine Zusammengehörigkeit, die man doch fühlte? Und wenn die Liebe schwände, so wäre auch die Heiratsurkunde inhaltlich wertlos. Die Ehe würde als Fassade eines Hauses bestehen, in dem keiner mehr wohnte.

Doch nun Jacques, empfinde ich ganz anders. Manchmal muss man scheinbar vom Leben in eine neue Perspektive geschubst werden, um sich andere Möglichkeiten des Fühlens und andere Ansichten zu erschließen. Jetzt wünsche ich mir so sehnlich, als die dir angetraute Frau durchs Leben zu gehen. Und jeder soll es wissen, dass ich dein bin und dir offiziell angehöre und damit das größte Geschenk empfange, nämlich deinen Namen als meinen tragen zu dürfen. Es klingt kindisch, oder? Ich bin, ob verheiratet oder nicht, stolz an deiner Seite und trage in mir so viel Glück, dass Worte es nicht zu fassen vermögen. Deine Frau zu sein und dich als meinen Mann in meinem Leben zu spüren, lässt mich demütig werden. Ich wollte nie Kinder in diese Welt setzen, denn wir Menschen zerstören die Erde fortwährend sehenden Auges und wissenden Verstandes, doch der Einzelne begreift nicht seine Rolle dabei und sieht keine Notwendigkeit, Konsum und Handeln zu verändern. Die Mehrheit der Menschen empfindet umweltbewusstes Handeln als Einschränkung des eigenen Wohlstandes und beruft sich auf die ebenfalls untätigen Menschen links und rechts neben sich. Jeder Einzelne von uns, voran mit versagender Vorbildfunktion, Staatsmänner und Staatsfrauen, Religionsgemeinschaften und Konzerne, fahren Runde um Runde in unserem kurzsichtigen, egozentrischen, profit- und machtorientierten Gedankenkarussell, als gäbe es kein Morgen. Der traurige Punkt, der Wahrheit wird ist, dass ab einem gewissen Maß, das längst erreicht ist, Fehler unumkehrbar sind und es dann auch kein Morgen mehr gibt. Die Menschen haben sich durch Kriege schon derart viel Leid zugefügt und doch, währt der Frieden zu lang, scheint der Schrecken zu schwinden und sie sind wieder bereit dafür. Oder ist das einfach Natur und wir sind unser natürlicher Feind? Menschen sind einander scheinbar nur im Kreis der Vertrauten etwas wert, fühlen sich einander jedoch nicht generell verbunden.

Jacques, verzeih mir diese resoluten Worte. Der einzelne Mensch vermag klug zu sein, doch die kollektive Dummheit von uns Menschen macht mir Angst. Und nun wünschte ich, wir hätten heile Zeiten, denn ich würde mit dir so gern unsere Kinder aufwachsen sehen, sie behüten und begleiten. Sie wären in reinster Liebe entstanden. Sag mir, sitze ich gerade neben dir, wir beide über achtzig Jahre alt und ich zeige dir diesen Brief nur, weil wir ein glückliches Leben verbrachten und ich offenbaren wollte, was ich als junge Frau, vorsorgend für dich schrieb? Sag mir, haben wir geheiratet? Haben wir Kinder?

Was wünschte ich mir, du würdest mir die Antworten geben, Arm in Arm, mich küssend. Dich zu küssen, Jacques, ist für mich erfüllend. Ich sehne mich so sehr nach Vereinigung mit dir, um dem Gefühl der Liebe endlich körperlichen Ausdruck zu verleihen. Jede Faser unseres Körpers soll die Liebe spüren, nicht nur das Herz. Ich befürchte, wenn ich einmal die Lust mit dir gekostet habe, bin ich ihr ein Leben lang verfallen. Jacques, jetzt, da ich das schreibe, habe ich Angst. Ich will so viel gemeinsame Zeit mit dir. Ich will so viel erleben. Ich will, dass du diese Zeilen niemals lesen musst.

Jacques, du bist mein Lebensgeschenk. Kein Mensch, kein Mann dieses Universums hätte mein Leben reicher machen, niemand meiner Seele näherkommen können. Ich hoffe, wir hatten eine erfüllte und lange Zeit miteinander. Ich hoffe es so sehr, dich jeden gemeinsamen Tag glücklich gemacht zu haben. Du sollst wissen, ich liebe dich und tue das über die

Grenze meines Lebens hinaus. Ich bin dein – und wenn es eine Ewigkeit dauert.

Emma«

Emma war erschüttert. Den Brief, ja, sie hatte ihn geschrieben. Geschrieben, für den unwahrscheinlichen Fall des Falles, und nun? Sie sah Jacques weinen und lächeln zugleich. Trüffel schmiegte sich an ihn, dann stand er auf, stellte sich mit den Vorderbeinen an Jacques Brust, seine Schnurrhaare berührten Jacques Gesicht und Emma wusste nur zu gut wie sehr es kitzelte, wenn Trüffel Tränen beschnupperte.

Jacques lächelte und kraulte ihn: »Sie liebte uns und tut es immer noch, kleiner Serrano-Trüffel.« Er atmete tief durch und sagte mit Tränen in der Stimme: »Unser Engel ist zu unserem Schutzengel geworden. Ich würde alles dafür geben, sie käme jetzt zu uns.«

Jacques weinte. »Oh Trüffel, dass Liebe immer so weh tun muss. Aber wem sage ich das? Dir fehlt sie auch schmerzlich. Das merke ich. Komm, lass uns aufs Dach gehen und ihr in der Laterne eine Kerze anzünden. Vielleicht sieht sie das Licht von dort, wo sie jetzt ist«, sagte er und trug ihn die Treppe hinauf.

Emmas Inneres weinte. Und ob sie das Licht sah! Es strahlte voller Liebe und sie sah Jacques Gedanken. Er hielt an der kleinen Hoffnung fest, dass sie wiederkäme. Dass alles nur ein großer Irrtum sei und sie vielleicht nur ein Licht brauchte, das ihr den Weg nach Hause leuchtete. Bisher war ihr Tod nur eine Theorie, wenn auch, allen Ermittlungsergebnissen nach, eine mit höchstwahrscheinlicher Richtigkeit. Doch Hoffnung vermochte sich am dünnsten Strohhalm festzuklammern, aus dem kleinsten Funken einer ausgehenden Glut neues Feuer entfachen und sich im vor Schmerz ausgefüllten Herzen noch einen Platz zu suchen, wo sie wohnen konnte. Emma spürte Jacques grenzenlose Liebe und trotz aller Verluste, die er hatte ertragen müssen, konnte er sich der Hoffnung und dem damit immer wieder verbundenen Schmerz, nicht erwehren. Emma fühlte, dass es richtig war, was geschehen würde. Es war eine egoistische Trauer, für die sie sich schämte, wenn sie mit Richards Plänen haderte. Das Schicksal bot die sicher sehr seltene Chance, geschehenes Unglück umzukehren, wenn auch nicht für Emma selbst, so doch für Jacques. Was hätte sie in ihrer Situation mehr erhoffen können als diese Wendung? Sie war es, die es durch Übermut verbockt hatte. Sie war es, die dafür verantwortlich war, dass sich in Jacques und Trüffels Leben Trauer eingenistet hatte. Sie hatte trotz allem jetzt die Chance einen Frieden zu finden, es wieder gut machen, wenn sie es nur zuließ.

Emma hatte im Laufe ihrer Bilderreise immer intuitiv gespürt, über welche Fähigkeiten sie verfügte. Erst hatte sie gelernt, dass sie Antworten bekam, wenn sie Fragen stellte. Dann, dass sie das Tempo der Bildfolge durch innere Unruhe oder Ruhe beschleunigen und bremsen konnte. Sie vermochte die Gedanken derer zu hören, die sie vor sich sah. Dann spürte sie, dass sie in die Gedanken der jetzt lebenden Menschen schlüpfen konnte, um eine plötzliche Idee einzugeben oder eine Erinnerung hervorzurufen. Sie selbst hatte das auch erlebt, begriff jedoch erst jetzt, dass sie es selbst verursachen konnte – begriff dessen Dimension. Sie erinnerte sich, dass sie nach Rachels Tod einmal im Einkaufsmarkt gestanden hatte und plötzlich an sie denken musste, scheinbar ohne Grund, doch derart intensiv, dass ihr die Liebe einen Stich versetzte und sie gleichzeitig in tiefer Dankbarkeit dieser Freundschaft lächeln musste. Welch unerwarteter Moment, der sie zum Strahlen gebracht hatte. Emma hatte es bisher bewusst unterlassen in Jacques Träumen zu erscheinen. Sie hatte Angst, dass es mehr Schmerz als Trost verursachen würde. Jacques war eh nahezu pausenlos in Gedanken bei ihr. So war es aus ihrer Sicht bisher nicht verantwortbar gewesen, ihm das bisschen Ruhe seines traumlosen Schlafes zu rauben. So suchend wie sich sein Herz nach ihr sehnte, wäre Jacques offen gewesen, Gedanken von Emma zu empfangen. Doch ihr machte das zugleich Angst. Sie konnte sich nicht dagegen wehren über die Entstehung von Krankheiten vormals gesunder Menschen nachzudenken, die plötzlich Stimmen hörten. Vielleicht waren Geisteskrankheiten wirklich Krankheiten der Geister. Kranke Geister, die sich in ihrem unglücklichen, nicht ausgesöhnten Totsein Gehör verschafften, indem sie ihre Fähigkeit, Gedanken zu schenken, missbrauchten und Macht über Menschen ausübten, die in ihrer sensiblen Art unbewusst empfangsbereit waren. Es mochte Geistwesen geben, die als Zeichen ihrer fehlgeleiteten Wut und Trauer über ihren eigenen Tod die neue Macht auskosteten, die sie über lebendige Menschen haben konnten. Diese mögliche neue Sicht auf derartige Krankheiten erschrak Emma, denn die Richtigkeit war alles andere als unwahrscheinlich.

Emma konnte nicht sagen, wie viel irdische Zeit vergangen war. Mit Einsicht in die Richtigkeit dessen was passieren würde, hatte sie sich in sich zurückgezogen und Jacques, Trüffel, Richard und Karla mit liebenden Gedanken umgeben. Sie wusste, dass es die Zeit des Werdens war. Die Phase im Leben eines Menschen, die größtmöglichen Schutzes bedurfte, damit etwas gelingen konnte. Wenn Emma bedachte, wie viel ihr in ihrem Leben gelungen und geglückt war, so verspürte sie große Dankbarkeit, denn sie wusste nun, woher der Schutz für derartiges Gelingen kam. Ihr Vater, Rachel und Agatha hatten an der ein oder anderen Stelle sicher behütend über sie gewacht. Automatisch stellte sie sich die Frage, weshalb dann überhaupt Unglück und Böses geschah, wenn doch Geister über lebendige Menschen zu wachen vermochten. Die Antwort war das Menschsein. Die Mehrheit der Menschen neigte zu sehr zum Egozentrischen, von denen ein jeder im direkten Vergleich mit dem anderen glaubte, wichtiger, überlegener oder klüger zu sein, ja, sogar mehr Wert zu haben. Jeder Einzelne fühlte sich als Krone der Schöpfung und belächelte den anderen, vermeintlich dümmeren, der es ihm in seinen eigenen vier Wänden gleichtat. Es herrschte zu viel Missgunst und Habgier, zu viel Machtgier und scheinbar unverzeihliche Wut gegen Andersdenkende oder Andersglaubende. Die Menschen schafften es einfach nicht, einander in Ruhe zu lassen und das brachte Unglück. Hinzu kam der Zufall. Unglücke, die wirklich von niemandem beabsichtigt waren, die durch tragische Konstellationen einfach geschahen und auch durch Geistwesen, wie Emma nun eines war, nicht verhindert werden konnten. Emma spürte, dass es richtig gewesen war, das Gute im Leben nicht als Selbstverständlichkeit zu sehen. Dem Guten noch dankbarer und dem Schlechten noch gnädiger zu begegnen, wäre sicher auch nicht verkehrt gewesen, dachte sie sich.

Als vor Emma, nach einer Zeit der bildlosen Ruhe, plötzlich wieder ein Bild auftauchte, war sie mit dem, was sie sah in Frieden. Sie wusste, dass weitere Bilder folgen würden, wenn sie das erste von Herzen willkommen hieß. Und das tat sie. Sie wusste, dass sie im Hier und Jetzt der Lebenden war, nicht in den Bildern der Vergangenheit. Es war, als würde sich ihre Seele ausdehnen und in Liebe erstrahlen. Sie wartete noch die nächste irdische Nacht ab, um nun doch zu wagen Jacques in seinen Träumen zu besuchen. Sie wollte ihm den einen wichtigen Satz sagen, den sie noch zu sagen hatte. Den einen Satz, der alles im Leben zu tragen vermochte. Sie wollte ihn einstimmen auf das Wiedersehen, wachküssen mit Zuversicht, seine Hoffnung nähren, dass alles gut werden würde. Drei Worte, die unbedacht gesprochen werden konnten oder alles auszudrücken vermochten, was ein Mensch zu fühlen imstande war. Sie sah Jacques am folgenden Morgen verdutzt aufwachen und Trüffel streicheln, der sein Lager auf dem Nachttisch aufgeschlagen bekommen hatte. Jacques hatte ihm die gehäkelte Decke als Nest arrangiert, in die Trüffel sich vergrub. Jacques erzählte ihm von seinem intensiven Traum, in dem Emma, gefühlt die ganze Nacht, einfach neben ihm gelegen und ihm am Morgen einen Kuss gegeben habe. Den einzigen Satz, den sie gesagt habe, sei »Ich liebe dich« gewesen. Worte, die ihn tief berührt und die, das konnte er sich nicht erklären, mehr nach Neubeginn als nach Abschied geklungen hätten.

Emma sah die Szene und war glücklich. Auch Trüffel wollte sie noch einmal derart nahe sein und wartete bis er wieder eingeschlafen war. Dann küsste sie ihn im Traum so sanft auf die Stirn, wie sie es immer getan hatte. Dabei hielt sie sein Köpfchen in beiden Händen und strich mit ihrem Nasenrücken seine Stirn, die sie dann wieder und wieder küsste. Trüffel schlief bis zum Mittag im Genuss dieses Traumes und als sie spürte, dass ihn gleich ein schon lange nicht mehr verspürter Appetit wecken würde, verabschiedete sie sich mit den Worten »Bis bald«. Trüffel erwachte und blickte ihr direkt in die Augen. Da spürte Emma, dass er sie sah, er sie die ganze Zeit hatte wahrnehmen können, denn eine Tierseele, so begriff sie jetzt, war der Geisterwelt gegenüber weniger verschlossen. Sein Blick verriet, dass er sie verstanden hatte und er ging schnurstracks zu Jacques und miaute kläglich, dem Verhungern scheinbar nahe. Jacques freute sich, begleitet von einem leicht vorwurfsvollen Blick, zum Futternapf zitiert zu werden. Zur Feier der Wiederentdeckung des Hungers servierte Jacques ein Stück Putenfilet, dass er frisch garte und das Trüffel mit einer Eile verschlang, als müsse er sich dringend für das Kommende stärken. Emma und Jacques beobachteten Trüffel mit einer Aufmerksamkeit und Freude beim Essen, wie es sonst nur Eltern vermochten, sich über Alltagsbanalitäten ihrer Kinder zu erfreuen. Emma mutmaßte, dass die Fressnarkose nach dieser Aktion des Bauchvollschlagens bald einsetzen und höchstens noch einen halbherzigen Fellputzversuch zulassen würde, bevor der Schlaf gewann. Sie lachte, als alles genauso eintrat. Mit diesem Bild im Herzen atmete Emma tief durch und wandte sich dem zu, was jetzt geschehen durfte. Sie war bereit, die Bilder zu sehen, die ihr neues altes Leben zeigten, von dem sie ein Teil war, wenn auch ein unsichtbarer.

Sie beobachtete Richard von Kleist, zitternd und nervös, bei Jacques einen Brief einwerfen und spürte, wie sicher er sich dabei war, das Richtige zu tun. Richard wusste, dass er in den letzten Jahrzehnten viel Schlechtes im Leben anderer Menschen bewirkt oder zumindest Gutes verhindert hatte. Er war getrieben gewesen von einer inneren Unzufriedenheit und einem Groll, dessen Quelle nicht versiegen wollte, denn sie lag in seiner Lebensgeschichte tief verborgen. In den fünfundzwanzig Nächten, die er mit Karla hatte verbringen dürfen, hatte er erfüllten Sex, behüteten Schlaf und die beste schlaflose Zeit seines Lebens erlebt. Neben ihr zu liegen, sie schlafend zu sehen, das Gefühl zu haben, sie zu beschützen, das hatte ihn mit Glück erfüllt, ohne dass er es verstand. Er hatte neben ihr gewacht und diese Zeit mit Gedanken gefüllt, die er sich nie zuvor im Leben gemacht hatte. Er dachte darüber nach, dass Karla ihm am Anfang naiv erschien, weil sie mit einer Unbekümmertheit ihr Leben lebte, sich vieler unabänderlichen Dinge gar nicht erst annahm, weil sie es als Energie- und Zeitverschwendung ansah. Und er wunderte sich, dass die gleichen Gedanken ihm ein paar Nächte später eine Gefühlsmischung aus Neid und Stolz bescherten. Neid, weil er, je länger er darüber nachdachte, auch derart leben können wollte. Stolz, weil er die Frau, die ihm das würde lehren können, liebte. Er hatte sich über die Veränderungen seines Wesens gewundert, die sich vollzogen, seitdem Karla bei ihm war und war zu dem Schluss gekommen, dass nicht er allein die Schuld des Entstehens seiner hässlichen Wesenszüge trug, er sich jedoch durch Schuldzuweisungen auch nicht von ihnen entschuldigen durfte. Denn letztlich trug er als Akteur selbst die Verantwortung für sein Tun oder nicht tun, egal, was die Gründe für das Entstehen gewesen sein mochten.

Tief verwurzelt in seiner Kindheit, lehrte ihm sein Vater Härte. Richard musste mit ansehen, wie seine Mutter vom eigenen Ehemann gezüchtigt wurde. Er hatte unter der Machtlosigkeit, diesen grausamen Alltag weder für sich noch für seine Mutter ändern zu können, geschweige denn, daraus zu fliehen, gelitten. Es war für ihn unverständlich gewesen, weshalb seine Mutter nicht mit ihm fortgegangen war, weshalb sie sich und ihn dieser Hölle ausgesetzt hatte. Als er noch in Kindheitstagen einmal den Mut aufbringen konnte, sie das zu fragen, hatte sie ihn weinend in den Arm genommen und ihm etwas von Geld, das sie bräuchten, um wegzugehen, einem ruinierten Ruf, den auch Richard sein Leben lang zu spüren bekommen würde und der Drohung des Vaters ihr ein großes Leid anzutun, sollte sie es wagen zu gehen, erklärt. Richard konnte sich nicht vorstellen, was noch größeres Leid sein könnte, doch seine Mutter brauchte ihre Fantasie nicht zu bemühen, um sich auszumalen, was das bedeuten würde, denn sie traute ihrem Mann jede Art von Gewalt zu. Wenn nicht durch ihn, dann durch einen seiner unzähligen Kontakte, die sich für ihn auch sonst die Finger schmutzig machten und frei von jedem Gewissen waren. Sie blieb und litt, in der Hoffnung, dass das besser für ihren Sohn sei, als vaterlos an der Seite einer geächteten Frau, mittellos aufzuwachsen.

Als der Vater eines Abends, Richard war elf Jahre alt, nach Hause kam und einen anderen Mann in feinem Anzug mit nach Hause brachte, keimte in Richard eine unbändige Hoffnung, dass dies ein Zeichen der Wärme wäre, die im Herzen seines Vaters Einzug erhalten würde. Sie aßen gemeinsam zu Abend und Richard war glücklich, denn zu Besuch kam sonst niemand und der Mann war nett und erzählte lustige Geschichten, die sogar seine Mutter zum Lachen brachten. Sie lachen zu sehen war wunderbar und ließ Richard, aus Genuss sie so zu sehen, das Essen vergessen. Er glaubte sich zu erinnern, dass er sie an diesem Abend zum ersten Mal derart lachen sah. Der Mann kam ein zweites Mal zum Abendessen und Richards Mama war auffallend schön gekleidet. Er hatte gesehen, wie sie zum Abschied beim letzten Mal errötet war, als ihr der Herr ein Kompliment darüber machte, wie gut das Essen gewesen sei. Richard freute sich immer über das abendliche Auftauchen des Gastes und nahm in Kauf, dass er nach dem Essen rasch auf sein Zimmer geschickt wurde. Er wunderte sich nicht darüber, dass ihm sein Vater eines Abends unmissverständlich zu verstehen gab, dass er ihn heute Abend nicht mehr sehen wollte. Richard wusste, dass man Erwachsene nicht stören durfte, wenn es um wichtige Gespräche übers Geschäft ging und eine Belehrung über mögliche Konsequenzen, wenn Richard doch stören würde, konnte sich der Vater mittlerweile sparen. Er erinnerte sich noch sehr lebhaft an den sechswöchigen Gipsarm, der in der

Sommerhitze so schrecklich gejuckt hatte. Eine Ohrfeige seines Vaters, nachdem er das Arbeitszimmer verbotenerweise betreten hatte, hatte ihn zu Fall und den Arm zu Bruch gebracht. Richard war es gewöhnt, dass sein Leben zwischen Verboten stattfand. Die Ansage, das Zimmer nicht mehr verlassen zu dürfen, hatte Richard nicht gekümmert, denn er wollte sich nach dem Essen mit dem neuen Freund der Familie seinen Träumereien hingeben. Er träumte davon, dass der feine Herr der Ritter sei, der ihn und seine Mutter aus der Gefangenschaft des Vaters befreien würde. Am Abend des nächsten Besuches hörte er seine Mutter häufig kichern und er wünschte sich so sehr, sie dabei ansehen zu können. Er überlegte sogar die Ohrfeige zu riskieren, besann sich dann jedoch eines Besseren, denn wenn er die Ohrfeige bekäme und weinte, dann würde auch seine Mutter nicht mehr fröhlich lachen. Dann wäre sogar die Ohrfeige umsonst gewesen. Weil seine Mutter so glücklich war und auch so lecker kochte, freute er sich auf die Besuche des Mannes.

Als er sich eines Abends, ein paar Monate der Bekanntschaft waren mittlerweile vergangen, an den Tisch setzte, wirkte der Mann einerseits angespannt und andererseits irgendwie künstlich überdreht lustig. Vielleicht hatte er einen schlimmen Tag im Büro gehabt, dachte sich Richard. Doch an diesem Abend sollten Richards Erinnerungen an das, was man Kindheit nennt, enden. Er hatte die Erinnerungen so tief wie möglich in sich vergraben, denn er fürchtete sich vor ihnen. Den Bildern, die Emma vor sich zu sehen bekam, blieben sie nicht verborgen und so sah sie, wie Richard sein Zimmer nachts heimlich verließ, weil er glaubte einen Schrei seiner Mutter gehört zu haben. Sie sah, wie er in das Wohnzimmer ging, in dem die Rollläden mit Sonnenuntergang geschlossen worden waren und seine Mutter auf dem Boden kniend erblickte. Das Kleid war über die Hüften nach oben geschoben, die Feinstrumpfhose zerrissen, die Unterhose hing an ihrem rechten Knöchel. Sein Vater hatte sie an den Haaren gepackt und riss ihren Kopf immer wieder nach hinten. Sein verschrumpelter Pimmel guckte unbeteiligt das Hinterteil der Mutter an, egal wie sehr der Vater auch daran zupfte. Mit einer Wut, die anders war als die Wut, die Richard sonst von seinem Vater kannte, wurde er ungeduldig. Er bespuckte das Hinterteil seiner Mutter und versuchte immer wieder mit Schlägen, die er ihr erteilte, seinen Schwanz anzutreiben. Die Haare fest gepackt, machte seine Mutter nur eigenartige Geräusche. Als Richard den Blick vom Vater löste, sah er den feinen Herren vor seiner Mutter stehen, die an seinen prächtigen Schwanz lutschte. Richard schaute schnell wieder zum Pimmel seines Vaters und fand ihn so jämmerlich, wie die ganze Erscheinung, die dort stand und die Mutter unbeholfen befingerte. Er stand wie angewurzelt und war unfähig wegzusehen, obwohl er wegsehen wollte. Er wurde erwischt und er wurde verprügelt. Der Vater verprügelte ihn und der kleine Schrumpelpimmel zappelte bei jeder Bewegung, sodass Richard laut zu lachen begann und die Wut des Vaters zur Raserei machte.

Richard ging drei Wochen nicht zur Schule, weil er mit blauen Flecken übersät war. An seiner Kinderzimmertür wurde von außen ein Riegel angebracht und er wurde nun schon vor dem Essen, wenn der nicht mehr feine Herr kam, weggesperrt. Seine Mutter begegnete ihm von da an nur mit vor Scham gesenktem Blick. Auch das Kichern hörte er nicht wieder. Als Richard sechzehn Jahre alt war und er seinen Schulabschluss geschafft hatte, verließ er das Elternhaus. Er hörte erst wieder vier Jahre später etwas von seiner Mutter, die ihm in einem Brief mitteilte, dass sein Vater ums Leben gekommen sei. Ein Unfall sei es gewesen, doch Emma sah, dass sie sich durch das stete Verfeinern der Speisen des Vaters mit Arsen von diesem Mann befreit hatte. Sie erbte ein Millionenvermögen, dass mit ihrem Freitod, drei Jahre später, auf Richard überging. Richard hatte nicht sagen können, warum es passierte, doch er wurde von dem Tage an, da er seine Mutter stranguliert an der Heizung vorgefunden hatte, zu einem anderen Menschen. Zu einem Menschen, den er verabscheute und der erst durch die Begegnung mit Karla in tausend Scherben zu zerspringen begonnen hatte. Er war, während der paar Wochen mit Karla, der Mann, der er scheinbar in seinem Herzen immer fähig gewesen war zu sein oder der aus ihm hätte werden können. Diese Erkenntnis, dass all die guten Wesenszüge und die Leichtigkeit seines Seins nur in ihm verborgen gewesen waren, erschütterte und befreite ihn zugleich. Karla hatte ihn zurückgeholt aus dieser eisigen Hölle, in der er sich versteckt hatte und in die er, schlimmer als je zuvor, nach ihrem vermeintlichen Unfalltod zurückgekehrt war.

Emma sah Richard weinen, als er nach dem Wiederfinden von Karla begreifen musste, dass sie sich an nichts aus ihrem bisherigen Leben erinnern konnte. Sie erinnerte sich nicht an ihn und er hielt sich damit zurück, ihr von ihnen zu erzählen. Karla war fröhlich, haderte nicht mit ihrem Schicksal und war bereit, sich an jedem Tag dem Leben hinzugeben und zu stellen, weil das gleichzeitig die Erinnerung von morgen schuf. Richard wusste um das Verschwinden von Emma, der Zwillingsschwester von Karla. Er wusste von Jacques Trauer, die mittlerweile stadtbekannt war und das Bistro verschlossen hielt. Richard war zum ersten Mal im Leben bereit aus Liebe zu handeln. Er würde Deutschland danach verlassen, denn ein Wiedersehen mit Karla wäre für ihn unerträglich.

Auf dem nächsten Bild sah Emma, wie Jacques Richards Brief in den Händen hielt, erst ungläubig wendete und ihn dann, im Bistro sitzend, las und immer wieder von Neuem beginnen musste, weil sich sein Verstand beim Lesen zu überschlagen schien. Danach weinte er hemmungslos vor Glück und las ihn wieder und wieder:

»Sehr geehrter Monsieur Jacand,

Ich bin kein Mann großer Worte, deswegen müssen Ihnen diese Zeilen genügen. Als ich am 18. Mai 2018 in Ihrem Lokal war, war ich bereit Ihnen großen existenziellen Schaden anzutun, aus Rache für die gebrochenen Nase. Sie erinnern sich bestimmt. Ich muss Ihnen nicht die Gründe erläutern, doch das Leben lehrte mich meine Absicht, Ihnen schaden zu wollen, zu bereuen und Sie stattdessen um Verzeihung zu bitten. Da ich auch dies in Worten schlecht vermag, erlaubte ich mir, als Zeichen der Wiedergutmachung, meine eigene Suche nach Frau Emma Lillit zu beginnen. Bitte entschuldigen Sie, dass ich durch meine Recherchen gewiss auch Dinge über Ihr Leben in Erfahrung gebracht habe, die sicher nicht für Dritte bestimmt gewesen waren. Dennoch spornte mich die Kenntnis Ihrer tragischen Lebensgeschichte weiter an, die anfangs vergeblich wirkende Suche nach Frau Lillit fortzuführen. Nun fand ich sie.«

Emma spürte, wie Jacques ganzes Dasein beim Lesen dieses Satzes ins Schwanken geriet. Ihm brachen Schweiß und Tränen gleichermaßen aus. Er zitterte und nach einer kurzen Pause, die ihn schwindelig machte, begann sein Herz zu rasen, als renne es Emma bereits entgegen. Er zwang sich zur Ruhe und zum Weiterlesen.

»Ich habe Frau Lillit in Kapstadt gefunden. Ja, Kapstadt! Unglaublich, oder? Von dem Zeitpunkt an, als sie das letzte Mal vom Taxifahrer an der »Baie de Barbara« gesehen wurde, ließ sich ihr Weg wie folgt rekonstruieren. Sie musste ihr Handy verloren haben und daher zu Fuß zum Flughafen gelaufen sein. Dieser Weg musste etwa fünf bis sechs Stunden in Anspruch genommen haben. Da der Flug nach Deutschland an diesem Abend nicht mehr zu erreichen war, musste sie überlegt haben in einem Hotel am Flughafen zu nächtigen. Dort wurde sie in Begleitung einer anderen Frau gesehen, checkte jedoch nicht ein. Wo sie die Nacht verbrachte und weshalb sie mit dieser Frau unter anderem Namen am nächsten Tag nach Kapstadt reiste, ist nicht nachzuvollziehen. Um meine Recherchen an diesem Punkt der Erkenntnis fortsetzen zu können, musste ich mit meinem Leben dafür garantieren, dass ich dieser Frage nicht weiter nachgehen würde. Ich bekleckere mich nicht mit Ruhm, wenn ich Ihnen sage, dass mich mein Leben lehrte, derartige Drohungen ernst zu nehmen, da die Menschen, die sie aussprechen, nicht zögern würden sie umzusetzen. Ich verdächtige jedoch, dass es sich um eine unfreiwillige Reise handelte und dass der Schmuggel von Drogen eine Rolle spielen könnte.

Unter Inkaufnahme nicht alle Puzzleteile zu finden, setzte ich meine Suche nach Frau Lillit fort. Ich fand sie in einem kleinen Ort in der Nähe von Port St. Johns. Die Familie, die sie aufgenommen hatte, erzählte mir, Frau Lillit am Strand liegend gefunden zu haben. Sie sei völlig unterkühlt gewesen, habe eine schwere Kopfverletzung gehabt und kaum mehr Leben in sich getragen. Die Umstände, wie sie in diese Lage kommen konnte, sind unbekannt. Frau Lillit selbst kann hierzu auch keine Auskunft geben, denn auch wenn sie sich mittlerweile wieder bester Gesundheit erfreut, scheinen die Erinnerungen an ihr bisheriges Leben gänzlich erloschen zu sein.

Monsieur Jacand, ich berichtete Emma von Ihnen und sie wünschte sich, so ist es vielleicht unglücklich formuliert, wenn auch wahrheitsgemäß, Sie kennenzulernen. Vielleicht vermag es die Liebe, die alten Bande neu zu knüpfen. Ich erlaubte mir auch, mich den Bürokratien anzunehmen. Frau Lillit wird übermorgen um 17 Uhr in Frankfurt landen und dann mit dem Taxi zu Ihnen gebracht werden. Ich denke, die junge Dame wird hungrig sein, sodass es an der Zeit ist Ihr Lokal vom Staub der Trauer zu befreien. Ich wünsche Ihnen aus tiefstem Herzen ein hoffentlich von Glück gesegnetes Wiederfinden und eine Zukunft, die frei von weiteren Katastrophen sein wird – Sie hätten es verdient.

In Hochachtung, R. v. Kleist

PS: Ich erlaubte mir, Frau Lillit bei der hiesigen Bank ein neues Konto einzurichten. Mit dem dort hinterlegten Geldbetrag dürfte ihr Start in das neue alte Leben zunächst abgesichert sein. Im ›Hotel zum Schwan‹ ist für Frau Lillit auf unbestimmte Zeit ein Zimmer gemietet. Wenn es nicht mehr benötigt wird, so bitte ich Sie den Schlüssel an der Rezeption abzugeben. Und sollte ich Sie jetzt mit der Frage nach dem ›Warum‹ zurückgelassen haben, so bitte ich Sie diese gleich wieder zu vergessen. Die Frage ist von höchst undankbarer

Natur und die Beantwortung ändert selten etwas an den Tatsachen des Geschehenen.«

Jacques war sprachlos und weinte still. In Emma war es ebenso still. Es war eine glückliche Stille, denn sie spürte, dass es in Jacques keinen Zweifel gab. Er hatte Richards Worte gelesen, die Aufrichtigkeit, mit der sie geschrieben worden waren, begriffen und alle Vorbehalte abgelegt. Er ließ keinen Raum für Zweifel an der Richtigkeit des Briefes. Er hegte keinen Argwohn. Dieser Brief schloss in ihm das Kapitel »von Kleist« und er nahm das Geschenk mit größter Dankbarkeit an.

Jacques war wie im Taumel. All die bisher ungeweinten Tränen des Verlustes wurden jetzt geweint. Die Größe des Schmerzes, die ihn bewohnt hatte, brach jetzt nochmal hervor. Jetzt, da es das Schicksal einmal geschafft hatte, Unheil ungeschehen zu machen, den Zug über eine Weiche auf ein anderes Gleis zu lenken, ohne, dass sich dieses Glück zuvor abgezeichnet oder angekündigt hätte. Die Weiche war einfach da. Glück konnte demnach genauso unvorhersehbar passieren wie Unglück, ohne Erklärung, ohne Grund. Das hatte er vergessen.

Nach einer halben Stunde des Weinens hatte der Schmerz Jacques verlassen. In ihm wuchsen Vorfreude und Nervosität. Zweifel, dass sich Emma verändert haben könnte oder sie die Liebe füreinander nicht mehr wiederfänden, hatte er nicht. Jacques wusste, dass es ein behutsamer Weg werden würde und fühlte sich unangenehm im Vorteil, dass seine Liebe einen Vorsprung hatte und er über die Erinnerung an ihr bisheriges Leben verfügte. Doch er war bereit, nochmal von Neuem zu starten. Er war bereit, sich wieder in Emma Lillit zu verlieben und mit ihr all die kleinen Schritte eines sich Kennenlernens zu gehen. Er hatte keine Ahnung, was es heißen würde auf einen Menschen zu treffen, dem die Erinnerung an das eigene Leben fehlte. Doch er hatte keine Angst. Er war beherrscht von der Macht der Hoffnung, beflügelt durch die Kraft einer Seele, der endlich Heilung widerfuhr. Jacques zu seinem neuen, alten Glück zu verhelfen, beflügelte Emma. In dem Moment, da Jacques die Tür öffnete, vorsichtig und auf eine distanzierte Begrüßung eingestellt, da sammelte Emma in sich alle Liebe, die sie für Jacques und auch Trüffel empfand und schenkte sie Karla.

Als Karla Jacques erblickte, breitete sich in ihr ein so warmes und behütetes, bekanntes und sehnsüchtiges Gefühl aus, dass sie zu weinen begann, noch bevor das erste Wort gesprochen werden konnte. Jacques streckte ihr eine Hand entgegen und Karla durchfuhr bei ihrer Berührung die Erinnerung, dass sie von dieser Hand bereits zärtlich berührt worden war. Sie ergriff sie und spürte eine bekannte Wärme. Sie war bei diesem Mann zuhause, da war sie sich sicher. Er war ein schöner Mann. Eine Schönheit, die man auf den zweiten Blick erschloss und von da an nie mehr nicht sehen konnte. Karla tat einen Schritt auf ihn zu. Daraufhin nahm Jacques sie vorsichtig in die Arme, als sei sie zerbrechlich und beide weinten leise. Karla spürte plötzlich sagen zu müssen, dass es ihr unendlich leidtue, was geschehen war. Sie bat ihn um Verzeihung. Nach einer in Blicken versunkenen Sekunde, antwortete ihr Jacques mit einem sanften Kuss. Diesen Moment nutzte Emma für das Geschenk einer weiteren Erinnerung. Karla sollte spüren, dass dieser Kuss Heimat war. Emma schloss die Augen und vermochte Jacques Lippen auf ihren zu spüren. Es schmerzte und war doch größtes Glück zugleich. Es war wie der zwiespältige Moment, wenn man es als Erlösung empfand, wenn ein Mensch starb und von seinem Leiden befreit wurde, man diesen Menschen aber zugleich niemals hätte loslassen wollen. Zu spüren, wie Jacques sie küsste, besiegelte den Plan, Karla in Form von Träumen und Erinnerungen, das Leben von Emma Lillit weiterzureichen. Für den Abschluss des ersten Abends befand Emma nur noch das Schenken einer Erinnerung als wichtig: Sie verriet Karla, wie Trüffel am liebsten gekrault und liebkost werden wollte. Trüffel genoss das, jedoch sah Emma seinen Gedanken an, dass er wusste, dass »Emma Lillit« nicht Emma war. Doch sie spürte auch Sympathie, aus der sicherlich eine Freundschaft entstehen konnte.

Emma blieb mehrere Monate an Jacques und Karlas Seite und fühlte sich mit jeder verschenkten Erinnerung leichter. Alles Geschehene wurde weniger wichtig. Das zurückgelassene Leben zu sehen, wurde weniger schmerzhaft. Ihr Dasein fühlte sich an wie ein zarter, durchsichtiger Stoff, der sich über alles legte und zu einem Teil von allem jetzt noch bestehendem Leben geworden war. In Emma wurde es still. Sie ruhte in sich mit einem Rest Erinnerung, den sie jedoch nicht an Karla verschenken würde. Es war die Erinnerung an Trauer, Verlust und an eine zerrissene Kindheit. Emma hatte das Gefühl, als treibe sie nun federleicht in einem Fluss aus Luft und Licht. Sie gab sich diesem Fluss hin, denn er umhüllte sie schützend und wohlig. Welche Zeit verging, wusste sie nicht. Doch plötzlich hatte sie das Gefühl, sie müsse los. In ihr lächelte sie über diesen Einfall, denn wo würde sie hinmüssen? Die Zeit der dringlichen Termine hatte sie doch mit ihrem Leben hinter sich gelassen, oder?

Kapitel 8 – Trüffel

Als Jacques zu mir, in Emmas und meine Wohnung kam, um mich zu füttern, versteckte ich mich, denn ich wollte ihn nicht treffen, nicht sehen. Jedes Mal ging er wieder, nachdem er mein Wasser und mein Futter frisch gemacht, den Mäusedamen zu essen gegeben und eine traurige Runde durch die Wohnung gedreht hatte. Mal stand er auch nur da und schaute ins Nichts. Erst bei seinem fünften Versuch mich anzutreffen, hielt ich es nicht länger aus, ihn so einsam zu sehen und kroch aus meinem Versteck. Seine verweinten Augen und die tiefe Traurigkeit, die darin lag, nahmen mir die kleine Hoffnung, die sich auch in mir vor lauter Liebe eingenistet hatte, obwohl mein Herz längst wusste, was geschehen war. Das, was ich schon zuvor mit Sicherheit hätte sagen können, ich aber nicht wahrhaben wollte, bestätigte sich durch Jacques Anblick. An diesem Tag, an dem er zu mir und ich schließlich auch zu ihm kam, konnte er nicht sprechen, so zugeschnürt war seine Kehle. Er hatte an Emmas Nachthemd gerochen, das bestimmt auch etwas nach mir roch, denn seitdem sie weggegangen war schlief ich auf ihm.

Drei Tage nachdem Emma verreist war, schlief ich einen traumlosen Schlaf, als mich plötzlich ein so lauter Schrei aufweckte, der mir in den Leib fuhr und mich vor Schmerz erbeben ließ. Ich dachte erst, der Schrei käme aus der Welt der Träume, doch als ich wach war, hörte ich ihn immer noch. Ich erkannte ihre Stimme. Ich erkannte die klagenden Töne der Verzweiflung, die zwischen Wut, Trauer, Liebe und Entbehrung schwangen. Es waren die Laute einer entsetzten Seele, die dem Leben entrissen wurde, ohne zu verstehen, warum. Ich kannte diese Stimmen nur zu gut. Sie waren der Grund, weshalb ich von meinem ersten Menschen, der mit mir am Stadtrand neben einer Schlachterei gewohnt hatte, weggelaufen war. Ich hatte die Schreie dort nicht mehr ertragen können. Es brach mir mein Herz und enttäuschte mich so sehr, denn ich verstand nicht, weshalb mein Mensch es ertragen konnte, dort zu wohnen. Erst dachte ich, sein Herz wäre aus Stein, doch viel schlimmer noch, er vermochte diese armen Seelen nicht zu hören.

Als Emma mich damals aufnahm, war ich verletzt. Den letzten Funken Vertrauen, den ich nach dem Verbrechen, das mir Menschen angetan hatten, noch in mir fand, schenkte ich dieser Frau. Ich hatte nichts mehr zu verlieren. Es war eine Chance, die so unverhofft kam, dass ich mir sicher war, dass meine verstorbene Großmutter da ihre Pfoten im Spiel gehabt haben musste. Ich war ebenso bereit gewesen zu sterben. Doch was wäre ich für ein undankbares Geschöpf, wenn ich einem solchen Wink nicht gefolgt wäre? Der Schmerz, den ich wegen meiner Verletzungen gespürt hatte, war einer Kälte gewichen. Da ich mich nach nichts mehr sehnte als an einem warmen Ort zu sterben, suchte ich nach einem offenen Dachfenster. Ich wollte nicht zu einer schreienden Seele werden, die die Ungerechtigkeit der Welt nicht begreifen kann. An einem warmen, ruhigen Ort sterben zu dürfen, empfand ich als gerecht. Als ich Emma erblickte, sich unsere Blicke trafen, da wusste ich, dass geschehen durfte, was auch immer geschehen würde. Sie wurde zu dem Menschen, der meine Seele ergänzte; bei dem ich daheim war.

Als ich ihren Schrei hörte, da wusste ich, dass sie ein Geistwesen war. Ich wollte ihre Laute nicht hören, die mir zugleich sagten, wie sehr sie mich liebte, vermisste und wie sehr es sie geißelte und quälte, mir diesen Schmerz und die Trauer zugefügt zu haben. Ich verkroch mich unter ihrem Kopfkissen und hörte sie doch. Deshalb blieb ich und ging lange nicht mit Jacques mit, der mich immer versuchte zu locken, mit ihm zu gehen. Ich beschloss nach fast einem Jahr, als Jacques Emmas Wohnung räumen musste, zu ihm zu ziehen. Bis dahin kam er jeden Tag zweimal, um mich zu füttern oder mich gedankenverloren zu kraulen. Wir verbündeten uns in unserer Trauer, schließlich liebten wir die gleiche Frau. Ein wenig Zeit verging noch, bis Jacques mir erzählte, dass Emma gefunden worden sei und lebe. Ich freute mich so sehr für ihn, doch ich wusste, dass es nicht stimmte. Nicht einen Moment glaubte ich, dass die Frau, die kurze Zeit später vor unserer Tür stand, meine Emma Lillit war, nein! Aber es war dennoch etwas Gutes, was geschah: Jacques liebte seine Emma Lillit von reinstem Herzen und es war, als ob das Geistwesen meiner Emma weiterhin um uns war und uns schützte. Jede Nacht schlief sie bei mir. Das heilte meine Seele. Ein Jahr später hat sie mich im Traum zum letzten Mal besucht. Es war nicht traurig, denn ich kannte den Grund. Es geschieht allen Geistwesen, dass sie weiterreisen mussten und mit der Weiterreise die Anhaftung an das alte Leben verloren. Der letzte Traum mit ihr endete in einem so gleißenden Licht, dass ich im Schlaf die Augen zukniff.

Die neue Emma Lillit liebte mich, sie liebte Jacques und wurde immer dicker. Als sie für wenige Tage verschwunden gewesen war – Jacques hatte mir alles genau erklärt – und statt mit Bauch, mit einem Baby wiederkehrte, da blieb mir armer Kater fast das Herz stehen. Um das Baby besser sehen zu können, sprang ich auf den Küchentisch und stellte mich mit den Vorderpfoten an dem Arm empor, in dem sie das Baby hielt. Ich schaute mir den kleinen Menschen an und schnupperte. Meine Schnurrhaare mussten es gekitzelt haben, denn plötzlich machte es die Augen auf und schaute mich an.

Und da habe ich sie erkannt. Sie war als Geistwesen ins Licht gegangen, als die neue Emma Lillit schwanger wurde und jetzt war sie wieder da. In diesem kleinen, unbeholfenen Menschen lebte der große Geist von meiner Emma. Sie war wieder heimgekehrt. Auch wenn sie sich als Mensch nicht an ihr Leben, dass sie schon zuvor mit mir geführt hatte und die Lebensgeschichte ihrer Seele, erinnern können würde, so war dieses geheime Band zwischen uns geknüpft. Auch wenn ich es immer geahnt hatte, dass es sowas geben konnte, so erlebte ich es nun am eigenen Fell. Nun wusste ich sicher, weshalb es Fälle gab, in denen Hund und Katze sich liebten oder andere ungleiche Freundschaften, wider der normalen Konventionen, existieren konnten. Es waren wiedervereinte

Seelen, die zueinander fanden, ganz gleich in welchem irdischen Kostüm.

Ich weiß es nun: Sterben heißt nicht, weg zu sein. Sterben heißt nur Wandel, zurück zu allen Dingen, um dann aus dem Großen und Ganzen wieder aufzutauchen. Wir legen das Kostüm des Lebens ab, um neu eingekleidet wieder zu erscheinen. Nichts geht verloren. Was wir erlebten, was uns widerfuhr, wie viel wir liebten – alles bleibt erhalten. Das, was uns bisher begegnete und prägte, wird der Grundstein des Charakters sein, den wir im nächsten Kostüm haben. Seelen, die sich lieben, werden durch den Tod nicht getrennt. Einsamkeit, herrscht nur in der Welt des Sichtbaren. In uns, dort, wo sich auch die Geister treffen, sind wir niemals allein.

So leben Sie wohl.

Wir sehen uns wieder.

Elisabeth Freitag, geboren 1984 in Erfurt, wuchs in der ehemaligen DDR auf. Sie studierte Medizin in Gießen und spezialisierte sich schließlich auf die Bereiche Innere Medizin und Palliativmedizin. Der Roman über das Leben und Werden der Emma Lillit ist ihr schriftstellerisches Debüt.